KB178490

국가로 듣는 세계사

국가로 듣는 세계사

알렉스 마셜 지음
박미준 옮김

영국인 저널리스트의
배꼽 잡는 국가國歌 여행기

틈새
책방

작곡가와 작사가 들에게

차례

오디오 가이드

이 책에서 언급된 음악은 다음 웹 사이트에서 확인할 수 있다.

republicordeath.com

이 사이트에서는 책에 언급된 모든 국가(國歌)를 들을 수 있다.
그 외에도 무수히 많은 다른 노래, 사진 및 비디오를 통해
각 국가를 더욱 깊이 탐구하거나
이 책에서 제시된 주장의 근거를 감상할 수 있다.
웹 사이트의 내용은 각국의 국가가 변경되면
업데이트될 수 있다.
바뀌지 않으리라는 법은 또 없으니까.

teumsaebooks.com

틈새책방 홈페이지에서는
우리말 가사가 포함된 주요 국가를 들을 수 있다.

애국가

동해물과 백두산이 마르고 닳도록
하느님이 보우하사 우리나라 만세

남산 위에 저 소나무 철갑을 두른 듯
바람 서리 불변함은 우리 기상일세

가을 하늘 공활한데 높고 구름 없이
밝은 달은 우리 가슴 일편단심일세

이 기상과 이 맘으로 충성을 다하여
괴로우나 즐거우나 나라 사랑하세

후렴:
무궁화 삼천리 화려 강산
대한 사람 대한으로 길이 보전하세

국가에 대해 자료 조사를 시작하고 얼마 지나지 않아, 나는 혹시 거짓말이 아닌가 싶을 정도로 재미있는 사실을 알게 됐다. 바로 한국과 몰디브가 한때 '올드 랭 사인(Auld Lang Syne)'의 곡조를 국가로 썼다는 사실이었다.

'올드 랭 사인'은 내게 매우 친숙한 노래다. 스코틀랜드 가곡인 이 노래는 오래된 지인과의 이별을 아쉬워하며 잊지 않겠노라 다짐하는 내용인데, 대개 결혼식에서 술기운이 오르면 지인들과 어깨동무를 하며 부르거나, 새해맞이 파티에서 술에 잔뜩 취한 채 고래고래 부르던 노래였다. 그렇게 친숙한 노래를 한 나라도 아니고 무려 두 나라가 국가로 삼았다니 웃길 수밖에 없었다. 알고 보니 이는 사실이었다.

1948년에 무함마드 자밀 디디(Muhammad Jameel Didi)라는 한 시인은 몰디브에 제대로 된 국가가 필요하다고 생각했다. 그럴 만도 했던 것이, 당시 몰디브 국가는 시끄럽고, 대체로 즉흥 연주되며, 가사가 없는 재즈곡이었기 때문이다.

그래서 디디는 애국심을 북돋울 가사를 몇 줄 적고('우리는 그대에게 경의를 표하네 / 오, 조국이여'), 그 가사에 맞춰 부를 수 있는 곡조를 찾기 시작했다. 마땅한 곡을 찾지 못하고 실패만 거듭하던 어느 날, 그는 외삼촌 댁을 방문했다. 외삼촌은 마침 벽시계를 구매

한 참이었다. 정오가 되자 시계에서 '올드 랭 사인'의 곡조가 울려 퍼졌다. 순간 디디는 곡에 사로잡혔다. 그리고 그 선율이 자기가 쓴 가사와 딱 맞다고 생각했다. 이후 그 곡은 1972년까지 몰디브 국가로 사용됐다.

한국이 '올드 랭 사인'을 국가로 사용하게 된 사정은 이보다는 좀 더 이해가 간다. 이 노래는 19세기에 선교사들이 한국에 처음 전했지만, 보다 본격적으로 알려진 것은 일제에 의해서였다. 일본은 '올드 랭 사인'을 번안하여 '호타루노히카리(蛍の光, 반딧불의 빛)'라는 끔찍한 교육용 창가(唱歌)를 만들었는데, 일본을 지키자는 군국주의적 가사가 포함돼 있었다. 한국인들은 곧이 노래에 한국어 가사를 붙이고자 노력했고, 1896년에 나라를 향한 끝없는 사랑을 담은 '애국가'를 내놓았다. 여기서 '동해물과 백두산이 / 마르고 닳도록 / 하느님이 보우하사'로 시작되는 가사가 처음으로 등장했다.

애국가 가사의 작사가는 윤치호 설과 안창호 설이 있는데, 어느 한쪽임을 완전히 증명하는 자료는 없다. 하지만 그로부터 23년 후인 1919년, 상해 임시 정부는 일제 식민 지배에 대항하여 독립의 정신을 고취하기 위한 노래로 이를 임시 정부의 공식 국가로 채택했다.

그렇다면 왜 오늘날에는 '올드 랭 사인'의 곡조가 국가로 사용되지 않는가? 바로 안익태 때문이다. 1930년, 스물네 살이던 안익태는 미국 유학 당시 샌프란시스코에 위치한 어느 교회에서 한국의 국가가 연주되는 것을 들었다. 그는 그 곡조가 실망스러운 나머지 새 국가를 작곡하기로 결심했다. 스코틀랜드의 술자리 노래가 아닌, 우아함과 위엄을 갖춘 국가를 말이다. 새 국가는 그로부터 5년 후에 작곡됐고, 시카고에 있는 한인 교회에서 최초로 연주됐다. 1948년 새로 수립된 대한민국 정부는 그가 작곡했던 '애국가'를 국가로 도입하여 오늘에 이르렀다. 이 이야기는 국가가 영구불변하지 않고 의외로 쉽게 자주 바뀐다는 것을 알려 주는 좋은 예시다.

나는 처음 애국가를 들었을 때, 한국인을 위한 고유의 국가를 작곡하겠다는 안익태의 의도에 동감했다. 하지만 지금은 안타까운 마음도 든다. 안익태가 작곡한 음악은 (그렇게 생각하지 않는 독자에게는 미안하지만, 적어도 내 개인적인 생각으로는) '올드 랭 사인'보다 나을 게 없다. 귀에 붙는 정도를 잣대로 평가하면 '올드 랭 사인'보다 훨씬 못하다. 게다가 올드 랭 사인보다 한국적인 음악도 아니다. 안익태는 독일에서 활동했으므로 그의 음악은 리하르트 슈트라우스(Richard Strauss) 등 독일 작곡가의 영향을 많이 받았다.

물론 애국가의 곡조에는 위엄이 있다. 하지만 이 책을 읽는 독자 여러분도 느끼겠지만, 위엄 있는 곡조라고 해서 좋은 국가는 아니다. 전 세계에서 가장 인기 있는 국가, 즉 국민들이 진심을 담아 부르고 다른 나라들도 부러워하는 국가는 사실 그 나라의 민요에 기반한 국가이거나 술자리 노래다. 또는 위기의 순간에 만들어져 거리에서 불린 저잣거리의 노래다. 몇 년이나 고심해서 작곡된 그런 곡이 아니다.

적어도 내 생각에 한국 역사에서 그에 가장 가까운 노래는 과거나 현재의 애국가가 아니라 아리랑이 아닐까. 임이 멀어지는 것을 보며 구슬프게 부르는 노래 말이다. ('나를 버리고 가시는 님은 십 리도 못 가서 발병 난다.') 아리랑이야말로 모든 한인이 아는 노래 아닌가. 고향이 남한이든 북한이든 말이다.

"평범한 한국인에게 아리랑이 음악에서 차지하는 위상은 마치 식사에서 밥이 차지하는 위상과도 같다. 다른 모든 것은 단지 곁들임일 뿐이다." 1896년 한국에 왔던 미국인 선교사 호머 헐버트(Homer Hulbert)는 한국에서 아리랑이 얼마나 자주 불렸는지를 두고 이렇게 말했다. 일제 강점기하에서 애국가도 자주 불렸겠지만, 사실 그때 진정 해방의 희망을 품고 사람들이 부른 노래는 아리랑이었다. 사람들은 전달하고픈 정치적 메시지나 하고 싶은 말을 담아, 일제의 검열을 피해 가사를 변주하며 아리랑을 불렀다.

아리랑의 가사가 전통적인 국가와 거리가 있는 게 사실이다. 하나의 국민으로서 한국인을 언급하지는 않는다. 하지만 그게 문제일 이유는 없다. 오히려 바로 그 때문에, 한국과 북한이 단일팀을 이뤄 스포츠 행사에 출전할 때 아리랑이 연주되는 것이다.

이 책은 2015년에 영국에서 처음 출간됐고, 2016년에 업데이트됐다. 그 이후에도 미국 국가를 둘러싼 상황 등 몇 가지 변화가 있었다. '성조기'는 원래 오래된 술자리용 노래에 가사를 붙인 국가였다. 지난 몇 년간 미식 축구 선수 몇몇이 인종 차별에 항의하는 뜻으로 국가 연주시 기립을 거부하는 사건이 있었다. 또, 이 노래를 작곡한 프란시스 스콧 키가 노예주였다는 이유로 국가를 아예 다른 곡으로 바꿔야 한다는 주장도 나왔다.

앞으로 어떤 상황이 어떻게 전개될지는 아무도 모른다. 하지만 이런 논란 자체가 내가 이 책을 쓰면서 강조하고자 했던 요점을 잘 보여 준다. 국가는 그저 엄숙하고 짧은 한 곡의 노래가 아니라는 것, 사람들을 단합시키거나 분열시킨다는 것, 과거의 역사를 반영하면서 동시에 미래를 만들기도 한다는 것이다.

스코틀랜드의 술자리 노래 곡조를 빌린 국가라도, 이것만은 분명 사실이다.

2021년 8월

알렉스 마셜

프롤로그

코소보는 아름답다. 발칸 반도의 교전 지대가 아름다우면 얼마나 아름답겠나 싶겠지만 생각보다 훨씬 아름답다. 눈 닿는 곳 어디든 평원이 드넓게 펼쳐져 있고, 그 경계에는 언덕이 옹기종기 몰려 있으며, 그 위를 덮은 숲은 숨막힐 듯 빽빽하다. 고개를 들면 언제든 찌르레기 한 무리가 떼 지어 날아가며 내가 탄 차를 따라오는 듯하다. 나지막이 걸친 하늘은 낮에는 눈부신 푸른색이지만 해질녘에는 다채로운 붉은색으로 물든다. 이런 풍경을 어찌 훼손할 수 있겠나. 물론 그런 시도들이 많이 있었던 모양이다. 중간중간 점점이 박힌 공장들과, 이따금 거대한 전몰 기념탑들이 눈에 들어온다. 기념탑 중 일부에는 하단에 특대 사이즈의 사진까지 박아 넣어서 가여운 군인의 얼굴에 있는 점과 잡티까지 훤히 보였다.

민족 간 분쟁으로 갈가리 찢긴 지 고작 20년도 채 안 된 이 나라의, 엽서처럼 아름다운 풍경에 감탄해야 마땅하다. 하지만 불행히도 시속 120킬로미터로 역주행하는 차 안에 있을 때는 세상 그 어떤 예쁜 시골 풍경도 눈에 들어오지 않는다. 특히 저 멀리서 차 한 대가 나타나 정면으로 돌진하고 있다면 말할 것도 없다. 내가 탄 차의 운전기사는 우리가 곧 충돌할 위기임을 감지하지 못한 듯했다. 그는 자기 허벅지 사이에 낀 맥주 캔의 고리를 당기는 데 여념이 없었다. 기사의 입장을 변호해 보면, 애초에 그는 맥주를 사양했다. 하지만 운전기사의 사장이자 우락부락한 인상을 가진 50대 남자인 야샤르는 운전기사에게 "이걸 안 마시는 걸 보니 너는 여자인 것 같다."라고 자극했다. 분명 이곳에서는 여자라고 불리는 게 최악의 모욕인 것 같았다.

야샤르는 자기가 토목 기사라고 소개했다. 하지만 몇 시간 전만 해도 도로에 구멍이 숭숭 뚫린 코소보의 수도 프리슈티나를 차로 안내하며, 본인 소유의 회사들을 손가락으로 가리키며 알려 줬다. 그는 "은행업은 안 하는 게 좋아요."라고 말하기도 했다. 그래서 야샤르가 토목 기사라는 게 진실이 아닐 수도 있겠다고 의심하기 시작했다. 확실히 말할 수 있는데, 최소한 내가 만나 본 토목 기사 중에서 운전기사가 딸린 아우디를 타는 이는 그가 처음이었다. 어쩌면 퀴즈라도 내서 그가 토목 관련 지식을 얼마나 아는지 시험해 봤어야 했을까.

하지만 아직까지는 그럴 기회가 없었다. 만나서 지금까지 우리는 술만 마셔댔으니까. 처음에는 미국 대사관에서 몇 집 떨어져 있는 그의 자택에서 마셨다. 야샤르의 자녀들이 은쟁반에 위스키와 견과류를 담아 가져다 주었다. 그중 한 명은 우리가 시청하는 축구 중계방송이 잘 잡히도록 방구석에서 TV 안테나를 들고 서 있었다. 그러고 나서 우리는 호숫가 식당에서 술을 또 마시고 나왔다. 각각 맥주 네 병, 그라파[1] 샷을 세 잔씩 마신 후, 아주 독한 국산 브랜디로 마무리했다.

---

[1] 와인 생산 후 남은 포도 찌꺼기로 만드는 독한 이탈리아산 증류주.

"지금 저희 역주행하고 있지 않나요?" 내가 혀 꼬인 소리로 뒷좌석에서 말했다.

야샤르가 웃었다.

"저기 오는 거 차 아닌가요?"

야샤르는 그저 웃었다.

"이러다 체포당하는 거 아닐까요?"

야샤르가 다시 웃었다.

"누가 우리를 체포한답니까?" 그가 뒤돌아 내 얼굴을 보며 말했다. "지금 당신은 코소보에서 최고로 중요한 사람이랑 같이 있는데." 말투만 듣고는 아마 본인을 가리키나 싶었는데 야샤르가 고갯짓으로 내 왼쪽을 가리켰다. 나는 왼쪽에 앉은 남자를 돌아봤다. 코소보에서 가장 중요한 이분은 50대 중반 정도로, 굵고 곱슬거리는 머리카락과 눈썹을 가졌다. 눈썹이 어찌나 두꺼운지 눈을 가릴 정도였다. 그는 취해서 창문에 기댄 채 입을 벌리고 잠을 청하는 중이었다. 윗옷에는 음식 자국이 얼룩져 있었다. 그의 이름은 멘디 멩지치(Mendi Mengjiqi). 바로 코소보의 국가를 만든 작곡가다.

"그렇지만 이분 노래를 다 싫어한다면서요." 내가 바보처럼 말했다. 이렇게 정직해져 버린 이유는 오로지 술 때문이었다.

"좋아하게 될 거요." 야샤르가 소리쳤다. 몇 시간 만에 처음으로 진지한 목소리였다. 그러고는 내게 맥주 한 캔을 더 건넸다. "한잔해, 이 여자야." 그가 웃었다. 우리는 여전히 반대쪽 차선에서 역주행하는 중이었다. 아까 마주 오던 차가 어디로 갔는지는 알 도리가 없었다.

도대체 어떻게 해서 코소보 국가를 만든 작곡가와 같은 차에 갇히게 됐냐고? 어떤 래퍼 탓이다.

지난여름에 나는 영국의 한 신문사를 위해 어느 차세대 스타 래퍼를 인터뷰하고 있었다. 그는 자기 소유의 음반사 사무실 옥상에 앉아 있었다. 마치 곧 런던을 정복할 양, 도시 전체가 그의 발밑에 훤히 펼쳐진 곳이었다. 당시 그는 미국에서 수백만 장의 데뷔 싱글 앨범을 팔아 치운 참이었고, 곧 유럽 진출을 앞두고 있었다. 다만 내가 도착했을 때는 막 얻은 인기를 이용해 자기 회사의 비서들을 무릎 위에 앉히는 데 몰두하고 있는 듯했지만 말이다.

드디어 이야기를 시작할 때가 되자, 그는 질문을 기다리지 않고 곧바로 자기 싱글 앨범에 대해서 떠들기 시작했다. 자기의 신곡, 그러니까 '외로운 약쟁이'로 사는 것에 대한 노래가 중요하다는 이야기였다. 그는 그 말을 하고 또 했다. 얼마나 반복했는지, 행여 자기 말의 핵심을 놓칠까 봐 나보고 받아 적으라고 하면 어쩌나 싶을 정도였다. ("자, 적으세요. 중요하다.")

그런데 어떻게 마리화나를 피우는 내용의 노래가, 그가 주장하는 것처럼, 인생을 변화시킬 정도로 중요할 수 있나. 나는 거기에 앉아서 그의 말을 이해하려 애쓰다가 포기했다. 대신 진짜 그런 노래가 뭐가 있을까 생각하기 시작했다. 단순히 사람들에게 오래도록 사랑받은 노래, 결혼식에서 연주되곤 하는 노래, 자기 아이들을 기억하게 만드는 그런 노래가 아니라, 정말로 세상을 바꾼 노래, 사람들이 싸워서 지키고 힘에 대적하여 싸웠던 노래, 사람들을 일깨워 바리케이드를 치도록 결심하게 만든 노래들 말이다. 내가 생각해 낸 유일한 노래는 바로 국가(國歌)였다.

바로 그 순간, 국가에 대해서 아는 게 전혀 없다는 것을 깨달았다. 심지어 내 조국인 영국의 국가, '신이여 여왕 폐하를 구하소서(God Save the Queen)'를 누가 작곡했는지도 몰랐다. 그 래퍼가 나에게 영국 국가를 불러달라고 청했더라면(그럴 리는 물론 없었겠지만) 가사도 대부분 기억나지 않았을 것이다. 나는 미국 국가, 독일 국가, 프랑스 국가를 누가 작곡했는지도 몰랐고, 그 작곡가들이 어떤 사람이었는지, 즉 올바른 시민이었는지, 중혼을 했었는지, 인종 차별주의자였는지, 범죄자였는지도 몰랐다.

하지만 적어도 국가가 중요하다는 것, 그것도 아주 '중요하다'는 것은 확신할 수 있었다. 국가란 사람들이 전쟁에서 승리할 때 불렀던 노래가 아닌가? 정부를 전복시키면서 부르던 노래가 아니냔 말이다. 지금 이 순간에도 전 세계 어디에선가는 운명을 뒤흔드는 중대한 상황에서 국가가 불리고 있지 않을까?

바로 이런 질문에 답을 찾고 싶었다. 이 래퍼가 떠벌릴 그 어떤 이야기보다 그 답이 궁금했다. 결국 인터뷰는 내 인생 최고의 인터뷰는 못 됐다. 이미 나는 머릿속에서 어디부터 가야 할지 계획을 잡기 시작했기 때문이다.

세계 최초의 국가라고 할 만한 노래는 1570년 전후에 작곡됐다. 정확히 언제인지는 아무도 모른다. 곡의 제목은 '헷 빌헬뮈스(Het Wilhelmus, 빌럼 공)'. 오늘날 네덜란드의 국가다. 느리고 일정한 박자의 이 곡은 농부들이 밭을 갈면서 휘파람을 불 것 같은 곡조다.

하지만 16세기에 이 곡은 마치 펑크(Punk)와도 같은 반(反)정부적 영향력을 발휘했다. 당시 네덜란드는 스페인 국왕 펠리페 2세(1527~1598)의 치하에 있었다. 그는 네덜란드와 그 무역상 및 상인들에게 세금을 부과해 막대한 부를 축적했다. 문제는 그가 거기서 만족하지 못하고, 네덜란드에서 가톨릭교 신자가 아닌 이들을 탄압하는 게 좋겠다고 결정한 것이다. 이에 네덜란드인들은 폭동으로 화답했고, 왕은 폭동의 주동자를 처형하고 머리를 잘라 상자에 담아 마드리드로 보내라고 명령했다. 어느 시점에는 네덜란드 전 국민에게 이단이라는 이유로 사형 선고를 내렸다. 가톨릭교도까지 포함해서 말이다. 당연히 그 폭동은 본격적인 반란으로 발전하고 말았다.

그 반란의 주동자는 오라녀 공지(公地)의 빌럼 공(William of Orange)으로, 독일 태생에 프랑스어를 쓰는 귀족이었다. 말쑥한 수염에, 목 주위에 주름진 컬러 장식을 달지 않고는 남 앞에 나선 적이 없는 인물이었다. 그는 신교나 구교에 대해 딱히 입장을 밝히지 않았다는 이유로 '침묵 공 빌럼(William the Silent)'이라는 별명으로 더 잘 알려져 있다. 별명만 보면 딱히 크게 감명을 준 지도자는 아니었을 것 같은데, '헷 빌헬뮈스'는 바로 그에 관한 노래다. 어느 날 빌럼 공이 자의식이 폭발한 나머지 직접 작곡을 의뢰했는지, 다른 누가 그를 찬미하기 위해 썼는지는 알 수 없지만, 어쨌거나 이 곡은 무려 15절까지 이어지는, 가사 전체가 빌럼 공의 1인칭 시점으로 쓰여진 기이한 노래다. 그 긴 가사 중에 한 나라의 국가에 걸맞은 내용은 전혀 없다. 그 어떤 구절도 무기를 들라고 선동하지도 않고, 갈퀴를 들고 스페인 놈들을 등 뒤에서 찌르라고 부추기지도 않는다. 빌럼 공과 그의 군대가 곧 승리할 테니 국민들에게 걱정하지 말라고 안심시키지도 않는다. 심지어 빌럼 공이 자국의 경관이나 맥주의 맛, 운하에 대해 읊조리며 네덜란드를 찬미하는 구절도 없다.

대신 이 노래는 빌럼 공이 다른 무엇도 아닌 자기 목숨을 구걸하는 내용으로 시작한다. 그는 '오라녀의 공작인 나 / 자유롭고 두려움 없네'라는 첫 구절 뒤에 재빨리 이렇게 덧붙인다. '스페인의 왕에게 / 나는 항상 충성했다네.' 자기가 반대하는 건 펠리페 2세가 파견한 현지 총독일 뿐, 왕은 아니라고 증명하고 싶은 것처럼. 끝 부분에 이르면 빌럼 공은 무릎을 꿇고 이렇게 약속한다. '나는 결단코 왕을 멸시한 적 없네.' 가사만 보면 혼날 걸 알고 빠져나가기 위해 구구절절 변명하는 내용 같다. 마치 선생님 앞에서 변명을 짜내는 절박한 학생 같다고나 할까. 왕에게 충성을 맹세하지 않는 구절의 가사도 딱히 고무적이지 않다. 대체로 신에게 '재앙으로부터 나를 구해 달라'고 비는 내용이다.

네덜란드 국가
'헷 빌헬뮈스'의 주인공
빌럼 공.
© 위키피디아

하지만 이 노래가 당시 사람들의 심금을 울린 건 확실하다. 모두가 이 곡을 불렀다. 군인도, 부녀자도, 농부도, 심지어 도축업자도 홈통에 피를 쏟아 담으면서 이 노래를 불렀다. 이 곡은 사람들이 하나의 큰 대의를 믿고, 그것을 위해 싸우고 싶도록 만들었다. 정도를 지키려고 노력했지만, 이제는 외국의 지배자에게 대항하여 그의 부하들을 죽이는 것 말고 다른 선택지가 없음을 깨닫게 했다. 그로부터 10년이 안 되어, 빌럼 공은 네덜란드를 험난한 독립의 길로 이끌었고, 세계 최초의 국민 국가를 건설했다.

펠리페 왕은 빌럼 공의 목에 2만 5,000크라운의 현상금을 걸었는데, 이후 빌럼 공은 1584년 자택 현관 앞 계단에서 총으로 암살당했다. 이 사실은 모르는 척하기로 하자.

*

'헷 빌헬뮈스'는 성공적인 노래였다. 빌럼 공 사후에 네덜란드와 스페인이 수십 년간 전쟁하는 동안에도 계속 불렸다. 결국 이 노래는 네덜란드라는 나라와 아주 단단히 엮여 다른 나라에서도 네덜란드의 지배자를 환영할 때 사용됐다. 그렇지만 국가 (國歌)라는 개념이 바로 자리 잡지는 않았다. 한 노래가 왕이나 국민을 대표하고 희망과 저항을 심어 줄 수 있다는 생각 자체가 아직은 과하게 혁명적이었을지도 모른다. 그보다는 네덜란드 출신이 아닌 사람이 듣기에는 이 노래가 놀라울 정도로 지루했다는 게 더 큰 이유였을 것이다. 타국의 왕과 왕비 들은 이 노래를 듣다가 중간쯤부터 졸아서, 이 노래가 어쩌다 그렇게 큰 성과를 거뒀는지 물어보는 걸 깜빡 잊었을지도 모르겠다.

아무튼 그 이후 무려 200년이 지나서 영국의 '신이여 국왕 폐하를 구하소서(God Save the King)'가 만들어졌다. 신기하게도 이 곡은 '헷 빌헬뮈스'와 거의 정반대 이유로 탄생했다.

1745년, 영국은 조지 2세 치하에 있었다. 강력한 왕권보다 애인들과의 관계로 더 잘 알려진 그는 그해 위기에 직면했다. 추방된 가톨릭교도 왕족이 왕위를 재탈환하기 위해 군대를 일으켰기 때문이다. 하지만 그들을 막을 왕실 병력은 대부분 해외에 나가 있었다. '보니 프린스 찰리(Bonnie Prince Charlie)'라는 별명으로 더 잘 알려진 찰스 에드워드 스튜어트[2]는 그해 7월, 단 7명의 수행원만 데리고 스코틀랜드에 상륙했다. 그는 곧 수천 명의 스코틀랜드인을 설득하여 함께 런던으로 왕위를 탈환하러 내려오기 시작했다. 프랑스 또한 필요하면 그에게 지원군을 보내겠다고 약속한 상태였다.

이 위기에 조지 왕은 어떻게 대처했을까? 그는 허둥지둥하며 즉각 군대에 귀국 명령을 내리지는 않았다. 대신에 런던에서 탄생해서 영국 전체로 퍼지고 있던 어떤 한 노래의 힘에 기댔다. 그는 그 노래가 전쟁을 승리로 이끌 것이라 믿었다. 이 노래는 아주 단순한 내용이었다. 하지만 듣는 사람에게 왜 자기가 조지 왕을 사랑할 수밖에 없는지 떠올리게 했고, 자기 마을을 통과하는 자코바이트의 군대에 합류하는 것을 망설이게 했다. 그 노래가 바로 '신이여 국왕 폐하를 구하소서'다.

그의 적을 흩으사(Scatter his enemies)
패배케 하소서(and make them fall.)

이 노래는 어찌나 공감을 얻었는지, 곧 모든 도시에서 극장 공연을 마무리할 때 연주됐다. 이후에는 근처 술집에서 앙코르로

---

2   가톨릭 신앙의 부활을 꾀하다가 명예혁명으로 왕위를 박탈당한 제임스 2세의 손자다. 제임스 2세를 지지해 온 자코바이트 세력이 주장하는 왕위 계승자이기도 하다. 로마에서 태어나 유럽 각지에서 생활하다가 1745년 스코틀랜드로 귀국하여 자코바이트의 마지막 반란을 지휘했다.

다시 불렀다. 이 곡은 사람들을 통합했고 자신감을 심어 줬다. 심지어 전쟁에서 병사들에게 동기를 부여했다는 게 정설이다. 보니 프린스 찰리의 군대도 찰스 에드워드 스튜어트가 영국을 '만세(萬世)토록 통치하기를' 바라며 이 노래를 불렀지만, 영국 인들에게 딱히 영향을 주지는 못한 모양이다.

보니 프린스 찰리는 런던에서 200킬로미터 정도 떨어진 더 비까지 남하했다. 하지만 그 이남에서는 전혀 지지를 받지 못 한다는 것을 확인하고 결국 후퇴했다. 찰리의 군대는 스코틀 랜드 인버네스(Inverness) 근처의 컬로든(Culloden) 습지에서 대 패했고, 그는 도망치는 신세가 됐다. 조지 2세는 15년 후 변기 에서 심근경색으로 사망했다. 막 뜨거운 초콜릿 음료를 마신 후였다고 한다. 그는 당시 기준으로 영국을 가장 오래 통치한 왕이었다.

'신이여 국왕 폐하를 구하소서'는 세상과 음악의 관계를 바꿨 다. 이 말은 과장이 아니다. 이 짧고 단순한 노래는 왕의 인기를 높였고, 군대를 저지했다. 그리고 영국, 아니 적어도 잉글랜드 지방의 모든 이들이 좀 더 유대감을 느끼게 하는 데 기여했다. 이들은 더 이상 런던 사람이나 시골 사람, 어느 영주에게 소속 된 농노가 아니었다. 이들은 왕의 백성이었고, 그 무엇이든 정 복할 수 있었다.

이 노래는 자코바이트의 위협이 완전히 사라진 후에도 계속 불렸다. 유럽의 다른 왕들도 빠르게 이 노래에 주목했다. '왜 나 는 내 노래가 없지?' 러시아의 차르 알렉산드르가 이렇게 생각 했을 수도 있다. "대체 내 주제가는 어디 있나?" 덴마크의 프레데리크 5세도 이렇게 불평했을지 모른다. 그래서 이들은 '신이여 국왕 폐하를 구하소서'의 음악을 가져다가 각자 입맛대로 가사를 바꿨고, 그 노래에 기대어 국민 국가를 건설했다. 이 노래는 왕에 대한 애정을 쌓는 것만큼이나, 국경을 정하는 데도 활용된 것이다.

그다음 세기에 국민 국가들이 부상하면서, 국가(國歌)는 사람들에게 소속감을 느끼게 하고, 국민성을 규정하고, 국가적 목표를 설정하며, 어떤 언어를 사용할지 정하는 중요한 장치가 됐다. 이는 나라의 또 다른 상징인 국기나 문장이 할 수 없는, 국가만이 가진 역할이다. 노래는 사람들을 뭉치게 했다. 물론 네덜란드에서는 왜 자기들이 스페인 왕에게 충성을 맹세하고 있는지 의문을 품게 했지만 말이다.

1800년대 말이 되자 국가의 존재는 매우 자연스러워져서 독립운동가들도 국가로 쓸 노래를 미리 준비했다. 또한 국가는 외교 활동의 일상적인 부분이 돼 외국 귀빈이 수도를 방문할 때 늘 연주됐다. 교육에도 스며들어 학교에서 가르쳤다. 그리고 그 어떤 나라도 국가 없이 존재할 수 없다는 걸 확인이라도 하듯이, 국가는 스포츠에서 필수가 됐다. 1905년 웨일스의 럭비 경기에서 관중들은 우아한 곡조의 '내 아버지의 땅(Hen Wlad Fy Nhadau)'을 불렀다. 경기 전 공연된, 위협적인 전쟁 군무(群舞)인 뉴질랜드의 하카[3]에 대한 대응이었다. 이는 국제 스포츠 경기가 시작될 때 국가가 불린 첫 사례라고 알려져 있는데, 이 관습

---

3 뉴질랜드 원주민 마오리족의 의식으로 스포츠 경기 전에 행해진다.

은 곧 퍼져 나갔다. 1921년 국제 올림픽 위원회는 금메달을 수여할 때마다 국가가 연주돼야 한다는 규정을 만들었다. 그 이후 국가 없는 나라는 생각할 수조차 없게 됐다. 하지만 물론 내셔널리즘과 관련된 모든 것들이 그렇듯이, 국가는 만들어지자마자 정치도구화됐고, 통합하는 만큼이나 분열을 일으켰으며, 일상적인 만큼이나 논쟁적이 됐다.

*

"사람들은 제 국가를 당연히 좋아하지 않지요." 코소보에서 가장 중요한 사람인 멘디가 말했다. "가사가 없거든요!"

우리는 간단하게 흑색과 백색의 페인트로만 사방을 칠해 놓은 프리슈티나의 한 레스토랑에 앉아 있었다. 햇빛이 흠뻑 드리운 베란다였다. 내가 이 도시에 막 도착했던 때인데, 밀라노와 런던 그 사이 어디쯤이라고 해도 믿을 것 같았다. 내가 프리슈티나에 있다는 걸 느낀 것은 아침 식사 때였다. 멘디가 속을 채운 팬케이크를 주문할 때, 고기가 신선한지 확인하느라 웨이터를 5분 동안이나 취조한 것이다.

"가사가 없는 국가를 어떻게 좋아할 수 있겠어요?" 그가 덧붙이면서 자기가 하고 싶던 말을 강조했다. "축구 경기장에서 그 국가를 어떻게 불러요? 랄라라라? 바보 같겠죠. 그게 어떻게 감동적이겠냐고요? 들어도 혼란스럽기만 할 걸요? 사람들은 이 곡이 좋은지 나쁜지는 모르겠지만, 아무튼 가사가 없어서 싫다고 생각할 겁니다."

"왜 가사가 없는 건가요?" 내가 묻자 멘디가 한숨을 쉬었다.

"가사를 붙이면 세르비아인들이 반대하거나 유엔에서 반대하겠죠. 전쟁이 우리를 이렇게 만든 거예요."

전쟁. 여기서는 어떤 대화든 금세 전쟁 이야기가 나왔다. 이 땅의 모든 이들이 이제 전쟁을 잊고 싶다고 말하면서도 그랬다. 어젯밤만 해도 술집에서 어느 건축가와 잡담을 했는데, 그가 이런 농담을 건넸다. "전쟁 난 곳을 구경하러 여기에 온 건가요? 15년 늦으셨네요." 웃긴 했지만, 사실 내가 국가(國歌)를 탐구하기 위해 다른 어디도 아닌 코소보에 와야겠다고 결심하게 된 이유는 전쟁 때문이었다. 코소보는 분열된 국가다. 그리고 분리주의에 의해 탄생했다는 이유로 중국, 러시아, 스페인이 그 존재를 인정하지 않는 국가다. 이곳에서 국가(國歌)는 어떤 의미를 가질 수 있을까?

코소보 전쟁은 공식적으로 1990년대 말에 1년 반가량 지속됐다. 전쟁은 세르비아 군대가 당시 코소보 인구의 약 90퍼센트를 차지하던 180만 명의 알바니아계 주민들 다수를 집에서 쫓아내거나, 아예 코소보(당시에는 세르비아령)에서 몰아내고자 하면서 시작됐다. 세르비아인들은 집을 불태우고 민간인을 사살하면서, 수천 명의 사람들을 가장 가까운 국경 쪽으로 내몰았다. 알바니아계 주민들은 게릴라전을 벌이며 방어에 나섰다. (어떤 이들은 전쟁이 시작된 이유가 세르비아의 압제에 지친 알바니아계가 1990년대 초부터 먼저 세르비아에 무장 공격을 가했기 때문이라고 주장하기도 한다.)

전쟁은 미국과 영국이 이끄는 북대서양 조약 기구(NATO) 연합군이 개입하면서 종식됐다. 이들은 세르비아에 엄청난 규모의 공습을 가했고, 당시 대통령인 슬로보단 밀로셰비치는 결국 철군하고 코소보를 나토 연합군에게 넘겨 줘야 했다. 하지만 오늘날까지도 코소보는 여전히 분열되어 있다. 황폐한 북부 도시인 미트로비차 지역은 완전히 세르비아계 거주 지역이다. 거기사는 이들은 코소보 의회나 인지(印紙)를 인정하지도 않고, 심지어 맥주조차 쳐다보지 않는다. 코소보의 양조장들은 이곳에 납품할 때 알바니아계의 흔적을 완전히 지우기 위해 맥주병의 라벨까지 바꾼다.

프리슈티나는 방문자에게 이상한 곳이다. 도시 중심가에는 '빌 클린턴 대로(Bill Klinton Boulevard)'라는 이름이 붙어 있으며, 그 도로에서 가장 눈에 띄는 장소에는 빌 클린턴 전 대통령이 손을 흔들고 있는, 3.3미터 높이의 동상이 우뚝 서 있다. 나토 연합군의 코소보 전쟁 개입을 결정했던 클린턴 전 대통령은 이곳에서 영웅 대접을 받는다. 혹시라도 그의 위상을 방문자가 알아채지 못할까, 그 뒤의 아파트 단지에는 빌 클린턴이 특유의 유혹하는 눈으로 미소지으며 '코소보에 오신 것을 환영합니다'라고 말하는 7.5미터 길이의 포스터까지 붙어 있다. 이 포스터 바로 아래에는 커피 광고가 있는데, 다행히 그 커피에는 빌 클린턴이라는 이름이 붙어 있지는 않다. 하지만 어쩐지 그 커피 회사가 좋은 마케팅 기회를 놓친 것 같다는 생각마저 든다.

또한 시가지 한가운데에는 토니 블레어 전 영국 수상의 이름을 딴 도로와, 조지 W. 부시 전 미국 대통령의 이름을 딴 도로도 있다. 그 외에도 불탄 건물이나 전사한 코소보 해방군(Kosovo

프리슈티나 한복판에 서 있는 전 미국 대통령 빌 클린턴 동상. ⓒ 게티이미지

Liberation Army)을 기리는 기념관 등 여기저기에 전쟁을 떠올리
게 하는 상징들이 가득하다. 하지만 전쟁의 기운이 이토록 가까
워도, 멘디는 전쟁에 대해 묻기만 하면 극단적으로 짧게 대꾸하
거나, 아예 주제를 바꿨다. 그는 전쟁을 과거에 묻었는데, 자신
이 작곡한 코소보 국가가 바로 그 증거라고 말했다.

　　그가 코소보 국가를 작곡한 건 2008년이다. 전쟁이 끝난 지
거의 10년이 다 되어 코소보가 세르비아로부터 독립 선언을 한
해였다. 당시 코소보 정부는 국가 공모전을 열어 2주 반 동안
응모작을 모집했고, 우승작에 1만 유로의 상금을 걸었다. 원한
다면 가사를 붙여 응모할 수 있지만, 다만 누군가에게 불쾌감을
주면 안 된다고 했다. 실제 제출된 후보작 중 가사가 있는 곡은

거의 없었다는 사실은 의미심장하다.

멘디는 공모전 소식을 듣자마자 시골에 있는 부모님 집에서 곡을 쓰기 시작했다. 이미 몇 년째 머릿속에 맴돌던 멜로디가 있었고, 코소보 국가를 작곡할 기회를 잡기만 기다리던 차였다. 하지만 아무리 노력해도 영 완성했다는 느낌이 들지 않아, 그는 근처 작은 강에서 낚시를 하거나 숲 속에서 산책을 했다. 그러다가 주위를 둘러싼 아름다운 자연을 보고, 곡을 마무리 짓는 데 필요한 모든 영감이 바로 거기에 있음을 깨달았다. "그건 평화를 위한 음악이어야 했던 거죠. 그걸 깨달은 겁니다." 그가 말했다. "국가란 '우릴 좀 봐, 우리는 강해.' 같은 이야기를 해서는 안 됩니다. 전쟁 음악이면 안 돼요. 저는 이미 한 생애에 겪을 전쟁을 다 겪었으니까요."

그는 그날 만든 음악이 조국을 통합으로 이끌리라 믿었다. 음악적으로 그 곡은 성공적이다. 현악기가 팀파니의 울림 너머로 위아래로 넘실거린다. 마치 산을 넘나드는 독수리의 비행 같다. 중간 부분에 관악기가 자랑스럽게 울려 펴지며 멜로디를 전개한다. 그 후 현악기가 다시 돌아와 노래를 최대한 고조시킨다. 이 곡은 영화가 끝나는 장면에 깔리는 그런 종류의 음악이다. 주인공이 여자 친구에게 키스하면 카메라가 돌면서 두 사람이 풍경 속의 작은 점이 될 때까지 위로 올라가 빠지는 그런 장면. 그렇다. 끔찍할 정도로 상투적이다. 하지만 울림이 있다.

나는 그 곡을 정말 좋아한다고 멘디에게 말했다. 아무리 가사가 없을지라도 여기 사람들이 멘디의 곡을 싫어할 것 같지는 않다. 그가 말하는 것처럼 말이다. 하지만 그는 그 노래의 진짜 문제는 가사의 부재가 아니란다. "곡 제목을 보세요. '유럽'이잖아요. 세상에 도대체 왜 그 곡을 그렇게 부르는 거죠?"

"저는 당신이 제목을 붙인 줄 알았어요." 내가 말했다.

"어휴, 아니거든요." 그가 화를 내며 답했다. '유럽'은 단지 그가 응모할 때 아무도 자기가 썼다는 걸 모르게 하기 위해 선택한 가명이었단다. "진짜 아무 단어라도 쓰면 그만이었어요. '파랑'이든, '녹색'이든, '핑크'든 아무 단어나요. 근데 어느 날 버스에서 사람들이 하는 이야기를 들었는데, 이렇게 말하는 거예요. '새 국가 발표된 거 들었어? 제목이 '유럽'이래. 그게 뭐야? 우리는 코소보잖아?' 그 말을 들으니 너무 속이 상하는 거예요. 도대체 왜 정부에서는 그 곡의 제목 그대로 '코소보의 노래'라고 부르지 않은 거죠? 악보 맨 위에 분명히 그렇게 쓰여 있었거든요. 제가 만약 '핑크'라는 가명을 썼으면, 그럼 정부는 국민들한테 코소보의 새 국가 제목은 '핑크'입니다, 라고 하려고 했단 말인가요?"

멘디는 이 이야기를 한 호흡에 끝냈다. 마치 최대한 빨리 이야기를 끝내기 위해 서두르는 것처럼. 능숙한 이야기꾼이 그렇듯이 천천히 이야기를 쌓아 올려서 결론으로 나아가다가 허를 찌르며 끝내지 않았다. 마지막에 그저 어깨를 으쓱할 뿐이었다. '여긴 코소보잖아요. 제가 뭘 어쩔 수 있었겠어요?'라고 말하는 듯했다.

"당신이 만든 국가가 얼마나 오래 갈 거라고 보세요?" 내가 물었다. 좋은 질문 같았다. 아무도 그 국가를 좋아하지 않거나, 심지어 이 나라가 계속 유지되기를 진정으로 원치 않는다면, 언젠가 이 국가가 대체될 거라고 생각할 만하지 않겠는가. 하지만 그는 도저히 믿을 수 없다는 듯이 나를 바라보다가 처음으로 웃음을 터트렸다. "당연히 계속 가는 거죠! 그냥 가사만 붙이면 돼요. 붙긴 할 거예요. 언제냐고요? 그건 저도 모르죠. 아마 10년 후? 저희 세대는 오랫동안 알바니아 국가를 우리 국가인 것처럼 들어 왔지만, 지금 어린 세대는 다를 거예요. 사람들은 결국 제 노래에 끌리게 돼 있어요. 별로 겸손하지 못한 말인 건 알지만, 사실 그 노래는 진짜 좋은 국가예요."

멘디의 낙관주의는 감동적이었다. 하지만 아무래도 그는 자기가 처한 비극적 상황을 과소평가하는 것 같았다. 코소보 역사상 가장 중요한 노래를 작곡했지만, 그가 한 일이 뭔지 아는 사람은 거의 없었다. 식당에서 우리가 이야기하는 동안 우리 테이블을 홀끔 쳐다보는 사람도 없었다. 모두가 멘디를 단순한 손님으로만 여겼다. 아무도 친구의 옆구리를 찌르며 "저기 혹시…?"라고 묻지 않았다. 그의 국가가 코소보 역사와 현재 상황을 완벽하게 설명한다는 사실을, 이곳의 그 누가 신경이나 쓸까.

그 가사 없는 짧은 곡에서 이 나라가 분열되고 교착돼 있다는 사실, 전쟁의 상흔, 그것을 극복하려는 열망까지도 모두 읽어낼 수 있다. 이 곡은 뛰어난 작곡가가 교향곡 전 악장을 통해 할 수 있는 이야기보다 더 큰 이야기를 들려 준다. 코소보 국가와 관련된 이야기만으로도, 나는 앞으로 이런 종류의 국가를 계속 조사해야 할 필요성을 충분히 느꼈다. 이 정도의 성취를 달성했으면서 사람들의 사랑도 받는 국가가 어딘가에 있지 않을까? 국가를 작곡한 사람이 잊혀지기보다 명사 대우를 받는 곳

도 있지 않을까? 국가가 만들어진 비화조차 명랑한 그런 곳도
있을지 모른다. 물론 최근 전쟁을 겪은 나라라면 그러기 어렵
겠지만 말이다.

흥분에 차서 나는 멘디에게 어떤 나라의 국가를 조사하면 좋
을지 떠들어댔다. 하지만 그는 관심을 끈 채 내 말을 한 귀로 듣
고 한 귀로 흘려보내고 있었다. "점심이나 먹을까요?" 그가 말
했다. "야샤르라는 친구가 있는데요. 교외에 멋진 장소를 알 거
예요. 차도 갖고 있고요. 제가 연락해 볼게요. 가면서 술이나 한
잔하죠."

1.

프랑스

세상에서 가장 위대한 국가

La Marseillaise

Allons enfants de la Patrie,
Le jour de gloire est arrivé!
Contre nous de la tyrannie,
L'étendard sanglant est levé! (bis)
Entendez-vous dans les campagnes
Mugir ces féroces soldats?
Ils viennent jusque dans vos bras
Egorger vos fi ls, vos compagnes!

Refrain:
Aux armes, citoyens!
Formez vos bataillons!
Marchons! Marchons!
Qu'un sang impur
Abreuve nos sillons!

일어나라 조국의 아들 딸들아
영광의 날이 왔도다!
우리에게 맞선 저 폭군의
피 묻은 기가 올랐다! (x2)
들어라 저 들에 퍼지는
군인들의 흉포한 함성을?
턱밑까지 쳐들어 오고 있다
우리 처자식의 숨통을 끊으러!

후렴:
무기를 들어라, 시민들이여!
대오를 갖추어라!
전진! 전진!
불순한 그 피로
우리의 밭고랑을 적시자!

라 마르세예즈

>>>

프랑스 여자에게는 반박할 수가 없다. 왠지 안 된다. 심지어 상
대가 나에게 마약을 권하는 것처럼 보여도 그렇다.

　"뒤 두아 사셰테 데 드로그(Tu dois acheter des drogues, 약을 사세
요)." 노란 원피스에 노란 선글라스를 걸친 40대 여성 카트린이
내게 말했다. 그는 차를 세우고, 도로변에 자전거와 함께 쓰러
져 땀을 흠뻑 흘리고 있는 내가 괜찮은지 살피는 참이었다.

　"약을 좀 사라니까요." 카트린이 웃으면서 같은 말을 반복
했다. 일리 있는 말이었다. 나는 비로소 왜 투르 드 프랑스[1]에
서 그렇게 많이 약물 스캔들이 나는지 이해할 것 같았다. EPO,
성장 호르몬, 난드로론, 암페타민. 뭐가 됐든 지금 당장 이 언덕
을 올라갈 수 있게 해 준다면 먹고 싶은 심정이었다. 이 망할 놈
의 언덕. 카트린은 차 안을 뒤지더니 반쯤 남은 생수병을 내게
건넸다. "약 대신 이거라도 드실래요?" 다시 출발하는 그의 뒤로
명랑한 웃음소리가 울렸다.

　프로방스 지방은 후줄근한 차림으로 돌아다니면 안 될 것 같
은 동네다. 이 교외는 하얀 정장과 챙이 넓은 모자를 쓰고, 야외

1　프랑스 도로를 일주하는 사이클 대회.

카페에 앉아서 카라페[2]에 담은 와인을 놓고 앉아 있는 게 어울리는 지역이다. 땀범벅이 된 채 들어오면 안 될 것 같은 곳이다. 내가 서 있던 곳은 언덕 중간쯤이었다. 이 지방의 풍경이 수 킬로미터나 훤히 내려다보였다. 보이는 곳마다 가족이 경영하는 와인 농장과 마른 밭이었다. 트랙터가 그 사이를 가르며 먼지 구름을 만들어 내고 있었다. 하얀 외벽과 오렌지색 지붕의 농장 저택에 햇빛이 반사돼 빛났고, 진입로마다 플라타너스가 멋지게 드리워져 그 어떤 초라한 장소라도 장엄하게 장식했다. 한마디로 그저 눈이 부신 풍경이었다.

하지만 이 경관을 보고 있노라니 어쩌면 내가 실수했을지도 모른다는 생각이 들었다. 이제 자전거 여행을 시작한 지 몇 시간밖에 되지 않았고, 언덕을 오르기 시작한 지는 20분째였지만, 이미 나는 만신창이였다. 목적지인 파리 중심가의 튀일리 정원(Tuileries Garden)까지는 아직 800킬로미터나 남았다. 원래 나는 하루에 20킬로미터 이상 자전거를 타 본 적이 없었는데도, 일주일의 여정을 잡았다. 계산할 때 약간 과하게 낙관적이었던 것은 인정한다.

그럼에도 이 자전거 여행을 하기로 마음먹은 나름의 이유가 있었다. 나는 세상에서 가장 유명한 국가인 '라 마르세예즈'[3]의 경로를 사이클로 이동 중이었다. '라 마르세예즈'는 아르헨티나에서 부탄까지 세계 어디에서 부르든 누구나 알 만한 노래다. 프

---

2 손잡이 없는 유리병.

3 '마르세유의 노래'라는 뜻.

랑스어 가사를 모를지라도, 그 힘찬 가락은 누구나 조금은 흥얼거릴 수 있다. 이 노래는 한 구절 한 구절 지날 때마다 점점 더 목청을 높이도록, 주먹을 높이 들어 휘두르도록 선동하는 노래다. 어쩌면 가장 가요에 가까운 국가라고나 할까. 처음 듣자마자 머릿속에 콕 박히는 단순한 멜로디다. 프렌치 호른이든, 바이올린이든, 어떤 악기로도 연주가 가능하며 심지어 탬버린으로 치더라도 바로 알아들을 수 있다.

이 노래가 만들어진 지 얼마 되지 않아 어느 영국 역사학자는 이렇게 말했다. "이 노랫소리는 사람의 핏줄 속 피를 끓게 한다. 군대 전체가 불타는 눈을 한 채, 울며 이 노래를 부를 것이다. 그 심장은 죽음, 폭군, 악을 두려워하지 않게 된다." 어느 프랑스 장군은 이 노래가 전투에서 1,000명의 병사를 더 가진 것과 맞먹는다고 했다. 어느 독일 시인은 이 노래가 독일군 5만 명의 목숨을 앗아 갔다고 썼다. 바그너에서 비틀즈까지 모두가 이 멜로디를 훔치고 싶어 했으며, 미국, 브라질, 러시아 등에서 가요로 번안되어 불리기도 했다. 전 세계 사람들에게 이 노래는 프랑스의 상징이다. 이 노래를 싫어한다고 말하는 프랑스인이 적지 않지만 말이다.

프랑스인 상당수는 이 노래가 잔인하고 폭력적이라고 지적한다. 사실 틀린 말이 아니다. '라 마르세예즈'는 7절로 된 무장 선동가다. 사람들에게 '처자식의 목을 따러' 침입자들이 오고 있으니 맞서 싸우라고 격려한다. 심지어 어린이용 가사도 있는데, 아빠의 관을 같이 들기를 바란다고 써 있다.

그렇다고 이 국가가 세상에서 가장 폭력적인 것은 전혀 아니다. 서사하라의 국가는 사람들에게 '침입자의 머리를 자르라'고 촉구하고, 베트남 국가는 '우리 적들의 시체 위에 영광의 길을' 구축하자고 선동한다. 하지만 사람들은 프랑스 국가가 가장 폭력적이라는 공고한 인식을 가지고 있는 듯하다. 무엇보다도 이 국가는 사랑, 섹스, 샴페인의 나라와는 어울리지 않는다.

또한 많은 프랑스인들은 '라 마르세예즈'가 지나치게 인종차별적이고 제국주의적이라고 생각한다. 이는 모두 '무장하라, 시민들이여!'로 시작하는 후렴구 때문이다. 그 내용은 아래와 같다.

무장하라, 시민들이여!
…
그들의 불순한 피로
우리의 밭고랑을 적시자.

하지만 프랑스의 스포츠 경기장에 들어서면 이 노래를 부르는 사람들의 얼굴에 자랑스러움이 느껴지는 것도 사실이다. 이런 모순을 어떻게 이해하면 좋을까? 역사상 가장 위대한 노래 중 하나인 이 곡과, 프랑스인의 정체성 간의 관계를 어떻게 파악해야 할까? 이런 국가가 현대적이고 다문화적인 오늘날의 프랑스에서 여전히 의미를 가질 수 있을까?

내 의견을 말하자면, 이런 질문에 답을 구하기 위해서는 프랑스 일주를 해 봐야 한다. 사이클로 언덕을 오르는 자기 파괴적 행위를 해야 한다. 그리고 가장 중요한 게 있는데, 바로 그 여행의 출발 지점이 마르세유여야 한다는 것이다.

*

　지금으로부터 약 200년 전인 1792년 7월, 517명의 의용군과 두 대의 대포가 프랑스 남부의 해안 도시인 마르세유를 떠나 프랑스 북부에 있는 파리로 행진을 시작했다. '죽을 각오가 된 사람 600명을 모집'한다는 구인 광고에 응한 이들이었다. '함께 행진해서 폭군을 처단할 사람 모집.' 마르세유의 대표적인 혁명 파인 샤를 바르바루(Charles Barbaroux)가 낸 이 구인 광고는 총을 쏠 줄 알아야 한다는 당연한 내용과 함께, 읽고 쓸 줄 알아야 한다는 약간은 불필요해 보이는 조건까지 덧붙였다. 아무나 끼워 주지 않겠다는 모집자의 의지를 보여 준다고 할 수 있다.

　당시 프랑스는 혁명이 한창 진행 중이었다. 혁명은 나중에 루이 16세와 그의 아내인 마리 앙투아네트의 처형으로 이어졌다. 하지만 그때도 이미 정부는 왕권을 거의 제한하고 있는 상태였다.(그 전해인 1791년 루이 16세는 혁명을 감당하지 못하고 국외로 도망치려다 실패한 후 왕권을 실질적으로 잃었다.) 하지만 혁명의 파급을 두려워하는 오스트리아와 프로이센 왕국이 프랑스에 쳐들어오리라는 두려움이 퍼지고 있었다.

　마르세유의 의용군들은 루이 16세가 기존의 왕권을 단 한 자락이라도 다시 회복하게 할 수 없다는 결연한 각오로 파리를 향해 떠났다. 이들은 28일 동안 하루도 쉬지 않고 행진했다. 먼저 쉔느 드 레투알(Chaîne de l'Étoile) 산을 넘고, 론(Rhône)강의 계곡을 지나, 리옹으로 입성한 후, 솔리유(Saulieu)의 들과 숲을 넘어 수도로 향해 갔다. 그리고 가는 곳마다 그들은 한 곡의 노래를 불렀다. 행진을 시작했을 때만 해도 그 노래는 '라인 군을 위한 군가(Le Chant de Guerre pour l'Armée du Rhin)'라는 거창한 제목을 달고 있었다. 하지만 이들이 행진을 마치고 목적지에 도달한 후 얼마 지나지 않아, 곧 '라 마르세예즈'라고만 불리게 됐다.

이 517명의 의용군은 전설이 됐다. 아니, 그중 516명은 전설이 됐고, 나머지 한 명인 클로드 라구트(Claude Lagoutte)는 술을 너무 마셔서 도중에 급성 질환으로 사망했다.

나는 이들이 걸었던 길을 따라가기로 했다. 물론 걷는 대신 사이클로. 그렇게 정하고 나니 상당히 만족스러웠다. 클로드처럼 과한 음주만 삼가면 쉽게 갈 수 있으리라 생각했다. 하지만 틀린 생각이었다.

*

마르세유는 프랑스 도시 중 가장 프랑스답지 않다. 프랑스풍보다는 지중해풍이다. 역에 도착해서 바다를 바라보는 탁 트인 아르데코 스타일의 계단을 걸어 내려가다 보면, 사람들이 느긋하게 누워 거의 졸면서 볕을 쬐는 모습을 볼 수 있다. 유럽의 여느 대도시 역과는 달리 가짜 루이비통 가방이나 불법 복제 DVD를 사라고 권하는 이도 없다. 언덕들이 도시를 아늑하게 감싸고 있고, 태양의 열기가 마치 "앉아서 한잔하세요, 긴장 풀고 편하게 계세요. 걱정일랑 놓아 버리세요."라고 말하는 듯하

프랑스보다는 지중해풍에 가까운 마르세유. © 게티이미지

다. 이곳에서는 아무도 열심히 일할 것 같지 않다. 한때 이곳이 유럽에서 가장 붐비는 항만이었다는 사실, 이 도시가 무역을 통해 부를 쌓았다는 사실이 약간 놀라울 정도다. 오늘날에도 여전히 선창에 배가 드나들지만, 컨테이너를 실은 무역선이 아니라 대부분 레저용 요트다. 도시 자체는 '라 마르세예즈'가 탄생한 이래로 크게 변하지는 않았다. 구도심의 거리는 여전히 그 당시처럼 좁고, 5~6층 정도 되는 건물들은 하도 다닥다닥 붙어서 길 건너편 집에 사는 이웃과 매일 아침 악수를 해도 될 지경이다. 모든 빌딩은 오렌지색, 노랑색, 크림색 등 색색의 파스텔 톤으로 칠해져 있어, 도시 전체가 인상파 화풍에 나오는 꿈 같은 풍경이다.

역에서 얼마 떨어지지 않은 곳에는 '라 마르세예즈' 박물관

(Mémorial de la Marseillaise)이 있다. 이곳 안뜰에서 박물관의 관장인 프레데릭 프랑크다비드(Frédéric Frank-David)를 만났다. 깔끔한 수염에 붉은 갈색 머리를 가진 30대 남자였다. 내가 마르세유 의병군의 진군 행로를 따라 사이클을 타고 가겠다고 하자 그는 웃음을 보였다. "그 사람들이 밤에 행군했다는 건 알고 계시죠?" 그가 말했다. "낮에 가는 건 멍청이나 할 짓이에요. 여기가 얼마나 더운지 보세요. 언제 떠나세요?" "5분 후에요." 지금은 한낮이었다.

프레데릭은 '라 마르세예즈'의 최고 팬이라고 자처했지만, 사실 그런 것치고는 좀 특이한 부류였다. 젊고 진보적이며, 그 노래가 주는 기쁨만큼이나 단점에도 열린 마음을 가지고 있었다. 커피 한 잔을 앞에 두고 그가 말했다. "'라 마르세예즈'의 문제는요. 극우주의자들이 즐겨 부른다는 거예요. 국민 전선[4]이나 부르는 노래인 거죠. 그래서 폭력적이고, 추하고, 인종 차별적 노래라는 딱지가 붙었어요. 하지만 그 너머를 봐야 해요. 이 노래를 꼭 그런 의미로만 해석할 필요는 없죠. 이 노래는 혁명의 상징이어야 해요. 프랑스 혁명은 전 세계에 자유와 평등의 이상(理想)을 전하기 위한 거였잖아요. 이 노래도 혁명의 일부였고, 내용도 그 이상에 관한 거죠."

"남미에서 독립운동이 일어났을 때 그곳 사람들도 '라 마르세예즈'를 불렀어요. 중국에서 19세기 말 유럽의 제국주의 세력에 저항할 때도 '라 마르세예즈'를 불렀고요. 물론 중국어로

---

4 장 마리 르펜이 설립한 프랑스의 극우 정당.

요. 천안문 광장에서도 이 노래를 불렀어요. 혁명이 일어나는 곳이면 어디든 이 노래가 불렸죠."

내가 프레데릭을 만나고 싶었던 큰 이유는 출발 전에 마르세유 의용군에 대해서 좀 더 알아보고 싶었기 때문이다. 하지만 의외로 알려진 게 별로 없었다. 프레데릭은 그중 프랑수아 무아송(François Moisson), 피에르 가르니에(Pierre Garnier), 앙드레 카르뱅(André Carvin) 등 몇몇 이름을 알려줬지만, 그 이상은 약간 모호했다. 그들의 평균 나이는 스물아홉 살이었는데, 열네 살의 북치기 소년 조제프 카마(Joseph Camas)도 있었고, 쉰다섯 살의 교사 에티엔 고갱(Etienne Gaugain)도 있었다.

의용군의 모집 주체는 주로 기자나 변호사로서 혁명파 자코뱅 당원이었지만, 실제로 의용군에 참여한 이들은 주로 직공이나 장인, 가게 주인이었다. 평범한 상인이었다는 이야기다. 읽고 쓸 줄 아는 사람들이었을 테니, 어느 정도의 교육은 받았을 것으로 추정된다. 특히 '라 마르세예즈'를 부를 수 있었음을 감안하면 이들은 분명 식자층이었을 것이다. 1790년대만 해도 지배 계층의 언어인 프랑스어를 쓰는 사람은 전체 프랑스 인구 중 10퍼센트밖에 되지 않았기 때문이다. 마르세유에서는 프로방스어나 옥시타니아어(오크어)를 사용했다. 나머지 지방에서는 브르타뉴어나 알자스어 등이 사용되고 있었다. 프랑스어 교육이 전 지역에 강요되기 시작한 때는 그로부터 100년도 더 지난 후였다.

의용군에 참여하는 사람은 600리브르의 보상을 약속받았다. 금화 25개에 해당하는 액수였지만, 멀쩡한 직업이 있는 사람이 목숨을 걸기에는 그다지 큰돈이 아니었다. 그럼에도 불구하고 앞다퉈 지원자가 몰린 데는 더 큰 이유가 있었다. 오늘날 마르세유 의용군에 대해서 알려진 사실 중 확실한 게 하나 있다. 바로 이들이 파리에 대해 일종의 열등감에 시달리고 있었다는 점이다. 마르세유는 수도인 파리 시민들의 농담의 대상이었고, 파리의 권력자의 기분에 늘 휘둘리곤 했다.

"당시에는 혁명을 파리 시민들의 손에 맡기면 안 된다는 생각이 있었습니다." 프레데릭이 말했다. "그리고 이 혁명을 수호할 임무를 맡는다는 건 의용군에게 굉장히 의미 있는 일이었죠. 왜냐하면 마르세유가 파리에서 지리적으로 너무 멀리 떨어져 있어서 늘 무시당했다고 느껴왔거든요. 거의 복수의 때가 왔다고나 할까요? 예전의 상하 관계를 극복하고 '마르세유는 프랑스에서 중요한 도시다. 파리가 망친 혁명을 마르세유가 완수할 것이다.'라고 말하고 싶었던 거죠."

그 복수의 배경 음악이 '라 마르세예즈'다. 이 노래가 마르세유에서 처음 불린 때는 6월 22일. 프랑수아 미뢰르(François Mireur)라는 의대생에 의해서였다. 그는 의용군 모집을 위한 모임에 참석 중이었다. 그가 이 노래를 부른 계기는 알려져 있지 않다. 이 노래가 실제 만들어진 장소는 사실 이곳에서 800킬로미터나 떨어진, 프랑스 동부에 주둔해 있던 군부대 안이었기 때문이다. (이에 대해서는 추후에 상세히 이야기하겠다.) 프랑수아는 아마 오늘날 신문 가판대와 비슷한 역할을 하던 18세기의 포고꾼(town crier)에게 악보를 사지 않았을까 추정된다. 노래의 분위기에 감명을 받았거나, 어쩌면 그냥 회중의 분위기를 띄우고 싶었을지도 모른다. 이유가 무엇이든, 미뢰르의 입술에서 흘러나온 노래는 창밖으로 빠져나가 방방곡곡으로 퍼져 나갔다.

몇 주 후인 7월 2일 오후 7시, 517명의 의용군이 법원 건물 바깥에 집결했다. 자코뱅당 지도자들은 혁명의 상징인 붉은 모자와, '라 마르세예즈'의 가사가 인쇄된 리플릿을 의용군에게 나눠 줬다. "그 노래로 동기를 부여하고 계속 진군하게 하려는 의도였지요." 프레데릭이 말을 이었다. "자코뱅당은 이 곡 외에는 다른 노래들을 금지했어요. 일종의 세뇌 작전이랄까요."

프레데릭과 헤어진 지 2시간 후, 나는 마르세유의 언덕을 반쯤 올라가 가드레일에 기대서 있었다. 너무나 동기 부여가 절실한 나머지 의용군들처럼 그 노래를 불러 볼까 고민했다. 하지만 너무 지쳤고, 카트린이 준 물도 다 마셔 버려 목도 말라서 그만 두기로 했다. 여기서 계속 기다리면 또 다른 차가 지나가다 진짜로 약이라도 줄지도 모를 일이었다.

*

결국 나는 '라 마르세예즈'나, 그 어떤 약물의 도움도 없이 언덕을 오르는 데 성공했다. 그리고 이틀 동안 계속 북쪽을 향해 달렸다. 우선 치즈와 고기, 과일을 파는 노점이 넘쳐 나는 엑상프로방스(Aix-en-Provence)를 지나, 한때 교황청이 있었던 아비뇽(Avignon)에 닿았다. 프랑스 출신인 클레멘스 5세가 1305년 교황에 즉위했을 때, 로마로 가기를 거부하고 교황청을 옮긴 곳이다. 6미터 높이의 4.5톤짜리 성모 마리아 금상이 성당의 종탑

끝에서 도시를 바라보고 있었다.

517명의 마르세유 의용군은 이 두 도시를 모두 거치면서 가는 곳마다 혼란을 야기했다. 여명에 기별도 없이 도착해서는 시장에게 음식과 와인을 대령하라고 명령했다. 그러고는 수 시간 동안 술을 마시고, 왕의 험담을 하며, 의용병을 모집했다. 물론 이들은 줄곧 '라 마르세예즈'를 불렀다. 싸움도 벌였다. 혁명에 반대하거나 의용군에 참여를 거부하면 누구든 싸움을 걸었고, 시비를 걸 사람을 찾지 못하면 자기들끼리 싸웠다. 행진을 시작한 지 며칠 되지도 않아서 이들에 대한 공포스러운 소문이 프랑스 전역에 퍼졌다. 사람들은 이들이 자기 도시를 지나가지 않기만을 빌었다.

이 도시들은 아름답고 흥미롭긴 했지만, 자전거 여행을 시작하면서 첫 며칠간 내게 깊은 인상을 남긴 지역은 오히려 시골이었다. 엑상에서 아비뇽으로 뒤랑스(Durance)강을 따라서 오는 길은 내내 농업 지대였다. 사과와 배가 하도 많이 열려서 사람들이 차를 멈추고 과일을 따도 농부들이 성내지 않는 곳이었다. 이름을 아는 모든 채소가 자라고, 이름을 모르는 야채도 잔뜩 자라는 곳이었다. 시야 안에 건물이라곤 오로지 농가뿐이었는데, 그림처럼 아름다웠다. 창문이 약간씩 낡아서 창틀에 살짝 맞지 않기도 했지만, 엽서처럼 완벽한 모습이었다. 아마 이 풍경 때문에 그렇게 많은 외지인들이 프로방스 지방에 반하는 것이리라. 그들은 이곳에 와서 태양에 흠뻑 젖은 정원에 앉아 있거나, 지하 저장고에서 살짝 먼지가 내려 앉은 와인 병을 쓰다듬으며 지내는 꿈을 꾼다.

그건 그렇고, 이런 집에서 밤을 보내면 무서울 것 같았다. 수 킬로미터 떨어진 곳의 소리까지 훤히 들릴 것이고, TV에서 추리물을 볼 때면 오늘 밤 살인마가 우리 집에 들어오지 않을까 두려울 것이다. 이 농가들을 자전거로 지나가면서 내 머릿속에는 마르세유 의용군이 이곳을 지나갈 때 이들 집에 사는 사람들은 얼마나 무서웠을까 하는 생각뿐이었다. 소리를 처음 들은 시간은 아마 새벽 2~3시쯤이었을 것이다. 처음에는 그냥 잘못 들었다고 생각했을 게다. 하지만 15분쯤 후에는 더 이상 그럴 수 없었을 것이다. 소리가 이전보다 훨씬 커졌을 뿐더러, 수많은 사람들이 노래를 부르는 소리라는 것까지 분간할 수 있었을 테니까. "그냥 술 취한 주정뱅이들일 거야, 여보. 들어가서 자요." 몇 분 후 그 소리는 계속 커져서, 더 이상 그 핑계마저 통하지 않았을 것이다. 노래 가사는 알아들을 수 없었을 것이다. 그 사람들은 프로방스어밖에 하지 못했을 테니까. 하지만 공격적이고 폭력적인 노래라는 건 알 수 있었을 것이다. 이들은 일어나서 창밖을 내다봤을 것이다. 그러고는 화들짝 놀라 바로 아래층으로 달려가 문에 빗장을 단단히 질렀는지 확인했을 것이다. 517명의 병사가 손에 횃불을 들고 대포 두 대와 함께 행진하는 모습을 봤더라면 말이다.

의용군이 '라 마르세예즈'를 매일 밤 몇 번이나 불렀는지 아는 사람은 없다. 내 계산으로는 70회 정도가 아니었을까 싶다. 총 7절이니까 8시간 동안 계속 불렀다고 가정하면 그렇다. 하지만 어쩌면 그보다 훨씬 적게, 고작 몇 번 정도 불렀을지도 모른다. 자신들이 지나간다는 걸 알리기 위해서 마을에 도착할 때에만 불렀을 수도 있다. 하지만 몇 번을 불렀든, 그 노래는 불멸이 됐다.

*

이제는 텅 비어 버린 광활한 사암빛 요새인 교황청과, 한때 론강을 가로지르는 900미터짜리 중세 다리였던 생베네제교를 한번 둘러보고 아비뇽을 출발했다. 이 다리는 홍수 피해로 무너져 이제 100미터 정도만 남고 도중에 끊겨 있었다. 마치 달려와서 물 속으로 뛰어내리기라도 하라는 듯.

나는 자신감이 넘쳤다. 이틀 연속 하루 종일 사이클을 타고 130킬로미터를 이동하는 데 성공했다. 기온도 좀 떨어졌다. 그리고 흥미로운 사람들도 만났다. 어젯밤에는 도시 성벽 안의 물레방아 근처에 있는 술집에 앉았다가, 올리비에 뒤보라는 젊은 교사를 만났다. 그는 '라 마르세예즈'의 폭력성이 싫다고 말했다. "프랑스는 더 이상 전쟁 노래가 필요치 않아요. 사랑 노래여야 해요. 에디트 피아프의 '라 비 앙 로즈(La Vie en Rose)'같은 노래요."('사랑의 밤은 끝날 줄 모르고') 하지만 그러고 나서 얼굴에 함박웃음을 짓고는 '라 마르세예즈'를 불렀다. 몇 년간 캐나다에서 일하다가 막 돌아온 그는 국가를 부르면서 처음으로 프랑스인이 된 기분을 느꼈다고 했다. 그러니까 내가 아비뇽을 떠날 때 희망찬 기분이었던 것은 당연했다.

그건 실수였다.

다음 행선지는 샤토뇌프뒤파프(Châteauneuf-du-Pape)였다. 프랑스에서 이름난 와인 농장이 있는 곳이다. 거리는 약 16킬로미터 밖에 되지 않았다. 하지만 몇 분 지나지 않아 큰 도로를 질주하자 바람이 불기 시작했다. 어디서 불어왔는지 모를 일이었다. 모퉁이를 돌자 갑자기 벽에 부딪힌 듯, 바람이 나를 튕겨 트럭 옆에 거의 내동댕이칠 뻔했다. 자전거에는 녹음 장비, 지도, 옷가지 그리고 내가 절대 쓰지 않을 것 같은 자전거 수리 도구가 담긴 바구니가 두 개 달려 있었는데, 바람은 그 무게가 아예 존재하지도 않는 것처럼 나를 내동댕이쳤다. 몸을 추스르고 다시 출발하자마자 또 다른 공기의 장벽에 부딪혔고, 이번에도 트럭을 아슬아슬하게 피했다. 이 트럭은 내가 앞선 트럭과 충돌할 뻔한 걸 보고 내게서 3미터 이상 떨어져 가던 차였다. 간신히 다음 모퉁이를 도니 약간 보호를 받는 것 같아 한숨 돌리려던 찰나, 비가 내리기 시작했다. 마치 날씨가 이 여행은 별로 좋은 생각이 아니라고 말하는 것 같았다. 결국 간선 도로를 벗어나 좁고 구불거리는 작은 도로를 따라 어떤 마을의 카페로 피신했다. 내가 카페에 들어서서 문을 닫자마자 태양이 다시 빛났다.

아직 아침 10시 30분밖에 되지 않았지만, 이미 몇몇 손님이 와인을 들이키고 있었다. 카페 주인은 큰 회색 콧수염을 기른 남자로, 덩치가 크고 뺨이 늘어진 모습이었다. 사이클용 반바지를 입은 내가 들어오는 걸 보고 그가 큰 소리로 인사했다. "사이클 타기에 아주 좋은 날씨죠. 안 그래요?"

"그렇긴 한데, 바람이 좀…"

"그게 미스트랄(Mistral)이에요. 그것도 몰랐어요?"

미스트랄은 프랑스 남부에 간헐적으로 불어오는 강력한 바람이다. 세상에서 가장 거센 바람 중 하나다. 론 계곡에서 자라는 모든 나무는 그 바람 때문에 굽어 자랄 정도다. '어쩌면 그 바람은 사람도 꼬이게 만들지 않았을까?' 나는 속으로 생각했다. 미스트랄에 대해서는 15년 전 학교에서 지리 시간에 배웠지만, 완전히 잊고 있었다.

"저는 영국인이거든요." 그의 지적에 충분한 답이 되기라도 하는 양 말했다.

"아하, 네. 여기 이사 오는 영국인들이 아주 많죠. 아직 바람이 세지 않은 여름에 와서 사랑에 빠져요. 가을만 오면 빨리 못 떠나서 안달이에요." 그는 그 말을 하면서 계속 웃다가, 웃음을 그치자마자 도대체 왜 10월에 자전거를 타고 있는지 물었다.

내가 설명하자 그가 말을 이었다. "멋진 여행 같네요. 하지만 왜 그 의용군들을 따라가요? 그 얘기가 '라 마르세예즈' 얘기인 것도 아닌데. 걔들이 만든 노래도 아니고요. 그 사람이 태어난 데로 가야죠. 그 누구더라?" 그가 자기 부인을 돌아봤다. "'라 마르세예즈' 작곡한 사람이 누구지?"

"내가 어떻게 알아?" 부인이 답했다.

"루제." 카페 주인이 카운터 뒤에서 고개를 들며 말했다. "아, 맞네요. 루제 드 릴. 그 사람이 태어난 곳으로 가야죠."

클로드 조제프 루제 드 릴(Claude Joseph Rouget de Lisle)은 '라인군을 위한 군가'를 작곡한 사람이다. 그는 하룻밤 만에 천재적 영감을 받아 그 곡을 완성했다. '천재적 영감'이라는 표현이 사실 너무 남발되는 경향이 있지만, 이 경우에는 딱 들어맞는다.

루제는 역대 가장 위대한 원히트 원더[5]다. '라 마르세예즈'의 멜로디를 듣고, 가사를 읽어 보라. 아무나 그런 곡을 쓸 수 없다. 그럼에도 불구하고 프랑스에서 그를 알고 있는 사람은 거의 없다. 다른 곳은 더 말할 것도 없다. 그의 이름을 잊지 않은 사람은 '라 마르세예즈'의 곡조를 차용했던 다른 작곡가들뿐이다. 베를리오즈, 리스트, 로시니, 엘가, 슈만, 차이콥스키, 드뷔시…. 그 목록은 끝이 없다.

루제는 1760년 프랑스 동부의 작은 마을인 롱르소니에(Lons-le-Saunier)에서 태어났다. 그 마을에서 가장 돋보이는 건물은 교회이고, 빵집이 사교장인 그런 동네였다. 오늘날은 쥐라(Jura) 지방의 행정 중심지이지만, 공무원이 넘치는 도시로 보이지는 않는다. 이곳은 조용하고 반쯤 잠들어 있는 도시 같다. 18세기에도 크게 다르지 않았을 것이다. 나무로 만든 통통한 교회의 첨탑 아래 비포장 도로가 몇 개 있는 정도였을 것이다.

루제의 아버지는 변호사였고, 어머니는 당시 대다수 여성이 그렇듯이 주부였다. 루제는 태어난 첫해를 아버지 사무실이 위치한 시내 중심가의 한 아파트에서 보냈다. 하지만 두 살이 되던 해, 근처 언덕 마을 몽테규(Montagu)에 위치한 집으로 이사했다. 여기서 그는 맑은 공기와 너른 공간을 흠뻑 즐기며 여섯 명의 형제 자매와 함께 어린 시절을 보냈다. 미니어처 대저택처럼 생긴 이 집은 오늘날에도 남아 있지만, 철문에 자물쇠가 채워져 안마당에 접근할 수는 없었다.

---

5   원히트 원더(one-hit wonder)는 단 하나의 히트곡만을 가진 가수를 뜻한다.

루제는 음악가가 되고 싶었다. 하지만 피아노를 잘 치지는 못했다. 바이올린 솜씨는 그보단 좀 더 나았다. 루제의 아버지는 음악을 절대 허락하지 않았다. 군대에 가지 않으면 아무것도 지원해 주지 않겠다고 으름장을 놓았다. 그래서 루제는 열여섯 살의 나이에 혼자서 파리의 군사 학교로 가게 된다. 그러면서 이름도 바꿨다. 태어날 때 그의 이름은 그저 클로드 조제프 루제였지만, 그의 아버지는 아들이 귀족처럼 보여서 장교로 진급할 수 있도록 '드 릴'이라는 이름을 샀다. 당시 돈이 있고 신분 상승을 원하는 사람들 사이에서 흔한 일이었다. 이름을 사는 데 지불한 돈이 얼마인지에 대한 기록은 없다.

루제는 이후 15년 동안 교육과 훈련을 받았고, 프랑스 이곳저곳에 파견을 다녔다. 하지만 그는 시간이 날 때마다 여자들에게 잘 보이려 자작곡을 들려줬다. 아마 노래가 썩 좋을 필요도 없었을 것이다. 그는 곱슬거리는 금발 머리가 목까지 내려오는 미남이었다. 평생 태클 한번 당해 본 적 없는 럭비 선수 같은 외모였다. 오늘날 롱르소니에는 자유의 여신상을 설계한 프레데릭 바르톨디(Frédéric Bartholdi)가 만든 그의 동상이 있다. 한 손을 가슴에 얹고 어찌나 날렵한 자세를 취하고 있는지 그 마을에 사는 사람들을 부끄럽게 할 정도다.

루제는 아마 이따금 노래나 쓰고 이따금 전투에 참여하면서 빈둥거리는 인생을 보냈을 수도 있었으리라. 1792년 4월 25일, 독일 국경에 위치한 스트라스부르에서 있었던 운명의 밤이 아니었다면 말이다. 당시 그곳에는 수천 명의 병사가 주둔해 있었다. 프랑스가 막 오스트리아에 선전 포고를 한 참이었기 때문이

루제 드 릴.
얼마나 날렵한지 보라.
© 알렉스 마셜

다. 프랑스 정부는 오스트리아가 프랑스 혁명을 방해하고 루이 16세의 왕권을 회복시키려는 시도를 막고 싶었다. 루이 16세 역시 자신의 인기가 회복되리라는 기대 때문에 그 전쟁을 지지했다. 루제는 이제 곧 진짜 전쟁에 참전해야 했다. 그의 준수한 용모가 처음으로 위협받고 있었다.

루제는 아마 스트라스부르에서 꽤 명사였던 모양이다. 시장의 집에서 열린 저녁 식사에 초대를 받았던 걸 보면 말이다. 디트리히 시장은 그날 밤 참석자 모두를 지루하게 했다. 그는 군대의 사기를 진작할 만한 애국적인 노래가 없다며 불평을 거듭했다. 그러다 문득 이런 생각을 했다. '루제가 음악가니까 그에

게 작곡을 의뢰해 보면 어떨까?'

　루제는 어느 프랑스 역사학자에게 그날 제안을 받은 후 일어난 일에 대해 이렇게 말했다. "저는 제 방으로 돌아갔어요. 약간 취해 있었지만, 바로 바이올린을 집어 들었죠. 악기에 활을 대자마자 그 곡조가 떠올랐어요. 온몸에서 열이 났고, 땀이 흘러내려 마룻바닥을 적실 지경이었지요. 하지만 멈출 수가 없었어요."

　그는 어떻게 하룻밤만에 가사를 쓸 수 있었을까. 그 대답은 어렵지 않다. 일부는 그가 지난 몇 년 동안 거리에서 들었던 혁명 구호에서 따왔다. 또, 어떤 구절은 스트라스부르 성벽에 도배된 혁명 관련 포스터에서 말 그대로 훔쳐 온 것도 있었다. 그 노래가 프랑스 혁명이 말하던 모든 것, 그러니까 '피, 흙, 조국'과 완벽하게 합치하는 이유다.

　그렇다면 선율은 어떻게 만든 걸까? 아까도 말했다시피, 천재성 말고는 설명할 방법이 없다. 아니, 있다. 어쩌면 선율도 훔쳤을지 모른다. 어떤 역사학자는 루제가 그날 밤 땀을 흘리기는커녕, 아예 작곡에 관해서는 아무 일도 하지 않았다고 강력하게 주장한다. 당시 잘 알려져 있던 어떤 곡조를 살짝 바꾼 게 전부라는 것이다. 증거는 없다.

　설사 그 주장이 사실이더라도, 그 선율의 효과를 알고 그걸 선택한 것도 감각이다. 다른 국가를 보면 이를 확실히 알 수 있다. 프랑스처럼 나라가 외적의 위협에 처했거나 전쟁을 시작하는 등 유사한 상황에서 작곡된 국가가 수십 개도 넘는다. 하지만 그중 '라 마르세예즈'에 필적할 만한 곡은 없다. 작곡이 그렇게 쉬운 일은 아니다.

미국 국가인 '성조기(The Star-Spangled Banner)'나 중국 국가인 '의용군 진행곡(義勇軍進行曲)'처럼 유명한 국가들만 두고 하는 이야기는 아니다. 불가리아 국가인 '친애하는 어머니의 나라 (Dear Motherland)'를 예로 들어 보자. 이 곡은 교사인 츠베탄 라도슬라포프(Tsvetan Radoslavov)가 세르비아의 침략에 맞서기 위해 진군할 때 만든 노래다. '불가리아 형제들아, 가자 / …영광스러운 전투가 다가오네, / 자유와 정의를 위하여'라는 가사가 붙은 멜로디는, 찬송가인지 행진곡인지 갈팡질팡하다가 길을 잃은 듯 무겁고 투박하다. '무기를 들어라, 시민들이여!'가 주는 느낌과는 완전히 다르다.

루마니아 국가인 '깨어나라, 루마니아인이여! (Wake Up, Romanian)'는 그보다는 좀 낫다. 이 곡은 1848년 루마니아에서 합스부르크 제국의 지배에 저항하는 혁명이 일어났을 때, 시인 안드레이 무레샤누(Andrei Mureșianu)가 만든 노래다. 루제가 싸웠던 바로 그 제국, 합스부르크다. 1절의 가사는 이렇다. '**지금** 아니면 기회는 없으니, 자신을 위해 새로운 운명을 개척하라, / 가장 잔인한 적조차 고개를 숙이도록.' 안드레이는 '지금'이라는 단어를 계속 끈질기게 반복하는 작전을 쓴다. '**지금** 저 잔인한 자들은… / 우리의 언어를 빼앗으려 하고 있다.' 후반부는 이렇게 이어진다. '**지금** 아니면 기회는 없으니, 감정으로 뭉쳐라.' 마지막은 이렇다. '모두가 외치니 '자유의 삶 아니면 죽음을!''

이 곡은 확실히 선동적이다. 어쨌거나 수천 명을 반란으로 이

끊었으니 말이다. 하지만 이 노래가 흔히 '루마니아의 라 마르세예즈'라고 불린다는 사실이 모든 걸 설명한다. 이 곡이 루제가 쓴 곡에 필적할 만큼 좋았다면 그렇게 불리지는 않았을 것이다. 이론의 여지 없이, 루제가 4월 25일 밤에 썼던 곡은 국가 중에서 단연 명곡이다.

다음 날 아침, 루제는 그 노래를 디트리히 시장에게 가져갔다. 시장은 곡이 마음에 쏙 들었다. 더 중요한 사실은 디트리히 시장의 부인도 이 곡을 매우 좋아했다는 것이다. 그녀는 곡을 클라비코드[6]로 그럴듯하게 편곡했다. 그날 밤 시장은 한 모임에 참석해서 그 노래를 불렀는데, 그 자리에 있던 참석자 모두가 마음에 들어 했다. 루제가 미처 생각할 틈도 없이, 그 노래는 인쇄되어 신문사 편집자와 마을 포고꾼의 손에 들어갔고, 이어 전방에 주둔하고 있던 병력에게 전달됐다.

작곡한 지 며칠 지나지 않아서 이 곡은 루제의 손을 영원히 떠났다. 곧 프랑스 전역으로 퍼져 나갔고, 남쪽 끝의 마르세유까지 당도했다. 특히 517명의 마르세유 의용군에게도 전해져 환영을 받았다. 물론 그렇다고 루제의 이름이 역사에서 사라진 이유가 이것만으로 설명되지는 않는다. 이를 설명하는 이유들이 아주 많은데, 이 목록을 '루제의 많은, 아주 많은 실수들'이라고 부를 수 있을 것 같다.

---

6   16~19세기 초에 유럽에서 널리 사용된 건반 악기.

노래가 만들어진 지 4개월도 채 지나지 않은 1792년 8월, 루제는 군인 자격이 유예되고 '조국의 배신자'로 낙인찍혔다. 새로 들어선 정부, 곧 왕정을 폐지하고 공화국을 선포할 정부 의 명령을 거부했다는 죄목이었다. 그로부터 1년 후, 파리를 휩쓴 로베스피에르의 공포 정치가 시작됐고, 그는 왕당파라는 이유로 투옥됐다. 그는 거의 1년을 감옥에서 보내다가 간신 히 단두대 처형을 면했다. 자신이 진정한 공화파라고 주장하 며 이를 증명하기 위해 끔찍한 노래를 쓴 덕분이었다. 그 노랫 말에는 어둠이 우주를 뒤덮고 '불순한 증기'가 왕좌를 차지한 다는 내용이 있는데, 아마도 루이 16세를 지칭한 것으로 추측 된다. 그리고 '그것이 굴러…'라는 구절이 나오는데, 아마 왕의 머리가 잘려 나간 것을 가장 시적이지 않은 방법으로 표현한 게 아닐까 싶다.

루제는 1794년 석방된 후, 놀랍게도 곧 다시 군대에 복귀했 다. 그로부터 1년 후, 그의 노래는 프랑스의 공식 국가가 됐다. 혁명의 승리곡으로서 말이다. 하지만 루제는 유럽뿐만 아니라 대서양 건너 미국까지 알려진 노래를 만든 사람으로서, 이 성취 의 단물을 빨아먹으며 파리를 활보할 수 없었다. 혁명기의 프랑 스에서 한번 왕당파로 낙인찍히면 딱지를 떼기까지 무척 오랜 시간이 필요했기 때문이다. 그는 그저 눈에 띄지 않게 명령을 따 르면서 묵묵히 시간을 보냈다. 그동안 그는 파리에 있는 네덜란 드 대사관에서 연락관으로 일하며 쥐꼬리만한 월급을 받았다.

황제가 된 나폴레옹에게 루제는 엄청난 양의 막말 편지를 투척했다.
ⓒ 위키피디아

그렇다면 나폴레옹 제정 시대가 도래하면서 그의 삶이 나아
졌어야 하지 않을까? 실제로 잠시 동안은 루제의 삶이 본 궤도
에 오르는 듯 보였다. 그는 나폴레옹의 부인 조세핀과 가까웠
다.(둘이 불륜 관계였다는 소문도 있다.) 조세핀은 남편을 부추겨 루제
에게 일을 줬다. 나폴레옹은 루제를 심부름꾼 삼아 스페인 왕가
에 선물을 전하는 일을 맡겼다. (조세핀은 루제가 맡은 임무를 이용해
서 파리의 신상품을 스페인으로 밀반출해서 수출 관세를 피하는 사기를 저지
르곤 했다.)

루제가 그 임무만 잘 수행했더라면, 그는 서서히 명성을 되
찾을 수도 있었으리라. 하지만 불행히도 그는 편지를 너무 자
주 썼다. 문제가 생길 때마다 나폴레옹에게 열 장쯤 되는 기나

긴 편지를 썼는데 마지막 장을 제외한 아홉 장에 요점과 상관 없는 이야기만 늘어놓았다. 더 최악인 것은 그가 쉽게 낙심하지 않는 사람이었다는 점이다. 그는 진실과 정직이 항상 보답을 받으리라 믿었다. 나폴레옹이 그의 첫 번째 하소연에 답장을 하지 않자, 루제는 편지를 또 한 통, 그리고 또 한 통을 쓰고, 쓰고, 또 썼다. 편지가 거듭될수록 내용은 점점 더 격해졌다.

처음 편지를 쓰게 된 경위는 이랬다. 어떤 프랑스인이 수백만 프랑 상당의 화물을 실은 네덜란드 선박을 탈취했다. 피해를 당한 네덜란드인은 소송까지 했지만 결국 돈을 되찾지 못했다. 루제는 이 사건이 프랑스의 용감한 동맹국에 대한 궁극의 모욕이자 정의에 대한 희롱이라고 분개했다. 나폴레옹의 20만 군대가 동맹국의 선박 하나도 안전하게 지키지 못한다면, 어떻게 동맹국과 그 국민들의 충성을 확보할 수 있겠는가. 그래서 루제는 나폴레옹에게 그들을 대변해서 정의를 실현해 달라고 호소했다. 그 편지는 무수히 많은 '편지 물결'의 시작에 불과했다. 몇 통을 쓴 이후에는 네덜란드에 대한 이야기는 사라지고, 단지 개인적인 내용으로 바뀌었다.

그중 한 통에서 그는 이렇게 말했다. '보나파르트 폐하는 자신을 잃어버렸고, 심지어 프랑스도 잃었습니다… 폐하의 계획이 뭐였던 간에 그건 무조건 잘못된 계획이고, 폐하가 하려는 사업은 파국으로 치닫는 것 외에는 이룰 게 없습니다.' 또 다른 편지에서는 앞뒤 없이 이렇게 말하기도 했다. '이래 놓고 폐하는 행복할 수 있단 말입니까? 너무나 어이가 없군요.' 이 편지에는 나폴레옹 통치하의 프랑스인의 삶을 집요하게 저격하는 내용도 많았다. '지금 프랑스인의 정신은 거짓 열정 외에는 아무것도 없습니다.' 그는 이어 이렇게 썼다. '국익은 이제 한 가문의 이익이 됐고, 국가의 영광은 더러운 아첨의 하수구가 돼 버렸지 않습니까?' 그는 성직자, 장군, 판사, 관리 들은 전부 거짓말쟁이이자 도둑이며, '우리가 은혜 입은 이 어리석은 폭정'을 가져온 자들이라고 싸잡아 신랄하게 비난했다. 그러다가 또 이따금 나폴레옹에게 공치사를 했다. 그가 상황을 호전시킬 것이라 격려하면서 마치 좀 전까지 했던 막말은 진심이 아닌 척하기도 했다.

그러나 이러한 진부한 화해의 표현들은 기나긴 비난의 끝에 슬쩍 얹혀 있을 뿐이었다. 그 몇 마디로는 이전에 수천 마디의 말로 지른 불을 끌 수는 없었다. 이런 편지를 쓴 그는 엄청난 배짱이 있거나, 엄청나게 판단력이 결여돼 있거나, 둘 중 하나였을 것이다.

당연히 나폴레옹은 이 편지를 좋게 받아들이지 않았고, 누구라도 했을 방식으로 대응했다. 바로 '라 마르세예즈'의 국가 지위를 박탈한 것이다. 1795년에 나폴레옹은 이 곡을 국가로 지정했던 법령의 효력을 중지시키고, 그 노래에 대한 반대를 공개적으로 표명하면서 자기가 등장할 때 다른 노래를 연주하도록 했다. 그 노래가 자신의 통치에 대항하는 혁명을 불러일으키지 않도록 한 조치이지만, 그 노래를 만든 자 역시 자기에게 대항해서는 안 된다는 것을 분명히 한 것이다. 1800년대 초, 그러니까 그 노래를 만든 지 10년 만에 루제는 파리에서 무일푼 신세가 됐고, 경찰의 감시를 받는 지경에 이르렀다.

그 후 루제의 여생은 별 볼 일 없었다. 그는 작곡가로서 안정적인 경력을 쌓기 위해 계속 노력했다. 200곡 이상의 노래와 몇 개의 뮤지컬을 만들었다. 하지만 불행히도 조금이라도 쓸 만한 곡은 없었다. 루제가 그날 밤에 만끽했던 완벽한 영감과 능력의 조화는 어찌 된 일인지 영영 그를 떠난 것 같았다. 뮤지컬은 첫날 공연 후 바로 무대에서 내려갔고, 노래는 취객에게조차 환영받지 못했다. 루제는 어쩔 수 없이 부모님 집으로 다시 이사했지만, 얼마 후에는 그 집마저 팔아야 했다. 그러다 빚을 갚지 못해 감옥에 갔고, 결국 자살을 시도했으나 그것마저 실패했다.

한때 그는 포르노까지 시도했다. 마르세유에 가기 몇 주 전에 나는 루제의 고향인 롱르소니에를 방문했는데, 시 관광청의 멋쟁이 청장인 도미니크 브루네에게 이끌려 루제가 태어난 집을 방문했다. 그의 아파트는 이제 박물관이 됐다. 나는 진열장에서 노래 가사가 쓰여진 한 문서를 발견했다. 그 곡이 '라 마르세예즈'가 아니라는 정도는 알 수 있었지만, 절반 이상의 내용이 카드에 가려져 있어서 글씨를 제대로 읽을 수 없었다. 나는 도미니크에게 그 내용이 무엇인지 질문했다. 그는 헛기침을 하며 겸연쩍은 표정을 짓더니 옆에 있던 사무관을 돌아보았다. 그 사무관은 웃기만 했다.

"꼭 아셔야겠어요?" 그가 내키지 않아 하며 말했다. "내용은 로제트라는 여성에 관한 거예요. 매우 아름다운 이 여성이 강에서 목욕을 해요. 한 남자가 다가가고, 그리고… 그… 아시다시피… 둘이 섹스를 하기 시작하지요. 이제 다른 이야기로 넘어갈까요?"

　루제가 외설물에 손을 대는 동안, 나폴레옹은 유럽 전체와 전쟁을 치렀고, 해방과 자유(나폴레옹의 통치를 받을 자유)라는 프랑스의 가치를 확산시키려고 했다. 그러나 그는 러시아와 독일에서 패배하면서 심대한 타격을 입었다. 수백만 명이 전사했고, 그의 권위는 쇠퇴하기 시작했다. 패색이 짙어지자, 그는 너무 절박한 나머지 하다 못해 노래의 힘이라도 빌리려는 듯 '라 마르세예즈'를 다시 허락했다. 하지만 도움이 되지는 않았다. 1814년 나폴레옹은 강제로 퇴위를 당했고, 이탈리아 연안의 작은 섬에 유배됐다.

　프랑스는 왕정으로 복귀했다. 새로운 왕 루이 18세는 '라 마르세예즈'를 전면 금지했다. 왕국에서 왕정에 반대하는 노래를 부를 수는 없는 법이다. 더구나 자기 형인 루이 16세를 왕좌에서 몰아낼 때 배경 음악이 됐던 곡이 아닌가? 그는 대신 '라 파리지앵(La Parisienne)'이라는 곡을 국가로 선택했는데, 이 곡을 부르려면 흰 가발이라도 써야 하나 싶을 정도로 고루하다.

　루제는 새 왕정을 위한 곡을 써서 좋은 인상을 남기려고 했다. 이 곡은 '왕이여 만수무강하소서, 옛 프랑스의 고귀한 함성이여.'라는 가사로 시작한다. 하지만 루이 18세는 그런 절박한 시도에 걸맞은 경멸로 그 곡을 대했다.

*

　루제는 파리 교외의 슈아지르루아(Choisy-le-Roi) 지역에 있는 한 백작 부인의 집에서 살다가 1836년에 사망했다. 옛 군대 친

구들이 그에게 묵을 방을 찾아 준 덕이었다. 거기서 그는 상대적
으로 행복한 말년을 보내면서 술값에 보태기 위해 '라 마르세예
즈'의 가짜 원본 악보를 그려서 팔았다. 심지어 노래의 원래 제
목('라인 군을 위한 군가')을 쓰는 것조차 귀찮은 나머지 악보의 제
목은 모두 그저 '라 마르세예즈'라고만 되어 있다.

　사람들은 루제의 노래를 원했지 루제를 원하지는 않았다. 루
제도 그걸 잘 알고 있었다. 모든 국가 작곡가들은 자신이 만든
노래에 비해 상대적으로 조명받지 못할 운명인 걸까? 루제를
보면 꼭 그렇지는 않은 것 같다. 적어도 스스로의 성격이 방해
하지 않았다면, 그는 자기가 살았던 시대에 훨씬 더 유명해질
수 있었다. 그래서 오늘날까지도 그 명성을 유지했을지 모른다.

　루제가 죽은 그 집은 지금도 남아 있다. 노랗고 검은 외관에
통나무 기둥으로 이뤄진 그 집은 거의 중세 시대 건물처럼 보
인다. 이백 살 된 주목 나무가 가득한 정원은 높은 담벼락에 가
려져 있다. 지저분한 아파트 블록, 중앙 분리대로 갈라진 차도
로 둘러싸인, 오늘날의 파리에서는 상상하기 어려운 건물이다.
루제는 건물 뒤편에 있는 가장 작은 방을 썼다. 넉 장의 유리로
이뤄진 조그만 창문은 지금처럼 그을음이 끼지 않았을 때도 빛
이 거의 들지 않았을 것이다. 오늘날 이 건물은 프랑스 불교 청
년회 건물에서 고작 몇 집 떨어져 있다. 안뜰에는 석탑이 있고
밝은 오렌지색 불교 예복을 입은 남자들로 가득 차 있는 그곳
말이다. 그들 중에는 '라 마르세예즈' 같은 폭력적인 노래의 팬
은 한 명도 없겠지.

나는 결국 자전거를 포기했다. 출발한 지 나흘 만이었다. 그 날 아침 나는 마르세유에서 220킬로미터 떨어진 발랑스라는 마을을 출발했다. 파리는 580킬로미터밖에 남지 않은 상태였 다. 그날 하루의 시작은 좋았다. 나는 포도 농장이 늘어서 있 는 예쁜 길을 따라 달렸다. 일꾼들이 포도를 따서 트럭에 적재 했는데, 박스가 수백 개나 됐다. 아래에 짓눌린 포도에서 얼마 나 즙이 많이 떨어지는지, 멈춰서 유리잔이라도 찾아서 받고 싶을 정도였다.

하지만 나는 곧 다시 언덕을 만났다. 아주 높은 언덕이었다. 게다가 그 망할 놈의 미스트랄이 꼭대기에서부터 달려내려와 서 내게 꽂히고 있었다. 길 한쪽에는 1킬로미터마다 커다란 표 지석이 놓여 있었다. 나는 첫 번째 표지석부터 내려서 자전거를 밀기 시작했다. 발끝에 잡힌 물집은 매 걸음마다 터질 것처럼 나를 위협했다. 무릎이 삐걱거리는 소리도 들을 수 있었다. 서 른한 살에 무릎에서 삐걱거리는 소리가 나는 것은 걱정스러운 신호다.

나는 엑상프로방스에서 사 온 말린 소시지를 먹어서 조금이 라도 에너지를 얻어 보려고 했다. 하지만 속이 올리브로 채워져 있어서 소금기 때문에 목만 더 마를 뿐이었다. 나는 음악을 틀 어 보았다. 댄스 음악이라도 들어서 지금은 에어로빅 수업 시간 에 언덕 러닝을 하고 있을 뿐이라고 스스로를 속이려고 했다. 하지만 헤드폰 한쪽이 고장 나 있었다. 한쪽 귀가 멍멍하게 음악을 듣는 것은 이 상황에 전혀 도움이 되지 않았다.

바로 그때였다. 이제 517명의 의용군처럼 행진하며 '라 마르세예즈'를 부르는 수밖에 내게 다른 선택지가 없다는 것을 알아차렸다. 그동안 나는 이 노래를 공부해 왔다. 모든 가사를 다 외운 상태였다. 아무 구절이라도 외워 보라고 하면 아마 프랑스 대통령보다도 더 빨리 읊을 수 있을 정도였다. 다섯째 줄과 여섯째 줄의 가사는? '앙탕데부 당 레 캉파뉴(Entendez-vous dans les campagnes, 들어라 저 들에 퍼지는) / 뮈지르 세 페로스 솔다(Mugir ces féroces soldats, 군인들의 흉포한 함성을)' 후렴구 셋째줄은? '마르숑! 마르쇼옹!(Marchons! March-ONS, 전진! 전진!)' 이 노래의 힘을 시험해 볼 수 있는 때가 인생에 단 한 번 있다면 바로 지금이었다.

그래서 나는 자전거에 올라타고는, 일어서서 몇 미터를 페달을 밟아 속도를 내고, 허리를 펴고, 가슴을 내밀고, 머리를 높이 치켜들고, 노래를 부르기 시작했다. 그 승리의 구절이 내 등 뒤로 흘러 골짜기에 울려 퍼지기를 원했다.

"알롱 장팡 드 라 파트리-이(Allons enfants de la PATRI-E)." 나는 거침없이 첫 구절을 시작했다. '일어나라, 조국의 자녀들이여'라는 의미다. 나는 병사처럼 각 음절을 거세게 외쳤다. "르 주르 드 글루와 에 타리베(Le jour de gloire est arrive, 영광의 날이 왔도다)!" 나는 다음 구절도 계속 씩씩하게 불렀다. 옛날 합창단 선생님이 지금의 나를 본다면 "네가 자랑스럽다."라고 말하시겠지. 하지만 그때 셋째 줄이 시작됐다. "콩트르 누드라 티라니(Contre nous de la tyrannie, 우리에게 맞선 저 폭군)." 좀 더 정확히 말하자면, 셋째 줄의 한 단어를 부르자마자 모퉁이를 돌았고, 경사가 두 배로 가팔라지는 걸 보았으며, 바람이 내 얼굴에 먼지를 메다꽂는 걸 느꼈고, 나는 이 노래가 나를 위한 것이 아님을 깨달았다. 거기서 나는 걸려 넘어졌다. 딱하게. 비참하게. 아직 후렴구는 시작도 못 했는데.

그 순간 나는 517명의 마르세유 의용군에 대한 존경심이 차오르는 걸 느꼈다. 날씨에 굴하지 않고 그들은 28일간 계속 행진했다. 그들은 프랑스 전체를 가로질러 행진할 의지가 있었다. '폭군 타도' 같은 막연한 임무를 위해서 말이다. 단 302개의 단어로 이뤄진 그 한 곡의 노래는 내가 상상조차 할 수 없는 자질을 그들에게서 끌어냈다.

말은 그렇게 했지만, 나는 가장 가까운 역을 찾기 위해 지도를 꺼내 들었다. 그러고는 당시에 기차가 있었더라면 어땠을까 생각했다. 이제 자전거를 접어 들고 리옹으로 가는 기차를 타야할 때였다. '콘크리트와 마천루와 그을음과 먼지가 가득한 곳으로 돌아가자. 내가 익숙한 곳으로.' 내가 나머지 언덕을 올라가기 위해 필요한 동기 부여는 이 결심으로 족했다.

*

프랑스에 있는 내내 사람들에게 '라 마르세예즈'에 대해서 물으면서, 그 노래가 오늘날 프랑스에서 진정으로 어떤 의미인지 찾으려 노력했다.

나는 와인 창고에서 일하는 디디에 캉타렐(Didier Cantarel)이라는 사람을 만났다. 단단한 몸매에 머리를 빡빡 민 그는 창고에서 최고의 레드 와인을 '시음용'으로 한 잔 따라 주며 우스꽝스럽게 국가를 불렀다. 그러고는 자기가 코소보와 보스니아에서 복무한 전직 군인이며, 너무 많은 장례식에서 국가를 불렀어야 했다고 회고했다. 그렇다고 해서 그 노래를 싫어한다는 뜻은 아니었다. 그는 이 노래의 폭력성에는 훌륭한 목적이 있다고 주장했다. "이 노래가 가치에 관한 노래임을 우리는 종종 잊곤 해요. 자유 수호에 관한 노래라는 걸요. 이 점을 존중해야 해요. 아직 이 노래에서 배울 게 있어요. 자유가 없는 곳이 아직 있으니까요."

한 빵집에서는 나이 든 여성을 만났다. 그는 '라 마르세예즈'가 한때 프랑스가 유럽을 지배했다는 사실을 떠올리게 하기 때문에 중요하다며 긴 강의를 했다. "이 노래는 우리에게 목표로 삼을 만한 뭔가를 줘요." 조각 케이크에서 조심스럽게 딸기를 골라 버리면서 그녀가 말했다. ("내 이에 낀다우.") 하지만 그러더니 정말로 프랑스가 다시 초강대국이 되는 것을 원치는 않는다고 덧붙였다. "너무 신경 쓸 게 많아지지. 미국이 끌어안은 골칫거리를 보시우. 중국은 어떻고? 지금 위치에 나는 만족해. 우리 말만 쓸 수 있으면 다른 건 신경 쓸 것 없지."

그 외에도 노래의 첫 구절도 모르던 소녀들과, 노래를 부르기 전에 악보를 좀 보여 달라는 남자들도 만났다. 그 노래를 사실 좋아하지만 친구들에게 말하기는 부끄럽다는 록 가수도 만났다. 심지어 그 노래가 가져다 주는 공동체 의식을 느끼기 위해서라면 마르세유에서 파리까지 기쁘게 걸어 갈 수 있다고 말한 히피도 만났다.

하지만 내가 이 노래에 대한 의견을 가장 듣고 싶었던 사람들은 정작 답을 주지 않았다. 바로 프랑스 내 이민자들이다. 제2차 세계대전 이후 프랑스로 이주하기 시작한 알제리인과 튀니지인, 그리고 그들의 자손이다. 이들은 프랑스 전체 인구의 10퍼센트 이상을 차지한다. '라 마르세예즈'를 싫어할 만한 이유가 가장 많은 사람들도 그들이다. 특히 알제리가 프랑스로부터 독립하기 위해 8년간 전쟁을 치렀음을 감안하면 더욱 그렇다. 또한 이들은 프랑스 대 알제리, 프랑스 대 튀니지 간의 축구 경기에서 이 국가가 불릴 때 야유를 보내서 국가에 대한 격한 논쟁을 불러일으키는 사람들이기도 하다.

나는 술집, 테이크아웃 음식점, 길거리 등에서 사람들에게 이 질문을 던지며 허심탄회한 이야기를 끌어내려 애썼다. 심지어 극장 밖에서 브레이크 댄스를 추던 아이들에게도 말을 걸었다. 이들은 모두 다 친절했지만, '라 마르세예즈'에 대해 어떻게 생각하냐고 물으면 단답형의 대답으로 질문을 튕겨 냈다. "국가 잖아요." 그들은 냉소적인 웃음을 보이며 답했다. 아무리 질문을 이어 가도 그 이상의 답변을 끌어낼 수 없었다. 몇몇은 "왜 그렇게 꼬치꼬치 묻느냐?"며 성을 내기도 했다. 그래서 리옹에 도착한 후, 저명한 알제리계 프랑스인 학자인 라후아리 아디(Lahouari Addi)에게 인터뷰 허락을 받았을 때, 그렇게 감사할 수가 없었다.

라후아리는 우리가 만나기로 한 카페에 9시 정각에 문을 열고 들어왔다. 면도를 하지 않은 얼굴에, 스카프를 목에 두르고 나타났는데, 직원들에게 "봉주르"라고 인사를 건네는 그는 알제리 애국자라기보다는 어느 모로 보나 프랑스인 교수일 뿐이었다. 그러나 자리에 앉자마자 즉시 불의를 목도하고 이에 항의하는 사람처럼 강직한 말투로 '라 마르세예즈'에 대해 빠르게 말하기 시작했다. 가벼운 환담을 나누는 시간도 없었다.

"식민주의 역사에 대해 무지한 프랑스인은 무엇이 문제인지도 모릅니다." 그가 말했다. "물론 그들에게 '라 마르세예즈'는 혁명가입니다. 거의 신성하다고 봐야죠. 미국 국가가 미국인에게 그런 것처럼요. 그러나 알제리 사람에게 '라 마르세예즈'는 의미가 다릅니다. 그 노래는 식민 지배를 상징해요. 프랑스 군대는 '라 마르세예즈'의 비호하에 마을을 습격해서 주민들을 고문하고 죽이고 폭격했어요."

"저는 전쟁 기간에 알제리에 있었어요. 독립할 때는 열세 살이었죠. 알제리인들이 '라 마르세예즈'를 듣는 것은 지금 프랑스인들이 나치 독일의 국가를 듣는 기분과 비슷한 거예요. 완전히 같아요. '라 마르세예즈'는 식민 지배로 더럽혀진 노래예요. 그래서 아무도 당신에게 그 노래에 대한 의견을 말하지 않는 겁니다. 문제가 있는 노래라고 말해서 프랑스와 자신과의 관계를 망치고 싶지 않으니까요."

이렇게 말하는 라후아리는 프랑스 사람이다. 그는 영주권을 얻은 후 프랑스 국적을 선택했다. "저는 제 조국, 새로운 조국을 존중합니다. 저는 프랑스 국민과 프랑스의 삶의 방식을 존중해요. 그리고 그들에게 감사합니다. 저는 이 국가 공동체에 속하고 싶고, 충실하고 싶어요. 하지만 '라 마르세예즈'가 문제입니다. 이 노래를 용인하는 것은 불가능해요. 그 '불순한 피'라는 구

악연의 시작. 1830년 알제리를 침략한 프랑스 군대. ⓒ 게티이미지

절이 나오는 부분이 가장 큰 문제입니다." 라후아리는 그 가사가 18세기에 살았던 사람을 지칭한다는 걸 알고 있지만, 오늘날 많은 이들은 그 구절을 이민자를 지칭하는 것으로 해석한다. "저는 그 가사가 바뀌기를 바랍니다." 나는 얼마나 걸릴 것 같으냐고 물었다. "50년 정도일까요?"

나는 알제리 국가인 '카사만(Kassaman, 우리의 맹세)'에 대한 이야기를 꺼냈다. 이 곡은 독립운동을 하다가 프랑스에 의해 투옥된 시인 무프디 자카리아(Mufdi Zakariah)가 옥중에서 만든 곡이다. 어느 모로 보나 '라 마르세예즈'만큼 잔혹하다.

우리는 맹세하노라…
우리가 죽든지 살든지 혁명을 일으킬 것을.

가사는 이렇게 이어진다.

화약의 폭발이 우리의 리듬이요
기관총 소리가 우리의 멜로디다

3절에 이르면 가사는 '오 프랑스여, 심판의 날이 다가왔도다'
라고 외친다. 알제리인은 대부분 무프디가 감옥 벽에 자신의 피
로 이 가사를 남겼다고 알고 있다.

다른 옛 프랑스 식민지들의 국가(國歌)는 '카사만'의 독설
근처에도 미치지 못한다. 튀니지의 국가인 '조국의 수호자들'
이 살짝 매콤한 정도다. '우리 핏줄에 피가 솟구치네, / 우리
는 이 땅을 위해 죽네.'라는 후렴구가 있긴 하지만, 프랑스인
에 대한 구체적인 언급은 전혀 없다. 다른 나라의 국가는 독
립 투쟁을 전혀 언급하지 않고, 미래에 대한 희망과 연하장에
나 쓸 것 같은 싱거운 글귀로 가사를 채우고 있다. '희망의 나라
여, 그대에게 인사하노라.' 코트디부아르의 국가인 '아비장의
노래(L'Abidjanaise)'의 가사다. '우리의 좌우명대로 살리라 / 연
합, 노동, 진보.' 이것은 콩고 공화국의 국가인 '콩고의 노래(La
Congolaise)'의 가사다. 말리의 국가는 '말리, 그대의 부름에 따라
/ 그대의 번영을 위하여'라고 말할 뿐이다.

나는 '카사만'의 가사를 라후아리에게 읽어 줬다. "이게 '라
마르세예즈'보다 심하지 않나요?" 내가 물었다.

"아뇨, 그건 그냥 국가일 뿐이죠." 그가 말했다.

나는 "하지만 프랑스인을 죽이겠다고 계속 말하고 있잖아

요."라고 말했다. 그런 측면에서는 사실 '라 마르세예즈'보다 훨씬 심하다. '라 마르세예즈'는 적어도 알제리인을 직접 언급하지는 않는다. 라후아리는 내가 가지고 있는 '카사만'의 번역본을 보여 달라고 했다. 그는 때로 잊고 있었던 소중한 가사를 기억하듯 미소를 지어 가며 처음부터 끝까지 두 번 읽었다. "아뇨, 모르겠는데요." 그가 마침내 입을 열었다. "이 가사는 '프랑스인은 열등하다'라고 말하지는 않잖아요. 우리가 서로 적이라고 하는 건 맞지요. 프랑스인을 알제리에서 몰아내겠다고 말하고 있고요. 하지만 그게 다인데요."

나는 약간 경악해서 그를 바라봤다. 그는 다시 그 가사를 집어 들었다. "미안하지만, 뭐가 그렇게 세다는 건가요?"

그는 미소를 지으며 이렇게 덧붙였다. "아이러니처럼 보일 수도 있지만, 이 말씀을 드릴게요. '카사만'의 사상은 프랑스에서 가져온 거예요. 국가(國歌)라는 개념 자체가 유럽적인 거죠. 이슬람 나라에서 온 게 아닙니다. 우리가 국가를 갖고 있는 이유가 바로 식민주의 때문이에요."

그러더니 그는 일어나서 남은 커피를 꿀꺽꿀꺽 마시고 나와 악수를 했다. 나와의 언쟁에서 승리했다는 듯이. 그가 문을 나설 때쯤 나는 그의 말이 옳다는 걸 깨달았다. 알제리의 국가가 프랑스인의 목을 몇 개 요구하는 정도의 폭력성은 한 나라를 통째로 예속시킬 때 도움을 주었던 국가(國歌), 그리고 아무리 적은 수라도 여전히 다시 식민 지배를 꿈꾸는 국민들이 부르고 있는 국가의 폭력성에 비할 바가 아니다. 노래란 절대로 맥락에서 따로 분리할 수 없다. 또한 그렇게 많은 국가의 가사가 피에 대한 부르짖음으로 얼룩져 있는 것도 사실 루제 드 릴의 잘못이다. 그런 부르짖음이 효과적이라는 걸 증명했기 때문이다. 나는 라후아리 교수를 뒤따라 나가서 그에게 사과해야겠다고 생각했다. 그가 계산서를 내게 떠넘기고 갔음을 알아차리기 전까지는.

*

리옹은 심각하게 저평가된 도시다. 아무리 생각해 봐도 그 이유는 리옹이 산업 도시이기 때문인 것 같다. 론강이 도시를 가로질러 흐르지만, 태양이 드리운 강둑은 파리의 센강처럼 연인과 손잡고 산책하는 분위기가 아니다. 이곳은 조깅하는 생활인들로 가득하다. 건물을 가로지르는 숨겨진 연결 통로인 트라불 (traboules)로 가득한, 이 유서 깊은 중세 도시는 관광객이 보고 감탄할 만한 도시는 아니다. 고급 아이스크림 가게와 분자 요리를 실험하는 레스토랑이 수두룩한 골목은 이곳에 올 만한 돈을 벌면서 한 주를 보낸 사람들을 위한 보상이다. 이 도시에는 루브르나 퐁피두 센터처럼 전 세계에 이름이 알려진 예술가의 명작으로 채워진 미술관도 없다. 리옹의 예술계는 주로 변두리 지역에 몰려 있다. 가구 공장이라고 해도 믿을 만한 창고들이 즐비한 곳이다.

하지만 그걸 제외하면 리옹은 매력이 넘치는 도시다. 어지럽게 뻗은 아파트 건물 사이 외벽에 그려진 중국식 용 그림이라든가, 블러드 소시지로 만든 요리만 파는 식당처럼 예상치 못한 것을 만나는 일도 흔하다. 이 도시는 다른 도시들과 다르고, 그래서 기억에 오래 남는다.

프랑스에 있는 동안, 내가 '라 마르세예즈' 관련해 가장 짧은 대화를 나눈 게 리옹에서였다. 하지만 리옹의 매력처럼 이 대화 또한 예상치 못한 방식으로 가장 오래 기억에 남았다. 그때 나는 도시가 내려다보이는, 언덕 위에 자리 잡은 고딕 양식의 교회 푸비에르 노트르담 성당(Basilica of Notre-Dame de Fourvière) 앞에 있었다. 스케이트보드를 타는 어린이들 사이에서 자동차 트렁크에 《성경》을 채우고 있는 한 신부가 눈에 띄었다. 앞니 하나가 빠져 있고 덤불처럼 머리가 엉켜 있었다. (아마 다른 신부가 이발을 해 준 모양이었다.) 그에게 다가갔다. 내 프랑스어를 그가 알아듣지 못하거나, 내가 그의 프랑스어를 알아듣지 못하거나, 그가 자전거 장비를 입고 있는 낯 모르는 사람과 대화를 나누고 싶지 않아 할 수도 있다는 걸 각오했다. 하지만 그는 '라 마르세예즈'를 어떻게 생각하느냐는 질문을 마치 고해성사를 받듯이 손쉽게 받아 주었다.

"저는 그 노래를 부르지 않습니다. 그 가사가 모욕적이기 때문이지요." 그가 말했다. "프랑스 혁명의 역사에 대해 아시지요? 가톨릭 교회에게 그때는 박해의 시대였지요. 혁명 시기는 프랑스 역사에서 사람들이 말하는 것만큼 영광스러운 시대가 아니에요. 국가로 선택할 만한 다른 시대에 관한 노래는 얼마든지 있지요. '라 마르세예즈'는 유치한 노래입니다. 그 노래를 들을 때마다 저는 그렇게 느껴요. 저는 프랑스를 사랑하지만, 다른 노래가 국가였으면 합니다." 그는 말을 마치고 차에 탔다가, 창문을 내렸다. "하지만 그 음악은 좋아합니다." 그가 덧붙였다.

적어도 그 부분에 대해서는 모두가 동의하는 것 같았다.

*

며칠 후 나는 기차를 타고 파리의 교외에 도착했다. 수도에 입성하기 전 의용군이 마지막으로 머물렀던 샤렝통르퐁(Charenton-le-Pont)이라는 고장이다. 오늘날 이곳은 부촌의 향기가 나는 교외 지역이다. 공원에는 어린이가 뛰어 놀고 교회의 마당은 젊은 가족들로 붐빈다. (교회의 문 위에는 혁명을 상징하는 '프랑스 공화국: 자유, 평등, 박애'라는 글귀가 새겨져 있다.) 이 구역 또한 파리의 모든 길을 채우고 있는 듯한 4~5층 정도 되는 아파트 건물로 가득 차 있지만, 낡은 건물이 하나도 없다. 전부 루브르 옆에 놓아도 손색이 없을 만큼 말끔한 사암 건물들이다.

샤렝통은 파리 중심가에서 전철로 20분밖에 떨어져 있지 않다. 파리의 순환 도로와 묘지, 소각로 바로 다음이 이 구역이다. 하지만 1792년 7월 29일 당시 이곳은 파리와 별개의 행정구역이었다. 마르세유 의용군은 여기서 잠시 머물며 수도로 행진할 채비를 갖췄다. 그곳에서 영웅이자 구원자 대접을 받기를 바라면서. 그 바람은 이뤄졌다. 한 역사학자가 남긴 기록을 보자. '사람들은… 인파로 꽉 찬 거리에서 박수와 함성으로 그들을 맞았다. 중앙회[자코뱅 당원들]는 바스티유 광장까지 나와서 그들을 맞이했고, 그들은 그대로 위풍당당하게 시청까지 행진하여 시장의 환영을 받았으며, 누보 프랑스의 막사에 소총을 내려놓은 후, 샹젤리제가에 있는 예약된 선술집으로 이동하여 애국자

를 위한 소박한 식사를 대접받았다.'

그들이 지나갔던 길을 따라 시내에서 자전거를 타며 보는 풍경은 때로 웅장했다. 황금상이 얹힌 20미터 높이의 기둥을 지나 큰 광장과 대로를 통과해, 혁명의 역사를 연상시키는 리베르테, 나시옹, 바스티유 등의 이름을 가진 지하철역을 지났다. 물론 가다 보면 꼬질꼬질한 카페들이나 가건물에 차려진 도장에서 가라테를 연습하는 10대들, 아파트 창문에 기대서 마리화나를 피우는 아저씨들로 들어찬 좁은 골목길도 몇 개 지나야 했다. 하지만 이 병사들이 당시 어떤 기분으로 이 길을 걸었는지 상상하기는 어렵지 않았다. 마르세유를 대표하여 이 도시의 문을 여는 열쇠를 선물로 받아 드는 기분이었을 것이다.

하지만 사실 마르세유 의용군을 파리 당국이 처음부터 반겼던 것은 아니었다. 이들은 엉성한 막사의 빈자리에 여기저기 나뉘어 수용됐다. 이들을 어떻게 해야 할지 아무도 몰랐다. 이들이 도착한 때는 마침 혁명 기간 중 가장 팽팽한 긴장감이 도는 때였다. 왕당파와 혁명파 사이에 정면 충돌이 일어나기 직전이었고, 그 사이에서 혼란스러워 하며 이러지도 저러지도 못 하는 사람들이 많았다.

8월 8일, 파리 시 정부는 왕권 중지를 요구하면서 이것이 관철되지 않으면 궁을 습격하겠다고 발표했다. 당시 루이 16세와 그 일가는 그 전해 해외로 도망치려다 실패한 이후 튀일리궁에서 사실상 가택 연금 상태로 지내고 있었다. 그는 당연히 이 요구를 거부했지만, 프랑스의 입법 의회는 우물쭈물하며 아무런 결정도 내리지 못하고 있었다. 의원들은 변화를 원하긴 했다. 파리의 거의 모든 사람들도 변화를 원했다. 하지만 그들 중 실제로 왕을 폐위하고 공화국 수립을 원하는 사람은 거의 없었다.

그 결정은 곧 그들의 손을 떠났다. 다음 날 한밤중이 되자 '파리 코뮌'이라는 '반란 정부'가 수립됐다. 교회가 일제히 종을 울리기 시작했고, 슬럼가와 골목의 작업실, 술집 등에서 신호를 기다리던 모든 혁명파가 일제히 걸어 나와 센강의 다리를 건너 궁을 향해 행진하기 시작했다. 이들은 왕에게 신물이 난 상태였다. 그들에게 왕은 나라의 재정을 파탄으로 몰고 간 주범이었다. 흉년이 든 원인이었다. 자신들이 가난하고 배고픈 이유였다. 왕비의 친정인 오스트리아는 코앞에서 위협을 가하고 있었다. 왕은 더 이상 존재해서는 안 됐다.

이 행진의 선두에는 누가 있었을까? 바로 마르세유 의용군이었다. 이들은 붉은 모자와 목청 높은 노랫가락으로 자신의 존재를 모두에게 선명히 각인했다. 그들이 시내에 와 있는 줄 몰랐던 사람들도 그날 밤 비로소 그들의 존재를 알게 됐다.

루이 16세와 마리 앙투아네트는 어찌할 바를 몰랐다. 궁에 앉아서 여러 사람들의 상반되는 조언을 들으며 왕은 결단을 내리려고 애썼다. 그는 심사숙고 끝에 "마르숑, 마르숑(Marchons, marchons)."이라고 말했다고 한다. 그가 '라 마르세예즈'의 후렴을 여는 단어를 말한 것이다. 그 말인즉슨, 튀일리궁을 버리고 도시 안에 자신의 안전을 보장해 줄 가능성이 있는 유일한 장소로 가자는 뜻이었다. 바로 입법 의회였다. 그래서 왕과 왕비는 자녀들과 함께 총을 든 몇몇 경비병들의 경호를 받으며 마차에 올라서, 혁명파가 궁에 도착하기 직전에 간신히 빠져나갔다.

마르세유 의용군은 튀일리궁에 도착해서야 왕이 이미 궁을 버리고 떠난 것을 알았다. 그들은 왕이 다시 이곳으로 돌아오지 못하도록 건물을 습격하여 점유했다. 당시 궁은 950명의 스위스 근위대가 경호하고 있었는데, 이들은 긴 창과 나팔총으로 무장하고 밝은 색의 넓은 바지를 입고 있었다. 이 스위스 용병대는 수 세기 동안 왕실 경호를 담당해 왔다. 이들의 군복은 원래 임무에 대한 자부심을 의미했지만, 그 순간 마르세유 의용군에게는 마치 모욕처럼 느껴졌을 것이다. 28일 동안 행진하면서 내내 불렀던 그 노래에 나오는 '불순한 피'처럼 말이다.

마르세유 의용군은 스위스 근위대에게 궁을 떠나 달라고 요청했다. 하지만 거부당하자 근위대를 조롱하거나 빌기도 하며 칼을 이리저리 휘둘렀다. 혹자는 이 상황을 '판토마임'이라고 칭했다. 그러던 어느 순간, 마르세예즈 의용군이 대포를 먼저 발사했거나 스위스 경호대가 먼저 발포를 했고, (어느 쪽 진술을 믿을지는 각자 판단에 달렸다.) 싸움이 시작됐다. 스위스 근위대는 곧 수세에 몰렸고, 수백명이 부상을 입었다. 일부는 달아났으나 다시 잡혀 왔다. 이들은 거리에서 끌려다니다가 잔혹하게 맞아 죽었다. 마치 '라 마르세예즈'의 후렴구가 실현된 것처럼.

하지만 8월 10일에 실제로 일어난 일 자체보다도, 자유를 위해 목숨을 버린 남자들에 대한 신화가 그날 만들어졌다는 사실이 더 중요할 것이다. 그날의 전투는 사실 전투가 아니었다. 그저 난동이었다. 축구장의 훌리건이 도심을 휘저으며 차를 뒤집는 방식의 난동이었다. 마르세유 의용군 중 사망자는 단지 20명이었다. 그들이 적과 용감하게 맞서 싸운 대단한 전사였기 때문은 아니었다. 전력이 압도적으로 셌을 뿐이었다.

전투가 끝난 직후부터 서사화가 진행됐다. 스토리텔링이 되풀이될수록 그날의 장엄함은 점차 강조되어 진실은 더 이상 상관없는 것이 됐다. 모든 프랑스인들은 마르세유에서 올라온 몇백 명의 젊은이가 그날의 공격을 이끌었다고 알고 있다. 용감하고 대담하게 그들이 왕을 끌어내렸다고. 그 일을 하면서 그들이 부른 노래가 있다고. 그들이 왕을 끌어내린 적이 없다는 사실, 그다음에 일어난 일련의 사태에 전혀 관여한 바가 없다는 사실은 더 이상 중요하지 않았다. 왕은 입법 의회에 도착하자마자 체포됐다. 프랑스는 한 달 뒤 공화국이 됐고, 루이 16세와 마리 앙투아네트는 얼마 후 처형됐다. 그날 만들어진 이야기는 미화된 사실이었다.

마르세유 의용군 이야기는 곧 남쪽으로 전해졌고, 사람들은 앞다퉈 자기가 그들을 잘 알고 있다고 주장하기 시작했다. 상스, 오세르, 샬롱, 투르뉘 등 마르세유인들이 행진했던 도시의 사람들은 모두 서로 이렇게 물었다. "그 사람들 여기도 지나갔잖아, 기억나지? 그 사람들이 우리 나라를 구할 거라고 내가 말했잖아." 실제로 그들을 봤든 못 봤든, 모두가 한마디씩 증언하고 싶어 했다. 의용군이 다시 집으로 돌아갈 때, 이 도시 중 일부를 다시 통과한 것도 분명 이 신화가 굳건해지는 데 기여했을 것이다. 그들이 가는 곳마다 환영 연회와 위로 공연의 향연이 펼쳐졌다.

오늘날 튀일리궁에 혁명의 흔적은 없다. 왕궁의 정원만이 남아 있다. (궁 자체는 1871년 전소돼 버렸다.) 현재 이곳은 루브르 박물관에서 개선문을 오가는 관광객이 아이스크림을 먹으러 들르는 곳이 됐다. 이들을 위한 데크용 의자가 제공되지만, 웬일인지 도둑맞지는 않는다.

내가 이곳에 마침내 도착했을 때는 맑은 오전이었다. 나는 의기양양하게 '라 마르세예즈'를 불러 보기로 했다. 이 여행의 끝을 기념하려면 그렇게 하는 게 어쩐지 적절할 것 같았다. 그리고 지난번과는 달리 이번에는 끝까지 잘 부를 자신이 있었다. 내가 노래를 시작하자 지나가던 관광객들은 어이없다는 눈초리를 내게 던졌다. 그들의 반응이 놀랍지는 않았다.

'라 마르세예즈'는 이제 세계 어디에서나 그런 정도의 존재가 된 것이다. 그저 신기한 것, 영화나 광고, 스타디움 스피커에서나 울려 퍼지는, '프랑스' 자체를 의미하는 노래다. 근데 어떤 만신창이가 된 영국 남자가 지나치게 짧은 반바지를 입고 형편없는 프랑스어 발음으로 그 노래를 부르고 있다니! 아마 몇몇 사람들에게 내 모습은 그날 가장 기억에 남는 광경이 아니었을까. 하지만 관광객이 아니라 프랑스 학생들 앞에서 공연했을지라도 반응이 그다지 다르지는 않았을 것 같다. 더 많은 사람들에게 이야기할수록, 그 노래가 한때 가졌던 힘이 이제 다했다는 것만 점점 더 느끼게 됐으니까.

1792년 '라 마르세예즈'가 처음 만들어졌을 때, 이 노래는 프랑스에게 전부였다. 샤를 10세가 '영광의 3일'로 불리는 7월 혁명을 통해 폐위된 1830년에도 노래는 여전히 전부였다. (당

시 프랑스는 자신이 왕정 국가라는 걸 깨닫지 못해서 이 노래를 여전히 국가
로 사용했다.) 또 세 번째로 국가로 지정됐던 1879년에도 그 노
래는 여전히 프랑스의 전부였다. 제1차 세계대전 중에 독일군
이 프랑스 영토를 침범했을 때도, 제2차 세계대전 당시 독일
이 프랑스를 점령했을 때도 여전히 그랬다. (그때 괴뢰 정권인 비
시 정부가 '원수여, 우리가 여기 있습니다! [Maréchal, Nous Voilà!]'라는 노래
를 국가로 지정했다. 이 노래는 국가 지도자를 지칭한 그 가사의 프로파간다
적 성격만 눈감아 주면 상당히 유쾌한 프랑스 샹송이다. '경이여, 우리 그대의
부하들은 맹세하노니, / 그대를 섬기고 그대의 길을 따르겠나이다.') '라 마
르세예즈'는 전쟁 후에 나라를 재건하라는 외침으로서 프랑
스에게 여전히 의미를 가졌다. 즉, 사람들이 집을 수리하는 데
지칠 때마다 이 노래가 불렸다.

하지만 자전거를 타고 (그리고 기차도 타고) 프랑스를 일주해 보
니, 이젠 그 노래가 예전의 의미를 조금이라도 가진다고 말할
수 있을지 확신이 없다. 존중의 대상인 것은 확실하다. 다른 프
랑스 정체성의 클리셰들과 함께 묶여서 말이다. 하지만 예전
처럼 그 노래에 집착하는 사람은 이제 별로 없다. 내가 여행하
면서 만났던 사람 중 너무 많은 이들이 그 노래를 단지 부풀려
진 농담 정도로 치부했고, '라 마르세예즈'를 어떻게 생각하냐
는 질문에 그저 머뭇거릴 뿐이었다. 물론 2015년 1월 〈샤를리
에브도(Charlie Hebdo)〉 테러 공격[7] 직후에는 전국의 집회에서 이

---

7   프랑스의 주간 풍자 신문 〈샤를리 에브도〉가 이슬람 원리주의 테러리스트에
     게 습격을 받은 사건. 12명이 사망했다.

노래가 열정적으로 불리기도 했다. 하지만 한때 그랬던 것처럼 전면적인 울림은 아니었다. (많은 영상들을 보면, 사람들은 그 노래를 부르면서 긍지를 느끼기보다는 혹여나 자기가 본의 아니게 반이슬람 정서와 반이민자 정서를 부추기는 것은 아닐까 불편해 하는 것처럼 보인다.)

2015년 11월 파리에서 있었던 테러 공격 이후 며칠 혹은 몇 주 동안은 '라 마르세예즈'가 다시 국가로서의 위상을 회복한 것처럼 보였던 적도 있었다. 사람들을 통합하고 영감을 주며, 저항과 연대 정신의 상징이 된 것처럼 말이다. 그때는 영국인들도 그 노래를 함께 불렀다. 하지만 극우 단체들이 그 노래를 우렁차게 같이 부르기 시작하면서 그 이미지는 재차 금이 가기 시작했다. 그 노래가 불러일으키는 불안감이 다시 돌아왔다. 그래서 결국 차라리 없는 게 낫다고 여겨지는 처지가 됐다.

노래의 위상 변화를 가장 확실히 느끼게 해 준 곳은 파리에서 내가 마지막으로 방문한 장소, 프랑스 군대의 고향인 앵발리드였다. 앵발리드는 튀일리 정원과 에펠 탑이 모두 보이는 센강의 남쪽 강둑에 위치한 웅장한 종합 전시장이다. 파리의 모든 어린이가 의무적으로 견학하는 장소다. 매년 140만 명이 나폴레옹의 무덤을 보기 위해 이곳을 찾는다. 그 무덤은 건물 뒤편에 있는 앵발리드 교회 안에 있는데, 예배당을 가리지 않기 위해 따로 분리된 공간에 있다. 내부에는 성 베드로 성당, 타지마할, 이스탄불의 소피아 성당 등 세계의 여느 위대한 종교적 건물에 견줄 만한 기념비가 있다. 열 명이 들어가도 충분한, 거대한 붉은 화강암 관이 녹색 대좌 위에 올라가 있다. 스스로 황제의 자리에 오른 나폴레옹에게도 과할 정도로 화려하다. 녹색 대좌의 아랫부분에는 모든 방문자를 나폴레옹의 빛으로 감싸겠다는 듯이 노란색 태양 빛이 뻗어 나오고 있다.

방문자들은 물론 관에 가까이 다가갈 수 없다. 그 주위를 돌면서 고전 양식의 기둥 사이를 걸으며 나폴레옹의 성취를 묘사한 조각상을 구경하며 조의를 표한다. 그 조각에 따르면, 나폴레옹은 유럽이 봉건주의와 종교와 맺어 온 오랜 관계를 끊으면서 유럽에 자유를 가져다 주었을 뿐 아니라, 프랑스의 교육 체계를 정비했고, 미터법을 도입했으며, 프랑스의 위대한 예술가, 사상가, 군인 들의 공을 기리는 레지옹 도뇌르 훈장도 만들었다고 한다. 그 방의 웅장함은 압도적이다.

여기서 고작 몇 미터 떨어진 예배당 내에, 제단 뒤로 몇 걸음 내려간 곳에는 또 다른 방이 하나 있다. 그 방은 바로 옆방의 화려함과는 완벽하게 대조적이다. 길이가 약 6미터 남짓한 이 작은 방은 침침한 촛불 몇 개 말고는 다른 조명이 없어 거의 칠흑같이 어둡다. 벽에는 검은 대리석 명판으로 표시된 무덤들이 몇 개 있고, 그 뒤편으로 약간의 뼈나 유해, 재, 일부 무덤에는 심장이 보관되어 있다. 그 명판 중 하나에는 루제 드 릴의 이름이 새겨져 있다.

나는 그곳에서 얼마간 루제의 명판을 바라보며 서 있었다. 그와 나폴레옹이 살아생전 서로 정말 싫어했는데 죽어서 이렇게 가까이 눕게 됐구나 싶어서 슬며시 미소가 나온다. 루제의 입장이라면 다소 실망스러울 것 같다. 그가 마지막에 누운 장소가 이렇게 세상의 눈에서 가려진, 우중충하고 어둡고 잊혀진 곳이라니. 그의 무덤을 특별히 보겠다고 요청한 방문자는 거의 처음이라고 했다. 사실 아무도 그의 무덤을 찾은 방문객을 본 적이 없단다.

하지만 이 안치소에 대해서 두 가지 사실은 짚고 넘어가야 한다. 첫째로, 저 무덤에 안치된 내용물이 실제 루제 드 릴이 아닐 수도 있다는 것이다. 소문에 의하면, 그곳에 있는 뼈는 여자 아이의 것이며, 사실 드 릴의 숨겨진 사생아란다. 루제의 관은 제1차 세계대전 중 파리 외곽의 묘지에서 이곳으로 옮겨졌는데, 빨강, 하양, 파랑의 삼색기에 덮여서 화려한 마차에 실려 왔다. 전쟁에 시달려 사기 충전이 절실했던 군중들은 그의 관을 열렬히 환영했다. 하지만 일부 사람들은 묘굴 작업자들이 잘못된 무덤을 파냈다고 의심했다. 그 관의 크기가 작은 게 결정적 증거라고 말했다.

두 번째 사실은 그 뼈가 누구의 것이건, 조만간 이곳에서 나올 수도 있다는 점이다. 루제의 명판은 벽에서 튀어나와 살짝 기울어져 있다. 벽에서 떨어지기 직전인 아슬아슬하게 걸린 그림처럼, 명판이 어설프게 설치된 이유는 그가 원래 이곳에 올 예정이 아니었기 때문이다. 원래 그는 프랑스의 위대한 작가와 예술가 들의 묘지가 있는 판테옹에 안치될 계획이었다. 사실 그는 군인이 아니니까 말이 된다. 그는 작곡가, 그것도 프랑스의 역대 작곡가 중 가장 위대한 사람 중 한 명이 아닌가. 비록 단 한 개의 위대한 곡을 남겼을 뿐이지만 말이다.

그렇다면 왜 아직 그는 옮겨지지 않았는가? 표면적인 이유는 정치와 관료주의 때문이다. 하지만 나는 그가 옮겨지지 않은 진짜 이유는 프랑스가 지금 그를, 혹은 그의 노래를 필요로 하지 않아서라고 생각한다. 프랑스는 1960년대 변혁 이래 그 노래가 진정으로 필요했던 적이 없다. 그 노래 안에 있는 폭력과 추악함을 말이다. 프랑스가 참여했던 수많은 전쟁, 프랑스가 식민화했던 국가들을 떠올리고 싶어 하지 않는다. 그 노래로 인해 마주해야 하는 자신의 미래, 정체성에 대한 어려운 질문들을 피하고 싶어 한다.

나는 이 상황이 변할 수 있다고 생각한다. 그리고 그때야말로 루제가 옮겨질 때다. 그 변화는, 프랑스가 또 다시 전쟁 노래를 필요로 하는 상황이 아니기를 바란다. 대신 프랑스가 그 노래와 화해하고, 극우들로부터 그 노래를 되찾아서, 알제리계 프랑스인과 튀니지계 프랑스인 모두가 단순히 노래 그 자체로 바라볼 수 있는 상황이 되길 바란다. 프랑스가 그 노래를 필요로 했던 때에, 그러니까 역사 속 어느 순간에 만들어진 한 곡의 노래로 여겨지길 바란다. 그때가 오면, 아무도 더 이상 파리의 거리에서 그의 관을 옮기는 행위가 야기할 반응을 걱정하지 않아도 될 것이다. 그때가 오면 루제는 조용히 판테옹으로 옮겨져서, 호기심 많은 방문객의 눈에 이따금 우연히 띄게 되리라.

2.

네팔

전통 가락을 심다

सयौं थूंगा फूलका

सयौं थुँगा फूलका हामी, एउटै माला नेपाली
सार्वभौम भई फैलिएका, मेची-महाकाली

प्रकृतिका कोटी-कोटी सम्पदाको आंचल
वीरहरूका रगतले, स्वतन्त्र र अटल

ज्ञानभूमि, शान्तिभूमि तराई, पहाड, हिमाल
अखण्ड यो प्यारो हाम्रो मातृभूमि नेपाल

बहु जाति, भाषा, धर्म, संस्कृति छन् विशाल
अग्रगामी राष्ट्र हाम्रो, जय जय नेपाल

수백 송이 꽃으로 만들어진,
우리는 네팔이라는 하나의 꽃목걸이.
메치부터 마하칼리까지
펼쳐진 주권국이여
끝없이 펼쳐진
풍요로운 자연의 놀이터
영웅들의 피로 확고하고 자유롭네.
앎의 땅, 평화의 땅, 평원(떠라이),
언덕(빠하드), 산(히말러)이여
불멸되지 않는 사랑스러운
우리의 모국 네팔,
다양한 민족, 언어, 종교, 문화가 거대한
우리의 진보하는 나라 네팔,
찬미하라! 찬미하라!

수백 송이의 꽃

>>>

오늘은 2069년 배사크(Baisakh)월 24일이다. 혹은 2070년 제트 (Jestha)월 24일인가? 나는 아직 바깥 세계에서 쓰는 양력보다 약 50년 정도 빠른 네팔 달력에 익숙하지 않다.

지금 나는 네팔의 총리실에 앉아 있다. 이곳은 실망스럽게도 그다지 미래적이지는 못하다. 총리 집무실이 위치한, 사자궁이라고도 불리는 싱하 두르바르(Singha Durbar)궁은 오염에 찌든 네팔의 수도 카트만두 한복판에 위치해 있다. 내가 가 본 나라 중 대기 오염 때문에 택시 기사가 마스크를 써야 하는 도시는 여기가 유일하다.

이 궁전은 밖에서 강철 문 사이로 들여다보면 웅장한 외관을 자랑한다. 길게 빛나는 수로 뒤로 수십 개의 흰 기둥이 좌우로 펼쳐져 있어서 마치 백악관 건물을 타지마할 정원에 갖다 둔 것 같다. 하지만 가까이서 보면 이 장소가 한때 보였을 장엄함은 모두 사라졌다는 걸 알 수 있다. 페인트는 갈라졌고, 창문에는 빠진 창살이 여기저기 눈에 띈다. 복도에는 참새가 콩콩 뛰고 있다. 과거 언젠가 이곳을 독차지하던 시절이 있었던 것처럼.

내가 여기에 온 목적은 바로 현직 네팔 총리인 바부람 바타라이(Baburam Bhattarai)를 만나기 위해서다. (네팔은 마치 시즌제처럼 총리가 자주 바뀌는 상황이므로 여러분들이 책을 읽을 때는 총리가 아닐 수도 있다.) 그는 뒤로 빗어 넘긴 회색 머리와 두툼한 솔 같은 콧수염에, 깊게 패인 탐구적인 눈을 가진 50대의 미남이다. 내 통역을 맡은 람이 어젯밤 해 준 말에 따르면, 바부람은 네팔 정치인 중 유일하게 지성을 가진 사람이기도 하다. "바부람은 이 나라를 위한 담대한 비전이 있어요. 그를 영웅으로 보는 사람도 많죠." 그는 이렇게 말했다. "우리 어머니는 바부람과 결혼이라도 하고 싶어할 걸요."

람이 굳이 설명하지는 않았지만, 바부람은 몇 년 전 네팔에서 일어난 마오이스트[1] 혁명을 주도한 대표적인 인물이다. 마오이스트 혁명은 10년 이상 네팔에서 지속되며 네팔인의 삶에 영향을 주었던 무장 반군 활동으로, 1만 5,000명 이상의 죽음과 수천 명의 '실종' 끝에 결국 네팔 왕정 폐지를 이끌어낸 역사적 사건이다. 또한 이 혁명은 전 세계에 '히말라야의 평화로운 산악 왕국'으로 알려져 있던 네팔의 이미지를 깨부순 사건이기도 하다. 혁명 이전에 네팔은 중년의 위기가 왔을 때 혹은 히말라야 등반을 하고 싶을 때나 찾는 곳이었다.

바부람은 당시 40개의 항목으로 구성된 요구 조건을 발표했는데, 그 안에는 '제국주의자와 식민 문화의 침략을 중단할 것'과 같은 내용이 포함되어 있었다. (이는 단순히 발리우드 영화를 금지하자는 이야기인 것 같다. 오랫동안 네팔인의 생활을 지배해 온 인도의 영향력을 줄이기 위해서일 것이다.) 그 이후 그는 오랫동안 숨어 살아야 했다. 그를 체포하거나 죽이려는 사람이 많았기 때문이다. 당시

---

1   중국 정치가 마오쩌둥의 사상을 신봉하는 사람들.

마오이스트는 주로 산악 지대에서 농촌을 점령해 해방구를 만들고 게릴라전을 통해 인민 전쟁을 펼쳤는데, 그 자금줄은 은행 강도와 갈취였다. 혁명 정신에 설득된 사람의 수만큼이나 협박이 무서워서 혁명을 지지한 사람도 많았다. 솔직히 말해서 나는 바부람을 만나서 곧 악수를 해야 하는 상황이 약간 두려웠다.

하지만 이 혁명이야말로 내가 바부람을 만나러 온 이유다. 왜냐하면 마오이스트 세력이 마을을 점령할 때마다 제일 먼저 했던 일이, 기존의 국가를 부르지 못하게 한 것이었기 때문이다. 그전까지만 해도 네팔은 학교에서 거의 매일 아침 국가를 불렀다. 당시 국가의 제목은 '영광의 관을 당신께, 용감한 왕이시여'. 제목처럼 네팔의 왕에게 보내는 1절짜리 연가였다. 그 첫 구절은 이러했다. '우리의 빛나고 심오하며 놀랍고 영광스러운 통치자시여.'

> 그가 앞으로 만세토록 사시기를
> 그의 백성이 늘어나기를
> 모든 네팔인이여, 기쁨으로 송축하라

마오이스트는 이 노래를 금지하고 대신 민요를 부르거나, 더 나아가 '망치'와 '낫' 같은 단어로 점철된 노래를 부르도록 했다. 마오이스트는 심지어 자기들만의 국가도 갖고 있었다. 노동자를 위한 프랑스 노래인 '인터내셔널가'('깨어라, 노동자의 군대')를 네팔의 가요 버전으로 번안한 이상한 노래였다. 카트만두에서 왕을 반대하는 시위가 일어나면서 마오이스트 반군은 마침내 평화 협상에 합의하고 기존 정치 체계로 편입하게 됐는데, 그때 내걸었던 협상 조건 중 하나가 국가의 변경이었다. 따라서 새 국가의 중요성을 가장 설득력 있게 설명해 줄 사람이 있다면 바로 바부람이었다.

유감스럽게도 그는 지각을 했다. 내 시계에 따르면, 3시간째다. 그래도 불평하면 안 되겠지. 네팔의 총리이시니 물론 아주 중요한 일정이 많을 것이다. 이해한다. 하지만 나는 창문도 없이 형광등 조명만 채워진 방에서 그를 기다리고 있다. 보좌관들도 한가득이지만 더 이상 나눌 대화도 없다. 잠시 나는 마르크스주의나 레닌주의, 심지어 마르크스-레닌주의와 비교했을 때 마오쩌둥주의의 장점을 논의해 볼까 고민하다가, 그냥 내 친구 두 명이 혁명기 네팔에 여행을 왔을 때의 이야기를 하기로 했다.

그 친구의 이름은 앨런과 트리샤. 예의 바른 중년 부부다. 2000년대 초 어느 날, 네팔에 방문한 이들은 히말라야 등반을 하다가 어느 학교 운동장에서 하룻밤 야영을 하기로 했다. 텐트를 치고 요리를 준비하고 있을 때, 수십 명의 마오이스트 혁명군이 나무 틈에서 나와 그들에게 다가왔다. 남녀 비율은 반반으로, 완벽한 진형을 갖추고 군복을 입은 채 부부의 캠프를 향해 총구를 겨누고 다가오고 있었다. 이들은 텐트에 닿자마자, 앨런과 트리샤의 네팔인 가이드에게 소리를 치며 이들을 땅에 엎드리게 한 후, 돈을 찾기 위해 주머니를 뒤졌다. 그러던 중 여성 혁명군이 트리샤를 데리고 사라졌다. 몇 분이 지났는지 몰랐다. 아마 실제로는 단지 몇 초였을 것이다. 마침내 한 젊은 지휘관이 앨런에게 성큼성큼 다가왔다. "우리가 당신 돈을 가져가도 될까요?" 영어로 그가 말했다. 앨런은 공포에 질렸다. 내 아내에게는 지금 무슨 일이 일어나고 있는 걸까? 하지만 동시에 그는 이 질문이 이상하다고 생각했다. 왜 돈을 그냥 뺏지 않고 가져가도 되냐고 굳이 묻는 걸까? 앨런은 궁금했다. 그러고는 위험을 무릅써 보기로 했다.

"안 돼요." 그가 대답했다. 그 지휘관은 혼란스러워 보였다.

"어… 알겠어요. 그럼 카메라는 가져가도 되나요?"

앨런은 그것도 안 된다고 했다. 이런 식의 질문이 훨씬 더 많이 오간 후, 마오이스트 혁명군은 결국 음식과 약간의 의약품을 가지고 사라졌다. 이 부부가 살아남았다는 사실을 자축하려는 순간, 마오이스트가 다시 숲에서 튀어나와 총을 들이대며 그들에게 달려왔다. 이들은 바로 트리샤에게 다가갔다. 트리샤는 최악을 각오하고 눈을 감았다.

"우리가 여자한테 이렇게 한 건 처음인데요." 그들이 말했다. "다음을 대비해서 이 경험을 어떻게 개선해야 할지 조언해 줄 수 있나요?"

나는 이야기를 끝내고, 열심히 듣고 있던 직원을 돌아보았다. 그들도 모두 마오이스트였다. 그들은 이야기가 끝나자 빠르게 서로 대화하기 시작했다. 영어를 하는 사람이 이따금 나를 손가락으로 가리키며 영어를 모르는 사람에게 통역을 해 주었다. 여기저기서 웃음소리가 가끔 나긴 했지만, 대체로 모든 사람들이 굳은 얼굴을 하고 있었다. 나는 그제야 바보 같은 이야기를 했다고 후회했다. 결국 마오이스트가 무능하다는 이야기를 5분이나 한 셈이 아닌가? 맙소사, 왜 그랬을까. 이제 인터뷰는 취소되겠지. 어쩌면 나를 쫓아내기 전에 혼을 좀 낼지도 몰라. 이 사람들은 아직 총을 갖고 있을까? 갑자기 그들이 조용해지더니 한 명이 나를 바라봤다. 아, 지금이 그때구나.

"우리 당신 친구들을 알아요!" 그가 활짝 웃으면서 손을 내밀어 내 어깨를 잡았다. "그 사람들 네팔 전체에서 유명해요. 안 된다고 말한 사람은 그 둘이 유일했거든요. 10년 동안요! 그 사람들 주소를 우리한테 주세요. 편지라도 한 통 보내게요. 바부람이 이 이야기를 들으면 뭐라고 하는지 보세요."

*

네팔은 세상에서 가장 영적인 나라로 여겨진다. 부처의 탄생지인 이 나라에, 금빛의 스투파[2] 앞에서 절을 하면서 깨달음을 얻거나 히말라야에서 일출을 보기 위해 간다. 근처에 스님들이 염불을 외우며 법구를 연주하는 딸깍딸깍 소리를 들으면서 말이다. 티베트가 한때 네팔의 지위를 위협한 적이 있지만, 이제 중국이 그 땅을 차지했다. 인도도 한때 라이벌이었다. 하지만 인도에 마천루가 세워질 때마다 그 지위에 조금씩 생채기가 나는 중이다.

네팔을 방문하면 어떻게 네팔이 그 명성을 흠 없이 간직할 수 있었는지 궁금해 할지도 모른다. 이곳에 도착한 이튿날, 나는 세계에서 가장 신성한 힌두교 유적지인 파슈파티나트

2   티베트 불교의 탑.

(Pashupatinath) 사원에 갔다. 시바 신에게 바쳐진 사원이다. 정교한 조각으로 덮인 이곳은 미로처럼 얽혀 있고, 원숭이가 사방에서 뛰어다닌다. 이곳은 화장터이기도 하다. 사람들은 친척이 죽으면 파슈파티나트 사원에서 화장을 한 후 오염된 바그마티강에 재를 흘려보낸다. 나는 언덕 옆에서 어떤 가족이 아버지의 시신을 화장하는 것을 지켜보았다. 남편을 잃은 부인은 울부짖으며 밝은 노랑색과 주황색 가루를 시신 위에 뿌리고는 머리에 불을 붙였다. 사내 몇 명은 불이 꺼지지 않도록 시신 아래에 나무를 계속 밀어 넣기 위해 바삐 움직였다. 하지만 유가족이 서로 위로하려 애쓰며 우는 동안, 한 무리의 사람들이 건너편에 음향 장치를 설치하더니 쿵쾅거리는 유행가를 틀었다. 곧이어 드레드락 머리를 돌돌 말아 올리고 얼굴에 하얀 화장을 한 사두(sadhus)[3] 한 무리가 나타나 강둑을 오르내리며 춤을 추기 시작했다. 관광객이 사진을 찍거나 같이 춤을 추면 돈을 받기 위해서였다. 마치 바로 옆에서 진행되는 화장 의식이 그들에게는 조금 성가신 일에 지나지 않는 것처럼 보였다.

네팔 방문자는 대개 이런 비슷한 장면을 목격하지만, 네팔의 이미지는 변하지 않는다. 아마 그 이미지를 보호하기 위한 기제가 작동하고 있기 때문일지도 모른다. 한 예로, 네팔의 국가는 그 이미지를 강화하기 위해 만들어진 것만 같다. 이 노래는 아름답고 정신을 고양시킨다. 마치 수도를 떠나자마자 어디서건 볼 수 있는 산의 풍경과도 같다. 이 노래의 제목은 '수백 송이

---

3 힌두교의 수행자.

파슈파티나트 사원. © 게티이미지

힌두교 수행자, 사두. © 게티이미지

의 꽃(Sayaun Thunga Phool Ka)'이다. 가사는 총 8줄로 간단하게 구성돼 있는데, 130여 민족과 카스트 집단으로 이루어진 2,800만 명의 네팔인이 '수백 송이의 꽃으로 만들어진 하나의 큰 꽃목걸이'이고, '다양한 민족, 언어, 종교, 문화가 거대한' 네팔을 찬미하라는 내용이다.

하지만 네팔의 국가가 독특한 점은 가사가 아니라, 바로 음악이다.

*

음악의 관점에서 보면, 국가는 크게 네 가지 유형으로 분류할 수 있다. 현재까지 가장 흔하게 들을 수 있는 국가는 찬송가 유형이다. 아마 '신이여 여왕 폐하를 구하소서'가 영향을 많이 줬을 것이고, 식민주의도 마찬가지다. 아프리카나 아시아를 여행하다 보면, 가톨릭 사제가 이슬 맺힌 영국의 전원을 산책하다 만들었을 법한 노래를 국가로 가진 나라를 많이 만난다. 그중 어떤 곡은 실제로 찬송가인 것도 있다. 잠비아, 탄자니아, 남아프리카 공화국의 국가가 그렇다. 이 세 나라는 모두 '은코시 시켈렐르 이아프리카(Nkosi Sikelel' iAfrika),' 번역하자면 '주여 아프리카를 축복하소서'라는 찬송가를 바탕으로 한 노래를 국가로 사용하고 있다. 이 노래는 어느 감리교 계열 학교의 합창단 지휘자가 만든 노래로, 원래는 웨일스 지방의 찬송가에서 유래했다는 설이 있다. 이런 유형 중 최악의 국가는 카리브 해역과 태평양을 수놓은 작은 섬나라 등에서 찾을 수 있다. 이들의 국가는 종교 외에 다른 메시지가 들어갈 틈이 없다. '전지전능하신 분을 위한 투발루'('영원히 우리의 노래가 되소서') 같은 노래는 제목만 봐도 단 두 줄로 이뤄진 가사가 어떤 내용일지 예상할 수 있다. 사모아의 국가는 그 나라의 국기가 '[우리를] 위해 죽으신 예수의 상징'이라는 내용이다.

두 번째는 군대 행진곡 유형이다. 대표 주자는 단연 러시아다. 스탈린은 소련 국가의 곡조를 직접 골랐다고 한다. 강제 수용소의 죄수에게 허용된 유일한 음악을 말이다. 인상적인 스타카토 멜로디로 이뤄진 이 곡을 듣노라면 모스크바의 대로를 10열 종대로 행진하다가 경애하는 지도자 동지에게 경례하는 군대의 모습이 절로 떠오른다. 자연히 독재자들은 이런 유형의 국가를 선택하는 경향이 있다. (소련의 해체와 함께 기존의 국가는 지위를 상실했지만, 블라디미르 푸틴은 대통령이 되고 얼마 되지 않아 다시 이 국가를 복원했다.)

세 번째 유형은 팡파르형의 국가다. 이 유형은 특히 중동에서 흔히 볼 수 있다. 대개 트럼펫 팡파르 몇 개 정도로만 이뤄져 있다. (요르단과 사우디아라비아의 국가는 30초도 채 되지 않는다.) 이는 음악이 장려되기보다 묵인되는 대상에 불과한 이슬람 나라들에 더 적합할 것 같지만, 사실은 아랍 에미리트 연합국 내에서 더 자주 발견된다. 어떻게 그렇게 짧은 노래가 애국심을 고취할 수 있을까 의문이 들지만, 술탄 입장에서는 공식 행사를 최대한 짧게 치를 수 있어서 좋은 모양이다.

마지막은 최고의 유형인 남미의 서사시형 국가다. 국가 작곡의 모든 관습을 깡그리 무시한 것 같은 곡조다. 일단 이 유형의 국가는 길다. 국제 축구 연맹은 국가가 90초 이내로 연주되도록 규정하고 있는데, 이 유형에는 4분, 5분, 6분짜리도 흔하기 때문에 시합 전에는 인트로 부분만 연주된다.

따라 부르기도 쉽지 않다. 마치 미니 오페라처럼 오케스트라의 모든 악기가 서로 경쟁하듯이 흥겹게 까불거리는 오프닝으로 시작한다. 중간 부분은 오보에와 플루트가 앞다투어 멜로드라마처럼 서로 주인공 자리를 다툰다. 마무리는 화려하고 과장되며 끝날 듯 끝날 듯 끝나지 않는다. 마치 무대 공연을 위해 만들어진 노래 같다. 연인이 가슴 아픈 이별을 했다가 뜻밖에 극적인 재결합을 하는 장면이나, 가문 간의 불화로 인해 가슴을 후벼 파는 비극적인 죽음을 맞이하는 장면에서 나올 법한 음악이다.

이 유형의 국가를 대부분 오페라 작곡가가 만들었다는 사실은 놀랍지 않다. 하지만 그 작곡가 중 대다수는 남미 대륙 근처에도 가 보지 않은 사람들이다. 예를 들어, 칠레의 환상적인 국가는 스페인 사람인 라몬 카르니세르(Ramón Carnicer)가 썼는데 그는 칠레에 가 본 적이 없다. (이 국가는 주영 칠레 대사가 자기네 작곡가는 수준 미달이라며 카르니세르에게 간곡히 부탁해서 만들어졌다고 한다.)

*

정리하자면, 국가에는 찬송가형, 행진곡형, 팡파르형, 서사시형이 있다. 그런데 네팔 국가는 그 어디에도 속하지 않는다. '수백 송이의 꽃'에는 금관 소리나 쿵쾅거리는 북소리가 없고, 왕을 위한 트럼펫 팡파르도 없으며, 군인의 행진을 위한 위풍당당한 박자도 없다. 노래를 마무리짓는 심벌즈의 울림이나 4부 합창으로 흥얼거릴 수 있는 멜로디도 없다. 그 대신 오로지 민요 가락뿐이다. 네팔 전역에서 들을 수 있는 공식 편곡에서 그 가락은 가장 저렴한 카시오 키보드로 연주된다. 몇 안 되는 신시사이저의 현 소리가 위아래로 약간 뚱땅거리면서 중독적인 달콤한 멜로디를 연주하고, 손으로 두드리는 미약한 북소리가 베이스가 되어 준다.

이 단순함과 독특함이 바로 네팔 국가의 매력이다. 이 곡은 여학생이 학교에 겅중겅중 뛰어가면서, 혹은 농부가 물이 들어찬 논에서 허벅지까지 적신 채 일하면서 부를 것 같은 노래다. 네팔의 한 식당에서 렌틸콩 요리를 먹는 도중에 이 노래가 나와도 아마 의식하지 못할 것이다. 라디오에서 나오는 다른 노래들과 위화감이 전혀 없이 어울리기 때문이다. 이 나라에 이보다 더 어울리는 노래를 찾기 어렵다. 다만 올림픽이나 왕궁에서 이 노래가 연주되는 걸 듣는다면, 누가 실수로 노래를 잘못 틀었나 싶을지도 모른다.

자기 나라를 연상시키는 곡조를 국가로 채택한 나라는 네팔 말고도 더 있다. 중앙아시아의 '~스탄'으로 끝나는 나라의 국가는 누가 들어도 구 소비에트 연방의 노래일 거라는 확신이 든다. 구슬픈 단조 음이 마치 초원 지대를 행군하는 군대처럼 무겁게 터벅거린다. 북아프리카의 모리타니아 이슬람 공화국의 국가도 그렇다. 마치 마그레브 지방에서 가장 거대한 수크[4]를

---

4   아랍이나 마그레브 지방의 전통 시장.

여행하는 것 같은 놀라운 음악이다. 그리고 푸에르토리코의 국가인 '라 보린케냐(La Borinqueña)'는 트럼펫 소리에서 어떤 열기가 느껴진다. 원래는 럼주에 젖은 댄스홀에서 파트너의 손을 잡고 돌리기 위해 작곡된 '아름다운 갈색 여인'이라는 댄스 음악이었던 까닭이다.

하지만 전반적으로 보면, 국가에 지역적 특색이 그렇게 강하게 반영된 것은 정말 놀랄 정도로 드문 일이다. 쿠바 국가에는 룸바의 리듬이 없고, 브라질 국가에는 보사노바가 없으며, 이란 국가에는 우드(oud)[5]를 뜯는 소리가 없고, 가나 국가에는 하이라이프(highlife)[6]의 기타 소리가 없다. 마치 자기만 독특한 국가를 갖는 것을 두려워하는 것 같다. '신이여 여왕 폐하를 구하소서'와 '라 마르세예즈'를 들은 후, '이것이 애국심을 상징하는 음악이다. 이걸 베끼자'라고 결정한 것처럼 말이다. 자국의 음악 전통이 서구의 그것과 전혀 동떨어져 있는 곳에서도 마찬가지다.

위에서 언급한 한 줌밖에 안 되는 예시들 가운데서도, 네팔 국가처럼 현지 음악의 색채를 두드러지게 반영한 국가는 없다. 450년이나 되는 국가 도입의 역사를 돌이켜 볼 때, 유일하게 네팔처럼 작은 나라가 이다지도 남다른 음악을 고를 만한 배짱이 있었던 게 놀랍다. 이러한 국가를 선택한 게 놀라운 이유는 또 있다. '수백 송이의 꽃'은 그 음악과 가사가 암시하는 것처럼 근

---

5 중동에서 사용되는 전통 현악기.

6 20세기 가나에서 탄생한 음악 장르.

본적으로 평화로운 노래가 아니다. 오히려 혁명과 싸움의 노래다. 그 노래의 뒷이야기도 온화함과는 거리가 멀다. 이 이야기의 등장인물은 네 명의 남자다. 한쪽에는 바부람이, 그리고 반대편에는 전 국왕인 갸넨드라가 있고, 그 가운데 긴 불쌍한 두 사람이 있다. 바로 그 국가의 가사를 쓰고 음악을 작곡한 시인과 음악가다.

*

프라딥 쿠마르 라이(Pradip Kumar Rai)는 아마 국가(國歌) 덕분에 아내를 만난 유일한 남자일 것이다. 2006년 12월 1일, 프라딥은 '비아쿨 마일라(Byakul Maila)라는 예명으로 시를 써서 국가에 응모했다. 이는 1,271편의 다른 투고작을 제치고 네팔의 새 국가 '수백 송이의 꽃'으로 선정됐고, 그로써 거의 200년 이상 이어진 네팔 왕정 체제 종식에 기여했다. 네팔 왕국은 1769년 산악 지대인 고르카에 기반을 둔 사허(Shah) 가문이 산에서 내려와 몇 개의 독립 왕국을 통일하면서 시작됐다. 2006년에 새 국가가 만들어진 당시 갸넨드라는 아직 왕위를 유지하고 있었으나, 마오이스트 협의안에 따라 왕정이 폐지될 것이 확실한 상황이었다.

당시 동부 산간의 외길 마을 출신인 서른네 살의 수줍은 청년이었던 프라딥은 그날로 스타가 됐다. 네팔 전역의 온갖 행사에 초대받았고, 행사에서 군중은 밝은 오렌지색 메리골드로 만든 화관을 그의 목에 걸며 환영했다. 하도 많이 걸어서 눈을 가릴 정도였다. 누군가는 그의 발을 만져도 되냐고 물었다. 이는 힌두 문화권에서 가장 공손한 존경의 표시다. 거리에서는 사람들이 그를 알아보고 말을 걸어왔으며("제 콧수염을 꼭 알아보더라고요."), 버스 기사는 그에게 요금을 받지 않겠다고 했다. 그는 언젠가 카트만두에서 운전을 하다 다른 차의 차폭등을 박살낸 적이 있었다. 운전자는 프라딥에게 가진 돈을 전부 내놓으라고 요구하다가, 그가 누구인지 알아보고 이렇게 말했다. "잠시만요. 혹시 비아쿨 마일라 씨 아니세요? 당신에게서 수리비를 받을 수는 없죠."

이렇게 그에 대한 칭송이 높아갈 무렵, 고향에서 가족들과 아는 사이인 나누(Nanu)라는 여성이 그에게 계속 전화해서 어떻게 지내는지, 어느 행사에 갈 예정인지 물으면서 덕분에 고향 지역이 주목받게 되어 너무 좋고 고맙다고 말했다. 어느 날 그 여성이 집으로 직접 찾아와서 감사 인사를 전하며, 그의 아내에게도 인사하고 싶다고 말했다. "저는 아내가 아직 없는데요." 그의 대답을 듣고 나누는 얼굴을 붉혔다.

프라딥은 입가에 자랑스러운 미소를 띠고 이 이야기를 내게 해 주었다. 우리는 카트만두 남쪽에 접한 랄릿푸르에, 그가 임대한 집의 거실에서 우유와 향신료를 넣은 마살라 티를 마시고 있었다. 그의 딸이 분홍색 원피스를 입고 그의 무릎에 앉아 바비 인형을 휘두르며 프라딥의 얼굴을 잡아당겼다. 나누는 자기 이야기가 나오는 것을 듣고는 부끄러워 부엌에 숨어서 점심을 준비하고 있었다. 벽은 은 명판과 그의 초상화로 덮여 있었다. 그가 국가를 쓴 공로로 받은 상과 상품들이었다. 이 집은 진정으로 부족함이 없어 보였다.

이 이야기는 프라딥이 전하고 싶은 버전의 이야기다. 하지만 하룻밤 만에 인생이 바뀐 이 성공 스토리는 그가 말한 것처럼 그렇게 단순하지만은 않다. 프라딥은 이야기를 마치고 기대에 찬 눈빛으로 나를 바라보면서 이제 뭘 알고 싶냐고 물었다. 나는 국가로 선정된 지 얼마 안 되어 그 노래를 뺏길 뻔했다는 이야기를 들었다고 말했다. 그가 오늘날 이룩한 이 모든 행복이 하마터면 없던 일이 될 뻔했다는 얘기다. "무슨 일이 있었나요?" 내가 물었다.

프라딥은 미소를 계속 유지하기 위해 애썼다.

*

프라딥은 카트만두에 법을 공부하러 왔었다. 딱히 법을 공부하고 싶지는 않았지만, 형들이 그래야 한다고 강력히 권했다. 그가 시를 쓰기 시작한 것도 이때다. 차의 경적과 발전기의 윙윙 소리에서 벗어날 길이 없는, 인구 100만 명의 대도시에서 고향을 그리는 막막한 기분을 시로 승화했다. 당시 대부분의 네팔인들처럼 그도 왕이었던 비렌드라의 팬이었다. 비렌드라는 전형적인 '민중의 왕'이었다. 마치 의사가 처방해 준 것처럼 커다란 알과 두터운 테로 만든 안경을 쓰고, 파티에서는 화려함이나 사치와는 거리가 먼 플라스틱 텀블러에 담긴 음료를 마시는 사람이었다. 그는 한때 절대적인 힘을 가졌고, 거의 신처럼 무소불위의 권력을 휘두를 수도 있었다. 어떤 이들은 그가 힌두교

신인 비슈누의 현신이라고 믿었다. 하지만 1990년 그는 정당 결성을 허용하고 선거를 치르도록 결정했다. 그렇게 해서 권력을 쥐게 된 정치인들 중 일부가 너무나 부패한 나머지, 많은 사람들은 왕이 선거를 허용한 것을 유감스러워 했다.

하지만 프라딥의 왕정 친화적인 견해는 2001년에 다소 바뀌게 됐다. 그해 6월 1일 카트만두의 왕궁에서는 왕족이 모인 연회가 열렸다. 비렌드라의 장남이자 황태자였던 디펜드라가 연회 도중 술에 취한 듯 갑자기 쓰러졌다. 그는 방으로 옮겨져 침대에 눕혀졌다. 방에는 아직까지 밝혀진 바 없는 물질이 들어 있는 담배가 있었다. (그 물질은 코카인으로 추정된다.) 잠시 후 그는 연회장에 다시 나타나, 사람들이 아직 술을 마시고 있는 곳으로 걸어 들어갔다. 군복을 입고 돌격 소총과 글록 권총, 산탄총으로 무장한 디펜드라는 삼촌들에게 미소를 짓고는 비렌드라 왕의 가슴에 총을 세 발 쏘았다. 그러고는 잠시 방을 떠났다가 돌아와서 처남과 삼촌 한 명에게 총을 쏘았다. 다시 방을 잠시 떠났다 곧 돌아온 그는 비렌드라 왕의 머리에 총을 한 발 더 쏘았다. 비렌드라의 마지막 말은 "무슨 짓을 한 거냐?"였다고 한다.

디펜드라는 그 후 삼촌 한 명과 숙모 몇 명, 여동생 및 참석한 손님 몇 명을 더 쏘았다. 다른 손님들은 소파 뒤에 웅크려서 살아났다. 그다음에 그는 정원으로 나갔고, 어머니인 왕비와 몇몇이 그를 쫓아 나갔다. 왕비는 그에게서 무슨 설명을 듣고 싶었던 걸까, 혹은 그를 붙들고 어떻게든 이 사태를 바로잡아 보려고 했던 걸까. 디펜드라는 따라 나온 어머니마저 쏘고, 마지막으로 총구를 자신에게 겨누고는 자살을 시도했다.

그가 왜 이런 짓을 저질렀는지에 대해서는 설명이 분분하다. 아버지인 비렌드라가 디펜드라 자신이 고른 아내를 반대해서였다거나, 네팔 왕가에는 정신병 내력이 있었는데 그도 그 유전자를 물려받았다는 식이다. 하지만 어떤 설명도 그날 밤 일을 이해하는 데 도움을 주지 못한다.

오늘날 왕궁은 박물관이 되어 일반인들에게 개방돼 있다. 도자기로 만든 개 컬렉션을 포함해, 왕실에서 사용하던 온갖 장식품들로 가득하다. 사건이 일어났던 방은 현재는 허물어졌다. 남은 것은 작은 돌벽 몇 개뿐이어서, 마치 고고학 발굴 현장 같은 느낌이 든다. 여기저기에 '아이슈와랴 왕비가 치명상을 입은 곳' 등이 쓰여진 표지판이 있고, 네팔인들이 사진을 찍기 위해 줄을 서 있다.

이 대학살 후, 비렌드라의 동생인 갸넨드라가 왕위를 계승했다. 그는 네 살 때 몇 주간 왕이었던 적이 있다. 다른 모든 왕족이 살해 위협 때문에 인도로 피신했던 기간이었다. 뚱뚱하고 축처진 입을 가진 갸넨드라는 테레빈유[7]부터 선향(線香)[8]까지 다양한 사업에 지분을 가진 냉정한 사업가로 알려져 있었다. 그는 오만한 데다 남을 업신여기는 듯한 태도를 가졌고, 그래서 인기와는 거리가 멀었다. 네팔인 다수는 대학살의 뒤에 갸넨드라가 있다고 여긴다. 왕위를 차지하기 위해 그가 인도 방위군의 도움을 얻어 총기 난사를 사주했다고 생각한다. 그가 그날 밤 연회

---

7 송진을 수증기로 증류하여 얻는 정유.
8 향료 가루를 가늘고 긴 선 모양으로 만들어 풀로 굳힌 향.

에 참석하지 않은 게 증거라는 것이다. 갸넨드라의 아내도 그 자리에 있었고 희생자가 될 수도 있었지만, 그 사실은 단지 의심을 피하기 위한 책략에 불과하다는 것이다. 마오이스트는 이 음모론을 부추기려고 했다. 바부람은 한 신문에 기고한 글에서 갸넨드라를 왕으로 받아들여서는 안 된다며, 자신들이 비렌드라와 줄곧 평화 협상을 해 왔다고 주장했다.

갸넨드라가 왕위를 계승했을 때는 이미 마오이스트 반군이 5년간 투쟁하고 있던 참이었다. 하지만 그때까지도 반란은 주로 서쪽의 산악 지대에 제한돼 있었다. 마오이스트 혁명은 바부람의 40개 요구안과 함께 시작됐다. 1996년 2월에 발표된 이 요구안은 매우 예의 바른 서신 형태로 작성돼 있었다. 바부람은 당시 프라찬다(Prachanda)라는 군 수뇌에 이어 마오이스트 그룹의 2인자였다. 그 편지에서 마오이스트는 네팔 인구의 70퍼센트가 빈곤층이라고 지적한 후, 왕실의 각종 '권리와 특권'을 폐지할 것과 네팔의 정교 분리, 부동산의 국유화, 무상 의료 등을 요구했다. '[긍정적인 움직임이] 없다면 우리는 무장 투쟁의 길을 선택할 수밖에 없음을 알려 드리고자 합니다.' 편지는 이렇게 예의 바르게 끝을 맺었다.

며칠 후, 마오이스트의 '인민 전쟁'이 시작됐다. 이후 몇 년간 경찰과 정부 건물 등에 대한 산발적 공격과 긴 휴전이 반복됐다. 하지만 갸넨드라가 왕위를 물려받은 후부터 이 반란은 본격화됐다. 마오이스트 세력은 갸넨드라의 생일에 40명의 경찰을 살해했다. 이보다 반갑지 않은 생일 선물이 또 있을까? 그리고 몇 주 후에는 처음으로 군대에 대한 공격을 감행했다.

마오이스트가 옛 왕정 시기의 국가를 금지하고 있다는 사실을 프라딥이 처음 알게 된 때는 이 즈음이었다. "집에서 신문을 읽다가 알았는데, 마오이스트가 국가를 금지하고, 대신 공산주의 노래를 부르게 한다고 하더라고요. 그때 이 노래에 뭔가 잘못된 게 있나 생각했어요. '그 노래를 왜 금지하는 거야?' 스스로에게 질문하게 되더라고요. '왕한테 무슨 문제가 있다는 뜻인가?'" 왕정에 대해 그가 처음으로 의문을 가져 본 순간이었다.

갸넨드라는 마오이스트 세력을 막으려다 온갖 잘못된 선택을 했다. 그들을 공격하기 위해 군대를 동원했고, 반복적으로 의회를 해산했다. 2005년에는 모든 권력을 다시 왕에게 집중시켰고, 신문 발행을 금지했으며, 전화선을 끊고 인터넷 연결을 제한했다. 또한 그는 왕에게 반대하는 인사를 모두 체포하기 시작했다. 제일 심할 때는 통금을 선언하고 위반자를 총살했다. 이 모든 결정 때문에 마오이스트뿐 아니라 대부분의 네팔인들까지 곧 왕에게서 등을 돌렸다. 바부람은 이 기회를 놓치지 않았다. 마오이스트는 휴전을 선언하고, 기존의 정당과 왕실 없는 미래에 대한 협상을 시작했다.

2006년 5월 3일, 네팔 정부와 마오이스트는 함께 반란 종식을 선언했다. 왕정 폐지는 기정사실화됐다. 비록 갸넨드라는 2008년 5월까지는 왕의 지위를 유지하기로 했지만 말이다. 2주 후 기존 국가(國歌)가 폐지됐다. 그로부터 몇 주 후, 새 국가를 만들기 위한 공모전이 발표됐고, 프라딥은 노래 가사를 쓰기 시작했다. 공모전 규칙에 따르면, 새 국가는 최대 50단어를 넘지 말아야 했다. 꼭 들어가야 하는 내용만 해도 27단어에 달했다. 네팔의 천연 경관의 아름다움, 네팔의 고유한 문화적 정체성 등이 포함돼야 했다. 즉, 창의성이 발휘될 여지는 많지 않았다.

*

이제 프라딥의 이야기는 곧 모든 일이 어그러질 뻔했던 때로 넘어간다. 내가 "당신은 항상 애국자였나요?"라는 간단한 질문을 했을 때였다. 이런 질문은 뻔하고 간단한 대답을 기대하고 던지는 것이다. "당연하지요! 아니었다면 제가 왜 국가 공모전에 지원했겠어요?" 같은 답변 말이다. 하지만 프라딥은 대답하기 시작하더니 멈출 줄을 몰랐다. 자기의 어린 시절부터 시작하더니, '말 그대로 진짜로 땅을 만지면서 이 땅을 절대 떠나지 않겠다고 결심했다'는 그날에 대해서 이야기했다. 이어서 삼촌이 사준 라디오에서 애국심을 고취하는 노래를 들었던 일을 이야기했다. 자기가 태어난 마을의 삶을 개선하기 위해 그가 했던 모든 일에 대해 이야기했고, 그가 변호사협회에서 민중의 권리를 증진하기 위해 싸웠던 일을 이야기했다. 그러고는 카트만두에서 왕정에 반대하는 시위에 참석했다가 고무총에 맞아서 도랑에 숨어야 했던 일도 이야기했다.

얼마나 오래 이야기를 이어 갔는지 내 차는 차갑게 식었고, 통역사인 람은 목소리가 갈라지기 시작했다. 어쩌면 프라딥은 나뿐 아니라 스스로에게 자격을 증명하고 싶어 하는 것만 같았다. 네팔 국가의 작사가로 발표된 다음에 일어난 일련의 일을 생각하면, 그가 이러는 것도 무리는 아니었다.

공모전에서 그의 가사가 국가로 선정된 후 거의 2주 동안, 프라딥은 네팔의 주요 뉴스를 장식했다. 중앙지는 그에 관한 이야기로 가득 찼다. 라디오와 TV도 마찬가지였다. 그는 유명 인사가 됐다. 하지만 모두 긍정적인 반응은 아니었다. 기사의 다수는 프라딥의 우승에 대한 갑론을박이었다. 일부는 뻔한 불만이었다. 가사가 마음에 안 든다는 불만, 인민 전쟁 도중 죽어간 '순교자'에 대한 언급이 없다는 불만, 또 그와 정반대로 그가 '피'라는 단어를 사용한 것에 대한 불만, 네팔이 전쟁에서 벗어나 앞으로 나아가야 한다는 의견이 오갔다.

그가 소수 민족 출신이라는 사실도 불만이었다. 프라딥은 네팔 인구의 약 2퍼센트를 차지하는 라이족 출신이다. 마오이스트가 인기를 얻은 비결 중 하나는 각 민족이 자기 언어를 사용하고 주류 상위 카스트인 브라만의 전통 대신 자신들만의 문화를 누릴 수 있도록 하는 등 소수 민족의 권리 증진을 옹호했기 때문이다. 그래서 프라딥이 뽑힌 것은 소수 민족을 달래기 위한 유화책에 지나지 않는다는 이야기도 있었다. "저는 위험한 민족적 탄압의 희생자입니다." 공모전에서 2위를 차지한 당선자는 그렇게 주장했다. 공모전 심사 위원 그 누구도 최종 3인이 남을 때까지 프라딥이 어느 민족 출신인지, 그의 이름이 무엇인지 몰랐는데도 말이다.

이 모든 내용은 대체로 음모론과 질투가 섞여 만들어진 실없는 내용이었다. 사람들이 말하다 숨이 차는 순간 곧 가라앉을 관심에 불과했다. 하지만 그렇게 털어 버릴 수만은 없는 고발이 하나 있었다. 바로 프라딥이 왕정파라는 주장이었다. 하루 만에 언론은 그가 편집했던 시선집에 갸넨드라가 쓴 시가 포함되어 있음을 밝혀냈다. '국왕 폐하께서 쓰신 시를 우리 시선집에 포함시킬 수 있어서 무척 자랑스럽습니다.' 프라딥은 그 책의 서문에서 이렇게 썼다. 그 15단어로 이루어진 한 문장은 들불의 도화선이 됐다.

곧 그에 대한 철저한 검증이 시작됐다. 얼마나 철저했던지, 사람들이 프라딥이 사용하는 쓰레기통을 뒤지거나, 하트가 둘려진 갸넨드라 사진이라도 찾으려고 집에 쳐들어와도 놀랍지 않을 분위기였다. 왕정파라면 왜 그가 곧 공화국이 될 네팔의 새 국가를 만드는 공모전에 참석했을까 하는 의문을 품을 만도 했지만, 그런 사람은 거의 없는 듯했다. 그리고 그 시선집이 수년 전에 발표됐고, 그때는 거의 모든 네팔인이 왕정파였다는 사실을 지적하는 사람은 더 적었다. 아니, 프라딥의 출판사는 그 사실을 지적했다. '단 한 문장 때문에 [그를] 의심한다면 우리 중에 깨끗한 사람이 누가 있겠습니까?' 네팔 중앙 일간지에 편집자가 보낸 글의 일부다. 하지만 그로부터 몇 주 후에도 프라딥이 만든 국가는 여전히 봉인된 상태였다.

그는 공모전에서 우승했기 때문에 4,500파운드(약 700만 원)의 상금을 받을 예정이었다. 각종 행사에 초대받고 미래의 아내로부터도 축하 전화를 받았다. 그럼에도 그의 시가 국가가 된다는 보장은 없어 보였다. 프라딥은 불안하고 답답한 마음에 몇 달간 편히 다리를 뻗고 쉬지 못했다. 국가 선정 위원회에서 그의 시를 국가로 최종 확정한 때는 다음해 4월이었다. 정부가 국가를 공식적으로 인정하기까지는 그로부터 몇 달이 더 걸렸다.

나는 이 시기에 대한 이야기를 프라딥에게 들으려 노력했지만, 그는 그때를 회상하는 게 힘들어 보였다. 내가 이 집에 들어온 이후, 프라딥은 계속 이 이야기를 피하려고 애썼다.

그는 바닥을 바라보며 조용히 말했다. "굉장한 관심과 인터뷰 요청들이 아주 오랫동안 계속 됐어요. 마치 블랙홀에 갇혀 있는 것 같았죠. 저는 당시 심장통과 두통을 앓았어요. 안 아픈 곳이 없었죠. 스트레스가 심했어요. 하지만 저는 그때 일어난 일에 대해 분노와 공포와 격노를 억누르기 위해 애썼어요. 남자답게 굴려고 했어요! 제게 단점과 약점이 있지만, 저는 떳떳한 일을 했다고 스스로에게 말했어요. 제 삼촌 중 한 분은 너무 충격을 받아서 이렇게 말했어요. '내가 너라면 참지 않을 거야. 그냥 이렇게 말해 버려. 이제 그만둘래요. 국가 제출을 철회하겠습니다라고.' 하지만 그분은 제가 그 말을 안 들을 걸 알고 계셨죠."

프라딥은 이 모든 이야기를 마치고, 다른 질문을 기대하듯 나를 쳐다봤다. 그는 고통스러운 표정이었다. 어떤 질문이 나올지 두려워하는 것처럼. 나는 그를 더 이상 괴롭히지 말아야겠다고 생각했다. 그게 전부라는 내 대답을 듣자, 그의 얼굴은 안도의 미소로 환히 빛났다.

*

프라딥과 이야기를 나눈 후 나는 벤주 샤르마(Benju Sharma)를 만나러 갔다. 그는 중년의 시인으로, 국가 공모전의 심사 위원

14명 중 한 명이었고, 유일한 여자였다. 나는 심사 위원이 당시
논란에 영향을 받았는지 확인하고 싶었다.

벤주는 프라딥을 처음 만났을 때의 기억을 떠올리며 애정 어
린 미소를 지었다. 최종 3인에 선정된 후 프라딥은 면접을 보러
왔다. "진짜 시골 사람같이 생긴 남자가 들어오는 거예요. 겁
먹은 것처럼 발꿈치를 들고 살금살금 걸었죠. 그 사람이 이 시
를 썼다는 게 정말 놀라웠어요. 우리는 거기 앉아서 이렇게 단
순하고 순진한 사람이 정말 글을 쓰는 사람이 맞는지 놀라워했
지요."

벤주는 그 노래가 좋았다. "이 국가는 네팔의 모든 종교와 언
어와 문화를 통합시킬 수 있는 내용이에요. 모두가 네팔인이라
고 느끼게 만드는 내용이요. 실제로도 그렇게 되고 있고요." 하
지만 그조차도 논란이 한참 불거질 때는 의심이 들었다고 한다.
벤주는 프라딥의 고향인 오칼드훙가(Okhaldhunga) 출신인 지인
들에게 전화를 걸어서 이 문제에 대해 물었다. 그러고 나서야
그가 왕정주의자가 아님을 확신했다고 한다. 총리가 프라딥의
국가를 승인한 것은 순전히 벤주가 이를 나서서 확인해 주었기
때문이었다. 벤주는 파일을 뒤지더니, 프라딥이 제출한 원본 가
사를 꺼냈다. 그는 그 가사에 10점 만점 중 8점을 주었다.

*

며칠 후, 나는 마침내 네팔 국가에 대해 글을 쓰겠다고 결심하
게 된 계기를 마련해 준 남자를 만나게 됐다. 그는 프라딥이 쓴

가사에 맞추어 곡을 붙여 달라는 요청을 받은 음악가, 암베르 구룽(Amber Gurung)이었다. 화려한 금관 악기의 팡파르나 당당한 찬송가만큼이나, 아름답고 황홀한 네팔의 고유한 음악이 국가가 될 자격이 있다고 결정한 사람이 바로 그다. 그가 네팔에서 가장 위대한 음악가라고 칭송한 사람이 정말 많아서 나는 그가 매우 압도적인 인상을 주는 인물일 것이라 예상했다. 그런데 사실은 그가 파킨슨병을 앓고 있으며, 얼굴과 목을 움직이지 못하고 손을 살짝 떨고 있는 70대 중반의 노인이라는 것을 알고 적잖이 충격을 받았다.

"그 노래를 작곡하는 건 무척 어려웠어요." 그가 말했다. 그의 아들 키쇼르가 암베르가 편안한 자세로 이야기를 나눌 수 있도록 해 준 다음이었다. "정부 사람들은 이 국가가 나이 든 사람이든 어린아이든 부를 수 있도록 굉장히 단순해야 한다고 강조하더라고요. 그 생각이 제 마음에 박힌 거죠. 그걸 계속 의식했어요. 그래서 작곡하기가 굉장히 어려웠지요. 알다시피 어려운 노래는 만들기 굉장히 쉬워요. 쉬운 노래는 어렵고요."

암베르는 프라딥의 가사를 선택한 심사 위원 중 한 명이었다. 가사 선정 후 정부는 그에게 음악을 붙여 달라고 요청했다. 군대나 경찰의 악대에서 괜찮은 곡조를 가져오려 했으나 실패한 차였다. 사람들은 그가 곡을 뚝딱 만들 거라고 예상했다. 몇 시간이면 될 거라고 모두 확신했고, 길어야 하루 이틀이면 될 거라고 생각했다. 하지만 그는 수 주 동안 곡을 고치고 또 고쳤다. 멜로디를 쓰기 시작했다가 중도에 그만두고, 악상이 떠올랐지만 이내 회의에 빠져서 그만두기를 끝없이 반복했다.

"이것 때문에 병이 날 지경이었지요. 어느 날 가족들이 저더러 산을 보며 휴식을 취하라고 리조트에 데려다 주었어요. 거기서 영감을 받아서 작곡을 하라고 하모늄[9]을 들여 주더라고요. 이틀을 보낸 후 가족들이 저를 데리러 왔는데, 여전히 아무것도 못 만들었지요. 잠을 잘 수도 없었어요. 너무 걱정이 돼서요."

결국 그는 13.5곡의 노래를 만들었다. 모두 다른 스타일이었다. 지금은 곡 대부분을 잊어버렸지만, 정부에게 최종적으로 제출한 세 곡은 여전히 기억한다고 했다. 첫 번째 곡조는 지극히 평범한 군가풍 국가였다. 전 세계에서 가장 흔한 스타일로 네팔만의 고유한 색채를 드러내는 것은 불가능했다. 이 노래를 만들 때 암베르는 '신이여 여왕 폐하를 구하소서'와 인도의 국가인 '자나 가나 마나'로부터 영감을 받았다. 이 두 곡은 그가 어릴 때 다질링에 있는 가톨릭 학교에서 공부할 때 불러야 했던 곡이었다. 두 번째 국가 후보는 인도의 전통적인 음악 라가(raga)였다. 영화에서 감독이 신비로운 분위기를 내고 싶을 때 넣는 종류의 음악 말이다. 그리고 마지막 후보가 바로 오늘날 네팔의 국가가 된 민요다.

암베르에게 정부가 세 곡 중에서 국가를 어떻게 선택했느냐고 물었다. 하지만 그는 바로 답을 내놓지 않고 철학적인 답변을 했다. "이 국가는 위대한 음악은 아니에요. 누구라도 할 수 있었어요. 또 어떤 정부라도 받아들일 수 있었죠. 운이 좋았던 겁니다. 이 곡을 국가로 만든 건 시간이지 제가 아니에요."

---

9 풀무로 바람을 내보내어 소리를 내는 건반 악기.

슬슬 아버지의 기력이 떨어질 것을 감지라도 한 듯, 키쇼르가 들어와서 인터뷰를 마치는 게 어떻겠냐고 제안했다. 그러고는 떠나기 전에 옥상에 올라와서 음료를 한잔 같이 하자고 권했다. 옥상은 펄럭이는 오색 기도 깃발[10]로 뒤덮여 있었고, 카트만두 북부 교외 지역의 환상적인 풍경이 아래에 펼쳐졌다. 저 멀리 산 뒤로 태양이 지면서 도시 전체에 오렌지색과 붉은색 빛줄기를 뿌렸다. 내가 네팔에 도착한 이래 처음으로 이 대도시가 평화로워 보였다. 반대편 옥상에서는 어린이들이 술래잡기를 하며 놀고 있었다. 그 옆 옥상에서는 어떤 남자가 새 모이를 뿌리고 있었다. 나는 여기에서 몇 시간이라도 서 있을 수 있겠다고 생각했다. 어쩌면 네팔의 영적인 이미지는 결국 일말의 진실을 담고 있었을까.

키쇼르는 아래쪽 도로를 가리키며, 혁명이 막바지에 이른 때에는 수도로 진입하는 길을 찾으려 헤매는 농부들로 이 도로가 뒤덮였다고 말했다. 왕정 폐지를 주장하는 시위에 참석하기 위해 시골에서 상경한 사람들이었다. "단지 시위에 참석하려고 2~3일씩 걸어온 거예요. 마오이스트가 시골에서는 그렇게 영향력이 컸던 거죠." 그가 말했다. "시골에 사는 사람은 절반 이상이 빈곤층이에요. 마오이스트가 한 연설이 그들에게 희망을 많이 줬어요." 그는 내가 아버지와 어떤 이야기를 나눴는지 물었다. 나는 아버지가 대답해 주지 않은 질문이 딱 하나 있는데, 정부가 최종 후보 세 곡 중에서 국가를 어떻게 선택했느냐는

---

10 끈으로 오색의 사각형 천을 길게 연결해 놓는 네팔식 불교 깃발.

질문이었다고 말했다. 나는 정부가 혹시 지금 국가보다 덜 독특한 곡을 선택할 뻔했는지 알고 싶었다. 키쇼르가 웃었다.

"그 선택 과정이 또 평범하지 않았어요." 그가 말했다. "그때 저는 노래를 듣고 사자궁 안에 있는 작은 집무실로 갔어요. 아버지가 대신 가 달라고 부탁하셨거든요. 거기에는 노래를 들어보려고 장관들이 모두 모여 있더라고요. 제가 플레이 버튼을 누르려고 하는데, 장관 한 명이 CD를 꺼내는 거예요. 자기가 직접 노래를 만들어서 가져온 거죠! 제 눈을 믿을 수가 없었어요. 그분이 좀 제정신이 아닌가 싶었어요. 근데 또 한 명이 똑같이 CD를 꺼내면서, 자기가 만든 노래가 국가가 돼야 한다는 거예요. 그 사람은 마오이스트였는데, 이런 말을 해도 될지 모르겠지만 그분이 만든 노래 가사는 '깨어나라, 모든 마을에서 일어나라. 깨어나라, 모든 고을에서 일어나라. 깨어나라, 망치를 들고 일어나라. 망치가 없다면 주먹을 쥐고 일어나라.' 이런 내용이었어요. 근데 아무도 그분한테 바보 같은 짓 좀 하지 말라고 말리지 않더라고요. 그 음악을 거기서 틀게 놔두더라니까요!" 그는 고개를 저었다. "이 나라의 정치는 진짜 가끔은 어이가 없어요."

*

네팔 국가에 관해 이야기할 때 꼭 견해를 물어야 할 핵심 인물이 한 명 더 있다. 바로 갸넨드라 전 국왕이다. 그는 살아 있는 사람 중 자신을 위한 국가를 가졌다가 빼앗긴 유일한 인물이다. 그는 여전히 왕족의 권위를 유지하고 있었다. 혹시 만나게 되면 그를 '전하'라고 불러야 한다. 또한 그는 아직도 통치 중인 것처럼 비밀 유지를 무척 중요하게 여기는 듯했다. 나를 도통 만나 주지 않았다. 네팔에 온 직후부터 잠깐의 인터뷰라도 성사시키기 위해 일주일째 애썼지만 전혀 진전이 없었다. 어쩌면 네팔에 온 첫날부터 진작 그와의 만남을 단념해야 했는지 모른다. 그날 나는 그의 비서로부터 인터뷰 요청을 거절하는 전화를 받았다. "국가는 이야기하기에 너무 민감한 주제라서요."

그러다 어느 날 릴릿푸르의 파탄 더르바르 광장에 있는 한 카페에서 나이 든 영국인 이민자를 우연히 만났다. 이 광장은 옛 네팔의 밀라 왕조 수도의 중심부로, 거대한 공간에 붉은색과 갈색 탑이 빼곡히 들어차 있고, 그 둘레를 비둘기 떼가 둘러싸고 있다. (탑들 중 일부는 2015년 지진으로 인해 무참히 파괴됐다.) 약 예순 살 정도 된 이 남자는 카키색 바지에 챙이 넓은 모자를 쓰고, 웨이터와 네팔어로 매우 편안하게 대화하는 것 같았다. 그가 이 나라에서 수십 년간 살았다는 걸 알 수 있었다. 내 짐작으로 그는 구르카[11]를 모집하러 네팔에 왔다가 돌아가지 않기로 한 영국군 장교가 아닐까 싶었다. 하지만 어쩌면 그는 1970년대 카트만두의 '프리크 거리'[12]에 여행 온 전직 히피로, 마약을 끊고 여행 대행사를 열면 떼돈을 벌 수 있겠다고 깨달은 사람일지도 몰랐다.

---

11 네팔 출신 용병을 일컫는 말.

12 한때 히피들로 가득했던 카트만두의 여행자 거리의 별칭.

"왕하고 만남을 주선하는 건 쉬운 일이죠." 그가 말했다. "당신은 잘못된 방식으로 접근하고 있을 뿐이에요. 만남을 요청한다? 이곳에서 사업은 그렇게 이뤄지지 않아요. 돈을 내야죠."

"네? 뇌물을 주라고요?" 내가 되물었다.

"뇌물은 너무 저속한 표현이고요. 바퀴는 기름칠을 좀 해야 돌아가는 법이죠. 그냥 저기 비싼 호텔들 중 하나에 가서 제안을 하면 됩니다. 전부 왕의 친척들이 운영하고 있거든요."

"제가 한 8,000루피(약 7만 8,000원) 정도는 쓸 수 있을 것 같은데요." 내가 말했다. 그는 나를 동정하듯 바라봤다. "그래요. 이건 당신한테 맞는 방법은 아닐 것 같네요."

하지만 그 대화에서 나는 한 가지 아이디어가 떠올랐다. 나는 그때부터 내가 연락할 수 있는 모든 갸넨드라의 친척, 그와 사업을 같이 했던 사람들을 괴롭히기 시작했다. 후자 중 한 명인 프랍하카르 라나(Prabhakar Rana)가 내게 말했다. "뭘 기대한 건가요? 당연히 민감한 문제지요. 갸넨드라가 새 국가가 싫다고 하면 사람들이 화를 낼 거고, 새 국가가 좋다고 해도 사람들은 화를 낼 테니까요. 게다가 그는 아직 거기에 대해서 대처 방안을 고민하고 있어요."

"'대처 방안'이라는 게 무슨 뜻인가요?" 내가 물었다. "복권(復權)을 노리고 있다는 건가요?" 프랍하카르는 어색하게 웃고는 말을 돌렸다.

나는 심지어 갸넨드라가 여름 별장을 갖고 있다고 알려진 포카라도 방문했다. 포카라는 네팔에서 두 번째로 큰 도시지만 카트만두보다 훨씬 작다. 소가 길을 건너느라 차가 급정거를 해야 하는 곳이다. 나는 포카라에 있는 동안 갸넨드라의 집 대문 근처에서 그가 포카라의 유명한 호수 근처로 오후에 산책을 나오는 것을 기다려 보기로 했다. 하지만 그는 나오지 않았다.

대신 어느 날 아침 축구 경기를 시청하는 학생 몇 명을 만났다. 그들은 전부 학위를 이수하는 중이었고 원래는 시험을 봐야 하는 날이었는데, 강사가 파업에 참여하는 바람에 시험이 취소됐다고 했다. 내가 네팔 국가에 대해 묻자, 그들 중 한 명인 수만 가우탐(Suman Gautam)이 자기는 예전 왕실의 국가가 더 좋다고 대답했다. "어릴 때 불렀던 국가니까 제게는 그게 더 의미가 깊기도 하고요. 하지만 제 정치적 의견을 말하자면, 왕이 더 낫기도 해요. 정치인은 그냥 돈을 좇아다니거든요. 왕은 절대 그러지 않았어요. 항상 최선을 다했어요." 또 그는 예전 국가가 더 국가답게 들린다고 덧붙였다. "지금의 새 국가는 그냥 가요 같아요." 그가 무시하듯 말했다. "노래가 위엄이 없어요."

그런 견해를 가졌음에도 불구하고, 수만은 자기가 졸업한 학교로 나를 데려가서 학생들이 그 '위엄 없는' 국가를 부르는 걸 보여 주겠다고 했다. 다음 날 아침 그는 오토바이에 나를 태우고는, 도로의 구멍들을 퉁탕거리며 지나가고, 버스 사이를 요리조리 피해서 그 학교에 데려다주었다. 학교 운동장에는 수백 명의 아이들이 빳빳한 하얀 셔츠에 파란색 타이를 매고, 줄을 서서 아침 체조를 하고 있었다. 아이들은 앞 사람의 어깨에 손을 얹고, 왼쪽으로 갔다가 오른쪽으로 갔다가, 세 번 짧게 박수를 쳤다. 체조를 마친 후에는 국가를 불렀다. 그중 어린아이들은 가사 맨 마지막의 '네팔 사람'과 '네팔' 부분만 따라했고, 고학년은 모든 단어를 외쳐 불렀다. 나는 싱긋 미소가 나오는 것을 어쩔 수 없었다. 그 모습은 웃기면서 감동적이었다. 그리고 교사가 (카시오 키보드의 19세기 버전 같은) 하모늄으로 연주하는 그 음악은 정말 멋졌다. 맞다. 이 노래는 가요 같다. 그리고 또 사람들이 대개 국가에 기대하거나 혹은 원하는 일종의 장엄함도 없다. 하지만 네팔답다.

국가가 끝나자, 교장 선생님은 내 귀에다 대고 옛날 왕실의 국가도 듣고 싶냐고 물었다. 아이들이 그 노래를 아냐고 놀라 물었다. 대부분은 그 노래를 들어 본 적도 없을 정도로 어려 보였다. "아, 알다마다요." 그가 은밀한 미소를 날리며 대답했다. 그러고는 나를 한 교실로 데려가서 옛 국가를 힘차게 직접 불러 주었다. 30명 정도의 학생들은 대체로 혼란스러워 보였다. "제가 왕정파인 것은 아니에요." 그가 노래를 마치고 말했다. "하지만 오늘날 이 나라는 많은 것들이 잘못돼 있어요. 국가도 그중 하나지요. 그 노래는 옛 국가처럼 자랑스러운 마음을 고취시키지 못해요."

그 순간이야말로 내가 네팔에서 보낸 모든 시간을 요약해 주는 것 같았다. 내가 사람들에게 네팔 국가에 대해서 이야기를 꺼내면, 마오이스트 혁명을 환영하고 그로 인해 해방감을 느낀 사람, 즉 소수 민족이나 낮은 카스트 계급 출신인 사람들은 그 노래가 감명을 줄 뿐만 아니라, 그 노래를 즐겨 부른다고 말했다. 마오이스트들이 주창했던 술과 가부장제 타파 운동을 지지했던 사람들 역시 마찬가지였다.

하지만 왕실과 아직 관계 있는 사람은 옛 노래에 천착하는 것 같았다. 그들은 대개 암베르와 프라딥의 노력을 폄훼했다. '음악이 별로 웅장하지 못하다', '국가가 되기에는 이상하다', '가사가 별로 가슴을 울리지 못한다' 등의 평을 내렸다. 나는 거기에 대고 그 국가가 얼마나 남다른지, 서구의 행진곡을 그저 베끼지 않은 것이 얼마나 훌륭한지 말하고, 내 귀에는 최고의 국가라고 설명했지만 그들에게는 와닿지 않는 모양이었다. 그들은 대놓고 와닿지 않는다고 말하지는 않았고, 단지 고개를 끄덕이며 윙크를 했을 뿐이지만, 새 국가는 그들이 유감스러워하는 네팔의 변화를 떠올리는 작은 상징인 듯했다. 그들은 혁명 이후 어떻게 네팔이 정체되어 있는지 각종 예를 들며 길게 설명한 다음, 델리처럼 더 나은 곳으로 이주하고 싶다고 말하기도 했다.

*

갸넨드라에게 접근하는 걸 거의 포기하고 포카라를 떠나려고 결심할 때쯤 전화벨이 울렸다. 카트만두에서 가장 유서 깊은 호텔이자, 왕궁에서 코 닿을 곳에 위치한 안나푸르나 호텔 프런트에서 온 전화였다. "슈리자나 라나(Shreejana Rana) 씨가 내일 당신을 만나시겠답니다." 나는 슈리자나 라나가 누군지 몰랐지만 일단 황급히 응한 후, 네팔에서 구입한 왕실 가계도가 실려 있는 책을 꺼냈다.

갸넨드라에서 시작해서 그 자녀들의 이름을 훑었다. 라나라는 이름은 거기 없었다. 나는 천천히 이름들을 하나하나 짚으며 점점 먼 친척으로 옮겨 가다가 어느 순간 '슈리자나 라나'라는 이름을 발견했다. 가계도의 변두리에 놓인 이름이었다. 갸넨드라의 육촌의 아내였다. 라나의 양어머니는 2001년 왕실 대학살 당시 연회장에 있었는데, 손에 총상만 입은 채 목숨을 건졌다고 한다. 슈리자나는 왕족 일가의 일원은 아니었다. 즉, 왕녀나 여왕이라는 호칭을 가지고 있지 않았다. 우리 만남에 대해 그가 갸넨드라의 비서에게 알리기나 할지 의심스러웠다. 하지만 이것이 네팔 왕실에 속한 사람과 이야기해 볼 유일한 기회라면 얼마든지 환영이었다.

*

"우리 가족은 그냥 평민이죠." 슈리자나가 말했다. 만나서 주문한 차를 한 모금을 홀짝이기도 전에 벌써 세 번째 같은 이야기를 했다. 우리는 그가 운영하는 호텔의 크림색으로 장식된 카페에서 만났다. 마치 황제의 응접실 같은 분위기였다. 슈트를 차려입은 웨이터가 하얀 찻잔 세트와 바삭한 오이 샌드위치를 실은 트레이를 밀며 바쁘게 오갔다. "저희는 작위가 없어요. 그냥 사업을 하고 있죠. 물론 제 어머니가 그 학살의 희생자 중 한 명이셨지만요…" 그는 굳이 문장을 맺으려 하지 않았다. 그 사건은 이제 너무 오래전 일이라 굳이 말을 꺼낼 만한 일도 아니었다. 대신 그는 왕가 사람과 자기가 어떤 관계에 있는지 즐겁게 설명하기 시작했다. 어릴 때 왕궁을 자주 드나들었단다.

"왕실 일가 앞에서 국가가 연주되는 걸 본 적 있으세요?" 내가 질문했다. "아, 자주 봤지요. 모든 행사 앞에는 국가가 연주됐거든요. 영국 왕실이랑 비슷하게 의전이 많이 있었어요. 왕이 참석하는 행사라면 어디서건, 결혼식에서도 식이 시작되기 전에 국가가 연주됐어요. 그럼 모든 사람이 일어나서 그걸 같이 불러야 했어요. 물론 왕이랑 왕비는 빼고요. 이제 왕궁이 없어져 버렸으니 국가를 들을 일도 없죠. 새 국가는 언제 연주되는지 모르겠네요. 국가의 날에 하나요?"

우리는 몇 분간 이런 예의 바른 대화를 나눴다. 그러다 슈리 자나는 내가 미리 보낸 질문지에 대한 답을 적은 종이를 건넸다. "저는 제 생각을 서면으로 정리하는 걸 좋아해요." 그가 말했다. "여기에 필요한 모든 답이 다 들어 있을 거예요." 나는 슬쩍 답변서를 훑어봤다.

'국가가 바뀌었을 때 기분이 어떠셨나요?'

'국가는 나라의 정치적 현실과 국격을 반영해야 합니다. 국가는 바뀌어야만 했습니다.' 그가 적은 대답이었다. 왕실의 공식적인 입장과 같았다.

'현재의 국가에 대해 어떻게 생각하시나요?'

'그 노래는 너무 새로워서 애국적 감정이나 그 어떤 다른 감정도 고취시키지 못합니다. 짧고 보잘것없는 곡이며, 급작스럽게 끝나 버려서 부르던 사람을 말 그대로 어리둥절하게 합니다.' 이 답변은 좀 더 개인적인 감정을 드러냈다. 어쩌면 그는 내가 원하는 대로 허심탄회한 답을 해 줄지도 모르겠다고 생각했다.

그러고 나서 핵심적인 질문을 던졌다. '갸넨드라는 왕실에 대한 국가가 없어진 데 대해서 어떻게 생각할 거라고 보세요? 그 국가는 결국 자기 자신에 관한 노래였는데요.'

'국왕 폐하가 어떻게 생각하는지에 대해서 넘겨짚을 수는 없습니다.' 그가 적은 답이었다. '이렇게 답하면 좀 이상하게 들릴지는 모르겠지만, 저는 선대 비렌드라 국왕 폐하께서 이런 변화를 살아서 직접 겪지 않아 다행이라고 생각합니다.' 나는 이 마지막 문장을 여러 번 읽었다. 처음에는 그가 다시 핵심적인 질문을 비켜 갔다고 생각해서 실망했다. 하지만 자세히 보니 이 문장은 매우 많은 것을 말하고 있었다. 민중의 왕이었던 비렌드라는 사람들이 그를 향해 애정을 담아 불렀던 그 노래를 잃어서는 안 될 존재였다는 것이다. 갸넨드라는 그렇게 사랑받았던 적이 없다.

물론 그렇다고 갸넨드라 자신이 어떻게 생각하는지 알 수는 없다. 나는 이 질문에 대한 답을 찾기 위해 우회적인 질문을 던졌다. "그가 평민이 되는 걸 만족할 거라고 생각하세요?"

"있잖아요. 제가 그분에 대해서 진짜 존경하는 점은 그분이 이렇게 말했다는 거예요. '나는 네팔인이다. 나는 이곳에서 거주할 권리가 있고 여기를 떠나지 않을 것이다.'라고요." 그가 말했다. "왜냐하면 왕정이 폐지되고 나면 많은 왕들이 나라를 떠나거든요. 하지만 그는 그러지 않겠다고 말한 거죠. 그 말은 그가 변화를 수용한다는 걸 보여 주는 최고의 방법이었다고 생각해요. 솔직히 말해서, 저는 그분이 원래 살던 삶으로 돌아가는 데 만족할 거라고 생각해요. 사업가의 삶이요. 사실 왕으로 살았던 기간이 그렇게 길지는 않았잖아요. 한 5년 정도밖에 안 됐지요."

나는 그가 사업가로 돌아가는 데 그렇게 만족하고 있다면 애초에 왜 왕권을 유지하기 위해 마오이스트와 그렇게 강하게 싸웠는지 묻고 싶었다. 하지만 슈리자나가 대답하지 않을 것을 알았다. 자기 답변이 잘못 해석되지 않을까 하는 두려움도 있을 것이고, 또 이 나라에서는 소문이 너무 빨리 퍼지고, 자기는 새로운 소문의 진원지가 되고 싶지 않다고 이미 내게 설명한 바 있었다. 하지만 그가 떠난 후 질문지의 뒷면을 보고 아까 내가 답변 하나를 놓쳤음을 깨달았다.

'네팔에서 왕정의 미래는 어떻게 될까요?'

'다양한 민족, 문화, 전통, 언어, 열망이 섞인 나라인 네팔은 이제 적극적으로 우선순위를 검토하는 과정에 있습니다.' 그가 적은 답이었다. '이 과정이 자연스럽게 종결되면, 시민들이 어떤 제도(옛것이든 새것이든)를 유지할지, 복귀시킬지, 버릴지 결정하게 될 것입니다.' 내가 그냥 보고 싶은 걸 보는 걸지도 모르겠지만, 그 '복귀시킨다'는 단어가 내 눈에 유독 두드러져 보였다. 문장 안의 나머지 단어들보다 더 세게 타자기를 두드리기라도 한 것처럼.

*

네팔의 마오이스트 총리인 바부람 바타라이가 접견실로 쏜살같이 뛰어들어 왔다. 너무 빨리 움직인 나머지, 가죽 소파에 걸려 넘어져서 벽에 장식된 춤추는 신들과 자기 꼬리를 먹는

네팔의 마오이스트 혁명을 이끌었던 바부람 바타라이. © 위키피디아

뱀이 조각된 정교한 나무 조각에 부딪힐 뻔했다. "늦어서 죄송합니다." 그가 침착함을 유지하며 말했다. 그는 푸른색 양복과 목이 열린 셔츠를 입고 있었으며, '토피'라고 불리는 네팔의 전통 삼각형 모자를 쓰고 있었다. 이 모자는 그의 머리 위에 뻣뻣하게 세워져 얹혀 있었다. 50대치고는 활기차고 젊어 보였다. 어느 모로 보나 과연 걸출한 정치인다웠다.

그가 손을 내밀었다. 이 순간이 바로 내가 네팔에 온 이유였다. 그는 혁명의 선두에서 10년을 보냈다. 수백, 수천의 사람이 그의 말 한마디 한마디를 귀담아듣고 감화를 받아 무장 투쟁에 나섰다. 그 싸움으로 1만 5,000명이 목숨을 잃었다. 이제 그는 신뢰받는 행정가로서 혁명 세력을 존중받는 정부로 변화시키고 있다. 그는 역사 속의 수많은 혁명가처럼 독재자가 되거나 웃음거리가 되지 않았다. 나는 반쯤은 두려운 마음으로, 반쯤은 흥분해서 그를 맞기 위해 앞으로 나갔다.

그는 내가 만난 사람 중 가장 약하게 악수하는 사람이었다. 자리에 앉자 그는 내가 질문하기를 기다리지 않고 먼저 말하기 시작했다. "모든 국가(國歌)는 국민의 열망을 반영하고 국가의 통합을 반영해야 합니다." 그가 쏜살같이 말했다. 마치 미리 준비한 연설을 하는 것 같았다. "그런 의미에서 국가에는 역사성이 담겨 있습니다. 다시 말해, 국가는 한 나라의 정치적이고 역사적인 상황에 따라 지속적으로 변화해야 합니다."

"네팔은 240년 이상이나 절대적인 전제 군주제에 기반하고 있었습니다. 그래서 인민 전쟁이 시작되어 사람들이 군주제에 대항하는 투쟁을 전개하기 시작했을 때 우리의 구호 중 하나는 '이 껍데기뿐인 국가(國歌)를 폐지하라'는 것이었습니다. 그 곡은 나라를 위한 노래가 아니었습니다. 단지 군주정의 이데올로기를 칭송하는 내용일 뿐이었지요. 그래서 군주제가 폐지되면서 국가가 바뀌는 것은 당연했습니다. 이 새 국가는 오늘날 우리 나라가 처한 상황을 반영합니다. 공화주의에 관한 내용, 민주주의에 대한 내용입니다. 네팔의 사회정치적 다양성과 네팔의 통합에 대한 내용입니다."

"제가 듣기로는 훨씬 강한 국가를 원하셨다고 하던데요." 나는 그가 다시 말을 시작하기 전에 얼른 말했다. 그는 '계속 말해 보세요'라고 하듯이 짧게 '음' 소리를 냈다. "인민 전쟁과 사람들이 겪은 투쟁이 좀 더 잘 반영된 국가로요." 그는 다시 한 번 '음'으로 답했다. "'노동자여 일어나라'라든가 '전진하자' 같은 구호가 들어간 노래 말이죠."

그는 다 안다는 듯한 짧은 미소를 지었다. "혁명군이 만든 국가였더라면 물론 좀 더 혁명적인 노래가 됐겠죠." 그가 말했다. "우리가 직접 국가를 쓸 수 있었더라면 이것보다는 더 나은 국가를 만들었을 겁니다. 하지만 우리는 집권 이래로 많은 문제를 타협해야 했지요. 국가도 그중 하나입니다."

"그럼 국가를 들을 때 자랑스러움을 느끼시나요?" 내가 물었다.

"지금은 이 노래가 좋습니다. 개인적으로 저는 이 노래가 상당히 만족스럽습니다."

우리는 그의 출신에 대해 약간 이야기를 나눴다. 그는 학교에서 정치적으로 각성했다고 말했다. 그 이유 중 하나는 그가 국가를 매일 불러야 했기 때문이란다. 당시 국가가 '한 남자에게 바쳐진 노예적인 찬사가 아닌가'라는 생각이 들었다고 한다. 자기 자신을 위한 국가처럼 느껴지지 않았다. 그러던 중 어느 날 '전 세계 노동자들을 위한 노래'인 '인터내셔널가'를 부르면서 그것이 자신의 국가라고 느꼈다. 나는 그가 다른 노동자들과는 다른 배경을 가지고 있음을 굳이 언급하지 않았다. 바부람은 가난한 농부 집안 출신이지만, 젊어서 인도에서 학위 과정을 밟았다. 대신 나는 그에게 네팔의 인민 전쟁에서 음악이 얼마나 중요했는지 알고 깜짝 놀랐다고 말했다. 마오이스트는 국가를 부르는 것을 금지했을 뿐 아니라, '힌디 음악'을 금지하고 사람들이 자기의 소수 언어로 노래를 부르도록 했다.

"물론 음악은 중요하지요." 그가 말했다. "우리는 사람들에게 감정을 불러일으키고 정치적 의식을 주입하기 위해 음악을 이용했습니다. 음악은 정말 효과적인 도구예요. 모든 네팔의 민족들, 여성들, 소위 하층 카스트 출신 사람들은 자신을 표현할 수 없었습니다. 그래서 우리는 그들이 자기의 문화적 정체성을 나타내도록 격려한 거지요. 그들은 그래서 우리를 좋아했습니다. 이전에는 아무도 그런 말을 한 적이 없었거든요." 그는 새 국가의 가장 좋은 점도 그것이라고 말했다. 바로 네팔의 소리라는 것이다. 다른 사람의 정체성을 베낀 게 아니라, 나라로서 네팔이 자신의 정체성을 표현하는 노래처럼 들린다는 것이다.

이때 우리는 기껏해야 6분 정도 이야기 중이었지만 바부람의 공보실장은 옆에서 마치 심장마비가 올 것 같은 표정으로 안절부절못하고 있었다. 그는 계속 앞으로 고개를 숙여 내 시선을 끌어서 인터뷰를 끝내라고 말하고 싶어하다가, 내가 무시하면 좌절하면서 다시 뒤로 기대기를 반복했다. 얼굴의 모든 근육이 마치 '그만하세요! 헌정 위기 상황이라고요!'라고 소리 지르려는 것을 꾹 참고 있는 것처럼 꿀렁거렸다. (나중에야 알았지만, 네팔은 실제로 당시 헌정 위기 상황이었다. 네팔 대법원이 바부람의 행정부에게 새 헌법안에 며칠 내로 동의하라고 명령한 상황이었다.) 운을 시험하고 있다는 건 알고 있었지만, 나는 마지막으로 하나만 더 질문하겠다고 말했다.

"아까 국가가 '현재로서는 괜찮다'고 말씀하셨는데요. 그럼 향후 국가를 다시 바꿀 의향이 있으신가요?"

"세상의 모든 것은 일시적입니다. 절대적인 것은 아무것도 없지요. 세상의 모든 것은 계속 변합니다." 그가 말했다. 반종교적인 것으로 알려진 마오이스트치고는 이상하게도 불교 승려 같은 답변이었다. 그 말을 마지막으로 그는 일어나서 내 손을 잡고 사진을 몇 장 찍은 후 나갔다. (사진사의 플래시가 너무 눈부셔서 눈을 뜨지 못한 나는 사진을 모두 망치고 말았다.) 네팔에서 가장 지적인 사람이자 가슴을 떨리게 하는 사람은 갔다. 접견실에서 나가면서 나는 아까 대기실에서 만난 사무관 중 하나와 부딪혔다. "당신 친구들에 대해서 바부람한테 물어봤나요?" 그가 신나서 물었다. "바부람도 안다고 하던가요?"

*

그로부터 수개월 후, 나는 네팔에서 수천 킬로미터 떨어진 잉글랜드의 심장부인 켄트 주의 포크스톤(Folkestone)에 갔다. 마을 회관은 저렴한 라거를 마시고 있는 네팔인들로 가득 차 있었다. 그들 대부분은 근처의 영국군 부대에서 복무하는 네팔군 연대인 구르카와 관련된 사람들이었다. 무대에 올라와 있던 사람은 '비아쿨 마일라'라는 필명을 쓰고 있는 프라딥 쿠마르 라이였다. 그의 목에 화관을 걸어 주려고 사람들이 줄을 서 있었다. 이미 그는 꽃에 파묻혀서 마치 몸집이 두 배로 늘어난 것처럼 우스꽝스러운 모습이었다.

그가 만든 네팔의 국가가 스피커에서 무한 반복되고 있었다. 암베르의 키보드와 드럼에 맞춰서 고음의 여성 보컬이 노래 부른 녹음본이었다. 이 음악은 이 추운 홀과 전혀 어울리지 않았다. 특히 누군가가 디스코 조명을 켜 놓은 지금은 더욱 그랬다.

하지만 그 사실에 대해 프라딥이든 누구든 전혀 개의치 않는 것 같았다. 모두가 미소를 짓고 있었다. 이 방에서 비로소 이 국가는 정치를 의미하지도 않고, 왕이나 반란의 이미지를 소환하지도 않는 노래가 됐다. 이들에게 이 노래는 그저 고향을 상징할 뿐이었다.

그렇게 될 수 있었던 핵심은 바로 음악이었다. 트럼펫 팡파르가 저 스피커에서 지금 나오고 있었다면 모든 사람은 아마 일어나서 차렷 자세로 곧 등장할 고위 인사를 지루하게 기다릴 것이다. 하지만 암베르의 선율 덕에 아무도 지루해 하지 않았다. 이들은 도수 높은 맥주 캔을 들이키면서, 아이들에게 노래를 불러 주면서 아이들이 춤추고 박수치는 걸 지켜봤다. 평범한 토요일 밤 같은 풍경이었다. 혹은 네팔인 장기 자랑 결승전 같기도 했고, 프라딥이 가장 아름다운 시를 쓴 우승자로 막 발표된 것 같기도 했다. 나는 그곳에 서서 작은 소원을 빌었다. 언젠가 이 노래가 올림픽에서 연주될 수 있도록 해 달라고. 그러면 스타디움에 있는 모든 사람은 완전히 혼란에 빠지겠지. 하지만 이렇게나 다르고 이렇게나 정신이 고양되는 노래를 들은 것만으로, 그 자리에 있는 모두는 조금 더 행복해질 것이다.

3.

미국

어느 광고인의 유산

The Star–Spangled Banner

O say can you see,
by the dawn's early light,
What so proudly we hail'd at the
twilight's last gleaming,
Whose broad stripes and bright stars
through the perilous fight,
O'er the ramparts we watch'd,
were so gallantly streaming?
And the rockets' red glare,
the bombs bursting in air,
Gave proof through the night that
our flag was still there,
O say does that star-spangled
banner yet wave,
O'er the land of the free and
the home of the brave?

오, 그대 보이는가
새벽의 여명 사이로,
황혼의 미광 속에서
자랑스레 환호했던,
넓은 띠와 밝은 별이
위험한 전투 중에서,
우리가 사수한 성벽 위에서
그토록 당당히 나부끼는 것을?
포탄의 붉은 섬광과 창공에서
작렬한 포탄이,
밤새 우리의 깃발이
아직 버티고 있음을 확인해 준 것을,
오, 말하라
성조기는 지금도 휘날리고 있는가,
이 자유의 땅, 용자들의 고향에서?

성조기

>>>

내슈빌(Nashville)은 테네시의 시골 벌판에 솟은 몇몇 마천루로
이뤄진 소도시에 불과하지만, 길에 붙은 수많은 광고판을 통해
알 수 있듯이 미국 컨트리 음악의 고향이기도 하다. 엘비스 프
레슬리와 돌리 파튼, 테일러 스위프트처럼 이곳에서 이름을 알
린 스타도 많다. 그러니 여기서 만나는 사람들이 전부 가수이거
나, 가수 지망생이거나, 가끔 취미로 노래 한두 곡쯤 작곡을 한
다고 해도 놀랄 일은 아니다. 1950년대풍 선글라스를 쓰고 표
범 무늬 핫팬츠를 입은 10대 소녀든, 더위에도 넥타이를 매고
양복을 입고서 땀을 흘리는 60대 남성이든, 이곳 사람들은 기
회가 조금이라도 주어지면 기타를 냉큼 집어 든다.

성공의 기회를 찾아 바다를 건너서 이곳으로 모여드는 사람
들도 있다. 어젯밤 나는 시내 동쪽에 있는 어떤 술집에서 멤버
전부가 일본인인 컨트리 밴드가 공연하는 것을 봤다. 이들은 번
쩍거리는 모조 다이아몬드가 박힌 부츠를 신고, 빨간 술이 달
린 셔츠를 입는 등 어울리지 않는 옷차림을 하고 있었다. 보컬
은 노래가 끝날 때마다 카우보이 모자를 들고 인사했다. 하지만
이들은 어쩐지 진짜 남부 사람처럼 독특하게 느린 말투를 쓰고
있었다. 노래만 들으면 각각 세 번씩 결혼하고 이혼한 데다가
감옥도 몇 번쯤 다녀온 것 같았다. 한마디로 정말 근사했다.

그 일본인 밴드가 지금 내가 있는 곳에 온다면, 그들이 내슈빌에서 느꼈을 모든 매력이 순식간에 사라질 것이다. 나는 이 도시의 야구장에 와 있다. 내슈빌 사운즈의 홈구장이다. 아름다운 3월의 아침에 구름 한 점 없는 하늘에서 햇빛이 내리쬐고 있다. 그라운드에는 두 명의 관리인이 있다. 한 명은 잔디에 물을 주면서 손목의 움직임으로 무지개를 만들어 내고 있다. 다른 한 명은 신중하게 모래를 밀며 땅을 고르는 중이다. 저 멀리 화물 열차가 지나가며 울리는 경적 소리가 스타디움 안에 떠돈다. 지극히 목가적인 모습이다. 말로만 듣던 미국 소도시의 낭만을 마침내 찾았다는 생각을 하게 된다.(비록 이곳은 인구 70만의 대도시지만 말이다.) 아니, 목가적인 광경일 뻔했다. 배팅 케이지 뒤에서 들려오는 소리만 아니었으면. 매 음절마다 점점 더 커지고 더 귀를 찢을 것 같은, 음정이 맞지 않는 저 울부짖음 말이다.

"오, 그대 보이는그아아아아아~," 노래가 시작됐다. 어떻게 했는지 몰라도, 지금 노래하는 사람은 그 마지막 한 음절의 음정을 5단계로 냈다. "새벽 여명 사이로오오오오."

이 소음의 진원지인 저 소녀는 누가 봐도 여덟 살 정도로 보였다. 분홍색 물방울무늬 원피스를 곱게 입고 두 손을 초조하게 앞으로 움켜잡고 있었다. 다른 때였다면 관중들은 너그러운 미소를 지으며 서로 팔꿈치로 옆구리를 찌르고는 "엄청 귀엽네."라고 칭찬했을 것이다. 노래가 끝나면 아마 700명이나 되는 관중 앞에 서서 국가를 부른 그 용기가 가상해서 기립 박수라도 쳤을 것이다.

불행히도 지금 이 자리에 있는 모두는 무려 한 시간 반 동안, 사람들이 미국 국가인 '성조기(The Star-Spangled Banner)'를 다양하게 망치고, 망치고, 또 망치는 걸 들었다. 아이들의 혀짤배기 소리 노래도 들었고, 축구부 어머니들이 같은 색깔의 스카프를 두른 채 화음을 맞추려고 애쓰는 것도 들었다. 운동부 학생들이 세 줄을 부른 후 당황스럽게도 가사를 잊어버려서 멈추는 것도 봤다. 온갖 기교를 부리는 가스펠 가수의 노래가 도대체 언제 끝나는지 궁금해 미칠 지경인 적도 있었다. 이제는 누구라도 더 이상 한 줌의 너그러움조차 남아 있지 않은 상태였다. 여기는 이번 시즌 내슈빌 사운즈의 홈경기 시작 전에 국가를 부를 선창자를 뽑는 오디션 자리였다.

심사 위원 중 한 명이 나를 돌아봤다. "차라리 절 죽여 주세요." 그가 속삭였다. 나는 그의 심사표를 들여다봤다. 이제 고작 51번 참가자였다. 최소 100명이 더 남아 있었다. 실은 나도 한 시간쯤 후에 오디션에 나갈 거라는 말은 하지 않았다.

*

미국인은 국가를 참 자주 부른다. 얼마나 많이 부르는지, 잊어버릴까 봐 무서워서 저러나 싶을 정도다. '성조기'는 야구 경기, 농구 경기, 미식 축구 경기, 아이스 하키 경기가 시작하기 전에 불리며, 정치 집회와 학교의 빵 바자회에서 불리고, 심지어 슈퍼마켓 신장 개업 행사에서까지 불린다. 누군가가 그 행사에서 국가를 멋지게 부르면 그날 뉴스에 나온다. 누군가가 국가를 끔찍하게 부르면 더 큰 뉴스다. 아마 세상에서 미국처럼 자기네 국가(國歌)에 헌신적인 나라가 또 있을까.

태국이 그나마 비슷할 것이다. 태국에서는 매일 아침 8시와 저녁 6시에 국가가 연주된다. 그래서 기차역이나 쇼핑몰 푸드코트에서 사람들이 일어나서 국가를 들으며 경의를 표하는 이상한 장면이 연출된다. 하지만 이 연주는 법으로 강제된 것이다. 이곳 미국에서처럼 진심으로 마음에서 우러나서 하는 게 아니다.

미국에 오기 전에, 국가에 대한 미국인들의 사랑을 관찰하기 가장 좋은 곳이 바로 국가 부르기 오디션장이라고 생각했다. 이 스타디움이 굉장한 애국자들로 가득 찰 거라고 기대했다. 성조기를 꿰매 만든 드레스를 입고 무대에 올라오는 여성, 군 복무 중 전사한 가족의 기억이 떠올라 국가를 반쯤 부르다가 눈물을 흘리는 사람들이 올 거라고 예상했다. 그래서 스타디움을 떠날 때는 가슴 아픈 사연과 용감한 전사자의 이야기, 어쩌면 로맨스 이야기까지 수집할 수 있으리라 여겼다. ("저희는 이 노래를 부르다가 만났어요. 저는 국가를 멋지게 부르는 남자를 도저히 거부할 수가 없거든요.") 불행히도 지금까지 이곳에서 만난 사람 중 나의 망상에 부합하는 사람은 없었다.

물론 애국자를 만나기 했다. 베트남전 트럭커캡[1]을 쓰고는 "국가를 엉망으로 부른다는 건 성조기를 짓밟는 거랑 같은 거죠."라고 말한 남자들이나, 아무도 양복을 차려입고 오지 않았

---

1   일부분이 메쉬 소재로 만들어진 야구 모자의 일종.

다며 "국가에 대한 존중은 어디에 있죠?"라고 불평한 사람들 말이다. 하지만 대부분은 그저 내슈빌의 중요한 재능 경연에서 필사적으로 우승을 차지하고 싶어 하는 가수들뿐이었다.

그중 유일하게 예외인 사람은 후줄근한 옷차림을 한 30대 사서인 깁 백스터 (Gib Baxter)였다. 그는 머리를 파랗게 염색한 채 풍선껌으로 풍선을 불고 있는 여자 친구와 함께 맨 뒷좌석에 앉아 있었다. "저는 여자 친구가 출전하라고 해서 왔어요. 공포와 마주해서 극복하는 그런 거죠." 그가 말했다. "저는 되게 걱정이 많은 사람이거든요." 그는 손을 들어 보였다. "손톱 물어뜯기도 그만두려고 노력하고 있어요." 나는 그의 노력이 성공한 손가락이 고작 세 개뿐이라는 사실을 굳이 지적하지 않았다.

나는 오디션장에 이런 인간 군상이 모여 있을 거라고 진작에 예상했어야 했다. '성조기'가 미국에서 거의 매일 불리는 현실과는 별개로, 사실 이 노래는 아무리 애국심이 넘치는 사람이라도 좋아하기가 어렵다. 우선 이 노래는 지독하게 부르기 어렵다. 음역이 한 옥타브 반이나 된다. 다른 나라 국가의 음역은 대체로 근처에도 못 미친다. 다만 한국의 국가는 한때 음역이 너무 높은 나머지 2014년에 사춘기가 지난 남자아이들도 국가를 부를 수 있게 조성(調聲)을 낮추었다고 한다.

음역이 넓다는 말인즉슨, 초반에는 누구든 목을 긁는 낮은 소리로 시작했다가, 끝낼 때는 목이 째지는 높은 음으로 끝내야 한다는 뜻이다. 이 곡은 음역대가 너무 넓다는 이유로 사실 국가가 되지 못할 뻔했다. 국가로 지정되기 며칠 전 미국 하원은 해군 밴드에게 워싱턴 DC에 와서 이 노래를 부르는 게 가능하다는 걸 증명하라고 요구했을 정도였다. 밴드는 현명하게도 프로 가수를 섭외했다.

또한 이 노래는 더 이상 쓰지 않는 고어에 가까운 단어와 표현으로 가득하다. '저 너머(over)'를 줄여 쓰고(o'er), '더러운(foul)…오욕(pollution)' 같은 표현도 사용하는데 요즘은 그와 같은 뜻으로 쓰이지 않는다. 아니, 그 가사가 쓰여진 이래 쭉 일상적으로 사용된 적이 없는 표현이다. 게다가 미국에는 좀 더 듣기 편하고 애국적인 노래가 얼마든지 있다. '호박색 알곡의 물결'에서 '위풍당당한 자주빛 산자락'까지 미국만의 풍광을 노래하는 '아름다운 미국(America the Beautiful)' 같은 노래나, 세 살짜리가 외워서 할머니 할아버지를 기쁘게 해 주기 딱 좋은 '신이여 미국을 축복하소서(God Bless America)' 같은 노래도 있다.('신이여 미국을 축복하소서, 내가 사랑하는 이 땅을') 가끔은 브루스 스프링스틴이 1984년에 발표한 히트곡 '미국에서 태어나(Born in the USA)'를 유언을 통해 국가에 기증하면 미국인들이 가장 좋아할 거라는 생각이 들기도 한다. 물론 코러스만.

이런 노래들을 생각하면, '성조기'가 정말 이곳 사람들에게 사랑받는 게 맞는지, 혹은 그저 떨쳐 내지 못한 전통 때문에 부르는 것뿐인지, 이 노래가 나올 때마다 매일 기립하는 사람들은 그 노래가 미국에서 가장 중요한 노래라서 그런 것인지, 엄마에게 잔소리를 너무 많이 들어서 그런 건지 의문이 든다.

내가 아까 그 여덟 살짜리 소녀보다 가수로서 재능이 없다는 사실을 알아차리는 데는 10초로 족했다. 나는 배팅 케이지 뒤에 서서 세 명의 심사 위원을 올려다봤다. 그들은 전부 나에게 '제발 이제 그만하시면 안 될까요?'라고 애원하는 눈빛을 보내고 있었다.

'오오오오오 그대애애애 보오오오오이이이이이이느으으응 가아아아아아아아아.' 생각보다 훨씬 느리게 가사를 내뱉었다. 갑자기 언어 장애라도 생긴 것 같았다. 심사 위원과 관중 들은 내가 가사를 잊어버리는 바람에 생각할 시간을 벌려고 한 단어 한 단어를 질질 끌고 있다고 생각할 게 뻔했다. "새애애애애벼 어어어어억 여어어어어며어어어어엉 사아아아아이이이이이로 오오오오오." 내 손이 떨리는 게 느껴졌다. 신경이 피부로 튀어 나오는 것 같았다. 셔츠의 땀자국이 얼마나 클지 생각하기조차 두려웠다.

"후아아앙혼의 미광 속에서 자랑스으으레 환호했던," 나는 가까스로 마침내 속도를 올리긴 했지만 이번에는 내 목소리가 곧 갈라질 것처럼 심하게 떨렸다. 아직 고작 둘째 줄인데. 여섯 줄이나 더 남았는데. 이대로 계속 부르다가는 군중들이 곧 야유를 퍼부을 게 뻔했다. 하지만 갑자기 패닉에 빠진 내 머릿속에 한 가지 아이디어가 떠올랐다. 바로 그 군중을 이용하는 것이었다. '지금 저 관중석에는 수백 명이 앉아 있지 않은가? 그들을 끌어들여 지금 이 상황이 재앙이 되어 가고 있다는 사실을 감춰 보자.' 나는 그들에게 손을 흔들며 일어나라고 손짓했다. 그러고는 마이크로 그들을 가리켰다. 마치 '자, 저랑 같이 노래를 불러 봐요'라고 말하듯이.

그러자 마치 마법처럼, 기적처럼, 내 작전이 먹혔다. 글쎄, 이것도 먹혔다고 봐야겠지? 한 명이 노래에 합류했다. 중년의 여성이었는데, 백금발의 머리카락과 얼굴의 반을 가리는 야릇한 색깔의 선글라스를 쓰고 있었다. 아마도 나만큼이나 오디션을 망친 누군가의 엄마가 아닐까 싶었다. 어쨌거나 상관없다. 그가 박수를 쳐 주면서 "유 에스 에이! 유 에스 에이!"를 외쳤다. 주위 사람들에게도 같이 하자고 손짓을 하자 모두가 웃었다. 나는 그분이 마치 첫 여자 친구인 양 시선을 고정하고, 노래가 끝날 때까지 눈을 떼지 않았다. 아마 노래는 1분 정도만에 끝났을 것이다. 하지만 마침내 그 마지막 구절, '이 자유의 따아아아아앙, 용자들의 고향에스어어어어'에 이르러 그 고음을 내기 위해 발악할 때쯤에는 이미 짜릿함과 피로에 지쳐 기진맥진한 상태였다.

"저 어땠나요?" 나는 아드레날린으로 가득 찬 채 심사 위원 테이블로 달려가며 소리쳐 물었다.

"가사는 10점 만점에 10점이에요." 한 명이 대답했다.

"그러면… 노래 점수는요?"

"네… 그게… 음… 나중에 다시 알려 드릴게요." 그가 쓴웃음을 지으며 말했다.

내슈빌이 '성조기'를 부르기에는 매우 좋은 도시일지 모르지만, 그 노래의 역사와 의미를 탐구하고 싶다면 꼭 방문해야 하는 장소는 따로 있다. 바로 볼티모어다. 워싱턴 DC와 뉴욕 사이의 회랑(回廊)인 체서피크만의 끝자락에 위치한 도시다.

볼티모어는 한때 매우 번창하고 활기가 넘쳤다. 미국 동부에서 제조되거나 재배되는 모든 공산품과 농산물을 빨아들였다가 출하했다고 해도 과언이 아닌, 세상에서 가장 바쁜 항구 도시였다. 하지만 수십 년간 꾸준히 쇠락한 끝에, 이제는 신문에 볼티모어의 이름이 나올 때는 폭동 또는 이 도시의 지독한 마약 문제를 다룰 때뿐이다. 볼티모어는 크랙[2]과 필로폰, 거리의 마약상과 마약 구매자로 가득하고, '프로젝트'라고 불리는 대규모 공영 주택 단지는 도시 빈민들로 가득 찬 위험한 폐허 지역이 돼 버렸다. 차를 도둑맞고 싶지 않다면 발을 들여놓으면 안 되는 지역이 점점 넓어지고 있다.

볼티모어 기차역에 내려서 버스를 타고 시내로 가다 보면 그 악명이 과장된 게 아님을 느낀다. 버스에 탄 지 2분도 채 되지 않아서 첫 번째 마약 중독자를 만났다. 그는 얼룩진 마이클 잭슨 스웨터를 입고 휘청거리며 버스 안 통로를 오르내리고 있었다. 등이 굽었고, 이가 몇 개 빠져 있었다. 버스에 탄 다른 사람들이 자기처럼 무기력한 상황이라고 생각했는지, 돈을 구걸하

2 코카인을 담배 형태로 만든 마약.

'성조기'가 탄생한 맥켄리 요새. © 게티이미지

지는 않았다.

하지만 볼티모어에 조금 있다 보면 도시가 당신에게 마음을 열어 온다. 이 도시는 심각하고 명백한 문제를 안고 있지만, 젊음과 활력도 갖고 있다. 마치 저렴한 뉴욕이랄까. 한순간은 프로젝트 주택가를 걷다가, 다음 순간에는 가로수가 줄을 이은 도로에서 북적거리는 멕시코식 술집과 개축된 타운 하우스들이 모인 지역으로 접어든다. 부둣가의 한쪽 끝에서 노숙자 수에 충격을 받다가, 다른 한쪽 끝에서는 만 안에 줄줄이 정박된 레저용 요트를 보며 부러워할 수도 있다.

바로 여기, 이 도시의 남쪽 끝에 위치한 붉은 벽돌과 하얀 목재로 지은 요새가 200년 전 '성조기'가 탄생한 곳이다.

'성조기' 이야기를 본격적으로 듣기 위해서는, 먼저 1812년의 전쟁에 대해 간단한 역사 공부를 해야 한다. 이는 영국과 미국 사이에 있었던 전쟁이었는데 3년간 지속됐다. 또한 이 전쟁은 평화 협상이 이뤄지고 한참 후에 가장 치열한 전투가 일어났던, 역사상 가장 이상한 전쟁 중 하나다. 그런데도 이 전쟁에 대해서 아는 사람은 거의 없다.

이 전쟁이 일어났을 때 미국은 독립한 지 고작 36년 된 국가였다. 독립 국가로서 미국은 이제 간신히 모양을 분간하는 신생아 같은 상태였다. 그리고 부모한테 온통 토를 하려는 참이었다. 사실 영국(부모)이 했던 짓을 생각해 보면 미국이 그럴 만도 했다. 당시 영국은 프랑스와 전쟁 중이었기 때문에 미국이 프랑스와 교역하는 것을 막으려고 했다. 영국은 대서양을 건너는 미국 배를 바다 중간에서 멈춰 세우고 화물을 압수하거나, 여의치 않으면 바다에 침몰시키기까지 했다. 또한, 영국 해군은 당시 심각한 인력난을 겪고 있었기에, 미국 배만 보이면 탈영병이 없는지 찾겠다며 배를 멈추고는 쓸 만한 인력만 보이면 영국인이든 아니든 강제로 데려가는 일도 흔했다.

이런 영국의 행태에 불만도 컸지만, 미국인들이 영국과 전쟁을 원한 이유는 또 있었다. 일부는 서부에 진출하기 위해서(영국은 몇몇 미국 인디언 부족들을 무장시키고 있었다.), 혹은 캐나다를 미국에 병합할 수 있는 좋은 기회라 생각해서 전쟁을 원했다. 그리고 영국이 프랑스와 전쟁하느라 바쁜 지금이 최선의 기회였다. 163

센티미터의 단신인 제임스 매디슨(James Madison) 미국 대통령은 전쟁을 더 이상 피할 수 없음을 깨닫고, 6월 18일 선전 포고에 서명했다. 그가 언제부터 그 결정을 후회했을지 공식 기록은 없지만, 아마 아무리 늦어도 3일 후에는 아차 싶었을 것이다.

이후 2년간 미국 군대는 잇따른 치욕과 불운을 겪었다. 당시 미군은 사실상 누군가를 공격할 만한 역량이라고는 없었다. 일단 제대로 된 병사가 거의 없었고, 그나마 훈련된 인력은 제대로 월급을 받지 못했다. 그리고 그중 상당수는 자기가 사는 주(州) 바깥에서 싸우기를 거부했다. 캐나다 국경까지는 기꺼이 행진했다가 국경을 넘기를 거부했다.

그렇다면 영국군은 어땠을까? 주력 부대가 다른 곳에서 전쟁 중이었기 때문에, 이들은 해안을 배로 오르내리며 가끔 마을을 공격하거나 도시를 조금 폭격하는 게 전부였다. 즉, 세계 초강대국의 면모를 전혀 보이지 못했다. 그렇게 지지부진하게 이어진 전쟁은 1814년 여름이 되자 전기를 맞았다. 마침내 유럽에서 나폴레옹을 격파한 영국은, 수천 명의 병력을 대서양 건너로 파병했다. 이들은 집에 가서 아내를 만나지 못하고 다른 전쟁터로 보내지는 바람에 성나고 억울한 상태였다. 그러던 그해 8월, 블래던스버그(Bladensberg)에서 드디어 큰 전투가 벌어졌다.

블래던스버그는 오늘날 워싱턴 DC의 통근권 벨트 중심에 위치한 마을인데, 매디슨 대통령은 군을 지휘하기 위해 이곳에 몸소 내려왔다. 그는 미국 역사상 전장에 발을 디딘 마지막 대통령이었다. 내각의 절반이 그와 함께 내려왔다. 이들은 장군들에게 소리치며 서로 상반된 주문을 해댔다. 미국 군대는 수적으로 우세했고 높은 고지를 점령했음에도 불구하고, 혼란스러운 수뇌부와 영국의 대포에 쉽게 겁먹는 민병대 위주의 전력 때문에 당연히 금세 패배했다. 수천 명의 미군이 패주했고 영국군은 눈에 띄는 예의 빨간 코트³를 입고 추격전을 벌였다. 매디슨 대통령도 어쩔 수 없이 말에 올라타 목숨을 걸고 질주해야 했으며, '당장 도시를 버리고 피난하라'는 전령이 백악관의 영부인에게 보내졌다. 영부인은 백악관이 소장하고 있던 은 공예품을 핸드백에 넣고 피난했다.

그 전투는 '미국 역사상 가장 치욕스러운 일화'였다. 하지만 어떤 관점에서 보자면 그다음에 일어난 일들이 더 최악이었다. 영국군은 백악관에 입성하여 식당에 차려진 40인분의 식사를 발견했다. 유리병에 따라 놓은 와인은 트레이 위에 놓인 얼음 때문에 차가웠고, 양철 화덕에는 음식이 따뜻하게 데워져 있었다. (이들은 이것이 승리의 연회일 것으로 짐작했지만 사실은 그저 그날 백악관의 저녁 식사였다.) 영국군은 게걸스럽고 탐욕스럽게 음식을 먹어 치웠다. 아마 상상하건대 고기 육즙을 턱에 흘리고 와인을 바닥에 흘리며 먹었을 것이다. 이들은 식사를 마친 후 백악관에 불을 질렀고, 워싱턴 DC에 있는 다른 공공 건물들에도 불을 질러 거의 전소했다.

이들이 다음으로 관심을 돌린 곳이 볼티모어였다.

---

3 '빨간 코트(red coat)'는 미국 독립 전쟁 이래 영국 육군을 상징하는 표현이 됐다.

*

어떤 사람은 한눈에 영웅이 될 거라는 감이 온다. 그들은 다 비슷한 유형이다. 바람 없는 잔잔한 날에도 마치 머리카락이 바람에 흩날리는 것처럼 보이는 남자 또는 여자 들, 그 이름조차 '매그네틱 (magnetic, 자석 같은)' 혹은 '데버네어 (debonair, 당당하고 멋진)' 같은 단어와 비슷한 사람들. 하지만 '성조기'를 만든 프랜시스 스콧 키 (Francis Scott Key)는 그런 영웅감이 전혀 아니었다.

1814년 9월, 스콧 키는 서른다섯 살의 변호사이자 5명의 아이를 둔 아버지였다. 또, 긴 매부리코에 얼굴을 덮는 곱슬머리를 가진 이였다. 각종 기록을 보면 그는 변호사로서 분명 성공적이었지만, 남들보다 딱히 두드러지는 면모는 전혀 없었다. 그에 대해 흥미로운 일화를 찾으려고 헤매다 보면 정말 말도 안되게 평범한 이야기만 듣게 된다. 그는 교회에 가는 것을 좋아했다. 그것도 아주 많이. 그는 '나의 애마에게'라든가 '장미 봉우리에 바쳐' 같은 제목의 시를 쓰기를 좋아했다.

그에 관해 가장 흥미로운 부분은 그나마 노예제에 대한 혼란스러운 관점인 것 같다. 그는 노예를 소유하고 있었지만, 해방 노예를 지지하는 근거를 제시했다. 그는 해방된 흑인들이 아프리카로 돌아가도록 권장하는 게 노예제 문제의 해결책이라고 생각했다. 그들이 애초에 아프리카에서 왔는지 여부는 무시했다. 하지만 그는 노예제 폐지에는 극렬히 반대했다. 그에 대해 그나마 흥미로운 사실은 이게 전부다. 그가 어떤 시한 편, 아니 아주 많이 유명해진 노래 한 곡을 썼다는 사실만

프랜시스 스콧 키.
© 위키피디아

제외하면 말이다.

나는 볼티모어에서 통통한 체구를 가진, 메릴랜드 역사학회 회장 버트 쿠머로우(Bert Kummerow)를 만났다. 이 단체는 스콧 키의 원본 원고를 소유하고 있었다. 하지만 그조차도 내게 스콧 키에 대한 좋은 이야기를 단 한 가지도 들려주지 못했다. 그는 기억 속을 열심히 뒤지고, 책장을 넘겨 가며, 그에 관해 흥미롭거나 웃긴 이야기를 들려주려고 필사적으로 노력했지만, 계속 전혀 다른 사람에 대한 이야기로 넘어가 버릴 뿐이었다.

"혹시 스콧 키의 아들, 필립을 아세요?" 그가 물었다. "유명한 난봉꾼이었어요. 어느 날은 하원 의원의 아내였던 라틴계 여성과 바람을 피웠지요. 이 여성 분은 남편이 외출만 하면 본색을 드러내는 걸로 유명했어요. 근데 어느 날 이 의원이 결국 이 일을 알게 됐고, 백악관 앞에서 필립과 결투를 하더니만 권총을 꺼내어 그를 쏴 버렸지요. 다른 사람들도 다 있는 앞에서 살인을 한 거예요! 필립에 대해서 꼭 한번 찾아 보세요."

"그런데 스콧 키는요? 그 사람에 대해서는 특별히 눈에 띄는 이야기가 없을까요?" 내가 물었다.

"음, 좀 더 생각해 볼게요." 그가 의식적으로 눈을 돌리며 말했다. 그러다가 갑자기 표정이 밝아졌다. "아, 그 사람은 로아노크의 존 랜돌프라는 사람과 친구였네요. 이 사람이야말로 정말 특이한데⋯."

스콧 키에 대해서 그나마 새로운 관점의 이야기를 해 준 유일한 사람은 리사 셔우드(Lisa Sherwood)였다. 그녀는 스콧 키의 곤손(昆孫)[4]으로 일흔세 살이었지만, 놀라울 정도로 상큼한 사람이었다. 우리는 볼티모어 한가운데 위치한 그의 저택에서 만났다. 해가 잘 드는 안마당이었다. 그의 금발 올림머리와 짓궂은 미소를 보면 실제 나이보다 스무 살이나 젊다고 해도 누구든 믿을 것 같았다.

리사는 스콧 키 자체에 대해 들려줄 이야기를 갖고 있지는 않았다. 부모님이 딱히 해 준 이야기가 없단다. 하지만 그는 스콧 키가 기록처럼 그렇게 고루한 인물일 리는 없다고, 나에게 거의 간청하듯 이야기했다. "제가 본 초상화를 보면요. 그분의

---

4   증손의 증손.

모습은, 그 단어가 뭐였죠, '데버네어(debonair, 당당하고 멋진)'하다고 해야 할까요? 망토를 금방이라도 휘두를 것 같아요."

"그리고 그분 아내인 폴리는 정말 사랑스럽고 아름다워요. 진짜 보물이었지요. 폴리 할머니네 아버지는 메릴랜드 전체에서 가장 부자였는데, 스콧 키가 폴리를 붙잡은 걸 보면 적어도 매력이 있거나 다른 뭔가가 있었을 거예요. 그리고 스콧 키는 굉장히 멋지고 로맨틱한 편지도 많이 남겼어요. 아마 제 생각에 그분은 제 아버지랑 비슷했을 것 같아요. 제 아버지가 정말 극단적으로 활기차고 짓궂고 명랑하고 에너지 넘치고 열정적인 사람이었거든요."

스콧 키가 영웅이 될 만한 자질이 있었는지 모르겠지만, 적어도 사회적으로 존중받은 인물이었음은 틀림없다. 왜냐하면 워싱턴이 불타고 일주일 후, 닥터 빈즈라는 사람의 석방을 협상하기 위해 볼티모어 근처에 정박한 영국 함대로 배를 타고 가 달라는 요청을 받았기 때문이다. 닥터 빈즈는 어느 날 오후 친구들과 '펀치 한 사발을 축내며' 영국군이 자기네 마을을 떠나는 것을 축하하고 있었다. 그러다가 정원에 배고픈 영국군 병사 한 명이 음식을 훔치러 들어온 것을 발견했다. 그들은 그 병사를 포로로 잡았고, 낙오된 영국 병사를 더 잡을 수 있지 않을까 싶어 길을 나섰다. 이는 다소 무모한 짓이었다. 영국군이 이들의 활동을 눈치채지 못할 리가 없었기 때문이다. 영국군은 다음 날 이 병사를 찾으러 왔을 뿐 아니라, 빈즈까지 포로로 삼았다. 빈즈는 안경을 쓸 틈도 없이 잡혀 갔다.

스콧 키는 9월 7일 수요일에 영국군 함대에 닿았다. 그는 이 방문에 대해 매우 비관적인 전망을 가지고 있었다. 자기가 며칠을 협상하든 빈즈가 아무 잘못도 하지 않았노라고 영국군을 설득할 길이 전혀 없다고 생각해서였다. 하지만 의외로 협상은 쉽게 풀렸다. 얼마간 취조도 당하고 괴롭힘도 당했지만, 스콧 키는 어느 순간 전쟁 중 빈즈가 도움을 주었던 영국군 병사가 쓴 감사의 편지를 꺼내서 제시했다. 그걸로 충분했다. 영국군은 빈즈를 돌려주기로 합의했다.

하지만 영국군은 이 둘이 바로 함대를 떠나도록 두지 않았다. 당시 영국은 볼티모어의 요새 중 하나인 맥켄리 성을 폭격할 계획을 세우고 있었기 때문이다. 이 요새만 없으면 영국은 볼티모어항으로 직행할 수 있을 터였다. 빈즈와 스콧 키는 폭격 준비를 눈으로 보았을 뿐 아니라, 육지에서 동시 공격을 감행할 것도 알고 있었다. 영국군 입장에서는 이들이 가면 사람들에게 미리 경고할 것이기 때문에 순순히 보내 줄 수는 없었다. 그래서 영국군은 공격이 끝날 때까지 이들에게 함대에서 기다리면서 전투를 지켜보도록 했다.

*

오늘날의 맥켄리 요새는 근처의 신흥 주택가에서 온 레깅스 차림의 조깅족과, 치와와와 함께 걷는 산책족으로 가득한 아름다운 공원 안에 위치해 있다. 점잖고 평화롭기 그지없는 곳일 뿐 아니라, 폭탄 터지는 소리를 흉내 내는 행위는 자제해야 하는 곳이다. 하지만 나를 안내해 주고 있는 30대의 공원 경비원인 빈스 배즈(Vince Vaise)는 이러한 고요를 깨는 것을 털끝만치도 개의치 않는 듯했다.

"영국군은 3킬로미터도 넘게 떨어진 곳에서 박격포를 날렸어요." 그는 저 멀리 있는 다리를 향해 팔을 던지듯 뻗으면서 말했다. "이 포탄 하나하나에 검은 폭발물 가루 5.8킬로그램이 가득 담겨 있었지요. 콰아아아아아아아아앙! 하고 폭발하면서 사방에 조각을 뿌리는 거죠. 그 소리는 몇 킬로미터 떨어진 데까지 들렸을 거예요. 콰아아아아아아아아앙!"

빈스는 이런 역사 유적지를 방문할 때 사람들이 만나기를 바라는 그런 여행 가이드였다. 그는 마치 당시 맥켄리 요새에 와 있는 양 생생하게 몰입했다. 또한 스스로는 미처 깨닫지 못한 것 같은데, 자기가 말하는 모든 내용을 몸으로 직접 연기했다. 팔은 이리저리 휘두르고, 다리로는 이런저런 물건 위로 뛰어오르거나 그 뒤에 쭈그리고 앉았다. 마치 그가 원하든 원치 않든 다리가 그를 강제로 끌고 다니는 것처럼 말이다. 그리고 그는 문장을 말할 때마다 닥치는 대로 소리를 질렀다. 결정적인 대목이 어디인지 기억하지 못하는 코미디언 같았다.

내가 빈스를 만나고 싶었던 이유는 프랜시스 스콧 키가 영국군과 같이 있을 때 어떤 일을 겪었으며, 배 위에서 어떤 광경을 지켜봤을지 조금이나마 직접 느껴 보고 싶어서였다. 빈스는 그가 본 광경이 아주 처참했다고 주장했다. 9월 13일 아침 6시 30분, 영국군은 요새의 대포 사정거리 바로 바깥에서 멈추고, 그 요새에 1,500발의 박격포와 800발의 로켓포를 퍼붓기 시작했다. 세상에서 가장 시끄러운 새벽 합창이었을 것이다. (로켓포는 조준하기 어려웠기 때문에 사실 뭔가를 맞추기보다는 단지 겁을 주기 위해 쏘는 것에 가까웠다.) "폭격은 자그마치 25시간 동안 계속됐어요. 그때 천둥 번개가 치고 있었다는 것도 잊지 마세요. 그러니까 바람이 불고 비가 오고 번개가 치는 와중에 폭격이 있었던 거죠. 그날 밤 잠을 잔 사람은 아마 아무도 없었을 거예요." 빈스가 말했다.

스콧 키는 배에 갇혀 갑판을 거닐다가 그 폭탄들을 보고, 폭발의 불빛으로 요새의 상황을 가늠해 보려 애썼다. 요새에 미국 깃발이 여전히 휘날리고 있는지, 혹은 영국 깃발이 그 자리에 대신 올라가 있는지 말이다. 미국 깃발은 무려 폭이 12미터, 높이가 9미터에 달했기 때문에 낮에는 쉽게 분간이 가능했을 것이다. 영국군에게 깃발을 과시할 수 있도록 초대형으로 제작됐기 때문이다. 맥켄리 요새의 지휘관이 병사들에게 세계 최고의 해군 부대에 맞서 싸울 용기를 북돋우기 위해 센 척을 해 본 것이다. 그 깃발은 하도 커서 제작이 끝나자 양조장 바닥에만 펼칠 수 있었고, 들어 올리는 데만 11명의 남자가 필요했다. 실제 당일 전투 중에는 그 큰 깃발이 폭풍우에 손상되는 것을 막기 위해 잠시 내리고 다른 깃발로 대체한 상태였다. 하지만 그 깃발도 가로 7.5미터에 세로 5미터로 여전히 거대했다.

*

"키는 아주 흥미로운 사람이에요." 빈스가 큰 소리로 말했다. 지나가는 조깅족의 관심을 끌고 싶은 것 같았다. "영국군 배에 가기 전까지는 친영파였다고 하더라고요. 근데 영국인이 너무 괴롭혀서 완전히 돌아섰죠. 사실 별로 놀랄 일도 아니지요. 영국 지휘관들은 대체로 귀족 출신이 많았거든요. 자기네 국민들도 깔보는데 미국인한테는 오죽했겠어요?"

빈스는 자기가 읽은 영국 함대의 일지 내용을 이야기했다. 어떤 장교는 '파괴 행위가 곧 시작되는데, 이는 미국인에게 고통을 안겨 주는 만큼이나 내게는 기쁨이 될 것이다.'라고 썼다고 한다. 또 다른 일지에서는 최고 사령관인 알렉산더 코크레인 (Alexander Cochrane) 해군 제독이 미국인에 대해 '징징거리고 위선적인 종족이다. 마치 코커스패니얼과도 같다.'라고 하면서, 사냥개를 길들이듯 콧등을 한 대 때려 잠자코 뒤를 따라오도록 해야 한다고 썼다. 그는 미국인들이 캐나다 마을에 불을 지르기 시작한 이래 수년간 미국인을 싫어했다. 워싱턴을 불태운 것도 부분적으로는 그 복수였다. "포로 협상이 제독 선실에서 와인을 마시면서 진행됐다는 건 잘 알려진 사실이에요." 빈스가 덧붙였다. "그러니까 몇 잔 마신 뒤에는 좀 풀어졌겠지요. 영국인들은 자기네가 미국인과 미국이란 나라를 어떻게 생각하는지 스콧 키한테 아주 똑똑히 말해 줬을 거예요."

스콧 키는 폭격 다음 날인 9월 14일 아침, 자기가 탄 배의 갑판에서 망원경으로 요새를 보려고 했다. 비는 멈췄지만 아직 시야가 좋지 못했다. 대포에서 나온 연기가 여전히 물 위를 떠다녔고, 아직 너무 어두웠다. '내가 얼마나 불안한 상태를 견뎌야 했는지 상상할 수 있겠지.' 그는 전쟁 직후 친구에게 쓴 편지에서 이렇게 말했다. 스콧 키는 어느 순간에는 이 도시의 운명이 끝장이라고 생각했다가 다음 순간에는 다시 살아남을 수 있다고 확신하는 등 밤새 마음이 이리저리 휘둘려서 힘들었다고 썼다. (그는 도시 주민들이 전쟁에 반대하던 세력을 폭행했던 것을 상기하며, 신이 이 도시를 '악의 덩어리'로 여겨 그 멸망을 허락할지도 모른다고 생각했다.) '그 끔찍한 정적과 긴장감은 견디기 힘들었다네.' 하지만 마음속 깊은 곳에서 그는 전투의 결과가 뻔하다고 느꼈다. 현실을 받아들이기 시작하자 그의 마음이 내려앉았다. 아마도 그는 조국이 전쟁에서 패배하는 것을 본 것 같다.

하지만 동이 트기 시작하면서, 그는 두 가지 사실을 목격했다. 첫 번째는 영국 병사들이 낙심한 채 다시 함대로 돌아오는 모습, 두 번째는 요새에서 폭풍우용 깃발이 내려가고 다른 깃발이 올라가고 있는 모습이었다. 그 깃발은 처음에는 축 늘어져 있었지만 점점 높이 게양되면서 바람에 펄럭이기 시작했다. 스콧 키는 그 깃발이 영국 국기가 아님을 확인했다. 빨갛고 하얀 열다섯 개의 줄무늬와 열다섯 개의 별이었다. 그는 머리에 피가 다시 도는 걸 느꼈고, 절망은 그가 평생 다시는 느껴 보지 못할 환희로 바뀌었다.

스콧 키도 나중에 알게 되지만, 영국군이 퍼부은 맹공에도 불구하고 요새는 거의 피해를 입지 않았다. 일부 나무가 포탄에 맞아 넘어지고 지붕이 약간 벗겨졌지만, 사망자는 군인 네 명뿐이었고 무기 피해는 한 대의 대포가 넘어진 것이 전부였다. 그 폭격은 미국에 위협을 줬다기보다 영국에게 망신만 안겼다.

스콧 키는 뭔가를 적을 종이를 찾으려고 주머니를 필사적으로 뒤졌다. 봉투든, 그가 가져온 명령서든 뭐든 좋았다. 그는 평생 가족과 친구를 위해 시와 노래를 써 온 사람이었다. 좀 전에 본 광경을 기록하고 싶은 충동을 억누를 수 없었다. '그때 노래를 만드는 것이 교수형에 처해질 죄라 하였을지라도 [나는 여전히] 노래를 만들었을 거요.' 그는 그 순간을 이렇게 회상했다. 그는 이미 알고 있었다. 이 노래는 그동안 자신이 써 온 그 어떤 노래와도 다를 것임을. 그 노래는 '나의 애마에게'나 '장미 봉우리에 바쳐' 같은 시가 아니었다.

그는 그 시에 붙일 완벽한 곡조도 이미 알고 있었다. '천국에 있는 아나크레온에게(To Anacreon in Heaven)'였다. 그는 이 노래를 매우 좋아해서 다른 시에도 이 곡조를 붙인 적이 있었다. 그 상승하는 멜로디는 누구나 잘 알고 있었다. 그 노래는 원래 런던의 신사 사교 클럽인 '아나크레온틱 소사이어티(Anacreontic Society)' 모임에서 불리던 곡이었으며, 원래 가사는 '바쿠스의 포도 덩굴로 비너스의 신전을 엮는다'는 선정적인 내용이었다. 이 곡이 영국의 호화로운 술자리용 노래여서 그 멜로디를 선택하는 게 부적절할 수도 있겠다는 생각은 들지 않았나 보다.

*

'성조기'의 첫 구절은 누구나 알 만큼 유명하다. 하지만 그 내용이 실은 반쯤 진행된 전투에 대한 묘사라는 사실을 아는 사람은 거의 없을 것 같다. 그 가사는 '포탄의 붉은 섬광과 창공에서 작렬하는 포탄이, / 밤새 우리의 깃발이 아직 버티고 있음을 확인해 준 것을'로 이어진다. 하지만 1절의 마지막은 의문문으로 끝난다.

오, 말하라 성조기는 지금도 휘날리고 있는가,

이 자유의 땅, 용자들의 고향에서?

스콧 키는 자신이 아직 배 위에서 전쟁의 결과를 확인하지 못한 채 승리를 기원하고 있는 것처럼 쓰고 있다. 이 노래가 승리가가 된 것은 요즘 사람들이 물음표를 떼고 부르기 때문이다.

이 노래에는 가사가 3절이 더 있다. (대부분의 다른 나라 국가처럼 미국 국가도 요즘에는 1절만 불린다.) 이 나머지 가사야말로 스콧 키가 그날 밤에 겪은 일을 좀 더 명확하게 알려 준다. 2절 가사에서 그는 드디어 깃발을 목도한다.

깃발은 이제 아침의 첫 햇살의 광휘를 받아

충만한 영광으로 시내에 반사되어 빛난다.

하지만 3절 가사를 보라. 한 남자가 이전에 존중했던 사람들에 대해 내뱉는 분노와 증오, 혐오의 언사다. '그토록 [우리를 파괴하겠노라] 호언장담하던 무리는 어디 있느뇨?'라고 그가 말한다. 영국군은 이제 그에게 깡패 무리에 지나지 않는다. '그들의 피로 그 더러운 발자국의 오욕을 씻어냈도다.'는 영국군의 죽음을 기뻐하는 구절이다. 그는 계속해서 영국군을 '돈으로 산 병사'이자 '노예'라고 부르며, 그들이 겁쟁이이자 질 낮은 인간들 중 가장 질 낮은 인간이기 때문에 결국 공포에 질려 패주했다고 썼다. 이 절은 8줄로 이루어진 최악의 독설이다. 독실한 기독교인이자 변호사이며 다섯 아이의 아버지가 쓸 법한 말은 도저히 아니다.

이런 가사 뒤에 나오는 마지막 4절은 무슨 이야기가 나오든 그보다는 부드러워질 수밖에 없다. 스콧 키는 4절에서 마침내 정신을 조금 차리고, 영국군이 다시 돌아올 경우에 대비해서 몇 마디 용기를 북돋우는 말을 넣어야겠다고 생각한 듯하다. '우리의 승리는 필연이라네, 우리의 대의가 정당하다면.' 그는 이렇게 이어 간다. '이것이 우리의 좌우명이다, 우리의 믿음은 신에게 있사오니.'

스콧 키는 자기 노래를 딱히 홍보하려 하지는 않았다. 그저 볼티모어로 돌아온 후, 한 호텔에서 노래 만들기를 마무리하고 집으로 돌아갔을 뿐이다. 하지만 시내로 돌아온 후 친구 몇 명에게 이 노래를 보여 줬는데, 그중 한 명이 바로 인쇄소로 달려갔다. 며칠 내로 이 노래는 시 전체로 퍼져 불리기 시작했다.

나는 빈스에게 그 노래가 이렇게 즉각적인 인기를 얻은 이유가 3절의 폭력적인 가사와 관계가 있는지 물었다. 좀 전에 그는 전투가 끝나자 볼티모어 사람들이 매우 화가 났으며, 육지 작전에서 희생된 영국군 병사의 시신을 사람들이 훼손할 수 있게 담벼락에 묶어 뒀다고 말한 참이었다. 영국군을 도둑이자 겁쟁이라고 부르는 노래라면 무슨 노래든 인기를 얻을 수밖에 없었을 것이다. "물론 당시 높았던 반영 감정을 그가 활용한 것도 사실이죠. 맞아요." 그가 말했다. 목소리는 다소

가라앉았다. "하지만 그 노래의 인기 비결은 내셔널리즘이었어요. 제 말은 이 전쟁이 우리가 원했던 만큼 잘 풀린 전쟁은 아니었다는 거죠. 미국이 너무 많이 패배했으니까요. 심지어 국회의사당도 타버렸고요. 재무부도 파산 상태였지요. 캐나다 침략도 전부 실패했고요. 그래서 기분을 좋게 만들어 줄 뭔가가 필요했어요. 성공을 이끌어 낼 발판 같은 거요. 근데 이 노래가 그 역할을 한 거예요." 스콧 키의 노래는 볼티모어를 기점으로 미국 전역으로 빠르게 퍼져 갔다. 고작 6주 만에 이 노래는 당시 미국 18개 주 중 9개 주에서 불렸다.

당시 미국에는 국가가 없었다. 아직 국가를 도입할 준비도 안 돼 있었다. 미국 사람들 대부분은 자신이 '미국'이 아니라, 자기가 거주하는 '주'에 속했다고 생각했다. '성조기'는 국가가 아니라 그저 어딜 가나 불리는 유명한 애국적인 노래 중 하나였다. 예를 들어, 코믹한 '양키 두들(Yankee Doodle, 맥켄리 요새에서 깃발이 오른 다음 이 노래가 불렸다고 한다.)' 같은 노래나 '컬럼비아 만세(Hail, Columbia, 독립 직후 만들어져 사용됐지만 듣자마자 잊혀지는 행진곡)' 같은 노래처럼 말이다. 스콧 키는 이 노래를 만든 후에 아내에게 돌아가 변호사로서의 삶을 똑같이 영위했을 뿐이었다. 이제는 잘 알려진 작사가이기도 했지만 말이다.

이후 그는 자식 몇 명을 더 가졌고, 몇 편의 시를 더 썼다. 하지만 이 노래에 대해서 딱히 더 이야기하지는 않았다. 20년 후 공식 석상에서 그 노래에 대해 그가 이야기한 기록이 남아 있는데, 그 노래를 좋아해 준 데 대해 사람들에게 감사하고, 모든 칭찬은 '내가 그 노래를 만들도록 했던 이들의 영웅적 행위'에 돌아가야 한다고 말했을 뿐이다.

*

맥켄리 요새를 방문한 후, 나는 볼티모어에서 며칠 더 머무르며 사람들과 국가에 대해서 이야기했다. 국가가 그들에게 무슨 의미인지 알아내려고 노력한 것이다. 내슈빌에서처럼 내가 만나 본 대부분의 10대는 그 노래를 경연 대회용 곡으로 생각하고 있었다. 래퍼 투팍의 모교로 잘 알려진 볼티모어 예술 학교 바깥에서 만난, 후드티를 입은 한 연극과 학생은 이렇게 말했다. "사람들은 그 노래가 이 지방에서 만들어진 걸 자랑스럽게 생각한다고 말해요. 그건 필라델피아 사람들이 필리 치즈 스테이크[5]가 자랑스럽다고 생각하는 거랑 비슷해요. 그냥 그게 다예요. 뽐내는 거죠. 진짜 그렇게 느끼는 건 아니에요." 그러고는 내게 미국과 영국의 가장 큰 차이점이 뭐냐고 물었다. 나는 영국에서는 총을 가질 수 없다고 대답했다. "총이 없으면 드라이브바이(drive-by)[6]는 어떻게 해요?" 그가 물었다.

하지만 나는 그 노래를 진정 자랑스럽게 느끼는 사람들도 많이 만났다. 그 노래와 개인적으로 긴밀한 관계가 있는 사람들 말이다. 프랜시스 스콧 키의 후손인 리사 셔우드가 그중 첫 번째였다. 그녀는 그 노래에 대한 자신의 감정이 스콧 키가 직

---

5 얇게 썬 볶은 쇠고기와 치즈를 긴 롤빵에 포장한 샌드위치로, 필라델피아에서 유래했다.

6 차를 타고 가다가 잠시 멈춰 서서 하는 총격.

계 조상인 사실과는 관계없다고 강조했다. 단순히 자기 아버지에 대한 기억 때문이라는 것이다. 리사가 어릴 때 아버지는 뉴욕에서 일하셨다고 한다. "아버지는 주말마다 우리가 사는 아파트로 돌아왔는데, 술을 너무 많이 마셨거나 기분이 아주 좋을 때는 발코니로 나갔어요. 우리 아파트는 볼티모어 시내에 있는 빌딩 4층에 있었는데, 거기서 '성조기'를 부르시곤 했지요. 그러고는 '라 마르세예즈'도 불렀고요. 그게 아주 멋졌어요."

그다음으로 내가 만난 사람은 전직 해군 특전사인 샤넬 존슨이었다. 그녀는 밝은 파란색의 나사 유니폼으로 우주 비행사처럼 차려입은 어린 아들을 데리고 있었다. 아이는 계속 싱글벙글 웃고 있었다. 아빠가 이번 주말에 아프가니스탄에서 돌아오기 때문이란다. "국가를 부를 때면 저는 목이 막혀요." 샤넬이 말했다. "항상이요. 눈물이 나요. 이라크, 아프가니스탄, 이런 데서 죽은 친구들이 생각나요."

국가를 자랑스러워한 사람 중에는 경찰도 한 명 있었다. 그는 너무 전형적인 그리스 사람처럼 생겨서 거의 웃음이 나올 지경이었다. 뚱뚱하고 작은 몸에 덥수룩한 콧수염을 기른 그는 지루하게 순찰을 도는 것보다는 입 안에 페타 치즈와 올리브를 밀어 넣고 있어야 할 것 같았다. 그는 자기 이름을 말해 주지 않았다. "경찰 내부 규정 때문에요." 대신 자기 이야기를 들려줬다. 그는 여섯 살 때 미국에 이민을 왔는데, 미국이 다른 곳에서는 기대할 수 없는 삶을 살게 해 준 것 같다고 했다. "설명하기는 어렵지만, 국가가 들릴 때마다 저는 단정하게 앉아 있으려고 해요. 일어나지는 않아요. 그냥 조용히 앉아서 국가가 의미하는 바를 생각하려고 해요. 어쩌면 저는 국가를 너무 존중하나봐요." 그가 웃으며 덧붙였다.

하지만 내가 만났던 사람 중에 가장 잊을 수 없는 사람은 스트레치였다. 프로젝트 공영 주택가에서 그나마 '볼티모어에서 가장 안전한 곳'을 지나가고 있을 때였다. 그곳에서 누군가에게 말을 걸지 않으면 나중에 후회할 것 같았다. 그래서 나는 건물 앞 계단에 앉아 있는 머리가 희끗희끗하고 피부가 주름진 노인에게 다가가서 말을 걸기로 했다.

내 소개를 하자 그는 느릿느릿 말했다. "물론 저한테 국가에 대해서 물어봐도 되죠." 그는 자리에서 일어났는데, 이 조그맣고 주름진 노인이 갑자기 쭉 늘어나는 것이었다. 그는 점점 더 늘어나더니 저 위에서 나를 내려다볼 정도로 커졌다. 최소한 195센티미터는 되는 키였다. 노인도 아니었다. 대략 서른 살 정도였다. 그저 누런 이와 누런 눈, 늘어진 피부를 가졌을 뿐인, 전형적인 약물 중독자였다. 코카인 혹은 헤로인, 어느 쪽인지는 알 수 없었다. 그는 밝은 자주빛 액체로 가득 찬 플라스틱 컵을 다리 사이에 끼우고 있었는데, 아마 시즈럽(sizzurp)인 것 같다. 시즈럽은 코데인 같은 중추신경계 약물 성분이 많이 들어간 처방 기침약과 사이다를 혼합한 마약성 음료다.

"예, 맞아요." 그가 말했다. "저는 국가를 좋아해요. 왜 그러냐, 알려 드리죠. 그 이유를 알려 주겠다고요. 나는 7월 4일에 태어났어요." 7월 4일은 미국의 독립 기념일이다. 사방에 국기가 휘날리고 국가가 불리는 날이다. "아시겠죠? 7월 4일이요.

제 노래다, 그 말이죠."

그가 자기 소개를 했다. "예, 스트레치(stretch)[7]예요. 왜냐하면 내가 너무 크니까요." 그가 말했다. 심한 기침으로 인해 그의 웃음이 가라앉았다. 그는 팔을 내밀어서 악수를 청했는데, 그 기회를 이용해서 그는 우리 둘의 자리를 슬쩍 바꾸는 데 성공했다. 이제 나의 유일한 퇴로를 그가 막고 있었다. 그게 단순히 습관적인 행동인지, 아니면 내게 강도질을 하기 위한 준비인지는 알 수 없었지만, 어차피 내가 할 수 있는 일은 없었다. 나는 걱정하지 않으려고 애썼다. 그러고는 그가 '성조기'는 자기 노래라고 말한 이후에 쭉 묻고 싶었던 질문을 던졌다. 어떻게 그가 '성조기'를 좋아할 수 있는가? 자기에게 아무것도 주지 않은 나라를 칭송하는 노래를? "무례한 건 알지만, 제 말은, 댁은 분명 가난하시잖아요. 그리고 제 생각엔 아마 중독자이신 것 같고요."

그 순간 그의 기분이 상할 수도 있었다. 가혹한 질문을 핑계로 나를 쓰러뜨리고 내 지갑을 훔칠 수도 있었다. 하지만 그는 그러지 않았다. 대신 정말로 유려한 답변을 내놓았다. "제가 다른 나라에 살았으면 어땠을까요? 인도? 제가 인도에 산다고 한번 생각해 봐요. 이런 것도 없겠죠." 그는 자기 컵을 가리켰다. "약도 못 빨았을 거고요. 이왕이면 세계에 문제를 일으키는 나라에 사는 게 낫죠. 그 문제들에 휘말리는 곳에서 사는 것보다는요." 그는 그러고 나서 15분 정도 자기 논지를 전개하며 상세히 설명했다. 결국 이야기는 로널드 레이건과 비틀즈의 간략한

---

7   늘어난다는 뜻.

역사, 국제 은행 시스템에 대한 몇몇 음모 이론에까지 이르렀다. 하지만 요지가 뭔지는 알아들을 수 있었다.

그는 다시 국가 이야기로 돌아왔다. 처음 그 노래를 불렀을 때의 이야기와, 자기 생일이 독립 기념일인 것 외에 그 노래가 자기에게 중요할 수밖에 없는 다른 이유를 이야기했다. 그가 그런 이야기를 하는 것은 알고 있었다. 하지만 나는 그 이야기에 관심을 기울이고 있지 않았다. 집 안에서 라이터가 딸깍거리는 소리에 이어 숨을 들이쉬는 소리가 났기 때문이다. 나는 그것이 누군가가 마약(아마도 헤로인)을 은박지에 녹여 들이마시는 소리라는 걸 알았다. TV에서 여러 번 들은 적이 있었기 때문이다. 나는 스트레치의 어깨 너머로 들여다보았다. 라이터 불빛이 현관 유리의 철망을 금빛으로 물들였다. 그 너머로 비만인 여성이 약을 하는 광경을 볼 수 있었다. 뺨은 안으로 빨려 들어갔고 가슴은 최대한 부풀려 있었다. 마치 폐로 최대한 많은 연기를 들이마시려는 것처럼. 은박지에 반사된 불빛으로 집 안이 다 들여다보였다. 바닥은 카펫이 없는 맨 마룻바닥이었다. 몇 개의 마루가 빠져 있었고, 가구는 아무것도 없었다.

그걸 보는 순간, 나는 스트레치에게 처음 접근할 때부터 바로 이 장면을 보고 싶어했다는 것을 문득 깨닫고 심한 죄책감을 느꼈다. 나는 다음 날 다시 와서 대화를 마무리하겠노라고 약속했다. 아침 8시에 내가 거기로 돌아왔을 때, 그의 집 바깥에는 두 개의 의자가 서로 마주 보고 놓여 있었다. 나는 차마 노크를 하지 못했다.

이렇게 많은 사람을 만났지만, 오늘날 미국인에게 '성조기'가 갖는 진짜 중요성을 알게 된 것은 볼티모어를 떠나고 나서였다. 나는 델라웨어 주 뉴어크에서 약 100킬로미터 정도 떨어진 곳에 사는 바바툰드 오거네이크(Babatunde Ogunnaike)라는 사람을 만나러 가는 길이었다. 이 만남은 사실 '성조기'와는 관계없는 개인적인 방문이었다.

바바툰드는 나이지리아의 국가인 '일어나라, 오 동포들이여(Arise, O Compatriots)'를 만드는 데 기여한 여섯 명의 인물 중 한 명이었다. 마침 지나가는 길이어서 인사라도 해야겠다고 생각한 것이다. 나는 그저 만나서 악수를 하고 사진이나 한 장 같이 박고는, 잠자리채를 휘둘러 나비를 잡는 탐험가처럼 그를 나의 '국가 컬렉션'에 추가할 요량이었다. 하지만 볼티모어를 떠나기 전 마지막으로 나눈 어느 대화에서, 이 바바툰드와의 만남 또한 이번 여행의 목적상 중요할 수도 있겠다고 생각했다.

볼티모어를 떠나던 날, 버스 정류장으로 가기 위해 택시를 탔다. 택시 운전기사는 30대 정도로 보이는 흑인이었다. 그는 내 영국 악센트를 듣고 말을 걸었다. "거기서는 아직도 차가 왼쪽 차선에서 달리나요?" 그의 질문이었다. "저도 한때는 운전석이 오른쪽에 있는 차를 몰았지요. 폭스바겐이었는데, 운전해 본 차 중에 최악이었어요."

"어디 출신인가요?" 내가 물었다. 그가 미국에서 태어나지 않은 건 확실했다.

"나이지리아요!" 그가 자랑스럽게 외쳤다. 나는 웃음을 터트리고는, 내가 누구를 만나러 가는지 말해 줬다. 그는 잠시 말을 멈추더니 "진짜로요?"라고 물었다. 그러고는 내 웃음만

큼이나 크게 웃더니 바바툰드에 대해서 질문을 쏟아내기 시작
했다. "그분이 미국에서 뭘 한대요?… 지금 몇 살이지요?… 그
사람 한 이백 살 정도 되지 않았나요? 국가라는 건 오래 된 거
잖아요… 나이지리아 정부에서 그분한테 일자리를 줬어야 하
는 거 아닌가요?" 등등. 그는 믿을 수 없다는 듯 고개를 좌우로
젓더니 "우리 아내가 이 이야기를 들어야 하는데."라는 말을
반복했다.

나는 그에게 나이지리아 국가를 아냐고 물었다. "당연히 알
죠." 그는 대답하더니 목청껏 그 노래를 부르기 시작했다. "일어
나라, 오 동포들이여, / 나이지리아의 부름에 답하라." 그는 노
래를 끝내더니, 곧이어 나이지리아의 옛날 국가인 '나이지리아,
그대를 맞이하노라(Nigeria, We Hail Thee)'를 부르기 시작했다. 내
가 택시에서 내리고 문을 닫을 때까지도 계속 그 노래를 부르
고 있었다.

*

바바툰드 오거네이크는 델라웨어 대학교 공과대학 학장이었
다. 너무나도 그 자리에 잘 어울리는 외모를 가지고 있어 웃음
이 절로 나올 지경이었다. 아주 작은 체구에 회색 머리카락, 가
는 철사테 안경을 쓰고 포켓마다 펜이 꽂혀 있었다. 만화에서
튀어나온 것 같은 전형적인 교수의 모습이었다. 하지만 눈 속에
꺼지지 않는 불꽃과 입 근처에 늘 장난스러운 미소를 띄고 있
는 사람이기도 했다.

그의 연구실에 들어서자 웅장한 18세기 초상화가 가장 먼저 눈에 들어왔다. 책상에 앉아 있는 과학자의 초상이었다. 그 책상은 실험관과 분젠 버너와 쪽지로 가득했지만, 과학자는 이를 깡그리 무시하고 옆에 앉은 예쁜 여성만 바라보고 있었다. "중요한 게 뭔지 잘 아는 과학자예요. 그렇죠?" 바바툰드가 내 뒤에서 들어오며 말했다.

바바툰드는 나와 점심을 함께하면서 나이지리아 국가의 가사를 썼을 때의 기억을 말했다. 대부분의 아프리카 국가들은 찬송가 형식으로 돼 있는데, 나이지리아 국가는 우레와 같은 아프로비트[8]의 타악이 아래에 깔린다는 점이 돋보인다. 마치 브라스밴드가 리허설을 하는 중에 드러머 한 떼가 난입한 듯한 음악이다. 바바툰드는 1977년에 그 국가를 쓰는 데 기여했다. 당시 그는 스물한 살의 총명하고 전도유망한 애국 청년이었다. 그해 어느 날, 그는 신문에 게재된 새로운 국가 공모전에 투고된 몇몇 후보작을 보았다. 그는 가사들이 너무 형편없어서 깜짝 놀랐다. "이런 생각이 들었어요. '나라면 저 노래를 부르지는 않을 거야. 저것보다 나은 노래를 빨리 써서 내가 투고해야겠다.'"

나이지리아는 당시 막 내전에서 벗어난 상태였기 때문에, 그는 투고할 가사를 희망적인 구절로 가득 채우고 싶었다. 나이지리아가 가진 방대한 잠재력을 발휘하는 데 자신의 가사가 도움이 되리라고 진심으로 믿었다. 그와 같은 생각을 한 1,500명

---

8 후지 음악과 미국의 펑크, 재즈 등 서아프리카 음악 스타일의 요소를 결합한 음악 장르.

의 다른 사람들도 가사를 투고했다. 바바툰드의 가사는 6편의 최종 후보에 포함됐다. 그 6편의 가사 중 좋은 부분만 따로 추려서 이리저리 짜깁기해 2절의 가사가 만들어졌다. 바바툰드가 내게 이렇게 물었다. "'낙타는 코미디언이 짜깁기한 말처럼 생겼다'는 속담, 혹시 들어 보셨어요?" 그리고 덧붙였다. "나이지리아 국가를 두고 하는 말 같아요."

바바툰드가 미국에 유학 온 때는 국가 공모전 우승작이 발표되기 전이었다. 그는 자기가 우승자 중 한 명이라는 사실을 아버지가 스크랩을 해서 보내 준 신문 기사를 보고 알았다. 상금 50나이라("당시에는 큰돈이었지요.")는 수표로 부모님 집으로 보내졌지만, 그는 돈을 구경도 하지 못했다.

나중에 바바툰드는 미국인 여자 친구를 데리고 나이지리아로 돌아갔지만, 거기서 돈을 벌 수 있는 길은 곡물상을 하는 것 말고는 없음을 깨닫고, 1980년대 말 다시 미국으로 돌아왔다. 나이지리아는 당시 학자를 위한 자리가 없었다. 바바툰드는 그때 나이지리아 사회가 갖고 있던 문제가 어떻게 오늘날에도 여전히 남아 있는지 이야기하기 시작했다. 그는 이 주제로 몇 시간이라도 이야기할 수 있을 것 같았다. 하지만 그가 미국 이민자이기 때문에 나는 대화의 주제를 '성조기'로 돌리면 재미있겠다고 생각했다.

그에게 미국 시민권을 취득했는지 물었다. "물론이지요. 내가 이곳에서 평생 살려면 투표를 해야겠더라고요. 그래서 시민권이 필요했지요."

"그럼 미국 국가에 대해서는 어떻게 생각하세요?" 내가 질문했다. 나는 그냥 괜찮다 정도의 대답을 기대했다. 아마도 '저랑 사실 별 관계 없는 노래지요. 별로 부를 일도 없고요' 정도로 답변하지 않을까 싶었다. 하지만 그는 그러지 않았다. 오히려 "아, 그게 말이죠."라고 말하더니 깊은 한숨을 내쉬었다. 그러더니 우리가 만나고 나서 처음으로 말을 더듬기 시작했다. 꼭 맞는 표현을 찾느라 애먹는 것처럼. "사실 굉장히 감동적이에요. 저한테는요. 물론 그 시작 부분이 별로인 건 맞아요. 하지만 점점 고조가 되지요. 그리고 그 구절에 이르면요. '이 자유의 땅, 용자들의 고향' 부분이요. 여기서 저는 항상 쩡해요. 목에 걸리는 것 같아요. 그 구절이 정말 미국이 어떤 나라인지 저한테 말해 주는 것 같아요."

나는 무슨 뜻인지 좀 더 설명해 줄 수 있냐고 물었다. 그는 아메리칸 드림에 대해 이야기하기 시작했다. "그게 진부한 표현인 건 알아요. 최악의 클리셰이지요. 하지만 그 개념 자체는 완벽해요. 미국에 와서 열심히 일하고 나쁜 짓을 하지 않으면, 원하는 대로 된다는 거지요. 이민자가 미국에 땡전 한 푼 없이 와서 성공한 이야기를 많이 들으셨겠지요. 제가 시작했을 때 상황은 그보다 더 나빴어요. 제 아내 친척들에게 1,500달러를 빚지고 여기 왔으니까요. 농담이 아니에요. 미국에 처음 왔을 때는 제 아내와 어린 아들하고 셋이 원룸에서 살았어요. 침대가 하나여서 저는 바닥에서 잤지요. 그해에 둘째가 태어났는데, 아기 침대가 없어서 서랍을 열어서 그 안에서 재웠어요. 진짜라니까요. 그렇게 시작했어요. 완전히 바닥부터요. 그런데 1년 반 만에 집을 마련했고, 차도 구입했죠. 두 번째 차를 사려고 고민하는 상황이 됐어요. 물론 아주 호화롭게 살게 된 건 아니에요. 하지만 세상 그 어떤 나라에서 제가 그렇게 할 수 있겠어요?"

나는 인종 차별을 경험한 적이 있냐고 질문했다. 그는 물론 그렇다고 대답했다. 과속하다가 경찰에 잡혀서 총에 맞을 뻔한 이야기를 했다. "저는 '죄송합니다, 경관님. 티켓 주시면 기꺼이 벌금을 내겠습니다.' 이렇게 말했어요. 그런데 아무도 그런 식으로 선뜻 말하지 않나 보더라고요. 저는 20대에 이미 제 입장에서는 어마어마한 돈을 벌고 있었으니까, 벌금은 아무것도 아니었어요. 하지만 경찰관은 그 말 때문에 저를 수상하다고 생각한 모양이에요. 저한테 한 시간 정도 이런저런 질문을 하다가 결국 신분증을 달라고 하더라고요. 저는 신분증을 꺼내려고 글러브 박스에 손을 뻗었지요. 제가 오늘날까지 아직 살아 있는 건 그때 경찰관이 권총 안전장치를 내리는 소리를 듣고 손을 멈췄기 때문이에요." 또 다른 날에는 운전 중에 인종 차별주의자인 트럭 운전기사가 그를 거의 칠 뻔했다고 한다. "좌석에서 몸을 뻗어서 저를 보더니 '내 앞에서 꺼져, 빌어먹을 검둥이 새끼야!'라고 말하더라고요. 총신이 짧은 산탄총을 들고 있더라고요. 뭐 그런 일들이죠." 그는 "이 외에도 에피소드가 몇 개 더 있어요."라고 덧붙였다.

"그런 일들을 겪고도 미국을 어떻게 그렇게 사랑할 수 있나요?" 내가 되물었다. 그는 단지 미소를 지으며, 이곳에서는 아무도 그의 성취를 방해하지 않는다는 점을 들었다.

나는 마지막으로 뻔한 질문을 하기로 했다. 모국의 국가와 당신을 입양한 나라의 국가 중 어느 국가가 더 좋냐는 질문이었다. 그는 이렇게 대답했다. "시의 차원에서 보자면 우리가 쓴 가 사는 '성조기' 수준에 미치지 못하지요."

"그 이유 중 하나는 나이지리아 국가 가사가 잘리고 끼워 맞 춰져서 그래요. 뿌린 대로 거두는 거지요. 하지만 제 입장에서 나이지리아 국가는 슬픈 존재이기도 해요. 왜냐하면 그 가사 를 쓸 당시에 우리한테는 열망이 있었거든요. '이 나라를 위해 서 뭔가 해 보자. 그래서 이 나라가 있어야 마땅한 위치로 끌어 올려 보자.' 이런 소망이요. 하지만 그 이후 나이지리아는 계속 거꾸로만 갔죠. 너무 부정부패가 많아요. 사람들이 나라를 위해 일하는 게 아니라 자기 잇속만 챙겨요. 대통령부터 아래까지 전 부 다요. 가끔 그 국가를 들을 기회가 있으면 저는 이런 생각이 들어요. '이게 뭐야. 전혀 어울리지 않아. 현실하고 너무 동떨어 져 있어서 우스꽝스러워.'"

"하지만 '성조기'의 경우는 다르지요. 물론 미국도 문제가 많 지만, '자유의 땅과 용자들의 고향'이라는 말은 여전히 진실한 울림이 있어요. 여기서는 내 자신이 될 수 있어요. 기여할 뭔가 를 가지고 있으면 사람들이 환영해 줘요. 그 노래 속에는 그런 뭔가가 있어요."

그는 내 회의적인 눈빛을 보고는 웃음을 터트렸다. 즉각 알아 차린 것이다. 스콧 키가 쓴 애매모호한 가사에 담긴 정서뿐 아 니라 아메리칸 드림 자체에 대해서, 글쎄 뭐랄까, 내가 다소 냉 소적이라는 것을 말이다. 볼티모어와 내슈빌, 그 외에 미국의 제2의 도시들을 걸어 다니면서 깨달은 게 있다. 아메리칸 드림 이란, 그 꿈을 성취한 사람에게는 스스로를 토닥거리기 위해,

그 꿈을 달성하지 못한 사람들에게는 시즈럽을 홀짝거리는 사이사이에 필사적으로 매달리기 위해 필요한 클리셰일 뿐이라는 것이었다. 또, 미국은 열심히 일하면 보상을 받을 수 있는 유일한 국가라는 생각은 늘 이해하기 어려웠다. 비교 대상이 북한이 아닌 다음에야 그런 말을 진지하게 믿을 수는 없지 않을까.

그 모든 느낌에도 불구하고 인정할 수밖에 없는 점이 있었다. 바로 바바툰드만이 아니라 다른 사람들 역시 아메리칸 드림을 진심으로 믿는다는 사실이었다. 그것은 부분적으로 스콧 키의 잘못이다. 그가 국가 안에 그 개념을 지나치게 잘 요약한 나머지, 가사가 쓰여진 지 200년이 지난 후에도 사람들이 '진실된 울림'이 있다고 말할 정도다.

바바툰드가 쓴 나이지리아의 국가가 나이지리아 사람들에게도 비슷한 영향을 줄 수 있었다면 얼마나 좋았을까. '정의롭고 진실되게 살며, / 위대하고 고결한 이상을 성취하세'라는 그 가사 말이다.

*

'성조기'가 미국의 국가로 지정된 때는 노래가 만들어진 지 117년이나 지난 1931년이었다. 스콧 키가 그 노래를 썼을 때, 미국에는 이미 널리 사랑받고 중요한 행사에서 불리던 '국민 노래'가 많이 있었다. 앞서 언급했던 '양키 두들'도 그중 하나다. (양키 두들 외출하네, / 조랑말을 타고, / 깃털 꽂은 모자 썼네, / 그 이름은 마카로니.') 하지만 그중 한 곡을 정해서 다른 곡보다 높은 지위를 부여하려는 정치인은 감히 없었다.

미국의 국가를 지정하려는 노력은 정치권 바깥에서 이뤄졌다. 전설적인 서커스 단장인 바넘(P.T. Barnum)은 1850년대에 개인적으로 국가 공모전을 열기도 했다. (그는 괴물 쇼와 서커스 등을 진행했는데, 사람들에게 물고기를 꿰매어 붙인 원숭이를 보여 주며 100퍼센트 진짜 인어라고 선전하곤 했다.) 그는 공모작들이 모두 형편없다는 이유로 상금 지급을 거부했다. 그러다 남북 전쟁이 발발하는 바람에, 미국 모든 주가 합심하여 한 곡의 국가를 채택할 가능성은 사라져 버렸다.

남부에서는 민스트럴 쇼(minstrel show)[9]에서 유래한 '딕시(Dixie)'라는 노래가 사실상 남부 연합의 국가로 받아들여졌다. 이 노래를 지지하는 사람 중에는 프랜시스 스콧 키의 일가 친척도 포함돼 있었다. 이 노래는 한 자유 흑인 노예가 '목화의 땅'으로 돌아가고 싶어 하는 내용이니, 이 곡이 남부의 국가가 된 것도 놀랍지 않다. 남부에서 '성조기'를 부르지 않았던 것은 아니지만, 같은 곡조에 패러디 가사를 붙인 버전을 더 많이 불렀다. ('오, 말하라 성조기가 이제 무엇인지 / 토리당과 더러운 북부 쓰레기의 깃발이 아닌가?')

반면 북부의 관악단은 수십 곡의 레퍼토리를 연주했는데, 그중에서도 '성조기'가 가장 많은 사랑을 받았다. 병사들이 행진할 때 머리 위에 휘날리는 바로 그 깃발에 관한 노래였으니 그

---

9 블랙 페이스 분장을 한 백인이 춤과 음악으로 흑인 노예의 일상을 희화화하는 공연.

럴 만도 하다. 이따금 관악단은 이 곡을 전투 중에도 종종 연주했다. 겁먹고 지친 병사들을 격려하기 위해서였다. 전장의 온갖 소음 가운데 음악 소리를 실제로 들을 수 있는 사람이 얼마나 있었는지는 알 수 없지만 말이다.

'성조기'가 결국 미국의 국가가 될 수밖에 없다는 합의가 이뤄진 때는 남북 전쟁이 끝나고도 수십 년 후인 1889년이었다. 그때 미 해군성 장관은 침울한 얼굴에 깔끔한 수염을 기른 신사인 벤자민 트레이시(Benjamin Tracy)였다. 그는 그해에 해군 내 기준을 마련하는 일에 몰두했는데, 특히 전 해군 기지에서 매일 아침 성조기를 게양할 때 이 노래를 연주하도록 명령을 내렸다. 다음해에는 해군 악대가 모든 콘서트에서 이 노래를 연주해야 한다는 명령을 내렸다. 그로부터 몇 년이 지나자, 그 노래가 연주될 때는 전 해군이 자리에서 일어나 차렷 자세를 취해야 한다는 규정이 만들어졌다. 육군도 곧 이를 따랐다.

워싱턴에 잠깐 들른 길에 나는 해군 악대 소속인 마이크 베이즈 상사를 만났다. 그는 해군 악대의 역사에 대해 모르는 게 없는 비공식 역사가이기도 했다. 그는 워싱턴의 해군 기지에 있는 좁은 지하 사무실에 앉아 있었다. 오래된 서류, 사진 더미가 가득 담긴 박스들, 닳이나 먼지 쌓인 색소폰 등 추억의 소품이 가득 찬 공간이었다. 그는 "해군이 그 노래를 밀기로 한 결정적인 계기가 뭐였는지는 잘 모르겠어요. 하지만 어쩌면 정부도 여러 주를 통합하기 위한 구심점이 필요했을 것 같아요."라고 말했다. "남북 전쟁이 막 끝나고 재건이 시작되는 시기라는 것을 생각해 보세요. 남북 간의 연대는 살얼음 같았을 거예요. 한 걸

음만 잘못 디디면 깨져 버릴 것처럼요. 어떻게 하면 사람들을 통합시킬 수 있을까요? 우선 군악대 음악이 인기가 있었고, 이 노래는 특히 사람들에게 깃발을 보고 자기 정체성을 떠올리고 우리가 한 연방임을 기억하라고 호소하는 구호 같은 노래였잖아요. 그런 역할을 할 노래는 이것밖에 없었어요. 이 노래는 남부, 서부, 북부, 동부, 어디서나 부를 수 있었으니 당시 정부에서는 이 노래가 널리 퍼지기를 원했을 거예요. 그걸 수행할 방법이 해군 악대였던 거죠. 왜냐하면 해군 악대는 전국을 순회하면서 공연을 하니까요. 그 당시 해군 악대는 대형 록 밴드나 다름없었어요."

이 노래는 결국 제1차 세계대전이 끝나갈 무렵 야구 경기장에서 연주되기 시작하면서부터 해군이 아닌 민간에서도 국가로서 지지를 얻게 됐다. 당시 유럽에서 싸우고 있는 자국 군대를 기억하기 위해서였다. 일부 팀은 야구 게임에서 쉬는 시간인 7회 중간에도 이 곡을 연주했다. 하지만 핫도그를 먹거나 화장실에 가는 동안 전사자를 추모하는 것이 적절치 않다는 일부 관중들의 불만이 제기돼서 게임 시작 전에 연주하는 것으로 바뀌었다.

하지만 이 노래를 국가로 만든 가장 결정적인 계기는 하원 의원인 존 찰스 린디컴(John Charles Linthicum)이었다. 린디컴은 볼티모어 출신으로, 애국심이 '공화국을 지키는 가장 위대한 방패'라고 믿는 사람이었다. 그의 아내와 지역구 여성 모임은 이 노래를 공식 국가로 지정하는 법안을 하원에 발의하라고 그에게 요청했다. '메릴랜드를 위해서' 꼭 해야 하는 일이라며 그의 애향심에 호소했다. 그는 그 요구를 수용해 법안을 발의했다. 하지만 10년 동안 다섯 번이나 시도했음에도 성공하지 못했다.

그때만 해도 그 노래를 헐뜯는 사람이 여전히 많았다. 이미 오랫동안 수많은 신문과 잡지 들이 그 노래가 미국 국가가 되기에 적절치 않다는 사설을 실었다. 가장 큰 이유는 바로 난이도였다. 그런 기사는 '미국인은 이미 그 노래를 부르려고 헛되이 애쓰며 한 세기를 보냈다.'로 시작하기 일쑤였다. 또 어떤 글에서는 '관중의 반응이 필사적이고 애처롭다.'며, '제발 누군가가 보다 미국적인 새로운 노래를 친히 제시해 줄 수 없는가.'라고 끝을 맺었다. 또한 이 노래의 국가 지정을 반대하는 운동도 있었다. 특히 금주령이 내려졌을 때 어떤 단체는 신문에 전면 광고를 게재해서 그 노래가 원래 술자리용 노래이고 동맹국인 영국에게 모욕적이라며 비난하기도 했다. 어떻게 그런 상스러운 노래에 국가의 지위를 부여할지 고민할 수 있냐는 내용이었다. (하지만 사실 사람들은 술과 관련 있다고 해서 딱히 어떤 노래를 국가로 지정하는 것을 꺼리는 것 같지는 않다. 슬로베니아의 국가인 '축배'의 가사는 각 행의 길이를 조절해서 전체 연을 와인 잔처럼 보이게 만든 시에서 따왔다.)

이 모든 상황에도 불구하고, '성조기'의 국가 지정은 점점 탄력을 받고 있었다. 그리고 마침내 1929년, 린디컴이 여섯 번째로 이 노래의 국가 지정을 위한 법안을 발의하자, 다른 의원들도 그의 의견에 귀를 기울이고, 이 문제에 대한 청문회를 열기로 했다. 이 청문회에는 재향 군인 모임의 대표가 참석해서 국가 지정을 위한 500만 명의 서명을 제출하기도 했다. 위원회는 린디컴의 법안을 통과시켰고, 이 법안은 하원과 상원에서 슬금슬금 필요한 절차를 밟아 1931년 마침내 허버트 후버 대통령에 의해 국가로 지정되기에 이르렀다.

*

마이크 베이즈 상사를 만나고 며칠 후, 나는 뉴욕에 있는 페더럴 홀(Federal Hall)을 방문했다. 그 건물은 월 스트리트의 마천루 사이에 신전처럼 기둥이 전면을 덮고 있는 납작한 빌딩이다. 미국 의회의 옛 의사당으로, 조지 워싱턴이 미국의 첫 대통령으로 취임한 곳이며 언론의 자유를 보장한 권리 장전이 서명된 곳이기도 하다. 이날 그 건물은 적, 백, 청의 휘장으로 장식돼 있었으며, 밝은색의 의식용 제복을 입은 경비원이 놋쇠 단추를 번쩍이며 총을 메고 서 있었다. 건물 안에서는 약 100명의 사람이 서서 조그만 미국 깃발을 손에 들고 최대한 높이 흔들고 있었다. 야물커[10]를 쓴 유대계 캐나다인도 있었고, 히잡을 쓴 이집트 주부도 있었으며, 키가 2미터가 넘는 전직 농구 선수 자메이카인도 있었고, 모피 코트를 입은 네덜란드에서 온 은행가, 아기를 안고 달래고 있는 한국인 엄마, 그 외에 아르헨티나, 러시아, 폴란드 등에서 온 사람들도 있었다. 이들 모두는 미국 시민권 취득 행사를 위해 온 것이었다.

이들은 내가 지금껏 들은 가장 이상한 선서를 하고 있는 중이었다. "나는 이로써 외국의 모든 왕족, 유력 통치자, 국가, 주

10　유대인이 쓰는 작고 테두리 없는 모자.

권 등에 대한 일체의 헌신과 충성을 절대적이고 전적으로 포기하고 버리겠다고 선언합니다."라고 한 명씩 읊는 중이었다. 상당수는 '유력 통치자'라는 낯선 단어에서 잠시 머뭇거렸다. 또, 이들은 필요시 '미국을 위해 무기를 들겠다'고 약속하고, '비전투병 복무'를 수행하며, '군무원의 지휘하에 중요한 국가적 업무'를 수행하겠다고 맹세했다. 그러고는 이 모든 의무를 '자유의지로, 그 어떠한 정신적 거리낌이나 회피의 의도가 없이 수행하겠으니 신이여 나를 도우소서.'라고 마무리했다. 이 선서는 다 읊는 데 2분이나 걸렸지만, 모두가 그 선서를 하는 동안 싱글벙글이었다.

바바툰드 교수와의 만남 이후 나는 미국에서 여전히 국가를 중요하게 여기는 두 부류의 집단이 있다고 확신하게 됐다. 첫 번째는 당연히 복무 중인 군인들, 즉 육군과 해군과 공군이다. 이들은 포탄이 얼마나 날아오든지 끝까지 서 있는 깃발을 노래하는 '성조기'의 메시지를 듣고 왜 자신이 애초에 군에 입대했는지를 떠올린다. 이 노래는 그들의 친구와 가족에게도 의미가 크다. 미국인 100명 중 1명이 군대에 있음을 감안하면, 이 집단은 인구의 상당수에 해당한다.

더 중요한 집단은 바로 이민자다. 이 나라로 직접 이민을 왔거나 혹은 부모가 이민을 온 사람들이다. 정착을 위해 노력하는 사람들이다. 바로 이 홀에 있는 모든 사람들이다. 이들은 '자유의 땅과 용자의 고향'이라는 이 노래의 마지막 줄을 듣고 살아야 할 동기를 얻는다. 두 개의 직업을 뛰고, 밤늦게까지 공부할 이유를 떠올린다. 이들에게야말로 아메리칸 드림은 진정한

미국 시민권 취득 행사. ⓒ 게티이미지

의미를 갖는다. 이들은 나와는 달리 그 꿈이 진실이라 확신하는 사람들이다.

그렇다면 프랜시스 스콧 키는 단순히 국가를 만든 사람으로 기억되는 게 아니라, 미국 최초의 위대한 광고인으로 기억돼야 하지 않을까. 아메리칸 드림을 최초로 만드는 데 기여하고, 그 꿈의 슬로건이 되는 '자유의 땅과 용자의 고향'이라는 문구를 이 나라에 주었으니 말이다. 그 단순한 문구는 사람들이 오로지 미국인이 되기 위해 모든 것을 걸고 수천 킬로미터 떨어진 곳으로 가도록 만들었다. 이것은 그 어떤 나라가 가졌던 것보다 더 큰 자랑거리다.

하지만 스콧 키가 위대한 광고인으로 불려야 하는 까닭은 그뿐만이 아니다. 그가 미국의 국기 성조기를 사실상 명명한 사람이기 때문이다. 수많은 주로 이뤄진 거대한 연방국을 하나로 뭉치게 만든 단 하나의 상징 말이다. (물론 '별로 장식된(star-spangled)'이라는 문구는 그가 노래를 쓰기 전에도 사용되고는 있었다.) 그리고 그 국가의 첫 구절 '오, 그대 보이는가(O say can you see)'도 무수히 많은 말장난을 낳으며, 신문의 헤드라인을 고민하는 편집자와 전 세계 광고 회사에 위대한 유산이 됐다.

이날 시민권 취득 선서 행사에서 '성조기'를 부른 이는 영국 출신 오페라 가수인 라일란드 에인절었다. 그는 몇 년 전 미국 시민권을 취득했다. 그 또한 여느 프로 가수처럼 어떤 구절은 빠르게, 어떤 구절은 느리게 자기만의 개성을 담아 노래했다. 그래서 국가를 따라 부르는 게 불가능했다. 다만 맨 앞줄에 앉은 카메룬 출신의 한 젊은 여성은 그가 부르는 템포에 맞춰 모든 단어를 따라 불러 보려고 노력했다. 그 노래가 그 여성에게 아주 의미가 큰 게 분명했다. 그 장면을 바라보고 있노라니 무척 가슴이 찡해서, 하루를 그대로 마무리하고 싶었다. 마음에 담아 미국을 떠나고 싶은 이미지였다. 그 노래가 오늘날에도 계속 중요하고 유효하다는 증거로 말이다.

아직 행사는 끝나지 않았다. 몇몇 연설이 이어지고 버락 오바마 대통령이 보낸 '시민권은 특권이자 동시에 책임'이라는 내용의 축하 메시지가 방영된 후, '영감을 주는 영상'이 상영됐다. 모두가 영상을 시청해 달라고 사회자가 요청했다. 이미지가 스크린을 채우기 시작했다. 옥수수 농장에서 콤바인으로 수확을 하는 농부들의 모습, 터진 소화전에서 나오는 물줄기에서 놀고 있는 아이들, 시골 우체국 바깥에 서 있는 노부부, 하얀 유니폼을 입고 육지에서 휴가를 즐기는 해병들, 대학교 미식 축구팀 선수들, 샌프란시스코의 금문교의 모습, 여러 도시에 있는 차이나타운 모습. 미국적 삶을 표현하는 뻔한 이미지들이 차례로 지나갔다. 이들이 무엇에 발을 들여 놓았는지 말해 주기 위해서였다. 이 영상의 배경 음악은 미국 국가가 아니었다. 바로 컨트리 음악가로 성공을 꿈꾸며 한때 내슈빌로 향했던 리 그린우드의 '신이여 미국을 축복하소서'였다. '나는 미국인이라 자랑스러워요.' 그 노래의 후렴구다.

적어도 이곳에서 나는 자유롭다는 걸 아니까.
그리고 잊지 않겠어요,
내게 그 권리를 주기 위해서 죽은 사람들을.

이것은 내가 세상에 태어나서 들었던 모든 노래 중에 가장 신파적이고 감상적인 음악 쪼가리였다. 합창단과 오케스트라가 노래 중간에 고음에 합류하면서 멜로디 라인을 이중으로 연주했다. 그러다가 갑자기 조가 바뀌면서 노래를 한 단계 더 고조시켰다. 마치 모두에게 일어나 허공에 주먹을 휘두르라고 강요하는 것 같았다. 심지어 감정을 고조하기 위해 한순간 음악을 완전히 멈추는 기교까지 썼다. 음악적 속물인 나로서는 정말 견디기 힘든 3분이었다.

하지만 청중은 열광했다. 손에 든 성조기를 흔들면서 그 노래를 함께 불렀다. 친절하게도 노래방처럼 화면에 가사가 나오고 있었기 때문이다. 이들은 좌우로 몸을 흔들었다. 타이완 사람

옆에는 라트비아인, 그리고 그 옆에 도미니카인과 인도인 모두 함께. 갑자기 나도 같이 몸을 흔들고 있음을 깨달았다. 내 의지와 관계없이, 그리고 나의 모든 취향에 반하여, 그 방을 채운 행복의 공기에 휘말리고 말았다. 만들어진 이래 계속 수많은 경쟁곡을 물리쳐 온 '성조기'에게는 아직도 경쟁자가 하나 남아 있나 보다.

4.

일본

국가를 둘러싼 첨예한 갈등

君が代

君が代は
千代に八千代に
細石の
巌となりて
苔の生すまで

그대의 치세가
천 대, 팔천 대에 이어지기를
작은 조약돌이
큰 바위가 되어
이끼가 낄 때까지

기미가요

>>>

세라군(世羅郡)은 히로시마에서 동부 산악 지대 쪽으로 자동차로 몇 시간 떨어진 곳에 있다. 이 마을은 너무나도 전형적인 일본의 모습이라 마치 일본 관광청에서 설계한 게 아닌가 싶을 정도다. 마을을 관통해 흐르는 두 개의 강을 따라 벚나무가 줄지어 있고, 어린이들은 떨어진 꽃잎을 밟으며 논다. 병원 뒤 파친코 가게 옆에는 마을 한가운데에 위치한 밭이 있다. 수십 년간 같은 가족이 대를 이어 일궈 온 밭이다. 언덕 위에는 밝은 빨간색으로 색칠된 신사가 이 모두를 수호신처럼 내려다보며 우뚝 서 있다. 매우 평화로운 광경이다. 그래서 방금 아무도 이 마을에서는 현관을 잠그지 않는다는 말을 들었을 때도 전혀 놀라지 않았다. 내게 이 이야기를 해 준 사람은 젊은 의사였다. "물론 그… 아시죠… 제 여자 친구가 와 있을 때는 예외이지만요." 그가 덧붙였다.

이 평화를 깨는 것은 마을의 고등학교에서 나는 소리뿐이었다. 야구팀이 훈련하면서 내는 외침과 응답 소리, '타닥, 타닥, 타닥' 하고 운동장을 도는 학생들의 발자국 소리였다. 이 운동장은 10대 학생들이 돌고 있는 소리가 하루 종일 끊이지 않는 것 같았다. 이른 아침부터 밤늦게까지 종일 말이다. 마치 이들의 발걸음이 세라군에 전력을 공급하는 발전기라서 멈추면 안

되는 것처럼. 이렇게 성실하게 훈련한 덕택에 이 학교는 '에키덴'으로 유명해졌다. 에키덴 혹은 역전경주(駅伝競走)는 일본에서 인기 높은 일종의 릴레이 마라톤 경주다. 이 학교는 전국 고교 에키덴 대회에서 여러 번 우승을 차지했다. 케냐에서 온 선수들도 장학금을 받고 이 학교를 다니면서 공부와 훈련을 병행하기도 한다. 하지만 이 학교가 에키덴에서 좋은 성적을 냈기 때문에 내가 이곳을 방문한 것은 아니었다. 이시카와 도시히로(石川敏浩)라는 한 남자 때문이었다.

1999년 도시히로는 이 학교의 교장이었다. 학교 교무실 안에는 아직 그의 사진이 걸려 있다. 사진 속의 그는 두툼한 검은 머리를 한쪽으로 가르마를 타서 뒤로 벗어 넘기고, 거대한 사각 안경을 쓰고 있으며, 어두운색 양복에 잔무늬 넥타이를 약간 지나치게 단단히 매고 있다. 교장이 되기 전에 그는 수학 교사였는데, 학생들의 사랑을 받았다. 누가 봐도 골칫덩이인 학생이라도 최선의 면을 발견하려고 애썼다. 그는 제출된 시험 답안지를 들고서, 학생이 조금이나마 더 열심히 공부할 마음이 생기지 않을까 하는 헛된 희망을 품고, 그 학생이 맞춘 단 하나의 문제를 찾아내서 극찬을 퍼부었다. 또, 종종 대학에 학생을 칭찬하는 편지를 썼다. 그러지 않으면 입학이 위태로울 학생을 위해서였다. 한번도 큰소리를 낸 적이 없으며, 남에게 성을 낸 적도 없었다. 이 마을에 이틀간 머무르면서 그에 대해 나쁜 말은 한마디도 듣지 못했다.

이 사진을 찍을 무렵 그는 정년퇴직을 앞두고 있었다. 그는 남은 여생을 자기가 가꾼 정원에 앉아서 차이콥스키를 들으며 보낼 예정이었다. 혹은 취향을 바꿔서 슈베르트를 들었을지도 모른다. 그는 클래식 피아노의 팬이었다. 직접 피아노를 치지는 않았지만, 아들과 딸은 피아노 연주자였다. 그는 자녀의 피아노 연주를 듣는 것을 세상에서 가장 좋아했으며, 연주회에 항상 자녀를 직접 데려다주었다. 퇴직 후 또 다른 계획도 있었다. 그의 아내 마사코는 항상 스키 여행을 가고 싶어 했다. 그는 살던 집을 개조해서 새로 지을 계획도 세우고 있었다.

그해가 시작될 무렵 도시히로는 히로시마 교육청으로부터 전화 한 통을 받았다. 졸업식에 대한 전화였다. 졸업식에서 일본의 국가인 '기미가요'를 틀고, 모든 교사가 국가가 연주되는 동안 자리에서 일어나게 하라는 것이었다.

아주 단순한 요구였다. 하지만 이 학교는 한 번도 국가를 연주할 때 교사들이 기립하도록 요구한 적이 없었다. 모두가 반대할 게 뻔했기 때문이다. 한 체육 교사는 국가가 연주되기 시작하면 늘 잽싸게 강당을 떠났다가, 55초 후 마지막 음이 잦아들 때 겸연쩍게 다시 들어와 앉았다. 다른 교사들도 자리를 피하거나, 국가가 연주되는 동안 자리에 계속 앉아 있거나, 혹은 아예 행사에 참여하는 것을 거부했다. 학생들이 왜 국가(國歌)에 반대하냐고 물으면 교사들은 그 국가가 군국주의적이고 일본의 문제적 과거의 잔재이며, 그러니 어떻게 그 국가를 존중할 수 있겠느냐고 답했다. 이 설명을 하다가 울음을 터트리는 교사도 있었다. 하지만 그 모든 반대에도 불구하고, 교육청은 이제 더 이상 물러서지 않겠다는 기세였다.

도시히로는 그때부터 몇 날 몇 주간 국가 연주 시에 기립하라고 교사들을 설득하려고 애썼다. 설득에 실패하면 자기와 학교와 학생들에게 어떤 영향이 있을지 걱정이 태산이었다. 그 문제는 그의 삶을 잠식했다. 그는 잠을 잘 수 없었다. 더 이상 자녀의 피아노 연주 안으로 도피할 수도 없었다. 2월 27일 토요일, 그는 교사들의 마음을 돌릴 수 있는 수단이 뭐가 남아 있을지 마사코와 밤새 의논했다. 마사코는 그가 연설을 연습하고 논리를 가다듬는 걸 도와주고, 이제 곧 일이 끝날 테니 걱정하지 말라고 위로했다. 어쨌거나 이틀 후면 졸업식이었기 때문이다.

다음 날 아침, 도시히로는 잠자리에서 일어나 매주 일요일에 하던 대로 정원에 있는 가족 사당에 들렀다. 그러고는 돌아오지 않았다. 마사코는 그가 창고의 서까래에 목을 맨 것을 발견했다.

학교 웹사이트에는 그가 정년 퇴임을 한 것으로 기록돼 있다.

*

모든 국가는 한때 논란의 대상이 되는 것 같다. 음악가가 만든 커버곡이 문제가 된 때도 있었다. 지미 헨드릭스가 1969년 우드스탁에서 연주한, 기타 피드백 소리로 범벅이 된 '성조기'가 그랬다. 때로는 스포츠 선수가 국가를 부르기를 거부해서 국가 대표 자격을 잃기도 했다. 여성 권리 운동가가 국가를 바꾸라고 요구할 때도 있었다. 캐나다에서는 국가 '오 캐나다'의 가사 한 줄을 바꾸기 위해 수십 년간 운동이 벌어졌는데, 결국 '그대의 모든 **아들**의 마음에 샘솟네'라는 구절이 '**우리** 모두의 마음에 샘솟네'로 바뀌었다. 또, 어떤 극렬 민족주의자는 국가가 연주될 때 자리에서 일어나지 않는 사람을 맹렬히 비난하기도 했다. 기업이 국가를 돈벌이로 이용하려다 논란이 발생하기도 했다. 방글라데시의 휴대폰 벨소리 회사가 그 예다. 그 기업은 결국 법정에 섰다.

국가가 얼마나 논쟁적인지 알고 싶다면, 어디선가 혁명이 일어날 때 뉴스 꼭지를 보면 된다. 사람들은 서로를 향해 계속해서 국가를 불러댄다. 마치 '우리가 진정으로 이 나라를 대표하는 사람들'이라고 증명하려는 것 같다. 2013년 우크라이나 키예프의 독립 광장에 모인 시위대는 친러파 대통령의 하야를 요구했다. 그때 군중은 '우크라이나는 아직 죽지 않았다'를 매시간 정각에 불렀다. '우리의 영혼과 육체를 자유를 위해 기꺼이 내려놓네'라는 구절을 특히 크게 부르지 않았을까 상상해 본다. 그러면 친러파 세력은 바로 맞서서 러시아 국가를 불렀다. 우크라이나의 도시 도네츠크가 우크라이나에서 분리 독립을 선언했을 때, 그 '인민 공화국'은 한창 분쟁이 벌어지고 있는 중에 새 국가를 공모했다. 국가란 한 나라에게 군대만큼이나 중요하다.

국가 관련 갈등이 있을 것으로 짐작되는 나라에는 반드시 논쟁이 있다. 예를 들어, 이스라엘이 그렇다. 이스라엘의 국가 '하티크바(Hatikvah, '희망'이라는 뜻)'는 자주 불만의 대상이 된다. 인구의 25퍼센트를 차지하는 아랍인은 '유대인의 영혼은 아직 희구하네 / …자유의 민족이 되기를… / 시온의 땅에서'라는 가사가 포함된 노래를 그다지 부르고 싶지 않기 때문이다. 한편 인도에서는 국가인 '자나 가나 마나(모든 사람의 마음을 다스리는 그대)'에 대한 존중을 보이지 않았다는 이유로 정치인이나 영화배우가 종종 법정에 선다.

하지만 아무리 거센 논란도 '기미가요'를 둘러싼 다툼 근처에도 오지 못한다. 이 갈등은 일본의 학교에서 70년 이상 지속되고 있다. 이 때문에 해고된 교사도 셀 수 없을 정도로 많다. 살해 협박을 받는 사람도 있다. 학부모들은 아이들의 미래를 걱정하며 이 논쟁에 대해 혼란스러워 한다. 그리고 이시카와 도시히로는 이 문제 때문에 자살했다.

*

'기미가요'는 사실 논란의 대상이 되리라 생각하기 어려운 국가다. 이 곡은 전혀 요란하거나 뻐기지 않는다. 단순하고 엄숙하다. 전통 가가쿠[1] 아악 음계에 맞춰 47개의 음표가 느리게 위아래로 조금씩 움직일 뿐이다. 마치 늙은이가 계단을 천천히 오르는 것 같다. 아름다운 곡조다. 일본인 귀에는 천황의 궁에서 연주될 법한 소리다. 하지만 서양인의 귀에는 조금 애수에 찬 듯 슬프게 들린다. 야구장에서 헬로키티 옷을 입은 어린이가 부르는 것보다는 초상집에서 밤을 샐 때 부르기에 더 알맞을 것 같다.

가사도 다른 국가와 비교했을 때 가장 시적인 편이다. '그대의 치세가 / 천 대에, 팔천 대에 이어지기를.' 이 가사에서 '그대'

---

1   일본 궁중 음악.

는 대개 일본의 천황으로 해석하는 것이 보통이다.

　작은 조약돌이

　큰 바위가 되어

　이끼가 낄 때까지

　끝이다. 단 15어절이다. 하나의 아름다운 이미지를 환기하는
가사다. 결혼 서약에 써도 손색이 없을 것 같다. '우리의 사랑이
작은 조약돌이 큰 바위가 될 때까지 영원하기를….' 다른 내용
은 없다.

　일본에서 국가가 이렇게 논쟁의 대상이 되는 게 놀라운 이유
는 또 있다. 일본인은 갈등을 최대한 회피하는 성향이 있는 것
처럼 보인다. 노래 한 곡에 발끈하는 것을 부끄러워할 것 같다
는 인상을 준다. 일본에 도착한 첫날, 나는 일본인 특유의 태도
를 잘 보여 주는 에피소드를 경험했다.

　나는 그날 세계에서 가장 논쟁적인 종교 시설 중 하나인 야
스쿠니 신사를 방문했다. 이곳은 240만 명의 전몰자를 신으로
모신 곳이다. 이 숫자에는 전범도 여러 명 포함돼 있다. 제2차
세계대전 이전과 세계대전 중에 중국에서 대학살을 명한 자, 한
국에서 수천 명의 여성을 '위안부'(성 노예를 매우 완곡하게 지칭하는
용어)로 내몬 장군 들도 포함돼 있다. 이 신사에는 박물관도 함
께 붙어 있는데, 그런 범죄가 일어난 적이 없노라고 최선을 다
해 주장하는 장소다. 정치인들이 야스쿠니를 방문할 때마다 중
국, 한국, 북한, 타이완 정부는 목이 쉬도록 항의한다. 하지만 이

곳은 또한 관광객이 몰리는 곳이기도 하다. 입구 건너편에 있는 거대한 벚나무 사진을 찍기 위해서다. 가지가 휘어 막대로 지지 되고 있고 붕대로 감싸여 있지만, 일본에서 가장 유명한 벚나무 다. 바로 벚꽃 개화를 알리는 표준목이기 때문이다. 이 나무에 꽃이 피면 비로소 도쿄에 봄이 오고, 세상에서 가장 큰 도시의 봄 축제가 시작된다.

내가 신사에 있는 동안, 한 우익 단체가 확성기 달린 트럭 여 러 대에 나누어 타고 와서 지나가는 사람들에게 애국 관련 구 호를 외치기 시작했다. 일본에는 수십 개의 우익 단체(일본어로 '우요쿠 단타이')가 있으며, 그중 상당수가 야쿠자와의 연결 고리 를 가지고 있다. 이들은 전부 위아래 한 벌인 파란색 작업복을 입고 있었는데, 숫자는 대략 20명이었다. 이들은 트럭에서 내 리자마자 신사 앞으로 바로 직행해서 붉은 해가 한가운데에 그 려진 거대한 일장기를 흔들었다. 일본이 아닌 다른 나라였다면 누군가가 나서서 그들에게 꺼지라고 말했을 것이다. 신사를 정 치적으로 이용하지 말라고, 다른 이들의 일요일 나들이를 방해 하지 말라고 했을 것이다. 하지만 그 누구도 단 한마디도 하지 않았다. 혀를 차는 사람조차 없었다. 그저 그 남자들이 그곳에 없는 것처럼 행동하며, 그들이 있는 곳을 비켜서 벚나무 사진을 찍을 뿐이었다. 가능하면 아무 말도 하지 않는 게 최선이라는 일본적 태도를 이보다 잘 입증하는 예가 있을까.

나는 집회를 끝낸 우익 단체 회원 몇몇과 이야기해 보려고 시도했다. 하지만 그들조차도 필요 이상으로 이목을 끌고 싶 어 하지 않는 것 같았다. "그냥 모임일 뿐이에요." 그중 한 명

야스쿠니 신사. © 게티이미지

야스쿠니 신사 앞의 일본 우익 단체. © 게티이미지

이 간곡히 말했다. "저희는 한 달에 한 번씩 만나서 여기에 깃발을 들고 왔다가 술을 마시러 가요. 그냥 취미예요. 그 이상은 제발 묻지 마세요." 그러고는 그들은 차를 나눠 타고 가 버렸다. 다섯 대의 검은 트럭에는 확성기가 달려 있었고, 마지막에 따라가는 흰 트럭에는 페인트로 이렇게 적혀 있었다. '불편을 드려 죄송합니다.'

'기미가요' 주변에는 바로 이런 태도가 맴돈다. 이 노래가 논쟁적이라는 사실은 모두가 알지만, 논란을 부추기는 것처럼 보이고 싶지 않아서 아무도 '기미가요'에 대해 이야기하지 않는다. 내가 인터뷰하려고 연락했던 사람 중 절반이 '정치 이야기 금지'라는 조건하에서만 이야기하겠다고 했다. 나머지 절반은 인터뷰에 동의는 했지만, 막상 만나서는 자기 의견을 내보이는 것을 극도로 꺼렸다. 내가 "'기미가요'에 대해서 어떻게 생각하세요?"라고 물으면, 그들은 일단 한숨을 쉬었다. "아…." 그러고는 10분간 무미건조하게 기미가요의 역사를 이야기하면서, 내가 자기 의견을 물었다는 사실을 깜빡 잊기를 바랐다. 내가 이 질문을 했을 때 부끄러워하지 않고 자기 의견을 말한 사람은 그 국가를 싫어하는 교사들밖에 없었다.

*

네즈 기미코는 스이도바시(水道橋駅)에 있는 카페에 양손을 맞잡은 채 걸어 들어왔다. 스이도바시 지구는 번쩍거리는 게임장으로 가득해서 거리를 걷는 행인들의 얼굴에 게임장 네온 불빛이 반사되는 거리다. 기미코는 자신이 영어를 하지 못한다며 사과하고는 고개를 숙이고, 다시 사과하더니 고개를 몇 번 더 숙였다. 너무 따뜻한 인사를 받아서 왜 애초에 내가 이분을 만나자고 했는지 잊을 정도였다.

기미코는 예순다섯 살로, 회색으로 희끗희끗해지는 머리에 약간 구부정한 자세를 하고 있었다. 일본에서 그녀는 국가 저항 운동의 대모다. 이 운동을 하며 일본에서 가장 많이 징계를 당한 교사다. 벌금과 정직은 예사였다. 한번은 자발적 퇴직을 유도하기 위해 집에서 세 시간 걸리는 학교로 발령받은 적도 있었다. 무수히 많은 '재교육' 연수도 받아야 했다. 항의도 많이 받았다. 한번은 작은 칼이 우편으로 송달된 적도 있었다. 전통적인 살해 협박이었다. 기미코의 이야기는 그 무엇보다 '기미가요'가 왜 그렇게 문제가 되는지 잘 알려 준다.

기미코는 야마키타의 산골 마을에서 자랐다. 도쿄에서 서쪽으로 차로 한두 시간 정도 떨어진 곳이다. 기미코의 부모는 감귤 농사를 지었다. 1950년대 시골의 여느 여자아이처럼, 그도 큰 집안에 시집가서 현모양처가 되는 것 외에는 인생의 소망이 별달리 없었다. 그가 다녔던 학교에서는 '기미가요'를 불렀는데, 이는 특이한 경우였다. ("저는 그 노래를 들을 때마다 마음이 벅찼어요. 이게 맞는 표현이겠죠? 왜냐하면 일본인인 게 자랑스럽게 느껴졌거든요. 사람들은 항상 일본이 다른 아시아 국가보다 부자라고 말했어요. 더 운이 좋고, 더 행복하다고요.") 이것이 '특이한' 경우라고 말한 이유는, 당시에는 이 노래를 부르는 학교가 거의 없었기 때문이다. 이 노래의 과거에 대한 논란 때문이다.

'기미가요'의 역사는 7세기로 거슬러 올라간다. 기미가요의 가사가 된 시는 천황에 대한 찬사일 뿐만 아니라 상대방에 대한 존중의 말로도 사용됐다. 사람들은 식사를 대접받은 후 주인에게 감사를 표시하기 위해서, 혹은 사업의 거래를 성사시킨 다음 감사의 표시로 이 시를 상대에게 읊었다.

이 노래가 현재처럼 내셔널리즘적 함의를 가지게 된 때는 1869년에 곡조가 붙고 나서다. 이 시에 음을 붙인 작곡자는 영국인 존 윌리엄 펜튼(John William Fenton)이었다. 그는 요코하마에서 일본군에게 악기 연주를 가르치는 관악대의 대장이었다. 어느 날 그는 자기 학생에게 일본의 국가를 연주해 보고 싶다며 일본에 국가가 있는지 물었다. 그들은 어리둥절한 표정으로 그를 바라봤다. 그는 국가가 뭔지 재차 설명하고, 적당한 가사를 주면 자기가 작곡을 해 주겠다고 제안했다. 그들은 '기미가요'를 골랐다. 펜튼은 군인 중 한 명이 비파로 연주한 일본 전통음악을 바탕으로 기미가요에 곡조를 붙였다. 이 곡은 천황 앞에서 최초로 연주됐다. 펜튼의 제자들이 나중에 승진해서 높은 지위에 올랐기 때문에, 그의 노래는 당시 가장 중요한 단체였던 육군과 해군에서 공식적인 지위를 빠르게 획득했다.

펜튼이 만든 곡은 1880년에 뜯어 고쳐졌다. 일본인이 도저히 부를 수 없는 엉터리 곡이었기 때문이다. "일본어에 성조는 없지만, 나름의 높낮이가 분명 있어요. 그 부분을 완전히 틀리게 작곡한 거지요." 일본 음악사학 연구소의 가즈오 후쿠시마 소장이 말했다. 수정을 거친 기미가요는 점차 중요한 노래가 됐다. 특히 수염을 기른 단호한 개혁 군주였던 메이지 천황과, 안

'기미가요'에 처음으로
곡조를 붙인
영국인 존 윌리엄 펜튼.
© 플리커

경을 쓴 왜소한 그의 손자 히로히토 천황을 위시한 일본의 지
배 계급이 근대 국가(國家)를 만들기 위해 노력하면서 국가(國
歌)의 필요성이 대두됐다. 이들은 미국이나 영국처럼 일본을 초
강대국으로 만들고 싶었고, 그러기 위해서는 공식 석상에서 연
주할 수 있고 아이들에게 가르칠 수 있는 노래가 필요했다.

　1930년이 되자 기미가요는 모든 곳에서 불렸다. 일본군이 해
외에서 전쟁할 때, 군인들은 얼굴을 일본 쪽으로 돌리고 이 노
래를 불렀다. 한국 등을 식민화했을 때는 식민지의 모든 사람에

게 이 노래를 부르도록 강요했다. 하지만 이 노래가 가장 많이 강요된 장소는 바로 일본의 학교였다. 교사들은 학생들에게 천황을 위해 죽는 게 인간이 할 수 있는 가장 명예로운 행동이라고 주입하라는 지시를 받았다. 학생들은 거의 매일 '기미가요'를 부르며 천황을 기려야 했고, 이 노래가 시작되자마자 벌떡 일어서야 했다. 말을 안 들으면 구타를 당했다.

제2차 세계대전 중에 200만 명이 넘는 일본군이 죽었다. 한 역사학자는 이들이 수행한 자살 특공대 임무를 두고 '스스로를 먹어 치웠다.'고 묘사했다. 이들은 의문을 표하지 않고 싸웠다. 그렇게 한 이유 중 하나는 '기미가요'가 어린 시절 이들에게 파고들어서, 천황에게 절대적인 의무를 지고 있다고 스스로 믿었기 때문이다.

전쟁이 끝나자, 많은 교사들은 그렇게 많은 아이들을 죽음으로 내몬 데 대해 책임을 통감하면서 노조를 설립했다. 그들의 구호는 '우리의 아이들을 다시는 전쟁터로 내몰지 말자'였다. 노조의 설립 목표 중 하나가 바로 국가(國歌)를 반대하는 것이었다. 이 문제는 그들에게 월급만큼이나 중요한 문제였다. 노조가 설립되고 나서 '기미가요'는 학교에서 자취를 감췄다. 기미코의 어린 시절에는 노조원들의 반발이 무서워 그 누구도 학교에서 감히 '기미가요'를 부를 생각을 하지 못했다. 기미코가 다니던 학교에서 여전히 그 노래를 불렀던 이유는, 그 학교가 너무나 시골에 있는 바람에 노조 지부에서 그곳까지 노조원을 모집하지 못했기 때문이 아닌가 싶다.

이러한 반대에도 불구하고, 일본 정부는 제2차 세계대전의 다른 패전국과는 달리 국가를 바꿀 생각을 하지 않았다. 반면 1945년 독일은 신속하게 그전까지 국가로 쓰던 '독일의 노래(Deutschlandlied)' 1절을 더 이상 부르지 않겠다고 결정했다. 특히 그 첫 구절의 가사가 문제였다.

독일이여, 독일이여, 모두의 위에 있네,
세상의 그 어떤 것보다도.

이 가사는 1841년 프러시아를 위시한 독일의 공국들을 하나의 깃발 아래 통합하기 위해 쓰여진 것이다. 하지만 제2차 세계대전 후 이 가사가 독일의 세계 정복 야망을 드러내는 게 아니라고 이해해 줄 만한 외국인은 없었다. 서독의 정치인들은 다른 노래를 국가로 삼고자 시도했지만, 결국 '독일의 노래' 곡조를 그대로 두고, 가사만 다른 절로 바꾸는 게 가장 간단하겠다는 결론에 도달했다. 그래서 독일이 '행복의 빛 속에 꽃피라'고 기원하는 3절을 골라 국가로 삼았다. 개인적으로는 '독일 여성'과 '독일 와인'을 칭송하는 내용인 2절을 골랐으면 좋았겠다고 생각하지만, 아마 그 가사는 국제 무대에서 지나치게 성차별적이라는 말을 들었을 것이다.

이탈리아 또한 전쟁 후 국가를 재정비했다. 원래 이탈리아 국가는 활기찬 기악곡인 '왕의 행진'이었지만, 국민 투표 결과 공화국이 되기로 한 후 이를 버렸다. 대신 이들은 '이탈리아인들의 노래(Il Canto degli Italiani)'를 국가로 삼았다. 이 곡은 어찌나 유난스러운지, 원래부터 이탈리아 국가였어야 하는 게 아닌가 하는 생각이 든다. 마치 밀라노 사람 한 무리가 흥분해서 축구 이야기로 싸우는 것 같은 노래다.

또한 이탈리아와 독일은 파시스트 정권에서 쓰던 공식 음악을 다시는 연주하지 못하도록 금지했다. 이 결정은 정치적인 이유로 내려졌지만, 미적 감각만으로도 충분히 그럴 만했다. 두 곡은 모두 노래 역사상 최악의 내용을 가사로 썼기 때문이다. 한 예로 이탈리아 파시스트 당의 당가인 '조비네차(Giovinezza, 젊음)'는 가사의 절반이 '젊은이들'에게, 무솔리니를 위해서 '만세 만세 만만세'를 외치라고 권하는 내용이었다.

일본은 '기미가요'를 바꾸지 않았다. 전후 7년간 일본을 점령했던 미국도 변화를 강요하지 않았다. 당시 총사령관이었던 맥아더 장군은 일본에서 개혁을 추진하려면 히로히토 천황에 대한 개인 숭배에 기댈 필요가 있다고 생각했다. 그래서 히로히토가 천황의 신성을 포기하는 인간 선언을 하자, 미국은 전쟁에 대한 그의 책임을 면책하고 그를 전국 순방에 동원했다. '기미가요'도 함께 말이다.

기미코가 '기미가요'에 가졌던 호의적 관점은 대학에 갈 때까지 그대로 유지됐다. 하지만 변화는 갑자기 찾아왔다. 당시는 1970년대였고, 일본의 10대들은 세계 여느 곳에서 그렇듯 이상주의적이었다. 캠퍼스에 도착한 첫날, 그는 게시판에서 재일한국인과 중국인의 처우를 비판하는 대자보를 보았다. 친구와

1945년 9월 27일
도쿄 소재
미국 대사관에서
더글라스 맥아더 장군이
히로히토를 만났다.
ⓒ 게티이미지

이 주제로 대화를 나누던 그는, 일본이 두 나라를 식민화했다는 사실을 처음 알게 됐다.

　그는 이 일에 대해서 아무것도 몰랐다는 게 너무 부끄러워 일본의 전시 역사에 대한 책을 탐독하기 시작했다. "우리가 무슨 짓을 했는지 읽어 보니 정말 끔찍한 짓뿐이었어요." 그가 말했다. "저는 충격을 받았어요. 그러고는 이런 생각이 들더라고요. 우리 아빠도 전쟁 중에 중국에 갔었잖아. 아빠도 사람들을 학살했을까? 위안부 여성을 '이용'했을까?" 그는 고향 집에 내려가서 아버지에게 질문하기 시작했다. 심문은 사흘이나 이어졌다. 때때로 아버지의 얼굴 바로 앞까지 얼굴을 들이밀어야 했다. 기미코는 어느 순간은 절박하게 아버지의 목덜미를 쥐고 흔들었던 순간이 기억난다고 했다. 말을 돌리는 아버지의 대답에 너무 지쳐서 말이다.

"아버지는 전방에 있지 않았다고, 단지 식사 준비만 했다고 계속 말씀하시더라고요. 그 이야기만 계속 반복했어요. 하지만 저는 열여덟 살이었어요. 아버지의 말을 믿지 않았지요. 아버지가 분명히 무슨 짓을 했을 거라고 확신했어요. 사람을 죽였을 거라고요. 나는 아버지가 전쟁에서 살아 돌아온 덕에 태어났지만, 중국에는 일본인 때문에 태어나지도 못한 사람이 수천 명이나 있을 거라는 생각을 떨칠 수가 없었어요. 그들도 저처럼 인생을 누릴 수 있었을 것 아니에요?"

그 이후로 기미코는 다시는 일본의 국가와 국기를 존중할 수 없었다. (일본의 국기도 국가와 같이 전쟁과 관련돼 있다.) "이미 전쟁이 끝난 지 27년이나 지났기 때문에, 사람들은 그게 과거의 일인 양 이야기하기 시작했어요. 하지만 저에게 이 문제는 현재였어요. 제 아버지 일이잖아요. 그러니 제 일이지요."

*

기미코는 교사가 됐다. 그는 이따금 학생들에게 일본의 과거를 가르치며 일본의 국가와 국기의 '진짜 의미'를 알려 줬다. 그것은 문제가 되지 않았다. 하지만 1989년 일본의 교육위원회는 '기미가요'가 모든 입학식과 졸업식에서 '반드시 연주돼야' 하고 국기가 '반드시 게양돼야' 한다는 지침을 내놓았다. 입학식

過 졸업식은 어린이의 인생에서 가장 중요한 두 가지 행사다. 적어도 부모에게는 그렇다. 이 지침이 나온 배경이 있었다. 일본 정치인들은 일본이 경제적으로 성공하려면, 아이들이 일본인임을 자랑스러워하고, 성장을 위해 헌신적으로 노력하도록 만들어야 한다고 오랫동안 주장해 왔다. 하지만 보다 직접적인 원인은 그해 1월 히로히토 천황의 서거로 촉발된 애국심의 물결이었다. 왜 아이들은 국가를 부르며 그를 기리지 않는가? 새 천황, 그러니까 늘 미소짓고 있는, 히로히토의 아들 아키히토를 환영하는 방법으로 노래만한 게 어디 있겠는가?

하지만 초반에는 이 규정을 제대로 따른 학교가 거의 없었고, 우스꽝스러운 일이 벌어졌다. 기록에 따르면, 어떤 교장은 워크맨에 국가를 틀어 놓고 혼자서 노래를 따라 부른 후, 국가가 연주됐다고 보고했다. 또, 학교 교문이 열린 순간에 그 노래를 틀어서 아직 강당 안에 아무도 없을 때 노래가 끝나도록 한 경우도 있었다. 국기 게양 규칙을 따르기 위해, 운동장 구석에 서 있는 나무 뒤에 아무도 볼 수 없는 땅바닥에 깃발을 꽂은 사례도 있었다. 한 학교는 '고이노보리(鯉のぼり)'라고 하는 잉어 모양의 깃발을 대신 걸었다. 붉은 아기 잉어를 가운데 매달고 주위에 하얀 어른 잉어를 달아서 거의 완벽하게 일장기의 모양을 흉내냈다.

기미코의 학교는 이런 시늉조차 하지 않았다. 처음으로 이 학교에서 일장기를 게양한 때는 이 규정이 발표된 지 5년이 지나서였다. 국기가 걸리자마자 기미코는 이를 찢어 버렸다. 이는 학생과 학부모의 열렬한 지지를 받았다. "우리 학생들이 먼저

고이노보리.
© 게티이미지

찢으려고 했어요. 교장실에서 항의를 하고 있었거든요. 그래서 제가 먼저 나서야 했어요. 학생에게 문제가 생기면 안 되니까요." 그 학교는 감히 국가를 연주할 생각도 하지 못했다고 한다. 교사들이 볼 수 있는 곳에 일장기를 게시하는 것과, 교사들에게 입을 열어 노래를 부르도록 강제하는 것은 완전히 다른 문제였다. 하지만 두 가지 사건이 모든 것을 바꿨다.

*

도코로자와(所沢)는 도쿄에서 북쪽으로 기차로 한 시간 떨어진 위성 도시다. 이곳은 흥미로운 일이라고는 도무지 일어날 것 같지 않은 곳이다. 나는 이곳에서 하루를 보냈는데, 내가 본 가장 흥미로웠던 장소는 '애견 미용' 살롱이었다. 나는 샴푸 중인 푸들이나 컬핀을 매단 래브라도를 볼 걸로 기대하고 들어갔는데, 손님을 간절히 기다리고 있는 지루해 보이는 중년 남자만 혼자 있었다.

도코로자와는 진보적인 마을로 알려졌다. 그 마을의 고등학교 때문이다. 이 학교의 교훈은 '자유, 자주, 자율'이다. 이 학교 학생들은 교복을 입지 않는다. 일본에서는 상당히 드문 경우다. 심지어 두발도 자유롭다. 그래서 대부분 머리를 오렌지색으로 물들이고 있다. 붉은 계열 머리가 놀림을 당하지 않고, 쿨하게 여겨지는 학교는 세계에서 여기가 유일할 것이다.

1997년, 국가 관련 규정이 도입된 지 10년 가까이 된 때였다. 이 학교는 사이타마 현에서 그 규정을 지키려는 피상적인 노력조차 하지 않는 유일한 학교였다. 지역 정부는 이 문제를 해결해야겠다고 결심하고, 새 교장으로 다츠오 우치다를 임명했다. 그는 부임한 지 일주일만에, 다음 날 있을 입학식에서 국가를 연주하겠다고 발표했다. 그 소식은 작은 소요를 일으켰다. 교사들은 교장이 갑자기 와서 이를 강요할 수 없다며 반발했고, 학교의 피아노 담당은 행사 참석을 거부했다.

입학식 당일 아침, 교사들은 회의를 소집해 교장의 마음을 돌리기 위해 노력했지만 다츠오는 회의 도중 자리를 박차고 나갔다. 그러고는 학생과 학부모 들이 이미 기다리고 있는 강당으로 들어갔다. 그는 한 아이에게 카세트 플레이어를 쥐어 주고는 따라오라고 했다. 다츠오가 단상 위로 올라가 국가 순서를 소개하려는 순간, 누군가가 학교의 방송 시스템 전원을 끊었다. 그는 카세트 플레이어로 국가를 틀려고 했지만, 이미 누군가가 테이프를 훔쳐간 후였다. 당황한 그는 무대 위에서 엉거주춤 서서 직접 국가를 부르기 시작했다. 학생과 교사, 학부모 들은 항의의 뜻으로 강당에서 퇴장했다. 다츠오는 그럼에도 불구하고 노래를 끝까지 마쳤다고 하니 성실함은 인정해야겠다.

몇 달 후 학생회는 졸업반 학생들을 대상으로 졸업식에서 국가가 연주되는 것에 대해 설문 조사를 실시했다. 3분의 2 이상이 설문에 응했는데, 그중 93퍼센트가 국가를 원치 않는다고 답변했다. 학생회는 교장 다츠오가 주최하는 졸업식을 무시하고, 자기들끼리 졸업 축제를 따로 가지기로 했다. 1998년 3월 공식 졸업식에는 단지 18명의 학생만이 참여해서 '기미가요'를 불렀다.

이렇게 학생이 직접 영향력을 행사하는 것은 일본에서 유례가 없는 일이었다. 일본에서 일어난 반향을 보면, 거의 미국의 캠퍼스 민권 운동에 비견할 만하다. 이 사건은 몇 주간 전국에서 뉴스거리가 됐다. 방송국 팀이 학교 주위에 차를 세우고 현황 중계를 했고, 신문은 사설에서 '이 학교가 문제인가, 아니면 이 학생들이야말로 일본에 진정 필요한 존재인가?'에 대해 논의했다. 일본에서 가장 유명한 만화가 중 한 명은 이 사건에 대한 만화를 그렸다. 크로스드레싱[2] 학생들이 '섹스가 내 인권이다'라고 외치면서 서로를 강간하는 만화였다. 즉, 아이들이 국가를 거부하도록 내버려 두면 이런 일이 벌어질 것이라는 예언이었다.

---

2 남성이 여성의 복장을, 여성이 남성의 복장을 하는 행위.

오늘날 도코로자와의 학생들은 '기미가요'를 부른다. 한 교사는 "이제 학생들은 역사에 대해 더 이상 신경 쓰지 않아요."라고 말했다. "그리고 모든 교사들은 국가가 연주되면 기립해요. 직장을 잃고 싶지 않으니까요." 하지만 사람들은 여전히 이 학교를 걱정한다. 학교의 이미지는 여전히 얼룩져 있다.

이시카와 도시히로가 목을 맨 것은 도코로자와 사건이 있고 1년 만이었다. 이 두 사건이 너무나 충격적이어서 일본 정부는 이 문제를 더 이상 무시할 수 없었다. 수 개월 후에 '기미가요'를 일본의 공식 국가로, 일장기를 일본의 국기로 지정하는 법안이 통과됐다. 그 전까지 기미가요와 일장기는 공식적으로 지위를 인정받은 적이 없었다. 일본 정부는 이 법을 통과시켜 논란이 어느 정도 수그러들기를 원했다. 아마 가장 큰 안도의 한숨을 내쉰 곳은 일본 외무부였을 것이다. 이제 더 이상 국제 올림픽 위원회에 전화해서 '기미가요'가 '일본의' 국가가 아니고, 단지 '일본을 위한' 노래일 뿐이니 일본 선수가 금메달을 따면 올바른 표현을 사용해 달라고 사정할 필요가 없어졌기 때문이었다.

*

기미코는 그 법이 즉각적 효과를 가져왔다고 말했다. 그때부터 그가 근무했던 모든 학교에서 국가를 연주했다. 하지만 그럴 때마다 기미코는 계속 앉아 있었다. 기미가요를 위해서 기립하지 않았다. 단 한 번도. 그의 작은 항의에 대해서 누구도 뭐라고 하지 않았다. 적어도 2003년까지는 말이다. 그해 이시하라 신타로 도쿄 도지사는 국가 연주 때 기립하지 않는 교사를 징계하겠다고 발표했다. 그런 발표는 그간 그의 행적으로 보면 놀랍지 않았다. 이시하라는 정치인이자 작가였다. 고등학교 복싱팀이 술을 마시고 여자를 쫓아다니는 내용으로 소설을 써서 문학상을 탔다. 그는 또 어처구니없을 정도로 강성 민족주의자였다. 난징 대학살이 일어난 적이 없다고 주장했고, 센카쿠 열도를 돈을 주고 사 버리자며 모금 운동을 벌였던 그런 종류의 사람이었다. 센카쿠 열도는 태평양에 있는 몇 개의 작은 바위들인데, 중국과 일본 간 영토 분쟁의 대상이다.

다음 입학식에서 도쿄 내 수백 명의 교사가 이시하라의 명령을 무시하고 기립을 거부했다. 300명이 넘는 교사가 이 일로 징계를 받았다. 그중에 기미코도 포함돼 있었다. 많은 이들은 징계가 두려워 그 지시에 협조했지만, 기미코는 그러지 않았다. 그는 한 달간 감봉 처분을 받았다. 다음 번에는 감봉 기간이 6개월로 늘었다. 그리고 다음 번에는 1개월 정직, 다음 번에는 3개월 정직을 받았다. 2007년까지 그는 매년 6개월간 무급 정직 처분을 받았다. 기미코가 딱 한 번 물러선 적이 있다. 교장이 1년 내내 제발 기립해 달라며 부탁한 다음이었다. 당시 교장은 볼 때마다 몸이 야위어 갔고, 점점 병이 깊어졌다. 기미코는 자기가 협조하지 않으면 교장이 자살할 것 같은 두려움에 기립하기로 동의했다. 그가 자리에서 일어서자, 강당의 모든 학생이 경악하여 입을 벌리고 그를 바라봤다. 그는 그때 병사가 자신에게 사람을 죽이라고 명령하는 환각을 보았다. 스트레스로 인해

몸이 부서지는 것 같았다. 기미코는 10초간 일어나서 버티다가
자리에 쓰러졌다.

이 당시는 이시하라의 조례에 대항하여 500여 명의 교사가 사상의 자유 침해를 이유로 위헌 소송을 제기한 상태였다. 기미코는 그 소송의 간판이었다. 도쿄 지방 법원은 기미코의 손을 들었지만, 일본의 최고 재판소인 대법원은 패소 판결을 내렸다. 대법원 판사는 국가 제창 시 기립 규정이 자유에 대한 '간접적 제한'임을 인정했지만 여전히 합헌이라고 판정했다. 규칙은 규칙이니 기립하든가, 혹은 그로 인한 책임을 져야 한다는 것이었다.

이러한 논란이 진행되는 와중에, 아키히토 천황도 관련 발언을 했다. 그는 한 가든 파티에서 도쿄 교육위원회 소속 위원을 만나서 그가 무슨 일을 했는지 물었다. 그 위원은 "모든 학교가 국가를 부르도록 하는 게 저의 일입니다."라고 자랑스레 말했다.

"아무도 그러기를 강요받지 않는 게 좋지 않을까요?"

천황이 반박했다. 하지만 아무도 그의 말에 귀를 기울이지 않았다.

*

약 15분 동안 기미코는 국가에 대해 저항한 대가로 그가 겪어야 했던 모든 일들을 설명했다. 그는 야채를 정원에서 기르며 6개월어치 월급으로 살았던 이야기, 가는 곳마다 우익 단체

회원들이 따라다니면서 자신을 향해 "북한으로 돌아가라."라고 메가폰으로 소리치는 게 어떤 기분인지 이야기했다.

"그들이 혹시 당신에게 국가를 틀지는 않던가요?" 내가 물었다.

"당연하지요!" 그가 웃었다.

기미코는 아버지가 시한부 판정을 받은 다음 그와 감정적으로 화해했던 때를 전했다. 아버지는 자기가 아무도 죽인 적이 없음을 증명하기 위해 자신의 복무 기록을 보여 줬다. 아버지는 사실 전시 대부분을 명령을 거부하며 보냈다.

기미코는 일본이 국가를 새 곡으로 바꾼다고 해도, 자신의 관점은 변하지 않을 거라고 말했다. "상징을 이용해서 사람들이 같은 방향을 바라보게 하려는 것 자체가 옳지 않다고 생각해요."

그때 나는 다소 어려운 이야기를 꺼냈다. 그 모든 저항이 보람 있었다고 느끼는지 질문했다. 기미코는 이제 은퇴했고, 도쿄에서 아직 국가를 연주할 때 일어서기를 거부하는 교사들을 도우면서 남은 여생을 보내고 있다. 현재는 고작 두세 명밖에 남지 않았다. 대부분의 젊은 교사들은 국가(國歌)에 대해 문제를 느끼지 못하거나, 기립을 거부함으로써 향후 교사 경력을 망치고 싶어 하지 않는다. "패배한 것 아닌가요?" 내가 물었다. "그 모든 저항이 무의미한 건 아닐지 걱정한 적은 없나요?"

"물론 제가 하는 일에서 아무 의미를 찾을 수 없다고 생각한 적이 있지요. 약해져서 포기하고 싶어질 때요." 그가 대답했다. "하지만 그들이 이겼다고 제가 생각할 때마다, 또 다른 사람이,

새로운 사람이 나타나서 기립에 반대하곤 해요. 그러면 그 사람이 저한테 계속할 에너지를 주지요." 그는 사람들이 아직 저항하고 있는 다른 도시들의 이름을 나열했다. 히로시마, 오키나와, 나가사키. 한순간 나는 기미코가 제2차 세계대전 중에 파괴된 도시 목록을 읊는 게 아닌가 싶었다. 그때 그는 오사카에 가본 적이 있냐고 물었다.

*

오사카는 일본 제2의 대도시다. 하지만 도쿄를 질투한다고 늘 놀림을 당하는 곳이기도 하다. 오사카 사람은 물론 이를 부인하지만, 그러고 나서 10분간 왜 자기네 도시가 수도와 '전혀' 다른지 열심히 설명하려 들 것이다. "도쿄 사람은 너무 잘난 척해요. 자기 스스로를 보고 웃을 줄을 몰라요." 야구 경기장에서 만난 어떤 오사카 사람이 해 준 말이다. "반면 오사카 사람은요…" 그는 자랑스러운 미소를 지으며 말을 흐렸다. 그 차이는 굳이 콕 짚어 말할 필요조차 없다는 의미로.

오사카는 도쿄보다 훨씬 작은 도시다. 도쿄 인구가 1,350만 명인데 반해, 오사카는 260만 명에 지나지 않는다. 하지만 더 친근한 도시다. 바다에서 불어오는 바람이 마치 모두를 더 느긋하게 만드는 것 같다. 하지만 오사카에 대해 약간 안됐다는 생각을 가질 수밖에 없다. 이 도시는 도쿄의 그늘에만 가려져 있지 않다. 고대 일본의 수도인 교토와 나라에도 가려져 있다. 두 도시는 오사카 바로 옆에 붙어 있다. 이 도시들에는 신사를 거닐고 고대 황실의 화려함에 빠져들며 감탄하려는 사람들이 몰려든다. 오사카를 방문하는 사람은 오로지 음식이 목적인 관광객뿐이다. 오코노미야키와 다코야키의 고향을 보고 싶어 하는 초보 레스토랑 관계자들이다. 오사카에서 다코야키를 파는 가게에는 대개 3미터 높이의 플라스틱 문어 간판이 붙어 있다.

오사카에는 현재 관광객을 끌 가능성이 전혀 없어 보이는 또다른 일이 일어나고 있다. 바로 국가(國歌)에 대한 논쟁이다. 도쿄가 한때 이끌었던 이 논쟁은 이제 오사카가 주도하고 있다. 2011년 오사카 부 정부는 기미가요 연주 시 교직원이 기립해야 한다는 법을 통과시켰다. 또한 '3진 아웃제'를 도입하여 '기미가요' 연주 시 세 번 앉은 교사는 해고하도록 했다.

아, 그리고 '립싱크 스캔들'이라는 사소한 문제도 있었다. 2012년 한 학교의 교장인 나카하라 도루는 졸업식 날 국가 제창 중에 서 있던 교사들이 입술을 움직이고 있는지 확인했다. 이는 큰 반발을 불러왔다. 실제로 나카하라가 확인한 방식은 상상한 것보다 나쁘지는 않았다. 교사에게 가까이 가서 귀를 입에 대고 확인한 것은 아니었고, 멀리서 봤을 뿐이다. 다만 입술이 움직이지 않는 교사는 교장실로 호출됐고, 이유를 이야기해야 했다.

일본 언론은 이 사건을 두고 그를 조롱했다. 하지만 언론 보도는 어쩐지 나카하라에게 조금도 영향을 주지 못했다. 오히려 그는 오사카 부 교육감으로 승진했다. 그러고는 그 즉시 교장들에게 명령을 내려서, 자기의 본을 받아 학교 행사에서 입술을 '육안 조사'하라고 했다. 이 규정은 2014년에 발효될 예정이었다가, 알 수 없는 이유로 부결 처리됐다. 아마도 이 일이 진행되면 일본에서 동네북 같은 오사카의 위치를 개선하는 데 전혀 도움이 되지 않는다는 사실을, 누군가가 알아차린 게 아닌가 싶다.

기미코가 오사카에 가서 이 문제를 조사해 보라고 제안했을 때, 사실 그보다 한발 더 빠르게 오사카 부 정부에 그해 입학식 중 한 곳에 참석할 수 있을지 부탁해 둔 상태였다. 처음에는 나를 입학식 근처에 보내는 것도 꺼리는 듯했지만 결국에는 허락했다. 다만 그들이 허락한 학교가 아니면 안 된다고 했다. 바로 지역 명문 학교인 다마츠쿠리 초등학교였다. 나는 그곳에서라면 그 어떤 교사도 절대 국가 제창에 저항하는 일은 없으리라는 것을 눈치챘다. 그 학교 교사라면 누구라도 교장 승진을 염두에 두고 있을 것이었다. 위험을 무릅쓸 리가 없었다. 하지만 어쨌거나 이 행사를 직접 눈으로 봐야만 했다. 그래야 무슨 일이 벌어지고 있는지 관찰할 수 있고, 왜 이 국가가 논쟁적인지 이해할 수 있을 것 같았기 때문이다. 그래서 그 제안에 응했다.

*

내가 다마츠쿠리 초등학교의 강당에 도착한 그날은 아름다운 4월의 아침이었다. 9시 정각이 되자 수십 명의 여섯 살짜리 아이들이 어두운 파란색 교복을 입고 단정한 모자를 쓴 채 학교 강당으로 들어왔다. 대부분은 첫 등교로 신나서 웃는 얼굴이었다. 몇몇은 초조하게 주위를 둘러보며 부모를 찾았다. 집에 가고 싶어 하는 눈치였다. 일부 엄마들은 기모노를 입고 있었고, 아빠들은 전부 양복 차림이었다. 할아버지와 할머니가 함께 따라온 경우도 있었다. 모두가 카메라를 들고 필사적으로 오늘 이 순간을 담으려 했다.

교장은 걸어 들어와서 인사말을 하는 둥 마는 둥 했다. 그러고는 모두에게 국가 제창을 위해 기립해 달라고 요청했다. 피아노 연주자는 사람들이 제대로 일어서기도 전에 즉시 부드럽고 엄숙한 '기미가요'의 멜로디를 연주했다. 나는 이 장면을 촬영하려고 허둥지둥 주머니에서 폰을 찾았다. 한편으로는 강당에 줄지어 있는 교사들 중 앉아 있는 사람이 있는지 눈으로 훑었다. 아무도 앉아 있지 않았다. 그리고 다시 강당 뒤편으로 눈을 옮겨 아이들과 부모들을 살펴봤다. 대부분의 어린이들은 그 노래를 모르는 것 같았다. 하지만 몇몇은 미리 부모가 노래를 가르쳐 준 듯 큰 소리로 따라 부르고 있었다. 대부분의 부모들은 노래에는 신경을 끈 채 아이들을 바라보며 환히 미소를 짓고 있었다. 무슨 일이 일어날 틈도 없이 음악이 끝났고, 모두 서둘러 다시 자리에 앉았다. 나는 뭘 기대했던 걸까. 원래 55초 동안에는 그다지 많은 일이 일어나기 어려운 법인데.

한두 시간 후 모든 행사가 끝났다. 그 모든 난리는 무엇 때문이었을까. 이렇게 정치와 무관한 맥락에서 짧게 벌어진 일에 대해 누군가는 왜 그렇게 화를 내야 했을까? 반대로 그 일이 벌어지는 동안 누가 일어서지 않는다고 해서 분노할 이유는 또 뭐란 말인가? 행사에서 연주된 다른 노래들 중 '기미가요'보다 훨씬 더 불쾌한 노래도 많았다. 특히 펫샵 보이즈의 '고 웨스트(Go

West)'를 영어 공부를 위해 바꾼 커버곡이 그랬다. 노래가 나오는 동안, 아이들은 마치 서양인을 흉내 내는 것처럼 최대한 눈을 동그랗게 떴다. 전 세계 어디서건 인종 차별주의는 아이들 사이에서 심하게 나타난다는 증거 같았다. 강당 밖에서 나는 한 학부모에게 '기미가요' 제창 중 교사가 앉아 있었다면 어땠겠냐고 물었다. "아마 피곤하셨나보다 생각했을 것 같은데요." 어떤 아빠가 대답했다.

*

오사카에서 국가에 저항하는 교사를 찾기는 별로 어렵지 않았다. 교원 노조에 전화 한 통 걸어서, 다섯 명의 교사와 이야기할 기회를 얻었다. 한 교사는 기독교인이었는데, 천황을 숭배하는 노래를 부르기를 거부한다고 했다. ("오직 예수만이 신이십니다.") 또 한 명은 평화 운동을 하는 운동가였다. 다른 한 명은 공산주의자였다. 그는 모든 국민 국가(國家)와 그것의 상징인 국가(國歌)는 없어져야 한다고 계속 말했다. 하지만 그중 흥미로운 두 명은 기립을 거부하는 데 개인적이고 감정적인 이유가 있었다.

마스다 도시미치는 50대로, 아버지가 히로시마의 원폭 생존자였다. 그의 아버지는 오랫동안 원폭으로 인한 병을 앓았고, 이 비극의 최종적인 책임은 일본의 군국주의가 져야 한다고 봤다. 마스다는 "그게 제가 교사가 되려고 마음먹은 동기였어요."라고 말했다. "아이들에게 전쟁 때문에 어떤 일이 있었는지 진짜 이야기를 들려주려고요. 그러니까 당연히 저는 국가 연주 시

기립할 수 없었지요."

두 번째 인물은 츠지타니 히로코라는 60대 여성이었다. 그의 어머니는 전쟁 당시 학교에 다녔는데, 천황 숭배에 너무 깊게 열중한 나머지 오빠에게 이런 편지를 썼다. "제발 이 나라를 위해 죽어. 우리 모두를 위해 큰 명예가 될 거야." 전쟁이 끝나자 어머니는 자기가 한 일에 너무 소스라친 나머지, 히로코에게 교육과 정치는 결코 무슨 일이 있어도 섞여서는 안 된다고 경고했다. 히로코는 자기가 교사가 된 이유에 대해 "저는 그런 일이 다시는 일어나지 않도록 뭔가 해야 했어요."라고 말했다.

그들의 이야기를 듣고 나니, 나는 이 교사들이 기립하지 않는 게 옳은 일이라고 확신하게 됐다. 그들이 국가가 군국주의와 자신의 비극적인 가족사에 연결돼 있다고 믿는다면, 어떻게 국가 제창 때 기립할 수 있겠는가? 그리고 도대체 누가 그들을 일어나게 강요할 수 있단 말인가? 내가 대화를 나눠야 하는 사람들은 이들이 아님을 깨달았다. 오히려 이 법을 만든 사람들을 만나서 도대체 왜 이 법을 통과시켰는지 물어야 했다. 그리고 왜 일본 국민들은 그 법에 무심한지 알아봐야 했다.

*

하시모토 도루는 오사카 시장이다. 그는 이 도시에서 아주 중요한 인물이다. 전통적인 일본 정치계의 문제에 대해 직설적인 발언으로 해결책을 제시해 많은 사람의 칭송을 받는다. 한편으로는 입만 열면 나오는 부적절한 발언으로 지독하게 미움을 받기도 한다. 내가 도착했던 날도, 그는 기업인들을 만난 자리에서 경제를 살리기 위해서는 애인을 만들어서 시내에 아파트를 사 주라고 말했다. 오사카 사람들에게 하시모토에 대해 물으면 존경의 표정을 짓거나, 손가락을 목구멍에 넣고 토하는 시늉을 하거나 둘 중 하나일 것이다.

정치계에서 그는 이른 나이에 야쿠자와 관련된 부친을 잃는 등 끔찍한 역경을 이겨내고 성공적인 커리어를 쌓은 인물로 전국적으로 존중을 받는다. 하지만 그는 우익 정치계의 열렬한 민족주의자로 더 잘 알려져 있다. 한때 일본 유신회라는 정당을 설립했다. 이는 1860년대 일본이 세계 초강대국을 목표로 했던 메이지 유신을 따서 지은 이름이다. 정당 이름을 선택한 것만 봐도 그가 어떤 사람인지 충분히 알 수 있다. 그리고 그는 일본이 전쟁 중 일으켰던 문제를 습관적으로 부정하는 인물이다. 언젠가 그는 "병사들이 목숨을 걸고 폭풍처럼 쏟아지는 총알 사이를 가르며 뛰면, 이렇게 감정적으로 힘든 병사들에게 휴식을 주고 싶어지는 것입니다… [위안부가] 필요하다는 것은 자명합니다."라고 발언한 적이 있다. 또한 그는 오사카의 국가 관련 규정이 만들어진 주된 이유이기도 하다. 하시모토는 일본 기자단에게 여러 차례 그 규정을 옹호한 바 있다. 그때마다 기자들에게 손가락질하며 소리를 지르고, 기자들이 진짜 문제가 뭔지 이해하지 못한다고 말했다. 또한 공무원은 시키는 대로 지시를 따르지 않으면 잘려야 한다고 주장했다.

하지만 무슨 이유인지 내게는 그 규정을 옹호하려 들지 않았다. 나는 몇 달 전 그에게 인터뷰를 요청했지만, 작가와는 일대

일 만남을 가지지 않는다는 대답만 들었다. 대신 그가 매일 여는 기자 회견에 참석할 수 있다는 이야기를 들었다. 내가 그 자리에 막상 나타나자, 그의 공보관은 너무나 충격을 받은 얼굴을 했다. 내가 실제로 거기에 나타날 줄은 꿈에도 몰랐나 보다.

공보관은 "내일 다시 와 주실 수 있나요?"라고 물었다. "그리고 제발 부탁인데, 정치적인 질문은 하지 말아 주세요."

"하지만 이분은 정치인이잖아요." 내가 대답했다.

"알죠. 하지만 그냥 개인적인 질문만 해 주세요." 잠시 침묵이 흘렀다. "제발요."

그 공보관이 너무나 간절해 보여서 그 조건을 결국 받아들였다. 사실 그 조건은 상관없었다. 왜냐하면 내가 하시모토에게 가장 묻고 싶은 질문은 개인적인 것이었기 때문이다. '이 규정을 밀어붙일 정도로 당신에게 국가가 왜 그렇게 중요한가요?', '국가를 듣고 너무나 감동을 받아 도저히 잊을 수 없는 순간이 있었나요?'

나는 다음 날 기자 회견장에 들어섰다. 진짜 흥분됐다. 이 순간이야말로 '기미가요'와 관련한 논란을 이해하는 데 가장 중요한 돌파구가 되리라고 생각했다. 나는 특징 없는 정부 청사 건물 5층에 30~40명의 기자들이 앉아 있는 방으로 들어섰다. 하지만 그 흥분은 천천히 혼란으로 바뀌어 갔다. 하시모토는 하얀색 조깅복을 입고 방으로 들어섰다. 언론을 상대하러 온 게 아니라 마치 스쿼시 게임이라도 하러 온 것 같은 차림새였다. 그의 양옆에는 경호원 두 명이 둘러싸고 있었다.

나는 자기 소개를 했고, 내 통역사인 미키는 내가 준비해 온

세 가지 질문을 그에게 했다. 하시모토는 천천히 또박또박 대답하면서 내내 미키를 뚫어져라 쳐다봤다. 수십 명의 기자단은 일제히 그가 하는 모든 말을 타이핑하기 시작했다. 그가 말하는 게 세상에서 가장 중요한 말인 것처럼. 나는 거기 서서 기대감을 갖고 쳐다봤다. '아마 특종인가 봐. 아니면 왜 모두가 이렇게 미친 듯이 열심히 타자를 치겠어?' 그는 말을 마치고, 미소를 짓고는 다른 기자의 질문을 받기 시작했다. 미키는 내게 고개를 숙이고 말했다. "그는 당신 질문에 사실 대답을 하지 않았어요. 그는 자기가 개인적인 이야기를 할 수 없고, 오사카의 시장으로서나 일본 유신당의 대표로서만 발언할 수 있다고 말했어요."

"모든 질문에 대해 전부 그렇게 대답했다고요?"

"글쎄, 매번 표현을 좀 바꾸기는 했는데요. 하지만 기본적으로는…" 미키는 일본 사람이 당혹감을 감추기 위해 짓는 예의 그 미소를 지었다.

이 지점에서 어려운 질문을 회피할 줄 아는 정치인 하시모토의 기술에 내가 그저 웃을 수밖에 없었다고 말할 수 있다면 얼마나 좋을까. 그랬다면 나는 그의 다음 말을 정중하게 들었을 것이고, 하시모토에게 예상 질문을 귀띔해 준 공보관에게 축하의 말을 건넬 수 있었을 것이다. 하지만 나는 그러지 않았다. 대신 다음 기자가 하던 말을 무례하게 자르고 끼어들어서 다소 길고 공격적인 질문을 했다. 그 질문은 다음과 같이 요약할 수 있다. "당신이 이런 단순한 질문에 대답을 하지 않는다면, 왜 당신에게 표를 줘야 합니까?"

하시모토는 이 질문을 잘 받아들이지 못했다. 그는 "우선 외신 기자들이 먼저 사실 관계를 정확히 파악한 다음에 취재 활동을 했으면 좋겠습니다."라고 운을 뗐다. "우리는 사람들에게 국가를 제창하라고 명령하고 있지 않습니다. 우리는 공무원인 교사들에게 중요한 행사에서 국가 제창이 있을 때 기립하라고 명령한 것입니다."

"교사들이 자기의 사상이나 양심을 이유로 규칙을 지키지 않는다면 교육이 무너지게 됩니다. 학생들이 똑같은 이유로 숙제를 하지 않을 권리를 주장하면 어떻게 되겠습니까? 혹은 학교를 가지 않는다면요? 아니면 타인에게 폭력을 행사한다면요? 질서가 유지될 수 없습니다. 공무원은 임용될 때 법을 지키기로 선서합니다. 그러니 자기 양심과 관계 없이 법을 지켜야 합니다."

"저는 긴 역사와 전통을 가진 이 국가(國歌)를 자랑스럽게 생각합니다. 다른 나라의 교사들은 국가가 연주될 때 자발적으로 기립합니다. 이런 종류의 규정을 만들어야만 하는 일본의 상황이 부끄럽습니다. 제 생각에 이는 정상적인 행동이 아닙니다."

*

다음 며칠간 나는 왜 국가 관련 법이 그렇게까지 필요한지 알려 줄 만한 사람들을 만나러 다녔다. 나는 오사카 교육위원회 소속인 누마모리 세이야를 만났다. 그는 푸근한 미소를 띠고 올백 머리를 한 사람이었는데, 내게 아이들이 세상과 교류하기 위해서는 국가에 노출될 필요가 있다고 말했다. 아이들이 자기 문화를 이해하지 못하면 다른 문화도 이해할 수 없다는 것이었다. "우리는 아이들에게 그 노래의 의미와 중요성을 가르쳐서 아이들이 노래를 부를 동기를 부여하려고 한 것입니다. 그러니까 교사들이 기립하지 않음으로써 개인적인 관점을 아이들에게 노출하는 것은 용인할 수 없지요."

또, 나는 극우 단체인 잇스이카이(一水会)의 대표인 기무라 미쓰히로도 만났다. 잇스이카이는 주말에 길거리에서 사람들에게 사무라이 정신과 천황에 대한 존경심을 가지라고 외치는 단체다. 그의 사무실은 뛰어난 소설가인 미시마 유키오의 사진으로 가득했다. 유키오는 1970년 쿠데타를 시도했으나, 실패한

1970년 할복자살한
미시마 유키오.
© 위키피디아

후 할복자살했다. 그는 정치인들이 아니라 천황이 다시 한번 일본을 정치적으로 장악하기를 원했다.

미쓰히로는 교사들의 관점을 존중하기 때문에 자신은 이들에게 항의한 적이 없다고 주장했지만, 동시에 국가 제창 때 기립하지 않는 이유를 이해하지 못하겠다고 말했다. "'기미가요'에 반대하는 교사들은 일본인이 이 노래를 원한다는 역사적인 사실을 인정하지 않아요. 이 노래는 우리 혼에 깊이 새겨져 있습니다. 전쟁이 끝나고 좌익 세력은 새 국가를 만들기 위해서 위원회를 설립했지만 이 노래를 대체할 만한 곡을 내놓지 못했어요. 저는 항상 이 사람들에게 말해요. '만약 당신이 '기미가요'를 부정하려면 대체할 곡을 내봐요. 근데 일본 국민이 그 노래를 받아들이지 않으면 어떻게 되겠어요?'"

나는 그가 얼마나 자주 국가를 부르는지 물었다. "저는 스트레스를 많이 받아요. 그래서 욕조에서 그 노래를 부릅니다. 긴장을 풀려고요." 그에게 얼마나 자주 목욕하냐고 묻는 건 실례일 것 같아 그만뒀다.

나는 또 거리에서 만난 사람들에게 왜 교사들이 일어나서 이 노래를 제창해야 하는지 물었다. 오사카 성 근처에서 만난 한 젊은 여성은 전화기를 꺼내서 번역 애플리케이션을 한동안 이리저리 만지더니 외쳤다. "코먼 센스(상식)!" 그는 알맞은 표현을 찾아낸 듯 의기양양하게 말했다. "그게 상식이니까요." 그의 친구들도 모두 동의했다.

하지만 일본 대중이 왜 이 문제에 대해 그토록 무심한 태도를 보이는지 처음으로 이해할 수 있었던 것은 마이클 큐섹

(Michael Cucek)과 대화를 나누고 나서였다. 그는 미국 출신 정치 컨설턴트였고, 일본에서 20년 이상 살았다. 일본 여성과 결혼했으며 일본어를 잘했다. 이 나라에서 가장 내부자에 가까운 외국인이었다. 그러면서 다행히도 일본인처럼 말조심을 하거나, 분란을 일으키는 것을 걱정할 필요도 없었다.

우리는 도쿄의 스가모(巣鴨)라는 동네에서 점심을 같이 했다. 스가모는 '늙은이의 하라주쿠'라고 불리는 곳으로, 60세 이상 인구의 패션 중심지다. 오만 가지 회색 지팡이나 선 캡만 파는 가게가 널려 있다. 주중에 이 거리를 걷다 보면 할머니 부대의 공격을 받는다. 특히 키가 180센티미터가 넘는다면 누군가가 허리를 계속 부딪쳐 올 것이다.

"여기 사람들 대부분은 국가 논란을 수십 년 전 극좌 공산주의자가 촉발시켰다고 생각해요." 마이클이 말했다. "그리고 교사들이 국가에 대해 펼치는 논리는 그냥 말이 안 돼요. 제 말은, '기미가요'는 표면적으로 천황에게 바쳐진 시를 기반으로 한 노래고, 일본이 세계의 정치적·군사적 강국으로 부상한 것과 관련이 있어요. 하지만 그 가사는 미국 가사처럼 '공중에서 터지는 포탄'이나, 희미하게라도 군국주의적인 내용이 없잖아요. 그러니까 그 관련성이라는 것은 가사가 아니라 예전에 그 노래를 부르던 사람들 때문에 생기는 거죠. 그래서 '기미가요'에 대해서 항의한다는 것은 이제 더 이상 존재하지 않는 사람들에 대해서 항의하는 거나 마찬가지인 거예요! 기본적으로는 그거 때문이에요."

그는 일본 대중이 왜 국가 관련 법에 대해서 무심한지를 설명하는 다른 이유도 많이 이야기했다. 일본의 강한 집단주의적 사고방식, 일본 사회의 '정신적 약화'를 교사 탓으로 돌리는 하시모토 같은 정치인들의 카리스마, 중국의 부상과 또 다른 전쟁에 대한 사람들의 두려움, 후쿠시마 재난 이후 높아진 황실의 인기(천황은 쓰나미 희생자에게 희망을 주기 위해 폭넓은 순방에 나섰다.) 등이었다. 하지만 사람들이 이 법을 받아들이는 이유는, 결국 왜 고대 일본에서 부르던 짧고 시적인 노래에 대해서 누군가 불평을 하는지 이유를 알 수 없기 때문이라는 것이었다.

"지질학자들한테 가서 이야기를 해 보셔야 돼요." 그는 식사를 마치며 덧붙였다. "그 노래에 대해서 제일 문제 제기를 하고 싶은 사람은 지질학자일 거예요. 자갈이 모여서 큰 바위가 된다고요? 말이 안 되잖아요. 그렇죠?"

*

며칠 후 나는 1869년 '기미가요'가 작곡된 장소인 요코하마를 방문했다. 오늘날 요코하마는 세계 최대 항만 중 하나로, 눈 돌리는 곳마다 전 세계에서 가장 높은 빌딩보다 더 높은 크레인이 우뚝 서서 컨테이너 하역 작업을 한다. 요코하마는 그 자체로 수백만의 인구를 가진 큰 도시지만, 도쿄에서 기차로 얼마 떨어져 있지 않아서 기차 안에서 창밖을 보다 보면 어디까지가 도쿄이고 어디서부터가 요코하마인지 알기가 쉽지 않다.

1853년 요코하마 남쪽에 미국 선박이 상륙했다. 그들은 해안에 대포를 겨누고 경고 사격을 하면서 무력을 과시한 다음, 오랫동안 고립돼 있던 일본에게 통상을 강요했다. 일본은 이듬해 마지못해 통상 조약을 맺었고, 요코하마는 잠잠한 어촌 마을에서 졸지에 무역항이자 외국인들의 거주지로 바뀌었다. 부유한 백인들은 도시가 내려다보이는 언덕인 야마테(山手) 지구에 자리 잡고, 동네 이름을 '블러프(Bluff)'로 바꿨다.

이곳에는 오늘날 외국인 묘지 옆에 박물관이 있어서 당시 생활상이 어땠는지 엿볼 수 있다. 영국식 교회, 테니스와 조정 클럽, 일본 최초의 양조장과 최초의 얼음 제조장 사진도 있다. 모든 여성은 보닛[3]을 쓰고 피나포레[4] 차림이다. 남자도 모두 모자를 쓰고 있다. 이때의 사진은 빅토리아 시대 영국 같다. '기미가요'의 원곡을 작곡한 영국인 관악대 대장인 존 윌리엄 펜튼은 산책과 공원의 콘서트로 가득 찬 영국 신사의 삶을 살았을 것이다. 솔직히 말하자면, 그 사실을 깨닫기 위해 굳이 박물관을 방문할 필요도 없다. 오늘날 블러프 거리는 박물관 그 자체다. 말끔한 장미 정원이 딸린 나무로 지은 집들이 줄지어 서 있고, 허세 가득한 이름이 붙은 회원제 스포츠 클럽(학교의 축구장은 더 로운(the Lawn)이라는 이름이 붙어 있다.), 고전적인 선데[5]와 크림티[6]를 파는 고풍스러운 카페로 가득하다. 일본인은 이곳에 와서 수채

---

3 예전에 여자들이 쓰던 모자로 끈을 턱 밑에서 묶게 되어 있다.

4 소매 없는 원피스 모양의 겉옷으로 블라우스나 스웨터 위에 입는 점퍼스커트.

5 유리잔에 아이스크림을 넣고 시럽, 견과류, 과일 조각 등을 얹은 것.

6 간소화된 애프터눈 티로 스콘에 클로티드 크림과 잼을 곁들여 차와 함께 마시는 것.

화를 그리거나, 자기가 제국주의 시대 영국에 와 있다고 상상하며 아래에 있는 저속한 도시를 내려다본다.

펜튼은 남에게 코웃음을 치는 타입은 아니었던 것으로 보인다. 그는 일본 학생들에게 새 악기를 가르치는 것을 큰 기쁨으로 삼는 사람이었다. 그는 블러프 바로 옆에 있는 묘코지(妙光寺)에서 제자들을 만나 하루 네 번씩 악기 수업을 했다. 그들은 어디를 보나 일본인 병사 같은 옷을 입고 있었고 일부는 심지어 칼을 차고 있었다. 반면 펜튼은 주름 하나 없는 스리피스 양복을 입고, 긴 구레나룻과 콧수염을 기른 모양새였다. 그는 몇 달간 이들을 가르치다가 국가를 만들었는데, 어떤 이들은 '기미가요'가 그렇게 단순한 이유가 바로 이 때문이라고 지적한다. 바로 초보자를 위한 연습곡이라는 것이다.

현대의 묘코지는 일본의 다른 절과는 다르다. 입구에는 짙은 자주색 띠가 둘러 있다. 일그러진 'M' 모양의 아르데코 스타일의 스텐실 로고가 곳곳에 박혀 있어서 부처보다는 1930년대 디자인을 섬기는 장소처럼 보인다. 실내에는 화려한 제단이 금빛 조명을 향해 솟아 있다. 하지만 실제로 이 공간에서 가장 눈길을 끄는 것은 공간 앞쪽에 있는 두 개의 북이다. 이곳에서 매일 경전 소리가 (말 그대로) 울려 퍼진다는 것을 상기시키는 광경이다.

이곳에 있는 동안 절의 관리인인 이케다 마사와 대화를 나눴다. 서른한 살의 그는 어두운 파란색 법복을 입고 있었다. 그는 완벽한 영어를 구사했는데, 알고 보니 전직 일본 볼룸 댄스 챔피언이었다. 그는 혹시 내가 이해하지 못했을까 봐 주차장을 가로질러 왈츠 스텝을 밟는 것을 보여 줬다. 그는 한때 프로 볼룸 댄서로 성공하고 싶어서 런던에 갔었다. "일본에서보다 훨씬 어렵더라고요." 그는 자기가 다시 돌아온 이유를 이렇게 설명했다.

이케다는 자기가 '기미가요'를 사랑하며, 그 노래가 만들어진 곳에서 일할 수 있어서 정말 자랑스럽다고 말했다. 그 국가를 들으면 자기가 콘테스트에서 우승했던 나날이 생각난다는 것이다. "그 노래는 일본에 대한 곡이에요. 우리 가족, 우리 친척들이요. 그 공동체는 굉장히 중요해요. 그 노래는 일본이 수천 년 동안 이어지라고 말하잖아요. 저도 그러면 좋겠어요."

그의 의견은 내가 만난 다른 모든 사람들과 비슷했다. 그는 조용한 민족주의자였다. 그리고 자신이 일본인인 것을, 여느 영국인이 영국인임을 자랑스러워 하는 것보다 훨씬 더 자랑스러워 했다. 이곳 사람들이 그런 교육을 받아서인지, 신문이 보도하는 방식 때문인지, 아니면 단지 일본의 고유한 문화 때문에 사람들이 진정으로 일본인인 것을 좋아하는지 나로서는 알 수 없었다. 그래서 나는 '기미가요'를 반대하는 교사들에 대한 그의 견해를 물었다. 다른 사람들처럼 그들이 따지지 않고 기립해야 한다는 대답을 예상했다. 하지만 그는 그러지 않았다. "그분들이 앉아 있는 데는 나름의 이유가 있겠죠. 그분들은 저랑 다릅니다. 저는 당신이랑 다르고요. 저는 다음 세대의 일본인과도 다르지요. 그에 관해서 누가 뭐라고 할 수는 없지요. 원래 세상이 그런 거니까요."

절에서 일하는 사람이 "왜 모두 사이 좋게 지내지 못할까?"

라고 말하는 걸 듣는 이 상황은 어쩌면 내 여행에서 가장 뻔한 순간이었다. 하지만 남의 의견을 듣고 타협할 것 같지 않은 나라, 개인을 집단보다 우선하지 않을 것 같은 나라에서는 이 말이 너무나 신선하게 들렸다. 나는 즉각 오사카 시장 하시모토에게 전화를 걸어서 이 사람을 만나 보라고 조언하고 싶었다. 나는 모든 교사들을 이곳에 불러 모으고 싶었다. 어쩌면 그들도 국가에 대해서 그렇게까지 강한 감정을 느끼지 않게 될지도 모르니까. 그리고 나에게 교사들이 기립하는 것이 상식이라고 말했던 젊은 여성에게도 전화해서, 이 사람의 말이 나한테는 훨씬 더 상식에 가깝게 들린다고 말하고 싶었다.

다시 블러프 거리를 산책하며, '기미가요'에 관한 논란이 과연 국가의 중요성인지, 혹은 일본인들의 어리석음인지에 대해 생각했다. 정치인, 특히 우파 정치인이 국가를 조작하고 자신들의 목적을 위해서 이용하는 것 때문에 국가는 결코 다수가 즐기거나 존중하는 대상이 될 수 없는 운명일까? 만약 그렇다면 내가 프랑스나 미국에서 만난 그 많은 사람들이 국가란 말에 왜 그렇게 표정을 구겼는지 설명된다. '기미가요'는 아름다운 노래지만, 정치에 의해서 훼손됐다. 그 노래의 수호자를 자처하는 하시모토 같은 사람이 그 사실을 알아차리지 못하거나 무시하는 것은 슬픈 일이다.

*

몇 주 후 내 통역이었던 미키가 이메일을 보냈다. 그는 우리가 만난 이후 국가 마니아가 된 것 같았다. 혹시 내게 유용할지도 모르는 '기미가요'와 관련한 정보를 인터넷에서 찾아 보았다며, 한 잡지에 실린 전 도쿄 도지사 이시하라 신타로의 인터뷰를 보내 주었다. 그는 2003년 도쿄에서 국가 제창 시에 기립하는지 여부를 단속하는 결정을 내림으로써 네즈 기미코의 삶을 그렇게 어렵게 만들었던 인물이다. 그 인터뷰에서 이시하라는 일본의 황실 가족에 대해 질문을 받았다. 그는 거기에 대해 단 네 문장으로 짧게 대답했는데, 그 대답이야말로 일본에서 벌어지고 있는 부조리를 상징적으로 보여 줬다. "저는 [황실에] 별로 관심이 없습니다." 그의 대답이었다. "저는 국가를 부르지 않습니다. 꼭 불러야 할 때는 [천황 대신] '나의 일본'으로 가사를 바꿔서 부릅니다. 제가 이렇게 부르면 모두가 저를 쳐다보지요."

5.

카자흐스탄

독재자가 직접 쓴 국가

My Kazakhstan

Алтын күн аспаны,
Алтын дән даласы,
Ерліктің дастаны,
Еліме қарашы!
Ежелден ер деген,
Даңқымыз шықты ғой.
Намысын бермеген,
Қазағым мықты ғой!

Қайырмасы:
Менің елім, менің елім,
Гүлің болып егілемін,
Жырың болып төгілемін, елім!
Туған жерім менің – Қазақстаным!

금빛 태양의 하늘,
금빛 씨앗의 초원,
용맹함의 전설,
내 조국을 보아라!
고대로부터
우리의 웅대한 영광이 나타났으니,
이들은 긍지를 포기하지 않았다,
나의 민족은 강하다!

후렴:
나의 조국, 나의 조국,
너의 꽃으로 심어지리라
너의 노래로 흐르리라, 나의 조국이여!
내가 태어난 땅 – 나의 카자흐스탄!

나의 카자흐스탄

>>>

카자흐스탄의 수도인 아스타나[1]는 모든 게 잘못됐다는 느낌이 든다. 우선 이 도시는 말 그대로 아무것도 없는 허허벌판 한가운데에 위치해 있다. 스텝[2]에 둘러싸여 동으로도 서로도 그저 노랗게 마른 풀밖에 없다. 중앙아시아 대륙의 바람은 초원에서 1,000킬로미터나 도움닫기를 하다가 이 도시에 덜컥 부딪힌다. 이 바람이 어찌나 거센지 정부는 바람이 비껴가게 하기 위해 도시 주위에 나무를 둘러 심어야 했다.

또, 아스타나는 두 도시를 서툴게 붙여 만들어서인지 그 각각의 도시보다 되려 못한 느낌이다. 도심을 가로지르는 이심(Ishim)강의 북쪽은 구도심으로, 원래 이름은 아크몰라(Akmola)였다. 아크몰라는 '하얀 묘지'라는 뜻으로, 이 도시를 세운 러시아인들이 이곳에 대해 어떻게 느꼈는지 정확히 알려 준다. 흰색은 이 땅의 색을 가리킨다. 이 구도심은 아직도 여러모로 소련의 도시 같은 느낌을 준다. 줄지어 있는 성냥갑 같은 무채색의 아파트와 끝없는 버스 줄 때문이리라.

---

1 2019년 카자흐스탄의 수도 이름은 누르술탄으로 개명됐다. 누르술탄은 이 장의 주인공이라 할 수 있는 누르술탄 나자르바예프 대통령의 이름에서 따온 것이다.

2 러시아와 아시아 중위도에 위치한 초원 지대.

　하지만 이심강 이남에 있는 도시는… 글쎄… 뭐라고 하면 좋을까? 일단 도심에 77미터짜리 유리 피라미드가 있고, 그 꼭대기에는 스테인드글라스로 만든 비둘기가 놓여 있다. 세상에서 가장 큰 텐트 구조물도 있는데 밤에는 마치 출산 중인 외계인처럼 분홍, 녹색, 노랑의 불빛을 뿜어낸다. 백악관의 조잡한 복제품처럼 보이는 건물도 있고, 부화하는 달걀처럼 생긴 건물에, 자전거 헬멧처럼 생긴 건물도 있고, 로마네스크 양식의 극장에, 거대한 네덜란드식 풍차도 있다. 심지어 세계에서 몇 손가락 안에 꼽히는 규모의 모스크도 있는데, 이 나라에 독실한 이슬람교도가 너무 적은 관계로 반짝이는 내부의 터키석색 기도실은 텅 비어 있다.

　한마디로 이곳은 황당하다. 버스를 타고 돌아다니면 다음에는 뭘 보게 될지 예측이 전혀 불가능하다. 그저 보이는 것을 놓

카자흐스탄의 수도 아스타나. © 게티이미지

치지 않으려 안간힘을 쓸 뿐이다. 마치 누군가가 건축가 한 무리에게 아무것도 없는 텅 빈 들판에 수도가 될 도시를 바닥부터 건설하라고 주문하면서 이렇게 말한 것 같다. "돈도, 취향도, 실용성도 무시하고 그저 입이 떡 벌어지게 해 봐."

사실 어떻게 보면 이 도시는 정확히 이런 방식으로 지어진 셈이다. 아스타나는 단 한 사람의 작품이다. 그 사람은 누르술탄 나자르바예프(Nursultan Nazarbayev). 1989년 이래 공산주의 몰락을 거쳐 석유 부국에 이른 현재까지 카자흐스탄을 지배해 온 정치인이다. 그는 카자흐스탄의 아버지이자 영원한 영웅이며, 그 누구도 여기에 이의를 제기할 수 없다. 적어도 카자흐스탄 안에서는 말이다. 그를 모욕하거나 명예를 훼손하면 5년 이하의 징역에 처해질 수 있기 때문이다.

아스타나는 나자르바예프의 긍지이자 기쁨이다. 1994년,

그는 바람으로부터 안전한 남부의 도시이자 카자흐스탄의 수도였던 알마티에서 아스타나로 수도를 옮기겠다고 발표했다. 그리고는 3년도 채 되지 않아 카자흐스탄의 모든 정치인과 관리를 1,000킬로미터나 떨어진 새 수도로 강제 이주시켰다. 그는 아스타나의 거의 모든 주요 건물을 직접 디자인했다고 알려졌다. 아이디어를 스케치하고 색채 계획까지 직접 짠 뒤, 건축가들에게 이를 넘겨서 현실화하도록 했다. 이 건물들에는 '이 나라의 지도자 누르술탄 나자르바예프 각하의 주도로 건축됐음'이라는 문구가 새겨진 명판이 전부 박혀 있다. 심지어 아스타나의 아이스하키 경기장에도 이 명판이 박혀 있다. 그래서 이런 의문이 스멀스멀 올라온다. 이 도시의 하키팀은 대통령이 나타나서 "그대들에게 스타디움이 필요하겠군."이라고 말하기 전까지는 얼음으로 덮인 주차장에서 퍽을 치고 있었나?

하지만 나는 이 압도적인 숫자의 건축적 불가사의를 보고 입을 떡 벌리며 감탄하려고 이 도시에 온 게 아니다. 그중에서 단 하나의 건물을 보기 위해서 왔다. 바로 아스타나의 심장부인 바이테렉(Bayterek) 타워다. 110미터 높이의 이 건물은 포플러 나무 위에 얹힌 금색 알의 모양으로 설계됐다. 전설적인 '행복의 새'가 그 못지않게 전설적인 '생명의 나무'에 알을 낳은 모습을 형상화한 것이다. 내부로 들어가면 알 부분까지 엘리베이터를 타고 올라가, 황금색 태양 빛을 흠뻑 받으며 스텝을 둘러볼 수 있다. 혹은 그 경관은 무시하고, 설레며 뭔가를 기다리고 있는 듯한 카자흐스탄 사람들의 긴 줄에 합류할 수

도 있겠다. 그들은 나자르바예프의 손 모양이 새겨진 주조 위

에 오른손을 얹고 사진을 찍으려고 기다리는 중이다. 그 주조

는 당연히 금색이며, 방 한가운데 있는 화려한 대좌 위에 얹혀

있다.

  아스타나에 도착한 첫날, 나는 바로 바이테렉 타워로 가서 그

손 모양의 주조 위에 카자흐스탄 사람들이 손을 얹는 광경을

30분 동안이나 지켜봤다. 일부는 손을 얹을 때 눈을 감고 소원

을 빌었다. 스커트 한쪽이 허벅지 높이까지 찢어진 드레스를 입

은 여성도, 가디건을 입은 뚱뚱한 남성도, 그 외에 수십 명의 사

람들도 모두 엄격하고 무표정한 것을 보니, 이 순간은 그들에게

'진지한 순간'임이 분명했다. 심지어 신생아를 들어 올려 손을

얹게 하는 부모도 봤다.

  나는 그 광경을 오래 머무르며 지켜봤다. 얼마간은 신기함 때

문에, 얼마간은 고위 관리나 다른 주요 인사가 나타나지 않을까

하는 희망 때문이었다. 이를테면 에리트레아[3]의 대통령이랄지.

왜냐하면 중요한 인물이 나타나서 주조 위에 손바닥을 얹으면

무슨 일이 일어나는지 들은 바가 있기 때문이다. 드럼이 울리

고 심벌즈가 부딪히면서, 수백 명의 초대형 합창단이 "메닝 엘

림, 메닝 엘림 (Meniń elim, meniń elim, 나의 조국, 나의 조국), / 귈링 볼

립 에길레민 (Güliń bolip, egilemin, 너의 꽃으로 심어지리라)'이라고 노

래한다고 한다. 소문에 따르면, 그 소리가 너무 커서 사람들이

펄쩍 뛰며 돌아보게 만들 정도이며, 손을 얹은 참석자는 웃음을

---

3 에티오피아 북부, 홍해에 면한 나라. 1993년 에티오피아에서 독립했다.

카자흐스탄 곳곳에 붙어 있는 누르술탄 나자르바예프 사진. © 유라시아넷

꾹 참아야 한다. 그 노래가 뭐냐고? 짐작했겠지만, 바로 이 나라의 국가인 '나의 카자흐스탄'이다. 이 노래는 어느 모로 보나 전형적인 구 소련의 행진곡이다. 고작 그 노래를 들으려고 이 먼곳까지 왔냐고? 그렇다. 그 노래 가사를 쓴 사람이 바로 누르술탄 나자르바예프 자신이기 때문이다. 그는 살아 있는 국가 지도자 중 자기 나라의 국가 가사를 쓴 유일한 사람이다.

하지만 내가 기다리는 동안, 불행히도 그 어떤 중요한 인물도 나타나지 않았다. 결국 내가 직접 거기에 손을 올려 보기로 했다. 나자르바예프의 놀랍도록 커다란 손바닥에 손을 얹었다. 음악은 울려 퍼지지 않았다. 고위급 인사가 손을 올리면 알아보는 방법이 있나 보다.

당신이 전 세계의 국가들을 누가 만들었는지 맞춰야 한다면, 역사상 최악의 지도자 이름을 대는 게 정답일 확률이 높다. 허영심 많고 자기중심적인 남성들(그렇다, 항상 남성들이다.), 일단 권력을 손에 넣으면 삶의 모든 면면에 자기 방식을 강요하는 남자들 말이다. 이런 남자들이라면 눈 한 번 깜빡이지 않고, 어린이들이 아침마다 자신을 찬양하는 노래를 부르게 할 것 같다. 그렇지 않은가? 또 이들이라면, 미천한 음악가가 이처럼 중요한 노래를 만든 공을 차지하도록 내버려 두지 않을 것이다. 국가를 손수 만들었다는 말을 남들이 믿든지 말든지 말이다.

하지만 놀랍게도 독재자나 선동가, 전제 군주 중에서 실제로 국가에 장난질을 하거나 국가에 자기 이름을 올린 사람은 거의 없다. 이를 보면 국가란 어쩌면 손대서는 안 되는 대상인 것 같다. 국가 교체는 나라 이름을 바꾸거나 그 영토 자체를 바꾸는 것처럼 선을 넘는 행위인 것일까.

일례로, 북한의 국가인 '애국가'[4]에는 북한의 '위대하고 현명한 영원한 주석, 친애하는 영명하신 지도자'인 김일성의 이름이 전혀 없다. 대중 문화를 폭넓게 섭렵한 그의 아들 김정일의 이름도 없다. 단지 북한이 '한없이 부강한' 나라로 변혁하고 있다는 가사를 담은, 상승하는 곡조가 있을 뿐이다. 그 이유는 그 김씨 부자마저도 개인 숭배에는 한계가 있음을 인지했기 때문인

---

4 대한민국의 국가인 애국가와는 다른 곡.

지 모른다. 하지만 북한 음악 전문가에 따르면, 그 부자에 대해 쓰여진 노래가 이미 너무 많아서 국가마저 그럴 필요는 없었다. 설득력 높은 설명이다.

북한에서 가장 유명한 노래는 '애국가'가 아니라 농부인 김원균이 작곡한 '김일성 장군의 노래'다. 이 노래는 '만주벌 눈바람아 이야기하라 / ⋯ 만고의 빨치산이 누구인가를'로 시작하여 '절세의 애국자가 누구인가를'로 이어진다. 후렴에는 누구나 알고 있는 바로 그 답이 나온다. 심지어 이 노래 가사는 북한의 산에 가면 바위에 한 줄씩 새겨져 있다. 산의 경치만으로는 행인에게 영감을 주기에 충분치 않다는 듯이. 김원균은 이 노래를 1945년에 만들었는데, 이듬해 김일성은 그에게 마치 상을 내리듯이 북한의 국가를 만들어 달라고 의뢰했다.

중국은 한때 마오쩌둥 주석을 찬양하는 국가를 사용했다. 1966년 문화 대혁명이 시작된 해부터 마오쩌둥이 사망할 때까지 10년 동안이었다. 하지만 이는 마오쩌둥의 자기중심성 때문에 강요됐다기보다 우연히 도입된 것에 가깝다. 중국 공산당 정권의 국가는 처음부터 '의용군 진행곡'이었다. 무수히 많은 올림픽 메달 수여식에서 우리가 들었던 그 쾌활한 멜로디다. 이노래는 원래 1930년대에 제작된 어느 영화의 음악이었다. 영화는 일본의 만주 침략에 저항하는 의용군에 대한 내용이었다. 가사가 그렇게 드라마처럼 인상적인 것은 바로 그 때문일지도 모른다. 중국 국가의 첫 구절은 이렇다. '일어나라, 노예가 되기를 거부하는 그대들이여, / 우리의 피와 살로 새로운 만리장성을 세우자!'

곡의 가사를 쓴 톈한(田漢)은 마오쩌둥 치세 초기에 중국에서 가장 위대한 극작가로 치켜세워졌다. 중국의 역사 속 인물을 등장시켜 공산주의 사상을 은근히 주입하는 그의 연극과 오페라는 거의 의무적인 관람 대상이었다. 하지만 곧 마오쩌둥의 문화대혁명이 시작됐다. 공산주의를 위험에 빠뜨린다고 여겨지는 구시대 지식인을 제거하는 움직임이 나타났다.

톈한의 희곡은 하룻밤 만에 국가를 위협하는 '유독한 잡초'로 재해석됐다. 그는 투옥됐고, 고문 끝에 1967년 사망했다. 그 이후 공산당은 '의용군 진행곡'을 금지했고, 국가는 '동방홍'이라는 곡으로 대체됐다. 한 역사가가 지적한 것처럼, 이 곡은 마오쩌둥을 거의 신격화하는 노래로, 그의 '창조 신화이자, 역사적 비전이자, 신념 체계이면서, 도덕적 관념' 그 자체인 노래였다. '동녘이 붉어진다, 태양이 떠오른다'로 시작하는 이 노래는 다음과 같이 이어진다.

중국은 마오쩌둥을 탄생시켰네(中國出了個毛澤東)

그는 인민의 행복을 도모하네(他為人民謀幸福)

후 얼 하이 야!(呼爾嗨喲)

마지막 네 글자는 '동방홍' 멜로디의 기원인 중국 민요에서 가져온 가사로, 별 의미 없는 여음구다. 하지만 이 네 자는 10년 동안 중국 인민의 모닝콜이자 취침 나팔이었다. 중국의 첫 인공위성의 이름도 '동방홍'이었다. 중국은 당시 우주에서 이 노래를 틀어서 인공위성 발사 성공을 알렸다.

*

좀 더 열심히 찾으면 자기 나라의 국가를 직접 쓴 독재자가 없지는 않다. 대표적인 예로 캄보디아의 폴 포트가 있다. 그는 크메르 루주[5]의 집권 기간에 캄보디아가 사용했던 국가를 만드는 데 관여한 것으로 알려졌다. 그 노래의 제목은 '영광스러운 4월 17일'인데, 크메르 루주가 프놈펜에 입성하여 캄보디아를 장악한 날짜를 뜻한다. 가사는 1절부터 피를 너무나 많이 언급하고 있어서, 소름끼치게도 마치 '킬링 필드'를 예고하는 것처럼 들린다. 그 첫 구절은 '우리 조국의 마을과 들판에 밝은 붉은 피가 넘쳐흐르네'로 시작한다.

> 우리의 선량한 일꾼과 농부들의 피
> 우리의 혁명 전사, 남자와 여자들의 피

이 노래의 악보에 폴 포트의 이름이 직접 쓰여 있지는 않지만, 이런 노래는 그가 쓸 법하며, 이 노래의 문법 안에 힌트가 있다고 한다. 크메르 루주의 3인자였던 이엥 사리는 언젠가 폴 포트가 자신을 정치 천재일 뿐 아니라 '타의 추종을 불허하는 천재 작사가'로 생각하더라고 언급한 적이 있다.

그다음으로는 넓은 어깨와 두꺼운 목을 가진, 투르크메니스

---

5 폴 포트가 이끄는 '민주 캄푸치아'의 무장 군사 조직으로서 당 자체를 지칭하는 데 사용되기도 한다. 자신들의 이념을 인민들에게 강요하면서 집단 학살, 일명 '킬링 필드'를 자행했다.

탄의 전 지도자 투르크멘바시[6]도 있다. 그는 2006년 심장마비로 세상을 떠날 때까지 투르크메니스탄을 16년 동안 다스린 독재자이며, 폴 포트 못지 않은 광인이었다. 집권 중에 그는 수도인 아슈하바트 외 지역에 있는 모든 병원을 폐쇄했고, 4월의 월명을 자기 어머니 이름인 '구르반솔탄 월'로 바꿨다. 또한 립싱크를 금지했고, 《루흐나마》라는 제목의 자서전을 썼는데 이 책을 《쿠란》과 같은 영적 지도력을 가진 책으로 만들고자 했다. 이 책의 맨 첫 부분에는 '그의 국가'가 나오는데, 곡의 제목은 고루하게도 '독립 중립국 투르크메니스탄의 국가'였다.

음악적 측면만 보면, 그는 작곡가 벨리 무하토프(Weli Muhadow)가 만든 곡조를 고르는 훌륭한 결정을 했다. 마치 끝없는 사막에서 말을 타고 달리는 듯한 심포니 오케스트라 음악이었다. 불행히도 투르크멘바시의 가사는 그 멜로디가 주는 기대에 미치지 못한다. '투르크멘바시의 위대한 창조 / …만세토록 번영하라, 투르크메니스탄이여'가 후렴구의 내용이다. 이 국가는 전 국민이 의무적으로 외워야 했다. 운전면허 시험에도 국가 부르기 시험이 포함돼 있었다. 《루흐나마》의 내용도 시험 대상이었다. 국가 안에 있는 투르크멘바시에 대한 언급은 그의 사후 2년 동안 바뀌지 않았다.

말하자면, 국가(國歌)를 직접 만든 지도자로는 투르크멘바시와 폴 포트가 있는 것이다. 그리고 세 번째가 누르술탄 나자르

---

6 투르크메니스탄의 독재자다. 원래 이름은 사파르무라트 니야조프이나 집권하면서 스스로를 투르크멘 사람들의 수령이라는 의미의 투르크멘바시로 지칭했다.

바예프다. 아마도 자신의 이름이 이렇게 나란히 오르내리는 것을 나자르바예프가 기꺼워하지 않을 거라는 생각이 든다.

*

아스타나의 구도심 중심에는 나자르바예프의 삶을 볼 수 있는 3층짜리 '초대 대통령 박물관'이 있다. 이곳에 들어가려면 형광 파랑색 신발 덮개를 착용해야 했는데, 카펫 오염을 막기 위해서였다. 내가 방문한 박물관 중에서 여기만 유일하게 이런 요구를 했다. 내부에는 나자르바예프의 역대 시민증이 전시돼 있었다. 1950년대 그가 공산주의자 제임스 딘처럼 머리를 부풀린 10대시절부터, 영구적으로 그을린 피부에 항상 미소를 지우지 않는 지도자가 된 오늘날까지 외모 변천사를 엿볼 수 있다. 또한 그가 타국 정상들에게 받은 수백 개의 선물도 전시돼 있다. 도대체 영국 엘리자베스 2세 여왕은 왜 저렇게 싸구려처럼 보이는 휴대용 시계를 그에게 선물했는지, 그리고 나자르바예프는 도대체 왜 그걸 전시하는지 궁금했다.

하지만 그곳에서 제일 처음 만나게 되는 전시는 나자르바예프의 삶에 대한 것이 아니라, 카자흐스탄의 상징에 관한 것이었다. 튀어나오는 눈알을 형상화한 듯한 푸르고 노란 카자흐스탄 국기와, 날개 달린 말로 가득한 황금색 문장, 그리고 2006년에 도입된 카자흐스탄 국가도 있었다. 스크린에는 원래 1950년대에 만들어진 행진곡인 '나의 카자흐스탄' 원본 가사가 있었다. 이 곡은 샴시 칼다야코프(Shamshi Kaldayakov)가 작곡하고, 주메켄

나지메데노프(Jumeken Najimedenov)가 작사했다. 하지만 나지메데노프의 가사는 여기저기 펜 자국으로 덮여 있었다. 청색과 흑색 잉크로 쓴 주석과 지운 흔적이 가득했다. 그 펜 자국은 알고 보니 나자르바예프의 필체였는데, 그는 노래를 전부 뜯어고쳐 이 노래를 역사 속 유물이 아니라 자기가 재건하고자 하는 나라를 위한 발라드로 만들었다. '고대로부터 / 우리의 웅대한 영광이 나타났으니.' 첫 번째 구절의 가사는 이렇게 고쳐졌다.

　이들[카자흐인]은 긍지를 포기하지 않았다,
　나의 민족은 강하다!

그의 2절 가사는 단순하지만 지나치게 앞서가는 아래와 같은 구절로 끝맺는다. '우리나라는 행복하다, 그것이 바로 우리의 나라.' 이 가사는 알파벳 'P'로 서명되어 있는데, 바로 '대통령(President)'의 머리글자다.

나자르바예프는 왜 카자흐스탄 국가의 가사를 직접 쓰기로 했을까? 그 이유를 쉽사리 추측해 보면 이렇다. 이 나라에서 며칠 지내면서 거리와 지하철역마다 그의 사진으로 도배된 것을 보노라면("와, 저기 좀 봐. 나자르바예프가 꽃을 쓰다듬는 3미터짜리 사진이 있네!"), 그가 국가를 쓴 이유는 그저 이 나라의 모든 영역에 자신의 흔적을 남기고 싶어서 그랬겠거니 싶다. 그러면 자기가 권좌에서 물러나더라도 '유산'은 영원할 테니까. 국가를 직접 쓰는 건 형편없는 생각이라고 직언할 만한 용자(勇者)도 전혀 없었던 것 같다. 어쨌거나 이 나라는 한때 나자르바예프를 기리기

위해 수도의 이름을 '누르타나'라고 바꾸자는 법안이 발의된 곳이 아닌가.[7]

하지만 나자르바예프 본인은 이런 설명이 터무니없는 거짓말이라고 말할 것이다. 자기가 국가를 쓴 것은 그저 카자흐스탄 국민을 사랑하고, 그들에게 '강력한 감정의 고양, 사기 진작, 더 높은 목적을 달성하기 위한 단결'을 제공하고 싶었기 때문이라고 주장할 것이다. 사실 그는 정말 이렇게 말했다. 방금 그 구절은 내가 나자르바예프의 비서실을 1년 정도 괴롭힌 후 받아 낸 이메일에서 가져온 내용이다. 그다음 이메일 내용은 이렇다. 그는 소년 시절에 '세상에 대한 로맨틱한 인식'에 이끌려 시를 쓰기 시작했는데, 그 열망을 결코 포기한 적이 없다. '과거에 대한 성찰, 우리 민족의 미래에 대한 염려, 제가 태어난 땅에 대한 사랑의 감정 등이 모두 국가를 쓰게 만든 영감이 돼 주었습니다.' 국가의 가사를 쓴 것은 그러한 영감이 또 다시 발동한 결과일 뿐이라는 설명이다.

또, 그가 '나의 카자흐스탄'의 가사를 골라 개작하기로 한 이유는 이렇다. 이 노래가 이미 '이미 모든 집에서 매 휴일마다 연주될 만큼 폭넓게 수용되고 사랑받고 있으며, 고매한 애국적 감정을 고취시키는 데 성공'한 노래였으며, 그저 가사가 너무 옛날에 쓰여져서 여기저기 손을 보아 '약간 세련되게' 하면 됐기 때문이었다.

---

7 앞에서 언급했듯이, 아스타나는 결국 2019년에 '누르술탄'으로 이름이 바뀌었다.

나자르바예프의 비서실에서는 내게 이 이메일을 보내면서 아마 이 문제에 대한 나의 호기심을 잠재웠다고 생각했으리라. 최소한 내가 이 문제로 카자흐스탄을 방문하는 일은 없으리라 생각했던 것만은 틀림없다. 내가 카자흐스탄 수도에 도착해서 비서실에 전화를 걸었을 때, 수화기 너머에서 들려온 첫마디가 "여기 오셨다고요?"였다. 나자르바예프의 말은 흥미롭기는 했지만, 솔직히 말해서 그가 왜 국가를 썼는지에 대한 완전히 믿을 만한 설명은 아닌 것 같았다. 그리고 해소되지 않는 의문도 여전히 많았다. 일단 애초에 원래 국가를 바꿔야 하는 이유는 무엇이었는가? 나자르바예프 본인이 정말 가사를 쓴 게 맞는가? 그리고 무엇보다도 나자르바예프가 작사를 해서 국가를 대하는 국민 감정이 달라졌는가? 그는 혹시 원래 비정파적이어야 하는 대상을 정치 권력을 위한 도구로 전락시킨 것은 아닐까?

나자르바예프는 1940년생이다. 카자흐스탄 남부의 체몰간 (Chemolgan)이라는 마을에서 자랐다. 그의 부모는 지역 집단 농장에서 일했다. 그의 아버지는 한쪽 팔에 장애가 있었는데도 그곳에서 일했고, 나자르바예프도 농장 일을 도와야 했다. 그는 소를 돌보고, 작물에 물을 주고, 여름에는 산에서 가축이 늑대에게 습격당하지 않도록 지켰다. 그에게 유일한 오락거리는 어머니가 밤마다 부르는 민요를 듣는 것이었다. 아버지도 때로 어머니의 노래에 맞추어 카자흐족의 전통 악기인 두 줄짜리 현악기 돔브라를 연주했다.

그는 학교에서 가장 훌륭한 학생이었던 모양이다. 이곳의 모든 사람들이 그렇게 이야기할 뿐 아니라, 박물관에는 그의 번쩍

거리는 성적표가 전시돼 있다. 그보다는 널리 알려지지 않았지만, 그는 밤에 거울 앞에서 다음 날 학급에서 할 연설을 연습하는 그런 학생이었다. 이는 그가 어떻게 대통령이 될 수 있었는지, 몇몇 성적표보다 훨씬 많은 것을 말해 주는 일화다. 그는 자신의 "음악에 대한 진지한 열정이 시작된" 곳이 학교였다고 말한다. "제 친구들과 저는 민요와 가요 등을 부르면서 함께 음악을 연주했습니다. 저는 아코디언과 만돌린, 돔브라를 배우기 시작했습니다. 카자흐 속담에서도 '진짜 카자흐인은 카자흐 사람이 아니라 돔브라다'라고 하니까요." 대부분의 속담이 그렇듯이, 이 속담도 번역하면서 맛이 좀 덜해진 감이 있다.

열여덟 살에 학교를 졸업한 나자르바예프는 어느 날 공산주의 청년 연맹 회원을 대상으로 하는 구인 공고를 보게 된다. 북쪽으로 1,000킬로미터 떨어진 테미르타우(Termitau)의 제철소에서 야금 일을 할 훈련원을 모집한다는 내용이었다. '야금 기술사는 고귀하고 자랑스러운 직업입니다.' 광고의 내용이었다. '진짜 남자를 위한 직업이며 최고 수준의 임금을 받습니다.' 광고는 제철소가 아직 지어지지 않았다는 사실은 언급하지 않았다. 그 마을의 밤문화라고는 취객의 싸움을 지켜보는 것밖에 없다든가, 훈련원들은 빨래를 말릴 공간조차 없는 좁은 공동 침실에서 지내게 될 것이라는 말도 없었다. (그는 언젠가, "우리는 빨래한 옷을 밤중에 밖에 널었어요. 젖은 옷보다는 얼어붙은 옷이 입기 더 쉽거든요." 라고 말한 적이 있다.) 그가 기꺼이 그 공고에 응한 것은 아마 이런 내용이 빠졌기 때문이리라.

스무 살이 됐을 때, 나자르바예프는 실내 온도가 섭씨 40도를 넘는 용광로 앞에서 8시간 교대로 일했다. 매일 몸을 유지하기 위해 하루에 수 리터의 물을 마셨지만, 몸이 축나는 것을 막을 수는 없었다. 교대 근무가 끝나고 나서도 그는 친구와 동료를 위해 결혼식이나 낚시 여행 등 온갖 행사를 준비하며 시간을 보내는 등 쉬지 않고 일했다. 공산당은 곧 그의 추진력과 기획력을 눈여겨보고, 그에게 테미르타우 시 공산당 위원회의 중공업 부서 담당 위원회의 2등 서기관 자리를 내줬다. 이는 나중에 훨씬 중요한 자리까지 올라가는 아주 긴 여정의 첫걸음이었다.

나자르바예프는 급속도로 승진하여 1989년 카자흐스탄 공산당 중앙위원회 제1서기장 자리에 올랐다. 직함은 짧지만, 카자흐스탄의 최고 책임자 자리였다. 거기까지 올라가는 데는 그의 기술도 있었지만, 그는 알맞은 인물에게 적절히 '기름칠'을 할 줄 알았기 때문이었다. 소련에서 정치인으로 살아남기 위해서는 생산 실적 수정을 위해 누구에게 뇌물을 줄지 정확히 아는 게 다른 기술만큼이나 중요했다. 물론 상당한 운도 따랐다. 그는 KGB에게 조사를 받은 적이 있었으나 이를 무사히 넘겼다. 그리고 러시아의 공산주의가 마지막 숨을 다하자, 그는 갑자기 세계에서 아홉 번째로 큰 나라의 수장이 됐다.

다만 카자흐스탄은 구 소련의 연방 중 누구보다 큰 문제들을 많이 갖고 있었다. 카자흐스탄은 100년 이상 러시아의 '폐기물' 하치장이었다. 차르가 자신의 정적, 예를 들어 도스토옙스키 같은 인사들을 유배하는 곳이었고, 스탈린은 한 술 더 떠 체첸족 등 한 민족 전체를 강제로 이주시켰다. 또 러시아는 카자흐스탄에서 핵 실험을 했는데, 나자르바예프가 독립 축하용으로 터트릴 폭죽이 필요할까봐 그랬는지 1,200개 이상의 탄두를 그곳의 지하 저장고에 남겨 두고 떠났다. 여기에 카자흐스탄은 각종 불안감에 휩싸여 있었다. 인구의 과반을 차지하던 러시아계는 카자흐 민족주의자들의 동향에 촉각을 곤두세운 반면, 카자흐인은 러시아인들이 떠나거나 반란을 일으키지 않을까 걱정했다. 이 모든 상황에 더해 카자흐스탄의 경제는 완전히 파탄 상태였다.

*

예순여섯 살의 아름다운 시인인 자디라 다리바예바(Zhadyra Daribayeva)는 웃을 때마다 보조개가 깊어졌다. 그녀는 나와 같이 카페에 앉아서, 독립 직후 카자흐스탄의 삶이 어땠는지 이야기했다. "굉장히 어려웠지요." 그가 말했다. 이는 오히려 절제된 묘사였다. "저는 당시 여러 곳을 여행했는데, 가는 곳마다 사람들이 울고 있었어요. 미래에 대해 이야기할 때마다 사람들이 무너져 내리듯 울었지요. 누구나 누더기를 입고 있었고요. 아무도 먹을 게 없었어요. 도시에는 물도 안 나오고, 전기도 안 들어왔지요. 사람들은 돈을 벌기 위해 무엇이든 닥치는 대로 해야 했어요…" 그는 말을 흐렸다. "너무 끔찍한 일을 많이 봤어요. 하지만 저는 희망을 가졌어요. 왜냐하면 우리 대통령이 국민에게 솔직했으니까요. 나자르바예프 대통령은 '지금 현재는 모든 게 어렵습니다. 우리가 힘을 내는 수밖에 없습니다.'라고 말했어요.” 자디라는 자기 주위를 가리켰다. 카페에는 찻주전자에서 허브 티를 따르고 고메 샌드위치를 먹으며 대화에 열중하고 있는 여성들로 가득했다. 마치 '봐요. 그가 옳았어요.'라고 말하고 싶은 것처럼. “오해하지는 마세요.” 그가 덧붙였다. “물론 저는 우리가 독립해서 기쁨으로 가슴이 벅찼지요. 해방된 느낌이었어요! 그냥 상황이 어려웠던 거지요.”

내가 자디라를 만난 이유는 그가 카자흐스탄의 첫 국가를 쓴 사람 중 한 명이기 때문이다. 나자르바예프가 '나의 카자흐스탄' 가사를 고쳐 버리기 전의 국가 말이다. 사실 자디라는 그보다 훨씬 중요한 사람이다. 그는 전 세계 역사상 국가를 쓴 한 줌의 여성 중 한 명이다. 이는 역사 속의 불평등을 증명함과 동시에, 애국심이란 남성 호르몬으로 범벅이 된 감정임을 말해 주는 듯하다.

독립 당시, 카자흐스탄에는 사실 두 개의 국가가 있었다. 첫째는 그때까지 사용했지만 이제는 사람들이 눈물 혹은 웃음 없이는 부를 수 없게 된 소련 연방의 국가였다. ('불멸하여라, 인민의 의지로 세워진, / 하나되어 강성한 소비에트 연방이여'라는 가사였다.) 두 번째는 카자흐 소련 사회주의 공화국의 국가였는데, '위대한 러시아의 인민들에게 우리는 말하네, 고맙습니다!' 또는 '레닌의 승리의 길은 결코 더럽혀지지 않네' 같은 가사로 가득 차 있지만 않았으면, 새 독립국의 국가로 쓰였을 지도 모른다. 이 가사에는 심지어 카자흐스탄이 안개로 뒤덮였다는 내용과, '하지만 레닌은 아침으로서 다가왔네, 그리고 마침내 아침이 도래했네!'라는 구절도 있다.

이 두 국가 중 하나를 선택해야 했던 나자르바예프는 당연히 새로운 국가를 모집하는 공모전을 열었다. 후자의 음악에 새로운 가사를 붙이라는 공모였다. 자디라는 새가 되어 왜를 찾기 위해 애쓰는 꿈을 꾼 뒤에 이 공모전에 응하기로 결심했다. 마치 새로운 국가의 가사를 쓰기 전까지는 평화를 찾지 못할 거라고 누군가 말해 주는 느낌이었다고 한다. 자디라는 당시 수도였던 알마티에 남편과 세 명의 활기찬 아이들을 남겨 두고 시골의 도서관으로 가서 프랑스와 터키 등 다른 나라의 국가들을 공부하기 시작했다. 적당한 가사를 찾기 위해서였다.

"360명의 국가 중에서 제 것은 꼴찌였어요." 그가 웃으며 말했다. "그런데 그 공모전에서는 1등작을 선정하지 못했어요. 대통령은 공모전을 다시 열겠다고 발표했지요. 근데 많은 사람들이 저한테 이렇게 말하는 거예요. "어쩌면 당신이 쓴 가사는 좋았는지도 몰라요. 하지만 당신은 유명 인사도 아니고, 여자잖아요. 다른 사람과 팀을 이뤄 보면 어때요?'라고요." 자디라는 이렇게 말하는 어느 누구에게도 그들의 남성 우월주의를 다른 불쾌한 곳으로 갖고 꺼지라고 저주하지 않았다. 존경스러운 자제력이다. 대신 자신처럼 응모할 의향이 있는 남자(그것도 유명한 남자)를 몇 명 찾아냈다. 이 그룹은 석 달간 서로 편지를 주고받으며, 카자흐스탄의 역사와 국민 정서를 단 3절의 가사와 후렴구에 함축하기 위해 몸부림쳤다. 그 최종본 가사는 이렇게 시작했다. '우리는 용맹한 민족, 명예의 자손이다.'

자유를 얻기 위해 우리가 희생한 그 모든 것,

운명의 사악한 손아귀에서, 지옥 불에서 벗어나,

우리는 승리하였네.

입에 붙지 않는 어려운 가사였지만, 가사의 어떤 내용이 나자르바예프의 마음을 움직였던 게 틀림없다. 나자르바예프가 그 가사를 780개의 다른 응모작을 제치고 국가로 선정했으니까. 어쩌면 카자흐스탄의 과거에 대한 언급 때문이었을까. 카자흐스탄은 머지 않은 옛날에 세 유목 민족이 살던 나라였다. 이들은 징기스칸이나 티무르 같은 유명한 기마 민족 군사 지도자의 후손이었다. 사막 한가운데 있는 고대의 요새 도시인 사우란 유적 내 기념비를 보면, 이들이 한때 가졌던 힘을 알 수 있다. 하지만 이런 유산은 소련이 집단 농장에 카자흐스탄인을 강제로 수용하고 탄압하면서 모두 흩어져 버렸다. 자디라의 시에 나오는 '지옥 불'은 바로 이 시기를 의미한다. 자디라는 "사람들은 항상 역사를 잊고 싶어 해요. 하지만 새로운 미래를 건설하기 위해서는 과거를 이용해야만 하지요."라고 말했다.

국가를 쓴 후 몇 년 동안 자디라는 가는 곳마다 자기가 쓴 국가를 들었다. (그 곡의 제목은 단순히 '국가'였다.) 학교에서 아이들은 매일 이 노래를 불렀다. 모든 공식 행사는 이 노래로 시작했다. 하지만 2000년이 되자 나자르바예프는 국가를 바꿔야 한다고 말하기 시작했다. 특히 자디라가 썼던 가사 부분을 말이다. 자디라는 어쩐지 놀라지 않았다. 심지어 조금도 실망스럽지 않았다. "아이들이 그 노래를 부르는 걸 자주 봤는데, 아이들이 부르기엔 정말 어려웠어요. 이 가사는 사실 어른을 위한 거거든요.

근데 국가는 진정 이해하고 느껴야 하는 거잖아요. 그리고 그
때쯤에는 모든 게 바뀌었어요. 삶은 더 이상 힘겨운 싸움이 아
니었죠. 모든 게 새로웠고요. 저는 사실 지난 세기 사람이고, 제
국가도 그랬지요."

그는 아쉬운 듯 나자르바예프와 몇 번 만났던 이야기를 들려
줬다. 자디라에 의하면, 그는 새 국가의 가사를 쓰기에 최적의 인
물이었다. "그는 이 나라에서 일어난 모든 일을 다 알고 있고, 항
상 우리의 미래가 어떨지, 어떻게 하면 거기 닿을 수 있는지 생각
하는 사람이거든요. 그리고 그분도 시인이에요. 알고 계셨어요?
그분은 저한테 자기가 쓴 시를 읽어 주곤 했는데, 굉장히 좋더라
고요." 이 말에 나는 드러내 놓고 불신의 표정을 지었다. "그냥 하
는 말이 아니에요!" 그가 덧붙였다.

*

나는 무흐타르 칼다야코프(Mukhtar Kaldayakov)를 만난 지 30
초 만에 깨달았다. 그에게는 나자르바예프에 대한 껄끄러운 질
문을 할 수 없으리라는 것을. 나는 무흐타르의 집을 방문한 참
이었다. 알마티에 있는 침실 세 개짜리의 자그마한 아파트였는
데, 어린이용 장난감이 사방에 흩어져 있었다. 실은 무흐타르
의 아버지, 샴시(Shamshi)에 대해서 알아보기 위해서 찾아간 것
이었다. 샴시는 나자르바예프가 국가로 삼은 '나의 카자흐스탄'
의 곡을 만든 작곡가다. 무흐타르는 나를 안으로 맞아들이고 아
이들을 소개했다. "이 아이가 막내, 누르술탄이에요." 그가 아직

돌도 채 되지 않았을 법한 동그란 눈을 가진 남자아이를 안아 올리며 말했다. "대통령 이름이랑 똑같지요! 대통령에 대한 일종의 선물이죠. 저희 가족을 위해서 정말 많은 일을 해 주셨거든요." 그러고는 자기의 수집품인 총을 보여 줬다. 들기조차 어려운 무거운 소총을 내게 건네며 "이 녀석은 3.5킬로미터 떨어진 곳에서도 표적을 맞출 수 있죠."라고 말했다.

무흐타르는 카자흐스탄에서 방문객을 가장 환대해 주는 사람이었다. 둥근 얼굴에 이마가 빠르게 넓어지는 중인 그는 사흘이나 시간을 내서, 자신이 생각하기에 국가와 조금이라도 관련 있는 것들을 보여 줬다. 심지어 국가와 관련 없는 것들도 아주 많이 보여 줬다. 그는 아버지의 음악에 대한 열정을 물려받아 지휘자가 됐는데, 나를 알마티의 오페라 하우스로 데려가더니 알토와 테너 동료들에게 나를 위해서 '나의 카자흐스탄'을 불러 달라고 요청했다. 그들의 목소리가 너무 우렁차서 내 갈비뼈가 흔들리는 것 같았다. 나중에 교외로 나를 초대해서, 함께 말 소시지를 먹고 낙타유를 마시면서 나자르바예프가 시를 쓰는 데 영감을 줬던 산을 보여 줬다. 다만 무흐타르의 아버지는 그 산을 별로 좋아하지 않았다고 말했다. "아버지는 항상 저한테 '거기는 왜 가냐? 누구 손에 죽고 싶어서?'라고 말씀하시곤 했어요."

그는 심지어 나를 자기 어머니에게도 소개했다. 하지만 남편 샴시가 음악에 하도 흠뻑 빠져서 가족을 먹여 살릴 돈을 버는 걸 잊어버리곤 했다는 이야기를 어머니가 하기 시작하자 바로 후회하는 듯했다. 또, 남편이 술을 너무 많이 마시던 때가 있었는데, 자신이 그때 너무 걱정이 돼서 자기 머리가 하얗게 셌다고 했다. 그의 어머니는 "음악가들이란!"이라며 경멸하듯이 말했다. 무흐타르는 안절부절못하다가, 어머니가 가방에서 사진 한 뭉치를 꺼내자 그제야 진정하는 듯했다.

그 수십 장의 사진 속에는 10대 시절부터 노년까지 샴시의 모습이 담겨 있었다. 사진 속의 그는 항상 엷은 콧수염을 기르고 입술 위에 늘 부드러운 미소를 지었는데, 어찌나 잘생겼던지 샴시의 아내가 그의 모든 악덕을 용서해 준 게 놀랍지 않았다.

샴시는 작곡가가 될 운명이었던 듯했다. 태어났을 때 이름은 샴시 돈바이에프(Donbaiev)였다. 하지만 학교에서 달아나 경찰에 쫓겨 성을 바꿔야 했다. 그는 칼다야코프(Kaldayakov)로 이름을 바꿨는데, '발에 사마귀가 있다'는 뜻이었다. 발에 실제로 사마귀가 있었기 때문이었다. 무흐타르는 이 이야기를 해 주면서, "세상에 누가 그런 이름을 지어요. 우리 아버지가 처음이었지요."라고 소리를 질렀다. "아버지는 곡을 만들 운명이었나봐요. 자기 이름마저 스스로 만들었잖아요!"

샴시는 열일곱 살이 되어 군에 입대하고 나서야 음악을 연주하기 시작했다. 그는 새 친구들을 즐겁게 해 주기 위해 만돌린을 배웠다. 이후 카자흐스탄의 가요 작곡가로 오랫동안 커리어를 쌓았는데, 대부분 왈츠 스타일의 곡이었다. '나의 카자흐스탄'은 그가 아주 초기에 만든 곡이며, 그의 곡 중 유일한 행진곡이다. 샴시는 1950년대 초에 그 곡을 썼다. 당시 소련 서기장이던 니키타 흐루쇼프(Nikita Khrushchev)는 '처녀지 개간 정책'을 막 시작한 참이었다. 카자흐스탄 북부를 러시아를 위한 옥수수 농업 지대로 개간하려는 정책이었다. 흐루쇼프가 그 지역을 '처녀지'라고 이름 붙였다는 사실은 그곳에 살고 있던 카자흐인을 얼마나 무시했는지 말해 준다. 한 술 더 떠서, 흐루쇼프는 카자흐스탄 내에 러시아가 직접 통치하는 새로운 지역의 개발 계획을 제안했다.

무흐타르는 분노하며 테이블을 내리쳤다. "누가 갑자기 쳐들어 와서 런던을 반으로 쪼개려고 한다고 생각해 보세요." 그가 말했다. "이것은 정확히 그것과 똑같아요. 제 아버지는 러시아인들이 그렇게 하지 못하게 하려고 이 노래를 작곡한 거예요. '하지 마라, 여기는 우리 땅이다.'라고요." 무흐타르는 자기 아버지가 사실상 가사도 쓴 셈이라고 주장했다. 작사가인 주메켄 나지메데노프에게 무슨 내용을 쓸지 다 알려 줬다는 것이다. 그 노래는 인기가 높아져 소련 당국에게까지 알려졌다. 하지만 흐루쇼프의 계획을 저지할 만큼은 아니었다. 카자흐스탄의 춥고 건조한 북부 지역은 곧 개간되어 기후와 전혀 맞지 않는 곡물을 재배하게 됐다.

나는 무흐타르에게 이렇게 물었다. 작곡된 지 60년이나 지나서 나자르바예프가 그 노래를 국가로 선정할 만큼, 그 노래가 호소력을 갖는 이유가 뭐냐고. 그는 전부 자기 아버지의 멜로디 때문이라고 답했다. "아버지는 300곡이나 되는 노래를 외우고 있었어요. 모든 카자흐 노래와 러시아 노래를 알았죠. 그리고 저한테 '너만의 스타일을 찾으려면 다른 노래를 전부 알아야해. 비가 오는데 물 사이를 뚫고 지나가는 것과 같지. 다른 사람의 노래를 전부 알면 통과할 수 있단다. 모르면 젖는 거야.'라고 말씀하셨어요. 그래서 그 국가가 그렇게 좋은 거예요. 아주 독특한 음악이에요."

하지만 '나의 카자흐스탄'을 슬쩍 듣기만 해도, 무흐타르가 가족의 유대감 때문에 판단력이 흐려졌음을 알 수 있다. 그 곡은 비록 활기가 넘쳤지만 다른 많은 행진곡과 크게 다르지 않았다. 그 노래가 오랫동안 그토록 사랑받은 진짜 이유는 국가로 선택되기 한참 전에, 그러니까 그 곡이 작곡된 후 언제 누가 불렀는지와 관련이 있다고 보는 게 타당할 것이다. 특히 1986년 12월, 사흘 동안 일어난 일 말이다.

그해 12월 16일, 미하일 고르바초프는 카자흐스탄의 새 지도자로 카자흐인 후보(나자르바예프는 그다음 후보였다.)를 무시하고 무명의 러시아인을 임명했다. 다음 날 수천 명의 사람들이 알마티의 주요 광장에 모여 항의했다. 그들은 거의 학생들이었는데, 러시아가 카자흐스탄의 정체성을 무시하는 데 너무 진절머리가 난 나머지, 위험을 무릅쓰고서라도 러시아 경찰에 맞서기로 했다. 그날 경찰 보고서에 따르면, 집회 참석자들 대부분이 술에 취해서 시끄러웠으며, 말로 자제를 요청하는 사람들에게 돌을 던졌다. 하지만 무흐타르를 비롯해 내가 만난 수많은 사람들의 증언에 따르면, 그날 집회에 참석한 사람들은 실제로는 '나의 카자흐스탄'을 불렀다. 당국은 이 가벼운 저항의 표시를 선을 넘은 것으로 판단했고, 군대와 진압봉과 개를 동원해서 광장의 군중을 해산하라는 명령을 내렸다. 이로 인해 최소한 두 명 이상이 사망했고, 수천 명이 체포를 당했으며, 잡힌 사람 다수는 유치장에서 구타를 당했다.

　군중은 놀라운 용기를 보여 줬다. 그 후로도 이틀 연속 광장에 다시 나와서 노래를 불렀다. 이제 집회는 진짜 폭동으로 번지고 있었다. "저희 아버지는 당시 알마티에 안 계셨어요." 무흐타르가 말했다. "하지만 제 동생이랑 저는 발코니에 서서 그때 일을 지켜봤어요. 제 눈으로 직접 봤어요. 사람들이 와서 모든 걸 부숴 버렸지요. 저는 충격을 받았어요. 무슨 일이 일어나는지 몰랐거든요. 특히 그 사람들이 노래를 부르기 시작했을 때는요. 그 노래가 저희 아버지 노래라는 것만 알았어요. 거리를 꽉 메운 사람들이 전부 그 노래를 부르더라고요. 다 같이요. 하지만 그게 중요했던 거예요. 지금 돌이켜 보면, 역사적 순간을 목격한 거였어요. 프랑스 혁명 같은 거죠! 음악을 곁들인! 하지만 그때는 무슨 일이 일어나고 있는지 전혀 몰랐어요."

　무흐타르는 그 시위에 함께하고 싶어도 그럴 수 없었다. 그랬으면 감옥에 갔을 것이다. "저는 학생이었는데 학장님 전화를 받았어요. '제발 집에 머물러라. 공부한다고 밖에 나가지 말고.' 그래서 저희는 사흘 동안 집에서 지냈어요. 두 시간마다 누군가 전화해서 '지금도 안에 있느냐'며 확인했어요."

　샴시 자신도 자기 노래가 얼마나 중요해졌는지 알아차린 것 같았다. 1992년에 나자르바예프가 새 국가를 위한 공모전(자디라의 작품이 뽑혔던 그 공모전)을 발표했을 때 샴시는 병원에 입원 중이었다. "아버지의 다른 작곡가 친구들이 찾아와서 전부 그 이야기를 하더라고요. '어쩌면 우리가 새 국가를 작곡하게 될지도 몰라. 어떻게 생각해?' 이렇게요. 하지만 저희 아버지는 아무 말도 하지 않았어요. 친구들이 떠나자 어머니가 아버지한테 왜 아무 말도 안 했느냐고 물었어요. 그러자 아버지가 '내가 무슨 말을 하겠소? 정부는 절대 새 국가를 작곡하지 않을 거요.'라고 하는 거예요. 마치 당신이 이미 국가를 작곡했다는 걸 알고 있는 것 같았어요. 언젠가 당신 노래가 국가로 선택되리라는 걸요." 샴시는 몇 주 후 사망했다. 나자르바예프는 그로부터 14년 후 그의 노래에 가사를 다시 붙여 국가로 삼았다.

혹시 나자르바예프가 그 노래를 국가로 선택하면서 가사를 바꾼 것을 두고, 가족 중 일부는 불만을 가지지 않았을까. 무흐타르에게 이렇게 묻자 그는 전제 국가에서 살아가는 사람으로서, 그 나라의 가장 중요한 노래를 작곡한 아버지의 아들로서 응당 내놓을 법한 답변을 했다. "그게 무슨 바보 같은 질문이에요?" 그 후 나는 무흐타르에게 대통령에 대해서 아무것도 묻지 않았다. 하지만 이 질문이 그의 마음속에 남았던 게 틀림없었다.

우리가 같이 보낸 마지막 날, 교외 지역을 운전하던 그가 갑자기 대통령에 대해 글을 쓸 때 "잘 봐 달라."라고 부탁했다. "당신 할아버지에 대해서 쓸 때처럼 써 주세요." 그가 말했다. "저희한테는 그분이 할아버지와 같거든요. 그분은 카자흐스탄을 안전하게 만들었어요. 우리는 조지아나 우즈베키스탄이나 타지키스탄처럼 내전이 있지 않잖아요." 그는 내 얼굴을 보더니, 내가 자기 부탁을 들어줄 거라는 확신이 전혀 안 드는지 또 다른 방법을 시도했다. "카자흐스탄에 이런 말이 있는 거 아시죠? '대통령에 대해서 좋은 글을 쓰면 당신에게도 좋은 일이 생긴다.'"

내가 카자흐스탄에서 만난 대다수는 나자르바예프에 대해 이야기하는 게 불편해 보였다. 하지만 그 누구라도 전혀 거리낌 없이 이야기하는 주제가 딱 한 가지가 있었으니 바로 영화 '보랏(Borat)'이었다. 미국에 간 카자흐스탄 기자에 대한 영화로, 만나는 사람들에게 최대한 뻔뻔하게 행동함으로써 사람들의 속좁음을 드러내는 풍자 영화다. 사람들에게 내가 국가에 대해서 글을 쓴다고 이야기하면, 대부분 이 영화 때문에 이 주제를 택했다고 생각하는 듯했다. 그 영화에는 아주 웃긴 가짜 카자흐스탄 국가가 나오기 때문이다. 그 가사의 내용은 대략 이렇다. '카자흐스탄, 세상에서 가장 위대한 나라여, / 다른 모든 나라는 어린 여자애가 다스린다네.' 카자흐스탄의 국가를 인터넷에서 검색해 보면 영화 '보랏'에 등장했던 국가가 먼저 검색된다.

2012년에 카자흐스탄 국가 대표인 마리아 드미트리엔코가 쿠웨이트에서 열린 사격 경기에서 금메달을 딴 후에 가짜 국가가 연주된 사고는 아마 그 때문일 것이다. '카자흐스탄의 창녀들은 이 지역에서 가장 깨끗해, / 물론 투르크메니스탄 여자는 빼고'라는 가사가 스타디움에 울려 퍼지고 있었지만, 선수 본인은 '사고'가 발생한 걸 눈치채지 못한 듯했다. 같은 해 또 다른 스포츠 행사에서는 주최 측에서 카자흐스탄 국가 대신 리키 마틴의 '리빙 라 비다 로카(Livin' la Vida Loca)'를 연주하는 사고를 냈다. 이 사고는 카자흐스탄 내에서 일어났다는 점에서 왜 일어났는지 훨씬 더 설명하기 힘들다. 나자르바예프 정부는 이 두

건의 사고가 일어나자 국가의 상징을 모욕하는 자는 1년 이하의 징역에 처할 수 있다는 법을 통과시켰다. 또, 연이어 잽싸게 스포츠 선수가 국가를 외우지 않으면 국고 지원을 받을 수 없게 하는 법을 만들었다.

이 모든 사건에 대해 사람들의 의견을 물으면 재미있을 것 같았다. 하지만 카자흐스탄 사람들은 영화 '보랏'이 역사적으로 카자흐스탄에 더 많은 피해를 끼쳤다고 생각하는 것 같았다. 지금껏 이 땅을 짓밟았던 그 어떤 제국들보다도 말이다. 카자흐스탄에 도착한 첫날, 나는 다우렌 졸디베노프라는 학생과 대화를 나눴다. 지적이고 흥미로우며 유머 감각이 있는 그는 나자르바예프 이야기와, 어떻게 카자흐스탄이 변하고 있는지, 심지어 카자흐스탄 내부의 이슬람 현황 등 여러 이야기를 해 주었다. (젊은이

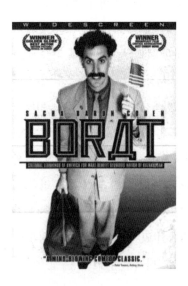

영화 '보랏'.

들 사이에서는 이슬람이 과거의 유산과 연결된 것으로 여겨지고 있어서, 그 세가 확장되고 있다고 했다.) 다시 말해, 그는 아주 좋은 친구였다. 갑자기 내게 '보랏'을 봤는지 물을 때까지는 말이다. "그 영화에 돈을 댄 게 석유 기업이고, 나자르바예프가 계약 조건을 재협상한 데 대해 화가 나서 복수하기 위해 그랬다는 게 사실인가요?" 그가 물었다. "그 이야기가 말도 안 된다는 걸 모르겠어요? 그 영화는 여기서 만든 영화도 아니잖아요!" 나의 대답이었다.

카자흐스탄에서 일주일을 보내면서 보랏과 관련된 대화만 불편했던 게 아니었다. 나는 나자르바예프에 대한 그 모든 애정에 약간 압도당하는 느낌이 들었다. 나자르바예프의 얼굴이 박힌 옥외 광고판이 우리를 보며 미소 짓는 자리에서, 눈물이 그렁그렁한 채 그에 대해서 이야기하는 사람들을 만나는 일이 반복됐다. 그 대화가 불편했던 이유는, 나자르바예프를 비롯한 그의 정부에 대해, 글쎄 뭐라고 말하면 좋을까, 별로 '호의적이지 않은' 사실들을 내가 알고 있기 때문이었다.

이를테면, 그가 1990년대의 석유 개발 거래에서 돈을 빼돌리고, 에너지 회사에 계약 협상 조건으로 개인 항공기와 테니스 코트를 매입해 줄 것을 부탁했다는 의혹이라든가(입증된 사실은 아니다.), 별다른 이유도 없이 폐쇄된 신문들이라든가, 정치적으로 그에게 반대할 때의 어려움(여러 저명한 운동가들은 그 이유로 투옥됐다.) 등이 그렇다. 파업 중인 석유 산업 노동자 14명이 경찰에게 살해당한 자나오젠(Zhanaozen) 학살 사건에 대한 나자르바예프 정부의 대응은 또 어땠는가. 진실 규명보다는 시위 참가자를 사법 처리를 하는 데 급급했다. 이 사건에 대한 독립적인 수사는 없었다.

대통령 선거 출마를 승인받은 야당의 당수는 항상 친정부 세력밖에 없다는 사실도 그렇다. 2015년 4월, 그는 97.7퍼센트의 득표로 5년제인 대통령 선거에서 5선에 성공했다. 게다가 여러분이 이름을 알 만한 대다수의 인권 단체는 카자흐스탄에 대한 연간 보고서를 발간하는데, 그 모든 보고서에는 카자흐스탄 감옥에서 벌어지는 고문에 대한 고발과, 정부가 자의적으로 특정 활동을 탄압하는 데 사용할 수 있는 카자흐스탄 법률의 독소 조항을 지적하고 있다.

게다가 국가와 관련하여 한때 나자르바예프를 둘러싸고 물의가 빚어진 적도 있다. 2000년에 그가 자디라의 국가를 교체해야 한다고 말하기 시작한 지 며칠 후, 정치인들은 '나의 민족'이라는 제목의 노래를 국가로 만들자는 제안을 내놓았다. 그 노래의 작사자는 나자르바예프 본인이었는데, 실제로 막 발돋움하는 나라에 걸맞은 좋은 내용이었다. '맑아진 새벽, / 산은 높이 솟았네 / …우리의 꿈이 오늘 실현되었네…'로 시작했다. 하지만 문제가 발생했다. 그 가사가 시인 투만바이 몰다갈리예프의 시랑 놀라울 정도로 똑같다는 사실이 드러난 것이다. 대통령이 가사를 쓴 시기보다 2년 전에 발표된 시였다. 반정부적인 신문에 실린 보도에 의하면, 두 시는 제목만 빼고 모든 구절이 다 같았다.

당시 공산당 서기장이자 오랫동안 나자르바예프가 목의 가시로 여기던 세리크볼신 압딜딘(Serikbolsyn Abdildin)은 이 '뻔뻔한 표절'에 대해 긴 글을 써서 투고했다. 이 곡의 국가 지정에 대한 의회 표결을 앞둔 시점이었다. 며칠 후, 나자르바예프는 의회에 편지를 보냈다. 그의 노래에 대해 뜻을 모아준 데 감사하지만, 자신은 그 곡을 국가로 삼기 위해서가 아니라 그저 젊은이들에게 영감을 주기 위해 쓴 것이므로 표결을 취소해 주시기 바란다는 내용이었다.

압딜딘은 자신의 회고록에서 몇 페이지를 할애하여 이 사건을 언급했다. '나는 나라의 지도자가 자신의 위치를 악용해 창의적 유산에 자기 이름을 남기려는 이 상황을 논의해야 하는 게 전혀 즐겁지 않다.' 나는 이 사건에 대해 영국의 은퇴한 정치가인 조나단 에이트킨(Jonathan Aitken)에게 질문했다. 그는 한때 위증으로 법정에 선 적이 있으며, 나자르바예프의 영어 전기를 쓴 사람이기도 하다. 그는 이 일을 들어 본 적이 없다고 말했다. 그러고는 나자르바예프는 충분히 좋은 작사가여서 타인의 작품을 베낄 이유가 없다고 주장했다. 하지만 그는 "카자흐스탄에서 표절은 여기서 표절하고는 같지는 않죠. 특히 당신이 대통령이라면요."라고 농담을 던지긴 했다. (나자르바예프의 비서실은 당연히 이 의혹을 부인했다. 그들은 내게 '친애하는 미스터 마셜에게!'로 시작하는 편지를 보냈는데, 느낌표는 내 질문의 무례함을 강조하기 위해 쓴 것으로 추정된다. 이 편지에서 그들은 대통령이야말로 '그 시의 유일한 작가'이며 '표절 의혹에 관한… 모든 정보는 근거 없고 부정확하다.'라고 강조했다.)

이 모든 것을 염두에 두고, 나자르바예프의 지지자가 아닌 사람을 적극적으로 찾기 시작했다. 나자르바예프와 그의 노래에 대한 견해를 듣고 싶었기 때문이다. 하지만 문제는 그들의 관점조차 대부분의 사람들과 꽤 비슷하다는 것이었다. 어느 날 오후, 1980년대 말에 반공산주의 전시를 열어 이름을 알린 예술가 사울레 술레이메노바(Saule Suleimenova)를 만나러 갔다. 그의 최근작은 이보다는 훨씬 논란의 여지가 적은 작품이었다. 비닐봉지로 만든 정물화들이었는데, 시골에 비닐이 많이 떨어져 있는 것에 대해 그의 생각을 담은 것이었다. 그의 아파트는 이러한 그림들이 그려진 아름다운 캔버스, 셀 수 없는 담배꽁초 더미, 페인트 통으로 가득했다. 나는 내 어려움을 토로하고, 여러 사람이 당신을 추천하더라는 이야기를 했다. "물론이지요." 그가 웃었다. "저는 예술가이고, 자유롭거든요."

하지만 그 자유는 한계가 있었다. 부패한 중견급 관리자를 비판하는 데까지였다. 그는 나자르바예프를 건드리려 하지 않았다. "제가 왜요?" 그는 조금의 빈정거림도 없이 말했다. "저는 그 사람이 좋아요. 특히 그분의 외교 정책이요." 그리고 국가에 대해서는 "솔직히 그 가사를 그분이 썼다는 걸 지금 처음 알았어요."라고 말했다. "꽤 잘 썼네요. 지난번 가사보다 훨씬 나아요."

하루는 독일계 카자흐인인 알렉스를 만나서 이야기했다. (그는 자신의 이름을 가명 처리해 달라고 요청했다.) 나는 알마티에서 판필로프 공원으로 가는 길을 물으려 그에게 말을 걸었다. 판필로프는 잔혹한 전쟁 기념관을 배경으로 커플들이 결혼 사진을 찍고, 나이 든 사람들이 모여서 체스를 두는 곳이다. 그는 거기까지 나를 데려다주겠다고 했다. 이동하는 동안 내가 카자흐스탄에서 뭘 하고 있는지에 대해 아주 많은 잡담을 나눴는데, 그는 의미심장한 말을 던졌다. "카자흐스탄에 대해서 진실을 말하는 걸 잊지 마세요. 있는 사실을 그대로 말해 주세요." 그는 약간 과하게 비장해 보였다. 나는 술이나 한잔하러 가자고 말했다. 맥주를 마시면서 그는 나자르바예프, 그의 측근과 가족에 대해 지면에 실린 적이 없는 무수히 많은 의혹들을 이야기했다. 그는 계속해서 이런 말을 했다. "모든 사람이 우리는 성공했다, 이제 우리는 이 모든 석유와 천연가스를 갖게 됐다고 말해요. 하지만 주위를 둘러보세요. 대부분의 사람은 가난해요. 그 돈은 다 어디로 가는 걸까요?"

하지만 그는 나자르바예프를 칭송하는 데도 그만큼의 시간을 들였다. 특히 이 다인종 국가에서 평화를 유지하는 데 대해서 말이다. 다른 정치인이라면 그렇게 하기 어려웠을 것이란다. 그리고 나자르바예프가 국가가 아닌 음악에서도 많은 시도를 했다는 이야기도 늘어놓았다. "'우쉬 코니르(Ush Konyr)'라는 노래를 들어 보셨어요? 우리 나라에서 가장 유명한 보이 밴드 무즈아트(MuzArt)의 노래예요." 나는 그 노래를 들어 본 적이 있었는데, 카자흐스탄 보이 밴드치고는 매우 좋았다. "나자르바예프는 그 노래 가사도 썼어요. 어느 날 밤, 파티에서 몇 분만에 그 가사를 썼대요. 초콜릿 박스 포장지에다가 손으로 썼다나요. 정말 재능 있는 사람이에요."

"진실을 말하는 걸 잊지 마세요." 자리를 정리할 때 그가 다시 한 번 상기시켰다. 나는 더 이상 뭐가 진실인지 잘 모르겠다고 대답하고 싶었다.

*

카자흐스탄에서 떠나기 전 사흘 동안 나는 아스타나에서 머무르면서 국가에 대해 말해 줄 정치인을 찾았다. 어쩌면 다른 사람들이 지금껏 보지 못했던, 나자르바예프의 다른 면모를 그들은 보여 줄 수 있지 않을까 생각했다. 일반 대중보다는 훨씬 가까이에서 나자르바예프를 직접 상대해 보았을 테니까 말이다. 하지만 아무도 말하지 않으려 했다. 한 명이 처음에는 "재미있을 것 같아요!"라며 응했다가, 다음 날 아침 다시 전화해서는 "생각해 보았는데 제가 나설 자리가 아닌 것 같네요."라고 했다.

이 모든 노력이 물거품이 되는 건 아닐까 걱정할 무렵, 벡볼라트 틀레위한(Bekbolat Tleuhan)이라는 사람을 찾을 수 있었다. 벡볼라트는 알고 보니 더 이상 정치인이 아니었다. 나자르바예프가 그를 카자흐 민족주의자라는 이유로, 국내에 있는 러시아 사람들을 화나게 했다는 이유로, 정치 일선에서 물러나게 만들었다. ("저는 민족주의자가 아니에요. 정말 끔찍한 단어예요. 저는 애국자일 뿐이에요!") 하지만 그는 유명한 전통 음악가였고, 심지어 나자르바예프의 시에 곡을 붙인 적이 있었다. 바로 표절 시비가 붙은 그 곡이었다.

그는 나자르바예프의 손 모양 주조가 있고 새알이 나무에 놓인 모양의 바이테렉 타워 아래층에서 만나자고 했다. 그는 쉽게 눈에 띄었다. 긴 턱수염을 기르고 터틀넥 점퍼 차림에 미러 코팅 선글라스를 끼고 있었는데, 음악가라기보다는 이란의 비밀 요원처럼 보였다. 양복이 터질 것 같이 건장한 경호원을 네 명이나 동반하고 왔다는 걸 알게 되자 더더욱 그 인상이 강한 느낌이 들었다. 경호원들은 거대한 주먹 안에 우스꽝스러울 정도로 작은 어린이용 아이스크림을 어울리지 않게 쥐고 빨고 있었다. 우리는 걸으며 이야기를 나눴다. 이따금 유명인을 알아본 카자흐 사람들이 다가와 그에게 악수를 청해서 우리 대화가 끊기곤 했다.

우선 나는 왜 어느 누구도 나자르바예프가 국가의 가사를 썼다는 사실에 놀라지 않는지 물었다. 살아 있는 국가 지도자 중 국가를 쓴 유일한 사람이 바로 나자르바예프이며, 이는 서구에서 다소 기이한 일로 보일 것이라고 이야기했다. 독재자라는 표현을 쓰지는 않았지만, 이를 암시한 것은 분명했다. 그 질문에 벡볼라트는 잠시도 머뭇거리지 않고 말했다. "우리는 서로를 이해하지 못해요." 이렇게 말하며 그는 어깨를 으쓱했다. '우리'란 서구와 중앙아시아 국가들을 뜻했다. "우리는 사고방식이 다르거든요."

"하지만 나자르바예프는 왜 다른 사람에게 의뢰를 하지 않은 걸까요? 이를테면 당신 같은 사람에게요." 내가 물었다.

"왜냐하면 자기가 할 수 있거든요. 대통령이 되지 않았다면 아마 그는 당연히 시인이나 음악가가 됐을 거예요. 목소리가 썩 좋지 않으니까 보컬은 못 됐겠지만, 평범한 음악가는 당연히 됐을 거예요. 그는 잠빌 자바예프(Zhambyl Zhabaev)의 친척이에요. 역사상 가장 위대한 시인 중 한 명이죠. 불행히 소련에 이용당했지만요. 즉, 시인의 영혼을 가진 거죠. 혈통이 그러니까요."

벡볼라트는 나자르바예프의 다른 면면에 대해서 이야기할 때도 대체로 긍정적이었다. "그에게 비견될 만한 사람이 없어요." 그가 말했다. "모든 걸 다 봤지요. 카자흐스탄 학교도 다녔고, 러시아 학교도 다녔고요. 싸움도 했고, 승마도 했고, 제철소에서도 일했고요. 정말 지적인 사람이에요. 누구라도 용서할 수 있지만 동시에 누구에게도 벌을 줄 수 있지요. 그렇게 강한 사람을 찾기는 정말 힘들어요."

"그분은 저를 별로 좋아하지 않아요." 벡볼라트는 이렇게 덧붙였다. 나는 이 말 뒤에 어떤 숨은 감정이 있는지 가늠하려 했지만, 그의 선글라스에 비친 나의 모습만 보일 뿐이었다.

벡볼라트는 호감 가는 태도를 가졌고, 내가 무엇을 묻든 너그러운 태도를 보였지만, 사실 인터뷰에 그렇게 진심은 아니었던 것 같다. 하지만 내가 최근 그의 돔브라 음악을 듣고 있다고 언급하니 달라졌다. 그 곡은 자연과 사랑에 대해 노래하는 10분짜리 대서사시다. 그의 음악은 시대를 초월한 느낌이다. 수백 년 전 카자흐스탄에 왔어도 양치기가 그와 비슷한 노래를 불렀을 것 같다. 나는 그에게 그 노래가 슬프게 들려서 놀랐다고 말했다. 그는 처음으로 미소 짓고는 동의한다는 듯이 고개를 끄덕였다. "그 노래는 우리 나라의 모습을 반영한 거예요." 그가 말했다. "카자흐스탄은 고통받은 나라예요. 1930년대에는 기아 때문에 많은 사람이 죽었죠. 1950년대에는 소련이 우리 나라를 분열시키고 지도층을 전부 없애려고 했어요. 이 모든 것이 제 멜로디 안에 무의식 중에 녹아 있어요. 시를 쓸 때는 감정을 감출 수 있지만, 음악은 항상 사람의 영혼을 반영하고, 사람의 마음을 관통하는 뭔가를 드러내죠. 공자는 한 나라의 음악을 보면 그 나라에 대해 많은 것을 알 수 있다고 했어요. 어떤 나라의 음악이 슬프면, 그 나라에는 미래가 있는 거예요. 어떤 나라의 음악이 장엄하면, 그 나라는 주위의 다른 나라를 괴롭히게 돼 있어요. 음악에 영혼이 없으면, 그 나라는 오래 못 가죠. 소련 국가에는 영혼이 없었어요."

인터뷰 시간이 거의 다 되어서 나는 마지막으로 직설적인 질문 하나를 하기로 했다. 그 정도면 카자흐스탄에서 할 수 있는 가장 직설적인 질문이었다. "왜 나자르바예프 대통령 사진이 이렇게 사방에 걸려 있나요? 이러다간 대통령이 반라로 속옷 모델을 한 사진도 어딘가에 걸려 있을 것 같거든요." 내가 물었다. 그러자 그는 "지금은 우리를 이끌어 줄 매우 강력한 정치적 권위가 필요한 시기거든요."라고 말했다. "그리고 두 지점 사이를 이동하는 동안은 말을 바꿔 탈 수 없어요. 눈을 딱 감고 지도자를 따라가야 해요. 지도자를 따르기 위해서는 믿어야 하고, 믿으려면 사랑해야 하거든요. 그리고 사랑하기 위해서는 그 사람 사진을 사방에서 봐야 하는 거죠."

그래, 그리고 그 사람이 만든 노래도 들어야 한다는 거겠지.

*

백볼라트와 대화를 나눈 후, 어쩌면 나자르바예프가 국가를 바꾼 것은 잘한 일이 아닐까 생각했다. 원래 소련의 유산이었던 아무도 좋아하지 않던 노래가, 사람들 대부분이 좋아하는 듯하고 깊은 유대감을 느끼며, 일부는 그 때문에 영감을 받기조차 하는 노래로 바뀌었으니 말이다. 어쩌면 전문 작사가가 썼더라면 더 좋은 결과물이 나왔겠지만, 그만큼 너무 복잡한 가사를 쓰거나, 너무 재치 있는 가사를 쓰려고 한 나머지 아무도 이해하지 못하는 은유와 비유로 가득 채웠을 지도 모른다.

전제 군주와 독재자는 그 자리를 오로지 힘으로만 차지한 게 아니라는 점은 분명하다. 적어도 어느 정도까지는 사람들이 뭘 원하는지 알아야 한다. 나자르바예프는 이 노래로, 카자흐스탄 사람들이 원하는 게 뭔지 안다는 것을 증명했다. 비록 그가 다른 그 무엇보다 자신의 에고를 충족하기 위해 가사를 썼을 지라도 말이다.(국가가 나오는 곳마다 나자르바예프의 이름이 항상 제일 먼저 등장한다는 사실을 보면 정말 그런 것 같다.) 이는 걱정스러운 깨달음이다. 코소보 국가처럼 가장 민주적인 절차를 거쳐 선택된 국가들보다, 독재자가 만든 국가가 대중과 더 공명할 수 있다는 가능성 말이다.

이 생각을 하면 솔직히 약간 메스껍다. 특히 이제 나자르바예프와 비교해야 하는 대상이 폴 포트나 투르크멘바시가 아니라, 독재자가 아니었으면서 국가를 썼던 몇몇 지도자들이라고 생각하면 더욱 그렇다. 독재의 오명을 쓴 적이 없는 대통령과 총리 들 말이다.

그중에는 시인이자 세네갈의 초대 대통령인 레오폴드 세다르 셍호르가 있다. 그는 세네갈 국가인 '코라스를 두드려라, 발라폰을 쳐라(Strum Your Koras, Strike the Balafons)'를 썼는데, 이 노래를 연주할 때 쓰는 전통 악기 이름을 제목으로 붙였다. 이 노래는 가사가 좋을 뿐 아니라('붉은 사자가 포효했다. 사바나의 조련사가 / 앞으로 뛰어올랐다') 영감을 주는 낙관론이 넘쳐나고 있다 ('우리의 공포에 태양 빛을 비추어라, 우리의 희망에 태양 빛을 비추어라. / 일어나라 형제여, 여기가 아프리카다.') 놀랍지 않게도 셍호르는 스스로 권좌에서 물러났는데, 이는 아프리카 지도자 중 첫 사례다.

그리고 중앙아프리카 공화국의 초대 대통령인 바르텔레미 보간다가 있다. 그도 국가를 직접 써서 희망의 구심이 되려고 했지만, 그렇게까지 잘 표현하지는 못했다. (그의 노래의 후렴구는 '일하러 가세!'라고 명령한다.)

아프리카의 체 게바라로 불리는 토머스 산카라도 있다. 그는 1980년대 잠시 권좌에 앉았을 때 부르키나파소의 희망적인 국가 '단 하룻밤(One Single Night)'을 썼다. 하지만 곧 그의 마르크시즘적 사고에 화가 난 중산층의 쿠데타 때문에 실각했다. ('단 하룻밤'은 신식민주의에 대한 학술적 언급이 들어가 있는 유일한 국가다).

좀 더 먼 과거를 살펴보면, 벨기에의 샤를 로지에 총리가 있다. 곱슬머리에 진보적인 사람이었던 그는 1860년 벨기에의 국가인 '라 브라방손(La Brabançonne, 브라방의 노래)'의 가사를 완전히 바꿨다. 표면적 이유는 네덜란드인을 모욕하는 내용을 없애기 위해서였지만, 어쩌면 사람들이 모두 함께 '르 루아, 라 루아, 라 리베르테(Le Roi, la Loi, la Liberté, 군주와 법률과 자유)'라는 후렴구를 외치도록 만들기 위해서였을 것이다. 그래서 국민을 통합할 수 있는 구호를 만들고 싶지 않았을까. (오늘날 벨기에를 보면 많은 이들이 스스로를 벨기에 사람이 아니라, 왈롱 사람이나 플란더스 사람으로 소개하고 있으니, 그의 의도는 실패했다고 할 수 있다).

브라질 제국의 초대 황제였던 페드루 1세도 있다. 그는 브라질의 첫 국가인 부드러운 오페라풍 음악 '독립 찬가(Hino da

Independência)'의 가사를 1822년에 직접 썼다. 하지만 이는 애국 심의 발로라기보다는 일종의 취미 활동이 아니었을까 싶다. 그는 아내들과 노래를 만들면서 시간을 많이 보냈는데, 그의 사후에 서류 안에서 '음란한 그림 낙서가 곁들여진 외설적인 가사'가 발견됐다.

어쩌면 이 지도자들도 실은 나자르바예프보다 더 큰 에고를 가져서 이름을 나라에 영원히 새기고 싶은 마음에 국가를 작사했는지도 모른다. 하지만 이들의 노래를 칭송하는 것은 나자르바예프의 노래를 칭송하는 것처럼 어색한 느낌을 주지는 않는다.

*

카자흐스탄에서의 마지막 날 아침. 나는 바이테렉의 꼭대기에 마지막으로 짧게 다녀와야겠다고 마음먹었다. 나자르바예프의 금빛 손바닥을 만질 때 연주된다는 국가를 한 번만 켜 달라고 직원에게 부탁하고 싶었다. 그곳 직원은 영어를 잘하지 못했고, 나는 러시아어를 아예 하지 못해서 소통이 어려웠지만, 손짓 발짓을 하고 어색하게 국가를 노래하며 한참 애쓴 결과, 내 뜻을 전하는 데 성공했다. "전기 기사님 올 때까지 기다리세요!" 그중 한 명이 외쳤다.

나는 손 장치에 문제가 있어서 고쳐야 한다는 뜻이라고 생각했지만, 10분 후 기사가 도착해서 보니 그는 단지 리모컨을 갖고 있는 사람일 뿐이었다. 그는 내가 주조 위에 손을 올려놓을 새도 없이 리모컨의 플레이 버튼을 눌렀다. 갑자기 음악이 모든 각도에서 폭발하듯 터져 나왔다. 너무나 충격적으로 큰 소리였다. 볼륨이 지나치게 높아서 여성 보컬의 목소리가 왜곡되어 불협화음을 이뤘다.

모든 관광객들이 '이게 도대체 뭐야?' 하며 충격 받은 표정을 지었다. 나도 그랬다. 하지만 내 경우는 단지 소음 때문이 아니라, 흘러나오는 노래가 나자르바예프의 국가가 아니었기 때문이었다. 그 노래는 자디라의 예전 국가도 아니었다. 심지어 소련의 옛 국가도 아니었다. 바로 '나의 민족'이었다. 나자르바예프가 표절했다는 의혹이 있어서 국가가 되지 못한 그 노래 말이다. "우리의 꿈의 나날이 이루어졌네." 여성 보컬이 노래했다. 너무나 고음역대인 나머지, 마치 목소리로 우리가 들어가 있는 그 금빛 알을 깨트리려고 하는 것 같았다.

나는 '나자르바예프가 자신의 노래가 적어도 어딘가에서 국가로 사용되도록 만들었구먼.'이라고 생각하다가, 그렇게 속단해서는 안 된다고 생각했다. 당신이 수도를 하나 새로 짓는다면, 그 안에서 일어나는 모든 일을 전부 다 확인할 수 없는 노릇이니까. 그렇지 않은가?

6.

리히텐슈타인과 영국

다른 노래의 곡조를 가져온 국가

Oben am Jungen Rhein

Oben am jungen Rhein,
Lehnet sich Liechtenstein,
An Alpenhöh'n.
Dies liebe Heimatland,
Das teure Vaterland,
Hat Gottes weise Hand,
Für uns erseh'n.

Hoch lebe Liechtenstein,
Blühend am jungen Rhein,
Glücklich und treu!
Hoch leb' der Fürst vom Land,
Hoch unser Vaterland,
Durch Bruderliebe Band,
Vereint und frei!

젊은 라인강 상류에,
리히텐슈타인이 놓여 있네,
저 높은 알프스 위에.
이 사랑받는 고국,
이 친애하는 조국이,
우리를 위해 선택되었네,
하나님의 지혜로운 손으로.

리히텐슈타인이여 영원하라,
젊은 라인강 위에 꽃피네,
유복하고 신실하게!
이 땅의 대공이여 만세,
우리의 조국이여 만세,
동포의 사랑의 유대로써,
연합하여 자유로우리라!

젊은 라인강 상류에

>>>

이 책을 쓰기 시작하면서 내내 집필하기가 두려웠던 장(章)이 있었다. 바로 이번 장. 내 조국인 영국의 국가, '신이여 여왕 폐하를 구하소서'에 대한 이야기를 해야 하는 장이었다. 여기서 내가 어떤 이야기를 하는 게 좋을지 너무 뻔했기 때문이다. 세상에서 가장 중요한 국가에 내가 감화되는 여정이 나와야 할 것이다. 이 책에서 일종의 전환점이 되는 이야기로서 말이다.

그 장은 내가 이 노래를 처음 만난 순간을 회상하는 것으로 시작할 것이다. 컵 스카우트(Cup Scout) 일환인 잼보리 대회에서 축축한 통나무 위에 둘러앉아 이 노래를 부르던 희미한 기억이나, 캠프파이어를 피우기 위해 나뭇가지 두 개를 열심히 돌렸으나 결국 통나무에 불을 붙이는 데는 실패했다는 이야기 말이다. 그런 다음에는 1990년 이탈리아 월드컵의 생생한 기억으로 옮겨갈 것이다. TV 앞에 딱 붙어, 눈먼 낙관주의로 가득 차서 나폴리와 토리노의 스타디움을 가득 채운 군중이 이 국가를 부르던 장면을 지켜본 그 기억 말이다.(군중은 대체로 술에 취해 있어서 당시 아홉 살이던 내가 그들과 일체감을 갖기는 조금 어려웠지만, 끼고 싶었던 것만은 확실하다). 솔직히 말해서, 그때만 해도 나는 아직 이 노래에 대해 약간의 경외감을 가지고 있었던 것 같다. 여왕에 대해서도 조금 그랬다. 어쨌거나 여왕은 내 용돈 위에 그려져 있는 사람이었으니까.

여기까지 이야기했으니 이제 몇 문장으로 내 어색한 10대 시절의 초상을 어떻게든 그려내야 할 것이다. 책을 쓸데없이 많이 읽고, 내가 세상 모든 걸 다 안다고 생각했던 시절이었다. 나는 학교에서 공산당을 설립하고는 회장단 선거에 출마했던 부류의 10대였다. 그러니 식민주의를 알게 된 이후부터 영국 국가를 도저히 자랑스럽게 여길 수 없는 것도 당연했다. 그 노래는 전 세계 인구 절반에게 강요됐으니까. 인도 학생들은 산스크리트어로 번역된 이 노래를 불러야 했고, 영국군 장교는 남아프리카의 줄루족을 총으로 쏘면서 이 노래를 불렀다.

이쯤에서 내가 런던의 동쪽 경계에서 자랐다는 사실을 말해야겠지. 이 동네는 영국의 극우 정당인 브리튼 국민당(British National Party)이 만들어진 곳에서 멀지 않다. 그리고 노골적이고 인종 차별적인 내셔널리즘을 한번 목도하고 나면, '신이여 여왕 폐하를 구하소서' 같은 노래에는 평생 정이 떨어지게 마련이라는 점도 언급해야 할 것이다.

이렇게 말해 두었으니 말인데, 사실 나는 10대 때 이 국가를 자주 연주했다. 나는 지역 교향 관악단의 단원이었는데, 전몰 장병 추모일에 몇 안 되는 노령 연금 수령자 관객을 앞에 두고 비에 젖은 야외 무대에 앉아서 국가를 연주했다. 내가 연주한 악기는 유포니움이었는데, 일종의 작은 튜바처럼 생긴 금관 악기다. 내가 내는 소리는 연주라기보다 겁먹은 코끼리처럼 쿵쿵거리며 노래를 짓밟는 것에 가까웠다. 그래서 국가를 연주한다고 해서 '행복하고 영광스러운' 기분이 들지는 않았다. 하물며 그 연주를 듣는 사람은 오죽했을까. 신만이 아실 일이다.

이제 오늘날 내가 듣는 '신이여 여왕 폐하를 구하소서'에 대한 감상을 말할 차례다. 노래를 듣는 족족 지나치게 빠르게 호불호를 판단하는 까탈스러운 음악 팬으로서 말이다. 나는 첫 구절인 '신이여'가, 마치 부츠가 진흙에 빠지듯이 무거운 리듬에 툭 떨어지며 멜로디를 시작하는 것을 도저히 견딜 수 없다고 말할 것이다. 또한 이 가사가 과연 영국이 제시할 수 있는 시 중에 최선인지 묻고 싶다. 이 노래는 '여왕'이라는 단어와 각운이 맞는 단어를 못 찾았는지, 그저 '여왕'이라는 단어를 1절에서만 세 번 반복하면서 운을 맞추고 있다.

신이여 지켜 주소서 우리의 자애로운 여왕을(God save our gracious Queen)!

만세, 우리의 고귀한 여왕을(Long live our noble Queen)!

신이여 지켜 주소서 우리의 여왕을(God save the Queen)!

3절에 이르면, 이 노래가 각운을 아예 포기했나 싶을 정도다.

그녀가 지키시리라, 우리의 법률을(May she defend our laws)

그리고 늘 우리에게 주시리, 대의를(And ever give us cause)

노래하기 위해, 심장과 목소리로(To sing with heart and voice)

이 노래가 내게는 아무런 의미가 없다는 점을 꼭 말하고 싶다. 그 안에 영국이나 그 국민에 대한 이야기가 전혀 없지 않나.

하지만 이 모든 감정을 전부 털어 놓고 나면, 어떻게든 마음을 고쳐먹으려 애쓸 것이다. 어쩌면 그 계기를 찾으려고 증조부의 일기라도 뒤질 것이다. 그분은 군대의 선임 하사였는데, 두루 사랑받았다고 한다. 부하 중 한 명은 '저는 하사님보다 더 잘 비꼬는 사람을 만나 본 적이 없어요.'라는 편지를 쓸 정도였다.

증조부는 아프리카 전역에서 각종 전쟁에 참여했다. 1890년대에는 보어 전쟁에서 싸웠고, 이집트에서는 제1차 세계대전을 맞았다. 또, 팔레스타인과 인도, 아일랜드 등에 파병된 적도 있었다. 그러니 현지인들이 증조부를 철도, 밀크 티, 신사의 게임 크리켓을 전파하러 온 구세주처럼 여기며 '신이여 여왕 폐하를 구하소서'를 부르며 맞이했던 사건을, 증조부가 어딘가에 기록으로 남겨 놓지 않았을까? 아니라고? 그렇다. 사실 그것은 불가능하다. 단지 식민주의 때문만은 아니다. 우리 어머니에 따르면, 증조부는 일기를 쓰지 않으셨다. 하지만 내가 가짜 일기를 못 만들 것도 없다. 찻물에 종이를 담가서 색을 입히고, 주변부를 약간 라이터로 태우면 되지 않을까? 그리고 그 가짜 일기를 접하고 감정의 소용돌이를 느낀 후, 나의 작은 친구 유포니움을 꺼내 들어 다시 한 번 국가를 연주하는 것도 좋겠지. 신선하게, 완전히 새롭게. 누가 내 현관을 두드리며 그 망할 방귀 소리 좀 그만 내라고 할 때까지.

문제는 이 책을 쓰기 시작했을 때 도저히 그 여정을 상상할 수 없었다는 것이다. 지금도 여전히 못 한다. 어떤 노래가 싫으면 그냥 싫다. 그걸 되돌이킬 방법은 없다. 특히나 수백 번, 어쩌면 수천 번도 넘게 들은 노래라면 두말할 것도 없다. 노래가 나랑 안 맞는데, 다른 사람이 그걸 어떻게 느끼고, 그 노래로 인해 삶이 어떻게 바뀌었는지가 나랑 무슨 상관이란 말인가. 나는 거짓부렁을 늘어놓지 않고서는 그런 여정을 거칠 수 없었다.

그러니 그런 내밀한 개심의 여정을 거치지 않고서도 '신이여 여왕 폐하를 구하소서'에 대해 이야기할 수 있는 방법이 있다는 것을 깨달았을 때, 얼마나 기뻤겠는가. 이렇게 길게 이야기를 늘어놓은 이유도 바로 그 기쁨을 강조하기 위해서다. 방법은 간단했다. 그저 세상에서 일곱 번째로 작은 나라에 가서, 그 나라 대공의 이야기를 듣기만 하면 되는 것이었다.

*

8월 15일 한낮이었다. 나는 리히텐슈타인에 있는 어느 산 중턱에 서 있었다. 햇빛이 저 아래 강물과 산꼭대기의 눈에 반사돼 눈이 부셨지만, 발밑에 펼쳐진 골짜기 하나에 불과한 조그만 나라의 전체 윤곽을 여전히 가늠할 수 있었다. 그 풍경 안에는 밀밭과 산업 단지, 알프스의 호화 저택과 사무 지구가 놀랍게도 마구잡이로 뒤섞여 있었다. 사무 지구 건물에는 불법이 아닐까 싶을 정도로 많은 회사 현판이 걸려 있을 것이다. (리히텐슈타인은 관대한 세금으로 인해 4만 6,000여 개의 사업체가 등록돼 있다.) 이 풍경은 한편으로는 황홀하게 아름다웠다.

이날은 리히텐슈타인의 '국가의 날(National Day)'이었다. 이 언덕에는 약 3,000명 정도의 리히텐슈타인 사람들이 내 주변에 있었다. 일부는 전통 복장을 입고 있었다. 여성들은 메이드 복장에

리히텐슈타인의 수도 파두츠. ⓒ 게티이미지

섬세한 자수가 장식된 후광 모양의 모자를 썼고, 남자들은 제국 시대에서 튀어나옴 직한 알록달록하고 두툼한 튜닉을 입었다. 어떤 사람들은 얼굴에 기름진 머리카락을 붙인 채 어젯밤 마신 술을 땀으로 흘리고 있어서, 우연히 이곳에 비틀거리며 도착한 것처럼 보였다. 하지만 모든 사람들이 하나의 노래를 부르고 있었다. 내 바로 앞에 앉아 있는 사람도 그랬다. 은발에 늘 은은한 미소를 짓고 있는 백만장자, 리히텐슈타인의 제15대 대공, 한스 아담 2세였다.

노래가 울려 퍼졌다.

오벤 암 융겐 라인 (Oben am jungen Rhein)

레네트 지흐 리히텐슈타인 (Lehnet sich Liechtenstein),

젊은 라인강 상류에,

리히텐슈타인이 놓여 있네,

높은 알프스 위에.

노래는 계속 이어졌다.

디스 리베 하이마트란트 (Dies liebe Heimatland),

다스 토이에 바털란트 (Das teure Vaterland)

하트 고테스 바이제 한트 (Hat Gottes weise Hand)

퓌어 운스 에어젠 (Für uns erseh'n),

이 사랑받는 고국,

이 친애하는 조국,

우리를 위해 선택되었네,

하나님의 지혜로운 손으로.

단어 하나하나가 나올 때마다 내 미소가 점점 커졌다. 고향에서 1,000킬로미터나 떨어진 여기서 친숙하기 그지없는 곡조를 들었기 때문이었다. 이 멜로디는 착각할 수가 없다. 내가 익히 들었던 것보다 조금 더 템포가 빠르지만, 단 한 음도 다르지 않았다. 노래는 바로 2절로 접어들었다. 군중 일부는 가사에 손동작을 곁들였다. '대공'이라는 단어가 나오자 오른팔을 앞으로 길게 빠르게 뻗었다가 다시 빠르게 접었다. 민망한 표정이 얼굴에 스쳤다. 그들은 '조국'라는 단어에서 그 동작을 다시 반복했다. 공손한 나치 경례를 하는 듯한 동작이었다. 의심의 여지 없이 내가 평생 들었던 '신이여 여왕 폐하를 구하소서' 중에서 단연 최고의 버전이었다.

마지막 구절인 '베라인트 운트 프라이(Vereint und frei, 연합하여 자유로우리라)'가 잦아들고 5분도 채 되지 않아, 나는 에두아르 본 팔즈페인(Eduard von Falz-Fein) 남작과 대화를 나눴다. 믿을 만한 소식통에 의하면, 그는 백두 살인데 리히텐슈타인의 얼이라고 한다. 그는 제정 러시아에서 태어났으나 혁명 때문에 망명했다. 난센 여권(Nansen passport)[1]으로 여행하며 무국적자로 지내다가, 어쩌다 올림픽에 리히텐슈타인 대표로 출전하게 됐다. 그리고 리히텐슈타인 국기가 아이티 국기와 완전히 똑같다는 사실을 발견한 후, (왕관을 추가하여) 리히텐슈타인 국기를 다시 디자인했다. 그는 또한 리히텐슈타인 관광객 유치의 일등 공신이기도 했다. 관광버스 회사들을 설득하여 오스트리아 국경 너머로 단 20분만 더 운전해 가면 기존의 유럽 '6개국 투어'를 '7개국 투어'로 만들 수 있다고 제안함으로써, 그때까진 아예 존재하지 않던 리히텐슈타인의 관광 산업을 홀로 일으켰다. 그는 관광버스가 본인이 운영하는 관광객 상점 앞에 정차하도록 했고, 얼마 지나지 않아 거부가 됐다. 그에게 방금 전에 본 광경에 대해 이야기했다.

---

1   제1차 세계대전 후 국제 연맹이 난민에게 발행한 여권.

"그게 당신네 국가라니 무슨 말이오?" 그가 손가락을 내 방향으로 가리키며 물었다. 그는 2년 전부터 걷지 못해서, 창문 앞에 놓인 편안한 의자에 앉아 여생을 보내고 있었다. "인터넷에서 찾아봤는데, 이 노래는 1757년에 요제프 하이든(Joseph Haydn)이 오스트리아를 위해서 작곡했다고 했소. 그러고는 독일로 퍼지고, 거기서 여기로 오고, 그다음에 영국으로 간 거라오. 내가 지금 이야기하는 건 100퍼센트 진실이오! 근데 그 말이 지금 틀렸다고 하는 거요? 당신네 국가인데? 영국 사람들은 자기네 역사도 모르나? 어이가 없구려."

나는 인터넷에서 본 걸 모두 믿으면 안 된다고 그에게 설명하려고 했지만, 손가락질만 몇 번 더 당했다. 그냥 대화를 좀 더 안전한 주제로 옮기는 게 최선일 것 같았다. 그가 러시아 이민자로서 어떻게 이 나라에 정착하게 됐는지 질문했다. 그는 자기 일평생 이야기를 들려주면서, 러시아에서 탈출한 이야기보다는 프랑스에서 기자 생활을 하며 자전거를 타고 취재했던 이야기, 카사노바였던 자신의 행적을 특히 자세히 이야기했다. "내 인생에 여자가 아주 많았지. 이제는 전부 가 버린 지 오래됐지만 말이오. 끝났지!"

결국 내 질문에 대한 대답은 단순한 것으로 드러났다. 처음으로 이곳을 방문했을 때 산과 꽃으로 넘쳐나는 들판을 보고서, 그 외에 아무것도 필요하지 않음을 깨달았단다. 여성들에게 인기 있는 삶을 살다가, 이렇게 작은 나라에 와서 적응하기 어렵지 않았냐고 그에게 다시 물었다. 그는 내 질문에 모욕감을 느낀 듯했다. "나는 리히텐슈타인에서는 여자를 건드린 적이 절대 없소! 이 나라는 너무 작아. 여성들은 질투가 심하고! 그런 건 불가능했을 것이오! 내가 정복한 여자는 전부 외국에 있지."

그는 여자 이야기를 하면서 기분이 좋아진 모양이었다. 나는 다시 국가 이야기를 꺼내도 안전하겠다고 판단했다. 그는 1936년 베를린 올림픽에 참석해서 영국의 메달 수여식을 보는데, 갑자기 자신의 새로운 고국의 국가가 흘러나왔다는 이야기를 했다. "리히텐슈타인 노래랑 같았소. 무슨 일이 일어나고 있는지 이해가 안 되더라고!" 그가 목소리를 높였다. 그로부터 수십 년 후, 취재차 봅슬레이 세계 선수권 대회에 갔을 때는 주최 측이 메달 수여식 때, 그가 작곡에 참여했던 팝송 '리히텐슈타인 폴카'를 내보냈다. 리히텐슈타인의 국가가 정말로 '신이여 여왕 폐하를 구하소서'와 음이 같을 거라고는 미처 생각하지 못 해서 일어난 실수였다. 또, 그로부터 20년 후, 리히텐슈타인 스키 선수인 한니 웬젤이 동계 올림픽에서 금메달을 딴 직후에 그가 미국 TV에 출연한 적이 있었다. 누군가가 리히텐슈타인의 국가는 어떤 곡이냐고 물었다. "영국 국가랑 똑같다고 대답했더니 전부 자지러지는 거요. 단지 그 말을 했을 뿐인데, 완전 히트를 쳤소." 그가 회상했다.

남작은 국가에 대해 이야기하면 할수록, 리히텐슈타인의 국가가 영국 국가와 곡조가 같은 게 어쩌면 이상한 일이고, 진작 자기네가 국가를 바꿨어야 했다고 깨닫는 것 같았다. "사람들은 리히텐슈타인에 작곡가가 없다고 말하지만, 사실 한 명 있었소. 라인베르게르(Rheinberger) 말이오. 그 사람한테 국가를 작곡해 달라고 요청했어야 했는데." 라인베르게르는 1901년에 사망한 오르간 연주자다.

하지만 그 후에도 남작은 리히텐슈타인 국가의 기원에 대한 내 언급이 어쩌면 옳을 수 있다는 생각은 하지 않는 것 같았다. 내가 떠나기 직전에 그는, "우리가 당신네보다 먼저 그 노래를 국가로 삼지 않았다고 확신하오? 인터넷에서 찾아 봤소?" 하고 물었다.

남작이 뭐라고 말하건, 리히텐슈타인은 영국이 직접 통치하지 않았던 나라 중에서 '신이여 여왕 폐하를 구하소서'를 국가로 사용하는 유일한 나라다. 한때 이 멜로디는 세계에서 '국가' 그 자체를 의미했으며, 영국뿐 아니라 러시아와 덴마크에 이르는 수많은 나라에서 국가로 사용됐다. 하지만 이 나라들은 곧 자기만의 곡을 만들어 쓰면 된다는 것을 깨달았다. 게다가 영국의 곡조가 아니라, 어쩌면 러시아 노래, 혹은 덴마크 노래를 쓰면 사람들에게 더 의미가 클 것이라고 생각했다. 그리고 사람들이 자기 마을이나 봉건 영주가 아니라 더 큰 단위인 나라에 대해 애착을 느끼게 만듦으로써 이들을 '러시아인' 또는 '덴마크인'으로 만들어 줄 거라고 기대했다.

물론 이런 움직임이 매우 늦은 국가도 있었다. 스위스는 '신이여 여왕 폐하를 구하소서'를 도용한 '나의 조국이여 그대가 부를 때'를 1961년까지 국가로 쓰다가 교체했다. 호주는 1984년에 이르러서야 국민 투표 후에 국가를 바꿨다. '신이여 여왕 폐하를 구하소서'와 마찬가지로 졸린 '전진하라 아름다운 오스트레일리아(Advance Australia Fair)'가 43퍼센트의 지지를 받아 국가로 선정됐고, '신이여 여왕 폐하를 구하소서'는 단지 왕실 국가로 지위가 조정됐다. 이미 다른 영연방 국가에서도 그렇게 된 지 오래였다.

다른 모든 나라가 이 멜로디에서 벗어나는 와중에도, 리히텐슈타인은 끈질기게 이 노래에 매달렸다. 라인베르게르이건 아니건, 리히텐슈타인에는 국가를 작곡할 만한 음악가가 아예 없었던 게 아닌가 하는 의문이 생겼다.

리히텐슈타인 사람이라면 자기네 국가가 독창성이 부족하다는 비판을 받는 게 불공정하다고 말할 것이다. 일례로, 키프로스와 그리스는 둘 다 '자유의 노래(Hymn to Liberty)'를 국가로 쓰고 있다. 터키계 키프로스인들은 이를 인정하기를 거부하는데, 음악보다는 정치적인 이유 때문이다. 한편, 에스토니아는 핀란드의 '맘메(Maamme, 우리의 땅)'의 선율을 훔쳐서 국가로 삼았다. 그리고 이 두 곡의 작곡가인 프레드리크 파시우스(Fredrik Pacius)는 두 곡 모두 독일의 한 술자리 노래에서 베꼈다고 알려졌다.

제목이 조금 걱정스럽지만 경쾌한 폴란드의 국가 '폴란드는 아직 지지 않았다네'(폴란드인들은 이 노래를 '동브로브스키의 마주르카 [Dąbrowski's Mazurka]'라는 제목으로 알고 있다.)의 곡조 역시 유고슬라비아에서 빌려서 쓰고 있으며, 세르비아와 몬테네그로도 각자 분리 독립하기 전까지는 이 곡을 국가로 썼다. 또한 한국과 몰디브도 한때 '올드 랭 사인(Auld Lang Syne)'의 곡조를 국가로 사용했다. 어쩌면 그 나라의 외교관 중 한 명이 에딘버러의 신년 행사에 갔다가 올드 랭 사인이 연주되는 걸 듣고, 이 곡을 국가로 쓰는 게 좋은 생각이 아니라는 것을 깨닫고는 바꿨을지도 모른다.

또한 '라 마르세예즈'에서 '영감을 받아' 국가를 만든 작곡가도 셀 수 없을 정도로 많다. 그중 가장 죄가 큰 사람은 아마 안도라의 국가 '엘 그란 카를레마니(El Gran Carlemany)'를 만든 성직자 엔릭 본스(Enric Bons)일 것이다. 그가 만든 멜로디는 '라 마르세예즈'와 너무나 비슷한 나머지, 새 곡을 만들려던 게 아니라 원곡을 리믹스하고자 했나 싶을 정도다. 하지만 안도라 공국이 프랑스 바로 옆에 있다는 걸 감안하면, 조금은 용서할 수도 있을 것이다.

그보다 더 변명의 여지가 없는 사람은 제임스 프레데리크 밀스(James Frederick Mills)다. 그는 영국 해군의 관악단장이었는데, 1930년대에 오만의 국가를 작곡했다. 그의 곡은 적어도 첫 30초 동안은 독창적이다. 어떤 술탄이라도 기꺼이 자신의 국가로 삼고 싶을 만큼 부드러운 군악의 팡파르다. 하지만 갑자기 그의 노래는 '라 마르세예즈'의 첫 구절로 넘어간다. 이 두 곡이 같다는 것은 부인할 수가 없다. 한두 음 정도 슬쩍 바꾸긴 했지만 유사성을 감추기에는 어림도 없다. 마치 무능한 도둑이 자기가 방금 턴 집에서 나오면서 아무도 자신의 방문을 눈치채지 못하기를 바라며 문을 닫고 나오는 것과 같다.

하지만 이런 사례들이 아무리 질이 나빠도, 리히텐슈타인이 세상에서 가장 유명한 국가를 '젊은 라인강 상류에'라는 이름으로 베낀 것만 할까. 국가 규모가 변명이 되지는 않는다. 리히텐슈타인보다 작은 전 세계 6개 나라는 모두 자체 국가를 가지고 있다. 예를 들어, 모나코의 국가는 심지어 그 작은 크기를 국가에 활용했다. '우리의 숫자는 많지 않으나 / 우리는 전통을 지키기 위해 분투하리.' 심지어 독립국이 아닌 보호령들도 마찬가지다. 바운티호의 선상 반란자들이 정착했던 핏케언 제도(Pitcairn Islands)는 총 인구가 무려 50여 명에 불과하지만 이곳조차 수년간 몇몇 비공식 '국가'를 관리해 왔다. 그 노래 대부분은 가끔 이 섬에 들르는 크루즈 선박의 마케팅 부서에서 생각해 낸 것 같기는 하지만 말이다. '우리 핏케언 제도의 주민들, 우리가 당신을 오늘 환영합니다.' 이런 가사도 있다. '당신이 우리를 보러 와서 반갑지만, 당신은 곧 배를 타고 떠나겠지.'

*

왜 리히텐슈타인이 국가의 선율을 끝끝내 바꾸지 않았는지 설명해 줄 수 있는 사람이 한 명 있다면, 바로 내 앞에 앉아 있는 요제프 프롬멜트(Josef Frommelt)였다. 나이가 거의 여든 살인 그는 집 마당에서 수채화를 그리거나 장난꾸러기 손주의 머리카락이나 쓰다듬으며 지내야 할 것처럼 보이지만, 놀랍게도 아직 현역이었다. 그는 리히텐슈타인의 문화역사학자이자 '대공의 음악 감독(princely music director)'이었다. 직함이 꽤 웅장한데, 그가 하는 일은 이따금 '젊은 라인강 상류에'의 공식 편곡을 만들어서 사람들이 같은 음조와 속도로 이 노래를 부를 수 있게 하는 것이었다. 듣자 하니 이는 한때 큰 문제였다고 한다.

이 노래의 역사를 듣고자, 나는 리히텐슈타인의 초미니 수도인 파두츠(Vaduz) 중심가에 있는 한 카페에서 그를 만나기로 했다. 하지만 어린 시절에 대한 회상 말고 다른 이야기를 끌어내기가 굉장히 어려웠다. "주먹질에, 발차기에, 코피에, 혹에… 그리고 피부가 보랏빛이 되는 걸 뭐라고 하죠? 아, 멍이죠! 온몸에 멍이 들었지요!" 그가 웃으며 말했다. 테이블 위로 팔을 휘저으며 싸움을 재현하는 모습이 영락없이 친구들에게 무용담을 자랑하는 10대 같았다. "그게 전부 국가 때문에 일어난 싸움이라니까요. 당신네 곡조를 차지하기 위해서 우리가 싸웠다고 말할 수도 있겠네요."

도통 무슨 말인지 알 수가 없었다. 그렇다고 고백해야 할까 고민하는 차에, 그가 갑자기 사과하며 자기가 이야기를 너무 앞서 나갔다고 말했다. "우리 국가는 원래 처음에는 '오벤 암 도이첸 라인(독일의 라인강 상류에)'라는 제목이었거든요." 그가 설명했다. "국가가 만들어졌을 당시에 우리는 독일 연합 소속이었죠. 그리고 1930년대 이곳에는 굉장히 강력한 나치 조직이 있었어요. 저는 당시 서너 살 정도 되는 어린애였는데, 우리 아버지의 집 근처에 토요일 오후마다 히틀러 청소년단이 갈색 유니폼을 입고, 나치 깃발이랑 현수막을 들고 행진하면서 히틀러 노래를 부르던 기억이 나네요. 그러고 나면 이들은 국가를 불렀어요. '독일'이라는 단어가 나올 때마다 강조해서 크게 외쳤어요. 리히텐슈타인이 제3제국의 일부가 되기를 바라는 것처럼요. 그러면 이번에는 스카우트들이 히틀러 청소년단에 대고 국가를 부르는데, 독일이라는 단어가 아예 안 나오도록 가사를 바꿔서 불렀어요 그렇게 한 번씩 부르고 나면 이제 패싸움이 나는 거죠!" 그가 다시 팔을 휘두르기 시작했다. "저한테는 정말 신나는 일이었어요. 그리고 마지막엔 항상

스카우트가 이겼지요." 그렇다면 리히텐슈타인이 공식적으로 독일에 대한 언급을 국가에서 삭제한 것은 언제인가? 그는 "1963년"이라고 답해 주었다. "변화는 때로는 좀 느린 법이지요."

나는 리히텐슈타인이 국가의 가사를 바꿔야겠다고 생각했다면, 어째서 멜로디를 바꿀 생각은 하지 않았는지 물으려 했지만, 그가 내 말을 잘랐다. "우리 국가에 대해서 이야기하기 전에, 먼저 '신이여 여왕 폐하를 구하소서'에 대한 전체 이야기를 알아야 돼요. 좀 긴 이야긴데, 여기 얼마나 계실 예정인가요?"

*

1745년 9월 28일, 서른다섯 살의 토머스 안(Thomas Arne)은 어쩌다 급하게 관객의 귀를 즐겁게 할 애국적인 노래를 만들어야 했다. 매부리코를 가진 그는 런던의 왕립 극단(His Majesty's Company of Comedians)의 음악 감독이자, 유명한 군가인 '지배하라, 브리타니아여(Rule, Britannia!)'의 작곡가였다. 당시 모든 사람들은 런던이 곧 멸망할 것이라고 떠들고 있었다. 영국 왕위 계승을 요구하는 보니 프린스 찰리, 즉 찰스 에드워드 스튜어트가 유럽에서 막 돌아와 스코틀랜드에 상륙했으며, 하이랜드 지방에서 군사를 모집했다는 것이다. 숫자는 수천에 불과했지만, 이들은 에딘버러 인근에서 국왕인 조지 2세의 군대를 궤멸시켰으며, 잉글랜드 땅을 침공했다. 60년 전 잃어버린 왕위를 되찾

매부리코를 가진 토마스 안.
ⓒ 위키피디아

고자 굳게 결심한 자코바이트(Jacobite)[2]가 다가오고 있었다.

토머스의 극단 동료들은 이 위협에 매우 민첩하게 반응했다. 그날 아침, 이들은 〈제너럴 애드버타이저(General Advertiser)〉지에 '왕과 정부를 보호하기 위해 나설 200명을 모집'하며 '극단의 배우들이 전원 참여'한다는 연극 광고를 실었다. 토머스도 이런 열정에 공감했는지는 알 수 없다. 다만 구교 신앙을 가졌음을 공공연히 밝히는 것이 쉽지 않았던 당시에, 그는 아주 신실한 가톨릭 신자였다. 그는 영국 성공회를 위한 음악을 한 번도 만든 적이 없다. 토머스의 어머니는 그보다 한 술 더 뜨는 신자였

---

2 1688년 영국 명예혁명 당시 반혁명 세력의 통칭. 추방된 스튜어트 왕조의 제임스 2세와 그 직계를 정통 국왕으로 보고 복권을 시도했다.

다. 어머니에 대한 그 시대의 유일한 기록은 그녀를 '광신적 가톨릭 신도'라고 묘사한 부분이다. 이 사실로 미뤄 볼 때, 토머스는 가톨릭교도인 스튜어트 왕가의 후손이 왕위를 탈환할 가능성에 기뻐했을지도 모른다.

하지만 적어도 그날, 그는 연극이 끝나고 연주해야 할 애국적인 곡을 만들어야 한다는 자기 임무에 충실했다. 갑자기 '세 왕국(잉글랜드와 웨일스, 스코틀랜드, 아일랜드) 중에서 가장 경건하고 가장 충성스러운 장소'의 한복판에 있게 됐으니 말이다. 그날 밤에 울려 퍼질 음악은 그 광고에 부합해야 했다.

그날 오후에 토머스가 무엇을 했는지에 대한 기록은 없다. 나는 그가 어쩌면 드루리 레인 왕립 극장에서 나와 코번트 가든 거리에서 산책을 했을 것 같다. 신선한 공기를 쐬면 혹시 런던의 분위기를 나타내는, 그날 밤 공연의 마지막을 장식할 완벽한 노래를 떠올리는 데 도움이 되지 않을까 생각하면서 말이다. 행상들을 지나치고 마차를 요리조리 피하면서 혼자 곡조를 흥얼거렸겠지. 아니면 그날 오후에 그 전해에 출판된《음악 사전(The Saurus Musicus)》이라는 책을 뒤적거리다가, 22쪽에서 자기가 찾던 완벽한 곡을 발견했을지도 모른다. 어쩌다 잊혀져 버린 그 곡은 '2중창'이라는 부제가 붙어 있는 단순한 곡이었다.

그날 밤 극단은 벤 존슨의 '연금술사'를 무대에 올렸다. 객석은 만석이었다. 공연이 끝나고 솔리스트 3명과 남성 합창단이 무대 앞으로 성큼성큼 걸어 나와 토머스가 그날 편곡한 곡을 부르기 시작하자 관객들은 '기분 좋게 놀랐다'. 그 노래가 오늘날 우리가 알고 있는 '신이여 여왕 폐하를 구하소서'와 얼마나 비슷했는지는 알 수 없다. 그 곡은 매 악구마다 한 번씩 공중으로 도약하는 갤리어드(galliard)[3] 춤곡 형식으로 편곡돼 있었고 하프시코드로 반주됐다.

그날 밤 가수들은 그 반주에 맞춰 군무를 춰야 한다는 압박을 느꼈을 것이다. 또 그 당시는 솔리스트가 노래 뽐내기를 좋아하던 시절이었다. 그것도 아주 많이. 왜 한 글자에 한 음만 내야 한단 말인가, 열 개 음을 낼 수 있는데? 왜 밋밋하게 똑바로 부른단 말인가, 꾸밈음을 낼 수 있는데? 따라서 그날 밤 불렸던 '신이여 국왕 폐하를 구하소서'는 아마 길게 늘려졌고 최대한 장식적으로 편곡됐을 가능성이 높다. 처음에는 솔리스트들이 부르고, 나중에는 합창단이 다시 반복해서 웅장하게 불렀을 것이다.

그날 밤 노랫소리가 어땠든지, 그 노래가 성공했다는 데는 의문의 여지가 없다. 〈제너럴 애드버타이저〉지는 그날의 연극에 대해, 그때도 이미 구식으로 여겨지던 대문자 강조 용법까지 사용해 가면서 '전 관객석에서 박수(universal Applause)'와 '감탄의 연발(repeated Huzzas)'이 있었노라고 썼다. 또, 이 노래는 '사람들이 품고 있는 우리의 거슬리는 적의 독단적 계획에 대한 혐오와, 전횡을 시도하는 교황 권력에 대한 질색을 드러냈다.'라고 덧붙였다. 노래에 대한 반응이 워낙 좋아서, 극단은 그다음부터 무대를 마칠 때마다 같은 노래를 부르기 시작했다. 다른 경

---

3 16세기 후반 영국에서 성행했던 춤으로서 2분의 3 박자 또는 4분의 2 박자의 명랑하고 유쾌한 춤.

쟁 극장에서도 이 노래를 따라하지 않을 수 없었다. 얼마 지나지 않아 이 노래는 당시 인기가 많던 〈젠틀맨스 매거진〉에 실렸는데, '가톨릭교도 왕 아래에서 잉글랜드가 비참함 외에 기대할 것이 있는가?'라는 제목의 기사와 함께였다.

이 잡지는 3절의 가사를 모두 실었는데, 그중 2절은 때로 논란의 대상이 됐다.

오 주 우리의 하나님 일어나셔서(O Lord our God arise),

그의 적을 흩으사(Scatter his enemies)

패배케 하소서(And make them fall).

그들의 정치를 혼란하게 하고(Confound their politics),

그들의 간교한 계략을 좌절시키소서(Frustrate their knavish tricks),

그에게 우리의 소망을 거나니(On him our hopes we fix),

오 저희 모두를 구하소서(O save us all).

이 가사는 1745년 당시 보니 프린스 찰리를 향한 사람들의 감정을 훌륭하게 요약하고 있다. 오늘날에는 별로 적절해 보이지 않는데, 아마 요즘 왕실에서 영국 국가의 가사를 배포할 때 2절이 존재하지 않는 척하는 이유도 이것이리라. 하지만 이 노래에서 가장 악명 높은 절은 2절이 아니다. 그것은 1745년 왕의 군대를 처음으로 이끌었던 웨이드 원수에게 바쳐진 마지막 절의 가사다.

그가 반역을 잠재우게 하시고(May his sedition hush),

성난 노도와 같이 (And like a torrent rush),

모반하는 스코틀랜드인을 진압하게 하소서 (Rebellious Scots to crush),

신이여 국왕 폐하를 구하소서 (God save the King).

다만 이 절은 아주 가끔만 불리며, 1822년까지는 문서화되지 않았다.

원곡에 대해 모두가 열광하지는 않았다. 그 곡이 지면에 소개된 지 두 달 후 〈젠틀맨스 매거진〉은 누군가 익명으로 '기존 가사가 충성심 외에 다른 장점이 없다'고 비판하며 투고한 '신이여 국왕 폐하를 구하소서'의 개사 버전을 게재했다. 이 버전은 '로마와 프랑스와 스페인에게 말하라 (Tell Rome and France and Spain), / 브리타니아는 그들의 사슬을 비웃는다 (Britannia scorns their chain)'로 시작하는데, 그다지 인기를 끌지는 못했다.

'신이여 국왕 폐하를 구하소서'가 바로 오늘날 우리가 알고 있는 '국가'가 된 것은 아니었다. 다만 이 노래는 보니 프린스 찰리가 영국에서 패주한 1746년 이후에도 계속 남아서 불렸다. 그 노래의 패러디도 무수히 등장해, 생선 판촉에까지 차용됐다. ('자연 최고의 선물 [Nature's best treat] / … 넙치를 먹을 수 있기를 [May turbot eat]'). 우선 당시 사람들은 자기가 영국인 (Britons)이라고 생각하지 않았다. 정부 또한 통합된 국가적 정체성을 이제 겨우 만들기 시작했다. (일부 스코틀랜드인은 존재감을 드러내기 위해 자기들을 북영국인 (North Britons)이라고 지칭하기도 했다.) 하지만 1780년대가 되자 이 노래는 다른 그 어떤 애국적인 노래보다 독보적으로 유명해졌다.

그 인기는 일부 조지 3세의 광기에서 비롯됐다. 통치 기간 내내 그는 정신 질환으로 고통받았고, 상태가 나쁠 때는 정신이 혼미해져서 몇 시간 동안 횡설수설하며 입에 거품을 물었다. 그의 아들 웨일스 대공 조지 왕세자는 사치가 심해 빚에 시달리고 있었는데, 사람들은 조지 왕이 서거하면 그가 왕위를 곧 물려받을까 봐 걱정했다.

'신이여 국왕 폐하를 구하소서'는 그 계승에 반대하는 목소리의 집결과도 같았다. 왕의 회복을 간청하는 일종의 기도였다고나 할까. 1789년, 조지 3세는 첫 번째 광기 발작(아마 신장병인 포르피린증으로 추정된다.)에서 벗어나, 회복을 위해 남부 해안 지대로 여행을 떠났다. 중간에 그의 일행은 린드허스트(Lyndhurst)라는 마을에 머물며 산책을 나갔다. 왕비의 시종 중 한 명인 패니 버니(Fanny Burney)는 그날 일기에 '그들이 집을 나서는 순간, 사람들이 한 목소리로 '신이여 국왕 폐하를 구하소서'를 불렀다!'라고 썼다. '나는 그런 꾸밈없고 사심 없는 충성심의 정직하고 열정적인 분출에 하루에도 스무 번씩이나 어린애처럼 울었다… 이 선량한 마을 사람들은 계속 노래했다… 산책하는 내내… 왕이 더 이상은 걸을 수 없다고 [판단할] 때까지… 그들은 왕의 주위에서 노래하다 죽을 기세였다.'

물론 그 외에도 미국의 독립이나 프랑스와의 7년 전쟁 등 애국적인 노래를 요구하는 시대 상황도 한몫했을 것이다. 하지만 이 노래가 부상한 진짜 이유는 아마 그 가사가 군주와 신 외에는 다른 어떤 것도 언급하지 않았기 때문일지도 모른다. 이는 당시 사람들이 동의할 수 있고, 소속감을 느끼게 하는 유일한 두 가지였다. 여기에는 사람들의 화를 돋우거나, 소외감을 느끼게 할 수 있는 특정 지역, 심지어 지형에 대한 언급조차 없다. 18세기에 왕실에서 밀기 시작한 표현인 '위대한 영국(Great Britain)'이라는 표현은 단 한 번도 나오지 않는다. 잉글랜드 사람도, 웨일스 사람도, 스코틀랜드 사람도, 아일랜드 사람도, 이 노래를 부를 때는 그 어떤 상상의 공동체의 일원이 돼야 한다거나, 서로에 대한 증오를 거두라고 강요를 받지 않았다. 이러한 구체성의 결여야말로 이 노래가 가진 최대의 자산이었다. 최초의 진정한 국가(國歌)가 전혀 국가(國家)적이지 않았다는 이 아이러니는 많은 역사학자도 지적한 바 있다.

이 노래가 그저 하나의 노래가 아닌 국가(國歌)가 되어 가고 있다는 증거는 해외에서도 나타났다. 1790년, 이 노래는 덴마크에서 '헤일 디 림 시게르크란스(Heil di rim Siegerkranz, 그대에게 승리의 관을)'이라는 제목으로 개사되어 덴마크 왕을 찬양하는 노래로 사용되기 시작했다. 1793년, 독일에서도 비슷한 노래가 만들어져 '프러시아, 작센, 하노버, 브라운슈바이크, 바이마르 등의 지역에서 거의 즉각적으로 공식 도입되어' 군주에 대한 찬가로 사용됐다. (이 노래는 제1차 세계대전 기간까지도 독일 황제의 공식 국가였다.) 1816년에는 이 선율이 '러시아인의 기도'라는 곡의 멜로디로 사용됐다. 이 노래는 곧 더 멀리까지 퍼져 나가 1861년에는 하와이 왕국에서도 사용됐다.

세계 최고의 음악가들 또한 이 곡에 매료됐다. 1790년대에 요제프 하이든은 런던에 두 번 머물렀는데, 극장에 갈 때마다

오늘날 우리가 들을 수 있는
독일 국가를 만든 요제프 하이든.
ⓒ 위키피디아

'신이여 국왕 폐하를 구하소서'를 매번 들었다. 그는 런던을 떠날 때 이 노래에 옹케 질리지 않고, 오히려 영국이 '통치자에 대한 존경과 사랑과 헌신을 충분히 보여 줄 수 있는 노래'를 가지고 있다고 부러워했다. 빈으로 돌아간 그는 신성 로마 제국의 황제 프란츠 2세를 위한 노래를 작곡했다. 그는 자기에게 영감을 준 그 멜로디보다 훨씬 우아하고 감동적인 멜로디를 작곡했는데, 그 곡이 바로 '도이칠란틀리트(Deutschlandlied, 독일의 노래)'로 오늘날 독일의 국가다.

베토벤 또한 이 국가에 반해서, 1803년에 이 곡의 장엄하고 장난스러운 피아노 변주곡을 7곡이나 썼다. 그리고 몇 년 후에는 이 곡을 전쟁 교향곡에서 사용하기도 했다. 프랑스 나폴레옹과 영국을 중심으로 한 동맹국들 사이의 전쟁을 소재로 한 이 14분짜리 곡은 실제 대포 소리와 죽음을 향해 행진하는 북소리 등을 사용했는데, 그가 작곡한 곡 중 단연 가장 형편없다. 그는 이 작품을 준비하면서 일기에 이렇게 썼다. '나는 '신이여 국왕 폐하를 구하소서' 속에 얼마나 많은 축복이 담겨 있는지 영국인들에게 약간은 보여 줘야겠다.' 한 비평가는 용감하게 그 곡을 혹평했는데, 그 리뷰 옆에 베토벤은 펜 글씨로 '내가 만드는 쓰레기가 네가 평생 했던 그 어떤 생각보다 낫다.'라고 썼다.

*

'신이여 여왕 폐하를 구하소서' 이야기에서 가장 흥미로운 부분은 이 곡의 해외 진출이나 최초 공연 이야기가 아니라, 그 기원이다. 정확히 말하자면, 그 노래가 《음악 사전》에 작곡가나 작사가 이름도 없이 갑자기 등장하기 전에, 원래 어디서 왔는지 아무도 모른다는 사실이다.

누가 그 노래를 작사했는지에 대해 가설은 있다. 어쩌면 그 가사는 역설적이게도 영국의 왕 중 마지막 가톨릭교도였던 제임스 2세의 통치 기간 동안, 즉 그가 왕위를 박탈당하기 직전에 쓰여졌을지도 모른다. 그 단서는 이 노래의 마지막 구절에 있다. '우리의 법을 수호하라'고 왕에게 간청하는 가사는 어쩌면 왕 자신의 '구원'을 위한 계약 조건을 협상하는 내용일 수도 있다.

제임스는 악명 높은 독재 군주로 여겨졌다. 그는 가톨릭 신자와 개신교 반대파를 위해 여러 편의를 봐주고 자신의 뜻을 관철하기 위해 의회의 요청을 거듭 무시했다. 그 가사를 쓴 사람은 제임스 2세가 살기를 원했지만, 계속 바보처럼 행동하지는 않았으면 좋겠다는 생각을 가졌던 것 같다. 라틴어로 쓰여진 이와 비슷한 노래도 발견됐는데, 이 노래가 원래는 가톨릭 왕을 지지할 의도로 만들어졌다는 의견에 힘을 실어 준다.

하지만 이를 감안해도 그 가사가 그보다 이른 시기에 만들어졌을 가능성도 얼마든지 있다. 노래의 문구는 16세기에도 흔하게 사용됐다. 예를 들어, 헨리 8세 시대에 새로 창설된 영국 왕립 해군은 '신이여 국왕 폐하를 구하소서'를 암구호로 썼는데, 이렇게 말하면 '우리 위에 오래 군림하소서(Long to reign over us)'라고 답해야 했다.

음악에 관해서도, 누가 작곡했는지에 대한 확실한 정보가 없다. 이 곡을 발굴해 런던의 무대로 가져온 토머스 안에게 이 곡의 작곡가가 누구냐고 묻자, 그는 "전혀 아는 바가 없고, 짐작도 할 수 없다."라고 답했다. 그러자 자기 이름을 역사에 간절히 남기고 싶어하는 기회주의자 무리가 쏟아져 나왔다. 이 곡의 저작권에 대한 수많은 주장 중 어떤 게 가장 터무니없는지 결정하기가 어려울 정도였다.

1790년대에 조지 커리(George Carey)라는 남자는 자기 아버지 헨리가 이 곡을 작곡했다고 주장했다. 그 주장이 전혀 터무니없지는 않았다. 헨리는 1700년대에 유명한 풍자 작가이자 작곡가였고, 런던 극장들이 작곡 의뢰를 하기 위해 으레 찾는 사람이었다. 이 주장의 치명적 문제는, 조지의 아버지가 토머스 안의 초연에 올릴 목적으로 1745년에 이 곡을 썼다고 주장했다는 점이다. 이는 말이 안 되는 소리였다. 헨리는 그보다 2년 전에 끈으로 목을 매서 자살했기 때문이다. 또 조지는 왕에게 국가에 대한 자기 아버지의 공로를 인정해 달라며 연 200파운드의 연금을 요구했는데(그는 이를 '약간의 보조'라고 불렀다.), 이것도 그의 주장을 증명하는 데 딱히 도움이 되지는 않았을 것이다. 그는 호통을 들으며 왕궁에서 쫓겨났다.

장 바티스트 륄리(Jean-Baptiste Lully)가 이 곡을 썼다고 주장하는 사람들도 있다. 륄리는 프랑스 작곡가로, 음악보다는 실수로 자신을 지휘봉으로 찌른 후 괴저로 사망한 것으로 널리 알려져 있다. 이 주장은 프랑스 귀족인 크레키(Créquy) 후작 부인의 회고록에 처음 등장했다. 예술가 친구가 많은 것으로 유명했던 후작 부인은, 륄리가 1688년 루이 14세의 수녀원 방문을 앞두고 수녀들이 왕을 환영하는 것을 돕기 위해 이 노래를 작곡했다고 주장했다. 부인은 심지어 그들이 노래한 가사도 책에 실었다.

위대한 신이여 왕을 지키소서(Grand Dieu sauvez le Roy),

위대한 신이여 왕의 원수를 갚으소서(Grand Dieu vengez le Roy)

왕이여 만세(Vive le Roy)!

또 후작 부인에 따르면, 수십 년 후 악랄한 작곡가 헨델은 그 수녀들을 달콤한 말로 꼬드겨 그 악보를 보고 베껴서 런던으로 가져갔다. 그래서 그 덕분에 그 노래를 영국 노래라고 주장할 수 있게 됐다는 것이다.[4] 이 얘기는 너무 잘 만들어서, 거짓말이 아니면 좋겠다는 생각이 들 정도다.

그 외에도 저작권에 대한 수십 가지 주장이 있는데, 하나같이 믿기 어려운 내용뿐이다. 하지만 그중에 그렇게까지 억지스럽지 않아 보이는 주장이 하나 있다. 17세기에 가장 유명한 음악가 중 한 명이었던 존 불(John Bull)이 이 곡을 만들었다는 주장이다. 그는 유럽 전역의 교회에서 많은 사람들에게 감격을 불러일으킨 바로크 오르간 음악을 다수 작곡했다. 당시 그려진 그의 초상화를 보면, 그는 불가사의한 표정을 짓고 있다. 영국을 의인화한 인물로 종종 풍자 만화에 등장하는 존 불(John Bull)과는 사뭇 다른 외모다. 날카로운 얼굴선에 기름칠을 한 매끈한 콧수염을 기르고, 마치 상대의 등 뒤에서 막 방으로 들어온 젊은 여성을 보는 것처럼 미묘하게 먼 곳을 보고 있다. 어쩌면 초상화가들은 그의 성격을 잘 포착했는지도 모른다. 그는 상당한 바람둥이로 알려졌으며, '간음죄, 간통죄, 그 외의 극악한 범죄' 혐의로 유죄 판결을 받은 뒤 영국에서 도망쳤기 때문이다. 그는 벨기에의 안트베르펜에서 죽었다.

불이 영국 국가의 작곡가라는 주장은 대체로 아마추어 역사학자인 리처드 클라크(Richard Clark)가 조사한 바에 따른 것이다. 1800년대에 그는 불이 작곡자임을 증명하기 위해 1인 십자군의 길을 떠났다. 클라크가 처음으로 이 주장을 한 시기는 불의 작품 모음집에 '신이여 국왕 폐하를 구하소서'라는 작품이 포함

---

4   헨델은 독일에서 태어났으나 주로 영국에서 활동했다.

된 것을 본 직후였다. 그는 심지어 이 곡이 초연된 때가 1607년 7월 16일이라며 날짜를 정확하게 제시하기도 했다. 그날 밤 불은 '아주 풍성한 두 대의 오르간' 연주로 왕족들의 귀를 즐겁게 했으며, 틀림없이 이 곡을 연주했을 것이라고 클라크는 주장했다. 이 주장의 문제는, 클라크가 사실 그 곡이 어떤 곡인지 실제로 확인하지 않았다는 점이다. 확인해 보니, 그 두 곡은 제목만 같은 전혀 다른 곡이었다. 혹자에 따르면, '이 곡과 국가의 유사성은 개구리와 황소의 유사성보다도 크지 않았다.'고 한다.

클라크는 그 비판을 애써 무시하며 계속해서 불이 작곡가라고 주장했지만, 그는 이미 웃음거리가 됐다. 누군가 클라크를 조롱하기 위해 불의 가짜 악보를 위조해서 어느 날 치즈 가게에서 포장지로 사용되고 있는 걸 발견했노라 주장한 적도 있을 정도였다. 하지만 클라크는 굴하지 않고 계속해서 증거를 찾았다. 어느 날 불의 친필 악보 컬렉션을 구입해 직접 '신이여 국왕 폐하를 구하소서'라는 곡을 살펴보았다. 그 결과, 그의 비판자들이 옳았다. 그 곡은 국가와는 전혀 달랐다.

하지만 계속해서 30여 쪽을 더 살펴본 결과, 국가와 상당히 유사한 곡을 발견했다. 그 곡은 국가와 정확히 같지는 않았다. 불을 작곡가라고 주장할 만큼은 확실히 아니었다. 그러나 '신이여 국왕 폐하를 구하소서'가 이 곡에 기초했다고 할 만큼, 일종의 영감이라고 할 만큼은 됐다.

클라크는 자신의 발견을 즉시 발표했어야 마땅했는데, 어떤 이유에선지 그러지 않았다. 대신 펜을 가져다가 악보를 수정했다. '신이여 국왕 폐하를 구하소서'라는 제목을 추가하고, 끝부분에 두 절의 가사를 추가하고, 곡의 조성을 바꿨으며, 여기저기 올림표를 추가해서 두 곡이 더 닮아 보이게 만들었다. 그리고 악보에 약품 처리를 한 다음, 이 '기적적인 발견'에 대한 이야기를 담은 책을 써서 홍보하려고 했다. 속임수는 금세 발각됐고, 다시 웃음거리가 됐다.

*

파두츠로 돌아와, 요제프 프롬멜트를 만났다. 그는 '신이여 여왕 폐하를 구하소서'에 대해서 굳이 이야기하지 않아도 된다는 사실에 기뻐했다. 그리고 그저 이 노래가 어떻게 리히텐슈타인의 국가가 됐으며, 다른 나라와 달리 왜 교체되지 않았는지만 설명하면 된다는 사실에 안도하며 양손을 문질렀다. "그것은 전부 야코프 야우흐(Jakob Jauch)라는 남자 때문이에요. 그의 삶은 비극이었지요. 정말 대재앙이었어요." 요제프는 이야기를 좀 더 즐겁게 하기 위해 와인을 주문하자고 제안했다. "우리 와인 드셔 보셨어요? 대공이 직접 만든 거예요."

야코프는 사제였다. 아니, 적어도 사제가 되고 싶어 한 사람이었다. 1852년, 쉰 살이었던 그는 스위스에서 살고 있었다. 신학교에서 공부하고 있었지만, 사실상 실업자였다. 스위스의 어떤 주교도 그와 엮이고 싶어 하지 않았기 때문이다. 그의 아버지 크사버(Xaver) 때문이었다. 크사버 역시 사제였지만, 심지어 신조차도 그를 사랑하는 게 쉽지 않았을 정도로 난봉꾼이었다. "야코프의 아버지는 [스위스의] 모든 가톨릭 신도를 기분 나쁘

리히텐슈타인 국가를 작사한 야코프 야우흐.
ⓒ 위키피디아

게 했어요. 그러고는 종교를 바꿔서 신교도가 됐는데, 모든 신교도들의 기분도 상하게 했지요." 요제프의 말이다. "제 생각인데, 그는 뇌가 없었나 봐요."

크사버는 스위스인들을 너무나 화나게 한 나머지 결국 러시아 식민 농장으로 이주해야 했다. 거기에서만 그를 받아 줬기 때문이다. 야코프도 아버지와 같은 운명을 걷는 듯했다. 하지만 그는 마을 주교에게 '다른 그 누구도 가고 싶어 하지 않는, 세상에서 가장 가난한 신자들이 모인 가장 조용한 교구'라도 좋으니 제발 보내 달라고 애원하는 편지를 썼다. 그들은 야코프의 말을 믿고 그를 리히텐슈타인으로 보냈다.

당시 리히텐슈타인은 한쪽에는 라인강, 다른 한쪽에는 오스트리아의 산을 둔, 고립된 몇몇 마을에 지나지 않았다. 약 8,000명의 가난한 사람들이 수천 마리의 더 가엾은 소를 돌보면서 살아 가고 있었다. 이 나라는 주권 국가이면서 독일 연방의 일부였지만, 사실은 존재하지 않았어야 했다.

나폴레옹이 19세기 유럽을 휩쓸었을 때, 이런 소규모 공국을 거의 없애 버렸다. 다만 그가 개인적으로 리히텐슈타인의 대공 요한 1세를 좋아했기 때문에, 이 나라를 건드리지 않은 것뿐이 었다. 요한 1세는 오스트리아 군대의 지휘관이었고 수많은 기 병 전투를 성공적으로 이끈 전적이 있었다. 그는 프랑스와 오스 트리아 제국 사이의 평화 협상단으로 참여했다가 나폴레옹을 만났는데, 오스트리아의 이익을 대변하는 데 너무 장렬하게 실 패한 나머지 결국 그 자리에서 쫓겨났다. 어쨌거나 그 덕에 그 는 적어도 자기 나라는 구했다.

물론 리히텐슈타인이 생존할 수 있었던 것은 그 나라가 도무 지 침략할 가치가 없다는 사실에 기인한 바도 컸다. 거기에는 금도, 도시도, 전략적 가치도, 아무것도 없었다. 리히텐슈타인 의 대공들조차 대체로 오스트리아 빈에 머무를 뿐, 나라를 별로 고민하지 않는 것 같았다. 리히텐슈타인 가문은 이 땅을 1712 년에 샀지만, 이후 130년간 가문의 대공들은 이 땅을 방문조차 하지 않았다.

야코프 야우흐는 자기가 이렇게 잊혀진 장소로 가게 된 것에 개의치 않았다. 이는 자신을 증명할 마지막 기회였다. 그는 리히 텐슈타인 사람들을 보자마자 이들의 삶을 개선할 수 있다면 뭐 라도 하겠다고 결심했다. 사람들에게 교육이 필요하다는 것을 깨닫고는 남학교를 설립했고, 농사 방식이 시대에 뒤떨어진 것 을 확인하고 헝가리에서 전문가를 불러서 현대 농업 기술을 가 르쳤다. 이것만 들으면 야코프가 마치 신이 내린 선물처럼 들리지만, 불행히도 그는 이 모든 것을 자기 아버지가 했을 법한 방식으로 했다. 요제프에 따르면, "야코프는 담즙질 성격을 가지고 있었다."는데, 성질이 급하고 화를 잘 낸다는 뜻을 돌려 말한 것이다. 그는 잘난 척하고, 남들이 잘못 살고 있다고 얕보는 듯한 인상만 주었다. 게다가 몇몇 가족만 편애해서, 학교 건설과 관련한 계약을 이들하고만 맺고 다른 사람들의 입찰은 무시했다.

이 모든 것 때문에 그는 수많은 적이 생겼고, 곧 그를 쫓아내기 위한 적극적인 노력이 시작됐다. 마을 사람들은 그들 머리에서 뽑아낼 수 있는 모든 비방과 비난을 담아 주교에게 편지를 쓰기 시작했다. 야코프가 예산을 잘못 사용했고, 성직자의 의무를 무시했으며, 마을 사람들을 모욕했다는 등의 내용이었다. "4년 후에 주교는 그를 다른 곳으로 보내야겠다고 결심했지요." 요제프가 말했다. "그는 고작 하루 전에 다음 날 리히텐슈타인을 떠나라는 통보를 받았어요. 그러고는 시칠리아로 보내졌지요. 그는 자기를 다시 돌려보내 달라는 편지를 쓰면서 남은 여생을 보냈어요."

야코프가 리히텐슈타인에 품었던 애정은 그가 쓴 5절로 이뤄진 노래 가사에서 엿볼 수 있다. 아직 리히텐슈타인에 거주할 때 이 노래를 썼는지, 혹은 추방당한 후 애통해 하며 썼는지는 알려져 있지 않다.

초록으로 덮인 암석의 산 위에서
바라보기 아름다운 광경이여,
라인강의 은빛 띠가

이 아름다운 땅의 단을 이루네

…

고요한 축복의 땅이여.

또, 어딘가에는 아래와 같은 내용이 나온다.

샤모아[5]가 자유로이 노닐고,

독수리는 담대하게 날아오르네

양치기는 환영 노래를 부르네

고향을 위해.

감상이 좀 지나치긴 하지만, 그래도 애정이 느껴진다. 왜 그는 '신이여 여왕 폐하를 구하소서'의 곡조에 이 가사를 붙였을까? 요제프의 말로는, 야코프가 국가를 염두에 두고 이 시를 쓴 것은 아닐 거라고 한다. 다만 그는 이 선율을 잘 알고 있었다. 일찍이 런던의 독일인들을 위한 사제로 일하면서 영국에서 살았던 적이 있기 때문이다. 아마 그는 이 곡조가 그저 마음에 들어서 골랐을 것이다. 자신 같은 아마추어 작사가조차도 가사를 붙일 수 있을 정도로 쉬운 곡이었기 때문이다.

야코프는 유배지에서 리히텐슈테인 사람들에게 보낸 수많은 편지 중 하나에서 자신이 이 노래를 썼다는 사실을 언급했다. 그 편지가 아니었다면, 그가 '젊은 라인강 상류에'를 썼다는 사

---

5   유럽 지방의 영양류.

실을 아무도 몰랐을 것이다. 그의 모든 편지는 적들이 읽는 것을 막기 위해 전부 암호로 쓰여 있었다. 어느 편지에서 그는 하프 연주를 하며 이 노래를 불렀던 일을 이야기했다. '하지만 제가 만든 곡을 부르기 시작하자 목소리가 나지 않았습니다. 리히텐슈타인의 가여운 사람들 때문에 눈물이 흘러 목이 메더군요.'' 요제프에 따르면, 야코프는 '엄청나게 폭발적인' 두 번의 대동맥류를 앓은 후 1869년에 사망했다. 그로부터 30년 후, 리히텐슈타인의 한 신문 기사는 거대한 군중이 모여 그의 노래를 부르는 모습을 매우 자연스러운 일처럼 묘사했다. 그 사이에 그 노래에 대한 기록은 전혀 없다. 즉, 언제 어떻게 이 노래가 국가의 지위를 얻었는지에 대해서는 그 누구도 알지 못한다.

*

"그런데 왜 멜로디는 바뀌지 않았을까요?" 내가 요제프에게 물었다. 그는 모른다는 듯 어깨를 으쓱했다. "이 곡이 처음 쓰였을 때, 영국 멜로디를 쓰는 것은 곧 국가라는 표식이었기 때문에, 누군가가 이 노래를 국가로 채택한 것은 자연스러운 일이었다고 생각해요. 그리고 1930년대에 나치 치하가 되자, 이 노래는 독일과의 싸움 중 하나가 됐기 때문에 우리에게 매우 중요해졌지요. 그때가 이 나라가 정말로 탄생한 시기입니다."

그는 계속해서, 다소 날카롭게, 그 음악을 바꿔야 한다고 외쳐온 것은 외국인들뿐이라고 말했다. 어떤 사람은 심지어 직접 작곡을 해 오기도 했단다. "저는 언젠가 '리히텐슈타인의 가장 멋진 찬가 25곡'이라는 콘서트를 기획한 적이 있어요. 거기서 국가들을 아주 많이 불렀지요." 그는 기억을 떠올리며 껄껄 웃었다. 그러고는 바닥에 놓인, 종이로 가득 찬 가방에 손을 뻗어, 1980년대에 미국의 한 작곡가가 당시 리히텐슈타인 대공인 프란츠 요제프 2세에게 보낸 편지를 꺼냈다. '제가 리히텐슈타인을 위한 새 국가를 썼습니다.' 그 편지의 내용이었다. '가사는 영어로 되어 있어서 완전히 만족스럽지는 않을지도 모르지만, 제 음악은 '신이여 여왕 폐하를 구하소서'보다 훨씬 더 강력하고 영감을 줍니다. 이 곡보다 더 나은 곡은 찾기 어려울 겁니다.'

"그는 이 편지와 함께 테이프도 보내 왔어요." 요제프가 말했다. "그걸 틀었더니 이렇게 긴 화음이 들리더니, 갈라지고 쉰 저음이 들리는 거예요. '오오오오오오오오오오오, 리히텐슈타인!' 정말 세상에서 제일 웃긴 일이었지요."

이제 요제프에게 시간을 내 줘서 감사하다고 인사를 하려던 참이었다. 그런데 갑자기 그 역시 음악가였다는 게 떠올랐다. 그에게 직접 국가를 작곡하려고 시도한 적이 있냐고 물었다. "생각은 해 봤지요. 그런데 베토벤이 그 노래가 얼마나 멋진 멜로디인지 묘사했던 게 생각나더라고요. 그랬더니 이런 생각이 들더라고요. '베토벤보다 더 나은 걸 해야 된다고? 가망이 없군! 택도 없는 꿈이야. 그냥 지금 곡을 그대로 쓰는 게 좋겠어.'"

*

그 후 며칠 동안, 나는 리히텐슈타인의 거의 전 인구가 아닐까 싶을 정도로 많은 사람들에게 자국 국가에 대한 생각을 묻고 들었다. 요제프의 말이 맞는 것 같았다. '신이여 여왕 폐하를 구하소서'의 선율을 리히텐슈타인 국가로 사용하는 데 조금이라도 꺼림칙해 하는 사람이 없었다. 굳이 따지자면, 오히려 자랑스러워 하는 것 같았다. 이것은 이 나라를 널리 알리는 또 하나의 요소였다. 리히텐슈타인의 대공이나, 리히텐슈타인에는 군대가 없다는 사실처럼 말이다. 이 나라에 대한 흥미를 돋우고, 리히텐슈타인이 특이한 나라라는 국가적 정체성에 기여하고 있었다. 만약 자기들만의 음악을 국가로 사용한다면, 이웃 나라인 오스트리아나 스위스의 국가처럼 리히텐슈타인 국가를 아무도 듣지 않고 흥미로워 하지도 않으리라는 것이었다.

나는 리히텐슈타인 역사상 가장 위대한 축구 선수인 마리오 프리크(Mario Frick)를 만났다. 그는 한때 이탈리아에서 활약할 만큼 뛰어난 공격수였다. 비록 A매치 기록은 125경기 16골이 전부였지만 말이다. 그는 어느 잉글랜드 축구팀의 유니폼을 입고 약속 장소에 나타났다. 본인은 우연이라고 주장했다. 그러고는 자기가 웨일스나 북아일랜드, 스코틀랜드 대표팀과 경기했던 시간을 회상하기 시작했다. "우리 국가가 나오면 정말 대단했지요. 휘파람이 엄청 났어요. 항상 휘파람 소리가 나와요." 그가 이렇게 말하며 입에 손가락을 넣고 직접 휘파람을 불기까지 했다. 혹여라도 내가 4만 명의 성난 스코틀랜드인들이 영국 국가 연주를 묻어 버리려고 노력할 때 어떤 소리가 나는지 짐작하지 못하기라도 할까 봐.

"우리는 이 노래의 역사를 알고 있고, 자라면서 이 노래를 불렸는데, 왜 바꾸겠어요? 그러기엔 이미 너무 늦기도 했고요."
그의 말이다. 그 국가와 관련해서 바꾸고 싶은 점은 그 노래를
부르는 사람의 숫자뿐이란다. "우리도 자부심이 있는 국민이에
요. 하지만 이탈리아 사람들이나 스페인 사람들처럼 시끄럽거
나 감정적이지는 않잖아요? 제가 처음으로 축구 선수로서 국가
를 들은 건 당연히 이곳이었어요. 소름이 돋았죠. 하지만 사실
상 빈 경기장이나 다름없었어요. 한 네 명 정도만 따라 불렀거
든요."

나는 이 나라에서 가장 존경받는 정치인 중 한 명인 헤어버
트 엘쿠흐(Herbert Elkuch)도 만났다. 그는 크로스드레싱을 하는
자동차 정비공이었다. 그는 무뚝뚝하게 "그것은 우리 노래지,
당신네 곡이 아니에요. 가사를 보세요."라고 말했다. 그러고는
오랫동안 자기 나라의 세금이 너무 높다고 투덜대고는, 그 메시
지를 밖에 전해 달라고 당부했다.

혹시 새로운 곡을 직접 쓰고 싶다고 말하는 사람이 있지는
않을까. 나는 희망을 품고 이 나라의 음악가들을 따라다녀 봤
다. 하지만 그나마 가장 근접한 이야기를 한 사람은 마르코 쉐
들러(Marco Schädler)라는 작곡가뿐이었다. 그는 "대체로 우리는
자존감이 낮아요."라고 말했다. "리히텐슈타인의 크기를 생각
하면 이해할 만하죠. 하지만 그래서 우리는 스스로의 지식이나
역량에 별로 신뢰가 없어요. 우리는 큰형이나 아버지의 도움을
늘 필요로 하는 어린아이들처럼 행동할 때가 있어요. 큰형은 스
위스, 아버지는 대공이지요. 먼저 자존감을 높이는 노력을 해야
돼요. 그래서 충분히 자존감이 높아지면, 아기가 성모에게 온

것처럼 저절로 좋은 국가가 오게 되겠죠." 나는 그러기까지 얼마나 걸릴지 물었다. "독일이 언급된 단어 두 개를 바꾸는 데 60년이 걸렸으니까요. 이것도 60년 정도 걸리지 않을까요?"

하지만 많은 사람들은 한 가지 불만이 있다고 말했다. "가사요. 저는 그 가사가 별로예요." 레이밴 선글라스를 쓰고 송곳니 하나에 보석을 박아 넣은, 젊은 교사 야미네 슈팔트(Jamine Spalt)가 말했다. "가사가 지나치게 '나는 퓌어스트(Fürst)를 사랑해'라고 말하는 것 같아요." 그는 대공을 뜻하는 독일어를 쓰면서 말했다. "그분을 다른 모든 사람 위에 놓는 것 같아요. 저는 개인적으로 그분을 반대하지는 않아요. 리히텐슈타인에 그분이 필요하다고 생각해요. 하지만 너무 권력이 많은 것 같아요."

이런 의견이 나오는 이유가 있다. 바로 대공이 갖는 거부권 때문이다. 리히텐슈타인은 세계에서 가장 발전된 민주주의 체제를 가진 나라여야 한다. 이곳은 누구든지 원하면 단 1,000명의 서명으로 의회에 법안을 발의할 수 있다. 의회에서 이를 거부하면, 즉결 국민 투표 제도를 이용할 수 있다. 이 체제에서 유일하게 실망스러운 점은, 온 나라가 지지한 법안이라도 대공이 원하면 법안에 대해 거부권을 행사할 수 있다는 것이다. 한스 아담 2세는 이 거부권이 "공공선을 희생하여 지나치게 대중 영합적인 정책이 시행되는 것을 막는 대비책"이라고 주장했지만, 실제로 그가 이 거부권을 행사하겠다고 위협했던 것은 2011년 낙태 합법화 국민 투표 때뿐이었다. "그렇게 많은 권력을 한 사람에게 몰아주면 안 돼요." 야미네가 말했다. "그리고 그는 이상한 보수적인 신념을 많이 가지고 있는데, 저는 그 신념을 정말 지지하지 않아요."

이런 불만을 가진 사람은 야미네 말고도 많다. 나는 다른 젊은 여성들에게서 거의 똑같은 불만을 들었다. 익명을 요구한 어느 여성은 "그의 가족은 우리 지역 방언도 쓰지 않아요."라고 말했다. "하지만 모든 사람이 그 가문의 심기를 거스르는 걸 두려워해요." 이 여성은 이후 오스트리아 독일어와 리히텐슈타인 독일어의 차이점을 설명하는 데 10분을 할애했는데, 다른 사람들에게 듣기를 권하고픈 주제는 아니었다.

*

한스아담 2세, 혹은 요하네스 아담 페르디난트 알로이스 요제프 마리아 마르코 다비아노 피우스 퓌어스트 폰 운트 추 리히텐슈타인(Johannes Adam Ferdinand Alois Josef Maria Marco d'Aviano Pius Fürst von und zu Liechtenstein)은 파두츠 성의 장미 정원에 서 있었다. 성에 딸린 작은 탑이 만들어 낸 그늘 외에는 그가 햇볕에 그을리는 걸 막아 줄 지붕은 없었다.

리히텐슈타인 '국가의 날' 오후였다. 이 은발의 군주는 국민들을 만나려는 참이었다. 자신의 영지에서 모든 이들을 위해 무료 맥주와 간단한 음식을 대접했고, 이제 한 바퀴 돌면서 그 대단한 리히텐슈타인 독일어와 오스트리아 독일어 간의 간극을 극복하고 사람들과 대화할 참이었다. 여기서 대화를 마치고 나면, 그는 세계에서 가장 큰 파티가 열리고 있을 도시의 광장으로 갈 예정이었다. 그곳에는 3만 6,000명에 달하는 리히텐슈타

2016년 '국가의 날' 행사에서 시민들과 대화를 나누고 있는 한스아담 2세.
ⓒ 게티이미지

인의 전 인구가 온갖 음악에 맞춰 춤을 추면서 술을 마시고 있
었다. 하지만 현재 그는 언론에 대한 의무를 수행하고 있었다.
즉, 리히텐슈타인에 존재하는 단 두 개의 신문사 기자를 만나서
국가의 '현금 흐름 문제'를 보고하고, 어떻게 대처할지 이야기
하는 중이었다.

내 차례를 기다리면서, 대공에게 내셔널리즘과 관련해 어떤
똑똑한 질문을 던져야 할지 고민했다. 한때 대공은《세 번째 밀
레니엄 시대의 국가》라는 책을 썼다. 이 시대에 국민 국가가 생
존하는 유일한 방법은, 내셔널리즘 정서에 기대어 사람들을 통
합하는 것을 그만두고, '서비스 기업처럼' 되는 것이라고 주장

했다. (물론 그 서비스 기업은 대공이 운영하겠지.) 하지만 당장 내 눈 앞에 있는 대공은 라거를 마시고 또 마시는 모습만 보여서 질 문을 생각해 내기가 좀 어려웠다. 마치 결혼 전 총각 파티에서 신랑이 술을 마시자마자, 옆에서 누군가가 다시 잔을 채워 주는 모습을 보는 것 같았다. 마침내 안내를 받아 그를 만났을 때도, 나는 여전히 내가 본 모습을 이해하려고 애쓰고 있었다. "사진 도 찍으세요?" 그가 물었다. "아니라고요? 잘됐네요! 그럼 계속 맥주를 마셔도 되겠네." 그 말이 끝나기가 무섭게 누군가가 또 한 잔의 맥주를 그의 손에 들려 줬다.

우리는 오늘날 리히텐슈타인의 모습이 어떻게 만들어졌는 지 잠시 대화를 나눴다. 대공은 리히텐슈타인에 사람이 너무 나 적어서, 모든 사람들이 자기가 특별하다고 느낀다며 웃었 다. 그러고 나서 리히텐슈타인이 오랫동안 독립 국가로 생존 해 왔다는 사실 자체가 그 느낌의 진짜 핵심이라고 좀 더 진지 하게 말했다.

내가 리히텐슈타인에서 뭘 하고 있는지 설명하자, 그는 즉시 입을 다물고 필사적으로 웃음을 참았다. 코웃음이 입술 옆으로 비어져 나왔지만, 남자답게 잠시 더 버티려 했다. 하지만 자신 이 웃음을 참고 있는 게 너무 뻔해서 그냥 폭소를 터트린 거나 다름없다는 것을 깨달았다. 그가 무례해서 그런 것은 아니었다. 단지 리히텐슈타인 국가와 같은 이상한 주제에 대해서 한번도 질문을 받아 본 적이 없을 뿐이었다.

나는 대공에게 자신에 대한 노래를 부르는 게 어떤 기분인지 질문했다. 국가의 가사 일부가 대공에 관한 것이기 때문이었다.

모든 사람들이 그의 이름이 나오는 부분에서 경례를 하는 것 말이다. "글쎄요, 물론 조금은 이상한 기분입니다. 하지만 그 노래는 어떤 의미에서 제3제국 시절 국경 너머에 총통이 있을 때 진정으로 국가(國歌)가 됐다고 할 수 있어요. 그래서 사람들은 '대공이 우리 총통이다, 너희는 너희 총통이 있다, 그리고 우리는 그를 원하지 않는다.'라고 말하고 싶었던 거지요."

"아무튼 왜 그 노래를 직접 부르세요?" 내가 질문했다. "사실상 자기 자신을 찬미하는 것 아닌가요?"

"맞아요. 아까도 아내가 그 때문에 저를 놀렸어요." 그가 웃었다. "하지만 이건 자연스러운 일이죠. 저도 그 노래를 학교에서 배웠으니까요. 너무 오래 불러서 익숙해진 거예요. 일상적인 겁니다."

대공의 보좌관이 내게 손가락 하나를 들어 보였다. 질문을 하나만 더 할 수 있다는 뜻이었다. 그래서 나는 그 곡의 멜로디에 대해 물었다. "여기서 그 곡은 너무 인기가 많아서 바꿀 생각을 한 적이 전혀 없어요." 그가 대답했다. "어쩌면 한두 번 정도 시도는 했던 것 같아요. 하지만 스위스처럼 국가를 바꾼 나라에서 무슨 일이 일어났는지 봤지요. 새 국가가 별로 좋은 반응을 얻지 못했더라고요. 그래서 저희는 '아니야, 아니야, 아니야, 바꾸지 말자.' 이렇게 된 거죠. 그리고 우리는 영국이랑 사이가 좋아요. 아주 훌륭한 동반자 관계라고 할 수 있어요." 거기까지 대답한 후 그는 국민들을 만나러 떠났다.

그날 밤 늦게, 나는 대공에게 몇 가지 질문을 더 할 수 있지 않을까 하는 희망으로 파티장을 어슬렁거렸다. 하지만 그는 '힙합과 폴 댄스' 쇼에도 없었고, '살사와 레게톤' 무대에서 아내와 춤추고 있지도 않았다. 30분 동안 계속되는 불꽃놀이 쇼에도 없었다. 불꽃을 쏘아 올리는 총소리가 계곡을 타고 너무 크게 메아리치는 나머지 리히텐슈타인이 잠깐 전쟁터로 변했나 싶었다. 이 쇼는 국가가 상승하는 선율에 맞추어 로켓이 폭발하면서 '대공과 신과 조국을 위하여(Für Fürst, Gott und Vaterland)'라는 가사가 성벽에 레이저 빔으로 비추며 절정에 달했다.

대공은 아마 그가 마신 모든 맥주 때문에 깊이 잠들었을 것이다. 하지만 실제로는 그가 기타를 들고 어딘가에서 내가 했던 질문을 떠올리며 리히텐슈타인에 결국 새 음악이 필요하다는 생각을 하면서 앉아 있었을 것이라고 상상하고 싶다.

*

다음 날 아침, 컨디션이 다소 좋지 않았다. 내가 묵던 집의 주인이 아침 식사로 만들어 준, 사과를 넣은 혼합 음료를 소화시키려고 애썼다. 그러다가 문득 어쩌면 리히텐슈타인에 오지 말았어야 했다는 생각이 들었다. 그냥 런던에 머물렀어야 했다. 그렇게 해서 내가 두려워하던 '내밀한 여정'을 거치려는 게 아니었다. '신이여 여왕 폐하를 구하소서'의 선율을 먼저 포기할 가능성이 있는 나라는 리히텐슈타인이 아니라 영국이라는 생각이 들었기 때문이었다.

영국에는 항상 그 노래를 싫어하는 사람들이 있다. 잉글랜드에서조차 그랬다. 1902년 스트링어 베이트만(Stringer Bateman)이라고 불리는 한 법정 변호사는 영국의 유명 인사들을 대상으로 설문 조사를 실시해 이 '엉망인 국가'를 어떻게 개선할 수 있을지 물었다. 조지 버나드 쇼는 이 노래가 "문학적 관점에서는 터무니없습니다."라고 말했고, '길버트와 설리번 표 오페라'의 윌리엄 길버트는 이 노래를 "경멸을 받을 만한 엉터리 시"라고 혹평했다. 길버트는 혹여라도 자기 의사가 충분히 전달되지 않았을까 봐 "이 노래를 효과적으로 수정하는 것은 불가능하다고 생각합니다. 단 한 줄도 쓸 만한 대목이 없으니까요."라고 덧붙이기까지 했다.

사람들은 보통 2절에 진저리를 친다. 적들의 '간교한 계략'을 좌절시키고 '그들의 정치를 혼란하게 하는' 내용의 가사 말이다. 한때 영국 신문들은 이를 대신할 가사를 공모하기도 했는데, 독자 투고란은 1800년대가 아닌 시대에 이처럼 공격적인 가사가 적절한지에 대한 논쟁으로 가득했다. 빅토리아 여왕은 한때 '영국의 적들을 축복하고 / 그들을 선하게 만드는' 내용의 새 가사를 승인해 달라는 요청을 받은 적이 있다. 애초에 그 요청에 대한 대답은 '저는 그들의 정치를 혼란하게 하고 싶으니, 감사하지만 거절하겠습니다.'로 정해져 있었지만 말이다. (이 국가에 대한 빅토리아 여왕의 애정은 잘 알려져 있어서, 여왕은 앉을 때마다 그곡이 연주되는 드레스를 선물 받은 적도 있을 정도였다.)

오늘날에는 '신이여 여왕 폐하를 구하소서'의 2절 가사를 아는 사람이 거의 없기 때문에 더 이상 그 가사를 염려하지 않는다. 사실 나를 포함한 대부분의 영국인은 이 국가가 자기들 삶과 너무 유리돼서 시간을 들여 그에 대해 고민할 가치조차 없다고 생각하는 것 같다. 사람들을 내셔널리즘으로 몰아갈 만큼 외부의 '위협'이 더 이상 즉각적이지 않은 이때, 다른 유럽 나라들의 국민 대부분도 자기 국가에 대해서 비슷하게 느끼는 것 같다.

하지만 그럼에도 불구하고 이 국가를 비방하는 사람은 여전히 많다. 굳이 신문의 논평이나 정치가의 발언을 찾지 않아도 된다. 웨일스인은 자신들만의 국가인 '나의 아버지들의 나라'를 갖고 있고, 스코틀랜드인 또한 자기들만의 국가로 택할 만한 노래가 여럿 있어서 그중에서 '스코틀랜드의 꽃'을 선택했다. 그래서 누군가는 '왜 잉글랜드 사람들이 스포츠 경기에서 자랑스럽게 부를 수 있는 잉글랜드만의 국가는 없는가?'라고 묻는다. 그들은 자신의 질문이, '신이여 여왕 폐하를 구하소서'를 지금보다 더 대중과 유리시켜 왕실 결혼식이나 해외 순방에서나 연주되는, 실은 단순한 '왕실 국가'로 만들자는 주장과 똑같다는 사실을 깨닫지 못하는 것 같다.

그러나 이런 주장이 점점 더 강력해지고 넓게 퍼지는 시나리오를 어렵지 않게 상상할 수 있다. 엘리자베스 2세 여왕의 치세가 끝나고, 찰스 황태자의 대관식이 열린다고 생각해 보라. 그는 영국 대중에게 그다지 폭넓게 사랑받는 인물은 아니다. 사람들이 영국의 다음 축구 경기에 참석해서 국가가 연주될 때, '신이여 국왕 폐하를 구하소서'를 목청껏 부를 것 같은가? 내 생각에 그들은 아마 가사를 '여왕 폐하'라고 계속 부를 것 같다. 일부는 여왕에 대한 헌정으로, 일부는 항의의 뜻으로 말이다. 혹시 가사를 기꺼이 바꿔 부른다 할지라도, 그 한 단어를 바꾸는 것은 매우 기이하게 느껴질 것이다. 리히텐슈타인 사람들이 그 노래를 독일 가사로 부르는 것을 들었을 때 내가 기이하게 느낀 것처럼. 그것은 국가를 난생 처음으로 듣는 것 같은 효과를 낼 것이다. 신선하고, 완전히 새롭게. 그러면 누군가는 이 노래를 계속 국가로 삼아야 할 이유가 있는지 의문을 품을지 모른다.

그렇다면 어떤 곡이 이 노래를 대체할 수 있을까? 보통 가장 자주 언급되는 후보는 윌리엄 블레이크의 시 '예루살렘'에 휴버트 패리(Hubert Parry) 경이 1916년에 극단적 애국주의 운동을 위해 곡을 붙인 노래다. (이 곡은 1년 후 여성 참정권 운동 세력의 주제가로 사용됐으며, 패리 경은 이 노래가 이렇게 이용되는 편을 선호한다고 말했다.) 이 노래는 예수가 '초록의 기분 좋은 땅'인 영국을 방문한 적이 있다는 영국의 전설에 관한 가사다. 부인할 수 없을 정도로 아름다운 곡이다.

그 1절 가사는 4개의 질문으로 이루어져 있는데, 그 모든 질문에 대한 대답은 '아니오'다.

그 발들이 고대에
영국의 푸른 산들을 걸었을까?
하나님의 거룩한 어린 양이
영국의 아름다운 초장을 보았을까?

2절의 가사는 그 질문에 답을 한다.

나는 멈추지 않으리…

우리가 예루살렘을 건설할 때까지,

영국의 푸르고 아름다운 땅에서.

하지만 영국이 정말로 이렇게 놀림감이 되기 딱 좋은 노래 때문에 '신이여 여왕 폐하를 구하소서'를 버릴 것인가? 아닐 것 같다. 이보다는 더 좋은 선택지가 있을 것이다. 만약 다른 나라의 국가를 사용하는 게 문제가 되지 않는다면, 리히텐슈타인도 그랬고, 핀란드, 에스토니아, 그리스와 키프로스도 그랬던 것처럼, 영국이 다른 나라의 더 좋은 국가에서 선율을 훔쳐서 가사만 바꾸면 안 되나? 그렇게 한다고 해서 딱히 문제될 것이 뭐란 말인가? 독일인들도 너무 싫어하지는 않겠지, 안 그런가?

7.

보스니아 헤르체고비나

가사가 필요한 국가

Intermezzo

[기악곡]

인테르메조

>>>

보스니아 헤르체고비나 국가를 작곡한 두샨 셰스티치 (Dušan
Šestic)가 들려줄 이야기가 그다지 즐겁지 못하리라 미리 예상했
어야 했다. 돌이켜 보면, 단서는 충분했다. 보스니아 역사만 봐
도 그렇다. 보스니아가 유고슬라비아로부터 독립을 선언하고
몇 주 지나지 않아 전쟁이 시작됐고, 그 나라 주민 중 보스니아
계도 크로아티아계도 세르비아계도, 무슬림도 가톨릭도 정교
회도, 그 누구도 전쟁에서 무사하지 못했으니 말이다.

런던 주재 보스니아 대사관에서 걸려 온 전화도 심상치 않았
다. 나는 대사관에 두샨을 찾아 달라는 요청을 미리 해 둔 상황
이었다. 내게 전화를 건 참사관은 "좋은 소식은 제가 그분의 아
내를 찾았다는 거예요."라고 기쁘게 말했다. "나쁜 소식은 아내
분은 자기 남편이 어디 있는지 모르고, 그와 다시는 연락하고
싶지 않다고 한 거예요. 이 일이 이렇게 재미있을 줄 누가 알았
겠어요?" 하지만 그 모든 힌트에도 나는 진작에 깨닫지 못했다.
그를 직접 만나기 전까지 말이다.

나는 스릅스카 공화국의 수도인 바냐루카(Banja Luka)의 어느
세련된 술집에서 두샨을 기다리고 있었다. 스릅스카는 보스니
아 내에 있는 세르비아계 자치 공화국으로서 보스니아 영토의
거의 절반을 차지하고 있다. 자체 우편 서비스까지 구축했을 정

도다. 바냐루카는 보스니아에서 전쟁의 흔적을 찾아볼 수 없는 몇 안 되는 도시 중 하나다. 사라예보처럼 포탄에 맞아 깨져 있는 건물도 없고, 모스타르처럼 역사 유적이 모두 부서져 허술하게 복원돼 있지도 않다.

그날은 화창한 10월이었다. 술집의 야외 테라스는 사람들로 가득했다. 그해의 마지막 햇살을 쬐면서, 담배 한 대와 함께 느긋하게 커피를 즐기는 이들이었다. 그 가운데서 나는 마치 길을 잃은 듯 테이블 사이를 헤매고 다니는 어느 60대 남성에게 눈을 뗄 수 없었다. 야구 모자를 너무 꽉 눌러 쓴 나머지, 그 안으로 기어들어 가고 싶은 것처럼 보이는 사람이었다. 자기가 고개를 들기 전에는 아무도 자기를 볼 수 없길 바라는 마음에서인지, 그의 시선은 땅바닥에 고정돼 있었다. 그는 헤매다가 전화기를 꺼내 번호를 눌렀다. 그 즉시 내 전화가 울렸다. 이 사람이 두샨이었다. 그에게 자리를 권했다. 하지만 그는 텅 비어 있는 술집 내부에 있는 테이블이 더 좋다고 했다. 다른 사람들에게서 최대한 떨어지고 싶은 것 같았다.

두샨은 보스니아 국가인 '인테르메조'를 작곡한 사람이다. 전쟁이 끝나고 고작 3년 후였다. 당시에는 아직 전쟁이 모두의 마음을 무겁게 짓누르고 있었던 때였다. 그 시작은 1992년 4월, 유고 연방의 일원이던 보스니아 헤르체고비나에 거주하던 보스니아계와 크로아티아계 주민이 국민 투표로 유고로부터 독립을 결정했을 때였다. 세르비아계 주민은 이에 반발하여 영토 대부분을 무력 점령했다. 세르비아에서도 이를 돕기 위해 지원군을 파견했다.

이 전쟁은 곧 역사상 가장 잔인하고 혼란스러운 분쟁 중 하나가 됐다. 어떤 때는 기이하게도 보스니아계와 세르비아계가 함께 힘을 합쳐 싸우기도 했고, 또 다른 때는 여러 파벌로 나뉘어 내부 싸움이 일어나기도 했다. 또한 이 전쟁은 '인종 청소'라는 개념을 세계에 알린 싸움이었다. 세르비아계는 영토를 점령하기 위해 크로아티아계와 보스니아계 주민을 마을에서 몰아냈고, 떠나기를 거부하는 사람을 살해했다. 결국 크로아티아계와 보스니아계도 같은 방식으로 대응했다.

또, 스레브레니차 집단 학살(Srebrenica Massacre)과 같은 끔찍한 잔학 행위가 발생한 전쟁이었다. 스레브레니차 학살은 세르비아인이 유엔 보호 안전 지역으로 선포된 스레브레니차 지역에

스레브레니차 포토차리 제노사이드 기념관 옆에 마련된 묘지.
약 6,000명의 보스니아계 무슬림이 안치됐다. ⓒ 게티이미지

서 약 8,000명의 남자 어른과 아이를 인종 청소의 일환으로 살해한 사건으로, 1990년대 유럽에서 발생했다고 도저히 믿을 수 없을 정도로 잔혹했다. 이 전쟁은 나토가 평화 협상을 포기하고 세르비아의 요지를 폭격하면서 간신히 끝났다.

전쟁이 끝난 후에도 통일 국가는 요원했다. 보스니아는 이제 사실상 두 개로 쪼개져 버렸다. 하나는 스릅스카 공화국이고, 다른 하나는 크로아티아와 보스니아 연합이었다. 정치적 의사 결정 절차는 첨예한 이해관계 때문에 무겁고 복잡해졌다. 불행히도 대부분의 정치인들은 이 절차를 이용해 민족적 긴장을 부추기고 필요한 일이 진행되지 않게 방해할 수 있다는 것을 금세 깨달았다.

이 정치적 타성은 국가(國歌) 선택에도 영향을 미쳤다. 1998년 유엔에 의해 지명된 보스니아 헤르체고비나 주재 고위 대표는, 정치인들이 계속 이 문제를 질질 끄는 것에 질려서 새로운 국가 지정을 위한 공모전 개최를 직접 발표했다.

당시 바이올린 교사이자 영화 음악 작곡가로 일하던 두샨은, 처음에는 공모전에 전혀 관심이 없었다. 그는 자기가 보스니아인이라기보다 '한때 위대했던 나라의 폐허'에 살고 있는 유고슬라비아인이라고 생각했다. 하지만 어느 날 아이들과 10년 만에 처음으로 여름 휴가차 해변에 놀러 갔다가 돈이 매우 필요하다는 것을 깨달았다. 공모전은 상위 세 개 공모작에 각각 2,000마르크의 상금을 내걸었다. 이는 고작 700파운드(약 140만 원) 정도로 그때 기준으로도 큰돈은 아니었지만, 그래도 없는 것보다는 나았다.

자리를 옮겨 앉고 나서 그는 담배를 연신 빨아들이면서 말했다. "그래서 저는 생각했어요. '안 할 이유가 없잖아? 작곡을 해보면 어떨까?'라고요. 돈 외에는 다른 어떤 동기도 없었어요." 그는 혹여 통역이 자기 메시지를 잘 전달하지 못할까 봐 국제적으로 널리 사용되는, 손가락을 비비는 동작을 곁들였다. 그러고는 영어로 "머니, 머니, 머니."라고 큰 소리로 덧붙였다. "저는 그저 상위 3위 안에 들 만큼만 좋은 곡을 쓰려고 했어요. 익명으로 입선돼서 돈만 챙기고 사라지고 싶었어요. 하지만 현실은 그렇게 되지 않더라고요."

두샨이 만들어 국가로 선정된 노래는 국가치고는 이상하다. 떠들썩하고 당당하다기보다는 우아하고 절제된 곡이다. 향수 어린 분위기를 풍긴다. 해외의 보스니아인들이 눈물을 머금고 조국을 회상하는 장면에서 배경 음악으로 사용하기 위해 작곡된 것 같다. 잘 만들어졌고 아름답다. 하지만 전통적인 국가 스타일의 음악은 아니다. 이 곡을 들으면 두샨이 왜 이 곡이 국가로 선정될 거라고 기대하지 않았는지, 선정된 후에 그 노래 때문에 겪은 고난에 왜 놀랐는지 이해할 만하다.

"그 즉시 저는 저희 민족인 세르비아인들에게 찍혔어요." 그는 지친 듯이 말했다. "보스니아의 독립에 반대하는 사람들로부터 모욕도 많이 받았고, 욕설도 많이 들었어요. '당신은 부역자야!', '배신자!' 이런 말들이요. 그리고 이슬람교도들의 반대도 많았어요. 세르비아인이 자기들 국가를 썼다는 이유로요. 크로아티아계도 좋아하지 않았지요. 저는 아무 데서도 환영받지 못했어요. 그 후로는 진지한 일을 의뢰받는 건 불가능했어요." 두샨은 심지어 자기가 작곡한 국가의 초연에도 초대받지 못했다.

나는 다소 무례하게도 그의 결혼 생활이 파탄이 난 까닭도 국가 때문이라 생각하는지 물었다. 그는 푹신한 가죽 의자에 기대 앉아 손을 코밑에 받치고 한참 생각했다. 부자연스러울 정도로 오랫동안 침묵이 계속됐다. 마침내 그는 "아니오. 그렇게 생각하지 않아요."라고 말했다. "하지만 물론 돈이 없으면 사랑은 창문으로 빠져나가는 법이지요."

민족 갈등에 대한 대중의 관심이 잦아든 후에도, 두샨의 문제는 해결되지 않았다. 국가를 작곡한 지 약 10년 후에, 누군가가 그의 음악이 어느 영화 주제곡과 거의 똑같다는 사실을 발견한 것이다. 그 영화는 음악보다는 미성년자의 섹스에 관한 농담으로 알려진 1978년 미국 코미디 영화 '애니멀 하우스의 악동들 (National Lampoon's Animal House)'이었다. 신문들은 그를 도둑이라고 비난하면서 공모전 우승을 박탈해야 한다고 주장했다. 그중한 신문은 원래 작곡가의 가족에게 연락을 취해 법적 조치를 취하라고 권하기까지 했다. 국가를 바꾸라는 요구도 빗발쳤다.

두샨은 그 곡이 표절은 아니라고 주장했다. "제가 도둑이었다면, 정치인이 되어서 지금보다 더 잘 살았겠죠." 그는 웃으며 말했다. 하지만 "어쩌면 젊어서 제가 그 영화를 봤거나 주제 음악을 어디선가 들었을지도 모르겠어요. 음악이 제 머릿속에 남아 있었나 봐요."라고 말하며, 두 곡의 유사성을 인정했다. 의혹이 제기되던 당시 그는 사람들을 만날 때마다 두 곡의 차이점을 설명했다. 법적으로는 표절로 분류될 수 없다는 것이다. 하지만 그 후 음악가로서 커리어는 끝장나고 말았다.

나는 그가 왜 보스니아를 떠나지 않는지 물었다. 그는 젊은 시절 베오그라드[1]에서 음악을 공부했고, 군부대 음악가였을 때는 크로아티아에서 산 적도 있었다. 다시 그런 곳으로 돌아가 자기의 운을 시험해 볼 수도 있지 않았을까. 그는 자기가 바다를 좋아한다고 말했다. 그렇다면 왜 어딘가의 바닷가로 이사 가서 은퇴하지 않았는가. 바이올린을 들고 태양을 즐길 수 있을 텐데. "저도 생각은 해 봤어요. 하지만 지금도 견딜 만해요." 의자 속에 푹 꺼져 있는 그의 몸이나, 그 앞에 놓인 재떨이에 비벼 끈 담배꽁초들을 보면 그렇지 않은 것 같다.

나는 상황이 다르게 전개될 수는 없었는지 물었다. 두샨은 답답하다는 듯이 나를 바라봤다. 방금까지 보스니아의 정치가 민족 간 갈등으로 얼마나 마비돼 있는지 설명한 것을 내가 전혀 이해하지 못했다는 듯이 말이다. 나는 그가 "글쎄요. 제 국가에 가사가 있었더라면 좀 나았을지도 모르겠네요."라고 말할 것을 기대했는지도 모르겠다.

*

모든 국가에는 두 가지 필수 요소가 있다. 하나는 당연히 선율. 그리고 다른 하나는 그에 붙는 가사다. 하지만 둘 중 굳이 하나만 고르자면 가사가 더 중요해 보인다. 결국 국민들에게 자

---

1 유고슬라비아의 수도.

기 나라가 어떤 나라인지, 산이 어떻게 펼쳐져 있고 지도자가
나라를 어떻게 다스리는지, 그 민족이 겪었던 고난과 가진 꿈이
뭔지 말해 줄 수 있는 것은 가사가 아닌가. 그리고 국민의 마음
을 자긍심으로 부풀게 하거나, 노래가 '진실되다'고 느끼게 만
드는 것도 바로 가사다. 굳이 그런 이유가 아니더라도, 연주될
때 따라 부를 수 있게 하기 위해서라도 국가에는 가사가 필요
하다. 다른 사람들이 그 노래를 함께 부르는 것을 보고, 같은 공
동체의 일원임을 느끼고, 공동의 협약을 가지고 있음을 상기시
키기 위해서다. 이 말에 반대할 사람은 아마 이제 잊혀진 예술
인 콧노래의 힘을 믿는 자 말고는 없을 것이다.

물론 국가에 가사가 없는 나라는 보스니아만이 아니다. 그중
가장 유명한 국가는 스페인의 '국왕 행진곡(Marcha Real)'이다. 휘
파람으로 불기 딱 좋은 35초 길이의 연주곡으로, 온전한 국가
라기보다는 국가의 종결부 같다. 1761년 마누엘 데 에스피노
사 데 로스 몬테로스(Manuel de Espinosa de los Monteros)가 쓴 이 곡
은 어느 군악 소곡집에서 발견돼, 처음에는 스페인 근위 보병의
행진곡으로 사용됐다. 단 35초짜리 곡인 것을 감안하면 이들의
행진에 대한 진정성이 의심스럽다. 하지만 국민 국가 건설에 관
심이 많았던 카를로스 3세(1716~1788)는 이 곡을 자신의 곡으로
채택해서 가는 곳마다 연주하도록 했다. 카를로스는 영국에 '신
이여 국왕 폐하를 구하소서'가 있다는 사실을 알고 있었을 텐
데, 왜 자기의 곡에 왕을 찬미하는 가사를 붙이지 않았는지는
알 수 없다. 아마도 자신이 가는 곳마다 연주되는 관악대의 음
악이 있다는 것 자체가 찬미라고 생각했을 수도 있겠다.

그 이후 이 곡에 가사가 붙은 적이 몇 번 있었다. 가장 유명한 것은 프랑코 독재 시대에 붙여진 가사인데, 마치 건강 체조 노래 같다.

팔을 들어 올려라
다시 일어나는
스페인의 아들들이여.

하지만 그중 어느 것도 공식적으로 채택된 적은 없으며, 앞으로도 가사가 생길 가능성은 없어 보인다. 바스크나 카탈루냐, 그 외 자기들만의 국가를 원하는 다른 스페인 지방의 반대 때문이다. 특히 카탈루냐는 가사 도입에 무조건 반대할 가능성이 높다. 스페인 국가의 가사는 수도 마드리드가 속한 카스티야 말이 될 것이 뻔한데, 카탈루냐 지방의 국가인 '베는 사람들(The Reapers)'의 가사는 '자만심이 강하고 남을 업신여기는' 카스티야인을 몰아내자는 내용으로 가득 차 있다. 이 노래는 하강하는 장엄한 멜로디에 '낫으로 [그들을] 쳐라!'라는 가사가 계속 반복된다.

그 외에 현재 가사 없는 국가를 가진 국가는 산마리노가 유일하다. 하지만 역사적으로 보자면 명단이 길다. 이탈리아의 옛 왕정 시대 국가인 '왕의 행진(Marcia Reale d'Ordinanza)'이 있고, 1990년대 러시아에서는 소련의 잔재에서 벗어나고자 했던 보리스 옐친이 미하일 글링카의 가사 없는 '애국가(Patriotic Song)'를 국가로 선택했다. 1960년에 독립해서 단 5일간 존속했던 소말릴란드국(State of Somaliland)도 가사 없는 음악을 국가로 썼다. 이 곡은 소말릴란드인이 연주할 만한 악기보다는 백파이프에 더 잘 어울리는 곡이었다. (이 곡은 스코틀랜드 왕립 연대의 군악대대장이 작곡했다.) 또, 오스만 제국의 찬가(anthems)도 대부분 가사가 없었다. 이들은 대체로 술탄이 궁정을 휘젓고 다니는 장면을 오페라로 작곡한 것인가 싶을 정도로 멋대가리가 없다. (이 곡 중 두 곡은 오페라 '사랑의 묘약'을 만든 가에타노 도니제티가 썼다.)

가사 없는 국가가 가장 널리 받아들여진 곳은 중동이다. 이 지역에서는 대체로 시가 가장 위대한 예술의 형태로 여겨진다는 것을 감안하면 놀라운 사실이다. 예를 들어, 쿠웨이트 국가는 처음에는 단 15초짜리 금관악 팡파르였는데, 어찌나 지루했는지 길이를 반 토막을 내도 될 정도였다. 이라크, 카타르, 아랍에미리트 연합국, 북예멘과 남예멘(현재 예멘의 전신) 또한 첫 국가에 가사가 없었다. 다만 1950년대부터 이들은 마치 학교 디스코 파티에서 어색해 보이지 않으려고 절박하게 애쓰는 10대처럼, 차례로 다른 나라의 선례를 따라서 가사의 필요성에 굴복했다. 쿠웨이트 국가는 이제 가사로 꽉 찬 2분짜리 곡이다. (그 가사 중에는 자기 나라의 왕이 '우리 모두에게 공정한 울타리가 되어 주심'을 칭찬하는 내용도 있다.) 이 새 국가 역시 길이가 절반이어도 충분할 것 같다는 느낌이다.

이 모든 역사적 사실에도 불구하고, 보스니아 국가에 가사가 없다는 사실은 별로 적절하지 않은 것 같다. 특히 이 나라는 조금이라도 통합에 도움이 되는 것이라면 뭐든지 필요한 나라이지 않나. 게다가 가사가 없는 국가는 실용적이지도 않다. 보스

니아의 축구 경기를 보는 즐거움을 한번이라도 누려 본 사람이
라면 이 말에 동의할 것이다.

*

　제니카(Zenica)는 사라예보에서 북쪽으로 한 시간 거리에 있
는 침체된 제철 도시다. 내가 방문한 날, 이곳의 빌리노 폴례
(Bilino Polje) 스타디움에는 비가 내리고 있었다. 지난 4개월 동안
가뭄이었다는데, 비가 내린 지 5분만에 배수구가 막혀 버린 것
같았다. 관중들은 제각각 비를 피하기 위해 다양한 물건을 뒤집
어썼다. 옆자리의 어떤 남자가 비닐봉지를 빌려주겠다고 했는
데 거절했다. 곧 계단에서 물이 쏟아져 내렸다.

　보스니아는 수도가 아닌 이 도시에서 국가 대표팀 홈경기를
치른다. 그 이유는 열광적인 관중을 보면 쉽게 알 수 있다. 스타
디움이 아주 작아 고작 1만 5,000명밖에 수용하지 못해서, 관중
들은 곧 경기장으로 굴러떨어질 것처럼 가득 찼다. 이들은 제철
소에서 막 일하고 온 것 같은 차림새였다. 넓은 어깨와 짧게 깎
은 머리를 하고, 보스니아 국기인 파란색과 노란색의 깃발을 두
르고, 머리에는 비닐봉지를 쓰고 적을 위협했다. 또, 이 경기장
은 높은 아파트 건물로 둘러싸여 있는데, 거주민들은 저마다 창
으로 고개를 내밀고 경기를 지켜봤다. 상대 팀이 거친 태클이라
도 하면 화나서 집의 전자레인지라도 집어 던질 수 있을 정도
로 가까워 보였다.

　상대 팀인 룩셈부르크 선수들은 자기들의 국가인 '우리의

빌리노 폴레 스타디움에서 보스니아 헤르체고비나 축구 국가 대표팀
경기가 있는 날. ⓒ 게티이미지

고국 땅(Ons Heemecht)'을 겁에 질린 채 부르는 듯했다. 관중석
에 상대 팀 팬은 몇 명밖에 없었다. 그럭저럭 괜찮은 수준의 와
인 생산 능력을 찬양하는 룩셈부르크 국가의 가사를 모두가 들
을 수 없어서 아쉬웠다. ('향기로운 포도 덩굴이 자라는 / 모젤의 언덕 위
에.')

　　상대 팀 국가가 끝나자 예의 바른 박수가 나왔고, 참석한 모
든 사람들은 그 즉시 그 노래를 잊었다. 이제 보스니아 차례였
다. 두샨의 우아한 국가가 경기장의 스피커에서 울려 퍼지기 시
작했다. 대부분의 관중은 조용히 서서 지켜봤다. 얼굴에 떨어지
는 빗물을 걷어 내지도 않았다. 축구 경기장 관중치고는 놀랍도

록 조용했다. 하지만 가장 광적인 팬들이 앉아 있는 한쪽 구석에서 노래가 시작됐다.

젬리오 티수츨레트나 (Zemljo tisućljetna)
나비에르노스트 티 세 쿠넴 (Navjernost ti se kunem).

그 노래는 다른 사람들의 침묵 덕에 똑똑히 전 경기장에 울려 퍼졌다. '천 년 된 나의 땅, 나 그대에게 충성을 맹세하네'라는 뜻이다.

오드 모라 소 사베(Od mora so Save)
오드 드리네 도 우네(Od Drine do Une).

외침은 계속됐다. 모르는 사람을 위해 보스니아의 주요 강 이름을 열거하고 국경이 어딘지 짚어 주는 내용이다. 즉, 한 나라의 국가에 완벽하게 어울리는 가사다. 당연했다. 예전에 이 노래가 국가였기 때문이다. 이 가사는 '예드나 시 예디나(Jedna si Jedina)'[2]라는 노래에서 따 왔다. 사라예보 포위전 때 만들어진 이 곡은 전쟁 기간 동안 민족이나 종교를 막론하고 사라예보의 모든 거주민이 사랑했던 보스니아의 국가였다.

문제는 이 국가와 두샨의 국가가 전혀 상관없는 곡이라는 점이다. 전혀 다른 멜로디에 맞게 쓰인 가사라서, 아무리 노력

---

2 '단 하나뿐인 그대'라는 뜻.

해도 그 가사를 두샨의 멜로디에 맞추어 부를 수는 없다. 광적인 축구 팬들이 계속해서 목청 높여 '예드나 시 예디나(Jedna si jedina) / 보스나 이 헤르체고비나(Bosna i Hercegovina)'라며 노래하자, 누군가가 그 노래 소리를 파묻기 위해 두샨의 국가 볼륨을 높였다. 하지만 이는 상황을 악화시켰을 뿐이었다. 광팬들도 질세라 목소리를 한층 더 높였다. 정중하고 엄숙한 시간이어야 하는 국가 연주 시간이 한 곡의 곡조와 다른 곡의 가사가 뒤섞인 촌극으로 전락했다. 룩셈부르크 선수들이 무슨 생각을 하고 있는지는 알 수 없지만, 이 상황이 그들의 심신을 안정시키는 데 도움이 되지는 않았으리라.

경기가 시작되자 보스니아는 2-0으로 빠르게 주도권을 잡았다. 하지만 나는 방금 들은 것을 생각하느라 경기에 관심을 두지 않았다. 물론 민족 간 분쟁으로 내전을 겪은 나라에서 모든 국민이 국가(國歌)를 존중하리라 기대하기 어렵다. 세르비아계 보스니아인들은 자신들의 국가가 세르비아의 '정의의 신'(작곡가는 슬로베니아인이다.)이라고 우기거나, 심지어 스릅스카 공화국의 공식 국가인 '나의 공화국'이라고 늘 말한다. ('가장 아름다운 일출이 깨어나는 곳, / 명예롭고 자긍심을 가진 선한 민족이 살고 있네.') 어떤 크로아티아계 보스니아인들은 자기들의 국가가 크로아티아의 '우리의 아름다운 조국'(작곡가는 세르비아인)이라거나, 심지어 유고슬라비아의 옛 국가인 '어이, 슬라브여'라고 말할 수도 있다.

이 나라의 그렇게 다양한 구성원 중에서 그나마 두샨의 국가를 존중할 것으로 기대되는 단 하나의 그룹은 보스니아계 주민들이다. 두샨의 국가야말로 그들의 유일한 조국이자 자기들이 수년간 갖기 위해 싸웠던 나라의 국가 아닌가. 따라서 그렇게 소중한 나라의 주된 상징 중 하나를 천대하는 것은 말이 되지 않았다. 놀랍게도 노래를 부르기 시작한 팬들은 모두 보스니아인이었다. 이건 정말 괴상한 상황이었다. 게다가 경기장에 있는 사람들뿐만 아니라, 이 나라 어디에서도 이 상황을 반기는 사람들은 거의 없는 것 같았다. 심지어 그들이 부르는 저 노래를 만든 작곡가 본인도 이 상황이 반갑지 않은 모양이었다.

*

디노 멀린은 '보스니아의 폴 매카트니'라 불리는 싱어송라이터이자 음악 프로듀서다. 그는 레스토랑 테이블 위에 물건들을 늘어놓느라 바빴다. 우리는 보스니아의 수도 사라예보에서 만났는데, 그는 자기가 사라예보 포위전 도중 처음으로 도시에서 탈출했을 때를 재현하는 중이었다. 보아하니 테이블이 사라예보 공항이고, 커피 잔이 유엔의 지프차인 듯했다. 산기슭 기지에 숨어 있는 세르비아계 저격수랍시고 놓아 둔 일회용 설탕포도 몇 개 있었다. 그리고 펩시 캔이 놓였는데, 아마 그게 디노 자신인 듯했다. 아니, 숟가락이 디노였는지도 모른다. 잘 모르겠다. 디노는 열정적으로 설명했지만 나는 내용을 이미 놓쳤다.

그는 활짝 웃으며 두 손을 맞잡고 말했다. "아무튼 저는 유로비전[3]에 나가기 위해 꼭 출국을 해야 했어요. 코크(Cork)에서 열

---

3 유럽 각국의 대표가 출전해 자웅을 겨루는 가요제.

렸거든요. 아일랜드요! 보스니아는 사상 처음으로 참가하는 거였지요. 제가 곡을 썼는데, 리허설을 하러 오라는 거예요. 저희에게는 이게 정말 중요했어요." 이 진부한 가요제에 대해 '중요하다'는 표현은 별로 어울리지 않는다. "그래서 활주로를 가로지르는 것 말고는 방법이 없었지요. 그때 얘기를 들어 본 적 있나요? 당시에는 그게 안전지대로 빠져나가는 유일한 통로였거든요. 하지만 정말 위험했죠! 유엔 병사들이 항상 순찰을 돌고 있어서 잡히면 다시 도시로 돌려보냈거든요. 그리고 이쪽에서는(그는 설탕 봉지들을 가리켰다.) 저격수들이 총을 쐈지요. 여기를 통과하려면 정말, 정말 운이 좋고 정말, 정말 용감해야 했어요. 거기 도착했을 때, 모든 사람들이 이쪽으로 달리고 있더라고요." 그는 펩시 캔을 들어 설탕 쪽으로 옮겼다. "그리고 저격수들이 사람들을 쏘고 있고요." 그는 펩시 캔을 넘어뜨렸다. 아마 그럴 의도는 아니었겠지만 자못 코믹했다. "그래서 저는 반대쪽으로 뛰기로 했고, 결국 빠져나갔어요!"

"유로비전 결과는 어땠나요?" 내가 물었다.

"16위요!" 그는 자랑스럽게 대답하고는, 곧이어 몇 주 만에 사라예보로 돌아왔다고 덧붙였다.

디노의 본명은 에딘 데르비슈할리도비치(Edin Dervišhalidović)다. 50대 초반에 은발 머리와 턱수염을 기른 그는 동유럽 전체에서 스타다. 우리가 이 식당 야외석에서 터키식 커피를 마시며 앉아 있는 동안, 그를 알아본 행인들은 다들 뒤를 돌아봤다. 몇몇은 용기를 내어 다가와 인사하기도 했다.

디노는 사라예보 포위전이 시작된 1992년 4월에 이미 유명했다. 그래서 그가 교외의 대저택이 아니라 도시 안에 살고 있을 거라고 예상한 사람은 없었을 것이다. 사실 그는 사라예보를 둘러싼 아름다운 산을 파내고 설치된 세르비아 대포가 첫 포탄을 발사했을 때, 도시 안에 있지 않았다. "소식을 들었을 때 저는 스웨덴에 있었어요. 하지만 저는 돌아왔고, 다른 사람들처럼 평범하게 일상을 보내려고 했지요. 저는 돌아와서 음악을 연주하는 게 일종의 의무라고 느꼈어요. 무슨 말인지 아시겠어요? 왜냐하면 사람들이 제 노래를 들으면서 흥얼거리면, 기분이 나아지니까요. 얼마간의 안식을 주는 거지요." 나는 그에게 포위전에 대해 물었다. 그는 폭탄, 항시적인 공포, 친구들과 밴드 동료의 죽음, 전기와 음식과 물 부족 등을 이야기했다. 감정을 완전히 배제하고 그 모든 것을 말했다. 마치 그 일이 일어나지 않았던 척하고 싶은 것처럼. 하지만 '예드나 시 예디나(Jedna si Jedina)'에 대해 이야기를 시작하자 그의 눈이 빛났다.

그가 그 노래를 쓴 것은 포위전 때였다. 당시 그는 홀리데이 인 호텔에 있었다. 이 건물은 아직도 사라예보 시내 한가운데서 황달에 걸린 듯한 노랑과 갈색으로 우뚝 솟아 있다. 당시 여기는 도시에서 그나마 가장 안전한 건물로, 외신 기자들이 모두 머무는 곳이었다. "정말 끔찍한 하루였어요." 디노는 그때를 회상했다. "폭탄이 수백 개나 떨어졌어요. 저는 지하에 있었는데, 친구 중 하나가 저를 돌아보면서 이렇게 말하는 거예요. '이봐, 디노. 이제 우리는 독립했잖아. 국가를 한번 써 보지 그래?' 웃으면서 이렇게 말했어요. 농담이었던 거죠. 하지만 저는 이렇게 생각했어요. '너무 좋은 생각인 걸?' 폭격 중이었지만 집으로 최대한 빨리 달려갔어요. 그러고는 단숨에 가사를 썼어요. 그 곡에 붙일 멜로디는 보스니아 민요 중 좋은 곡 하나를 골랐어요. 한 시간 안에 모든 것을 끝냈지요. 저는 친구한테 전화해서 '이 곡 어떻게 생각해?'라고 물었는데, 노래를 듣더니 친구가 울기 시작하더라고요. 노래가 좋다는 걸 알았지요."

나는 어떻게 그렇게 빠른 시간 안에 노래를 만들었는지 물었다. 디노는 생각에 잠긴 듯하더니 말을 이어 갔다. "설명하기는 어렵지만, 포위 공격을 당하고 있고 언제든 한순간에 죽을 수 있는 상황에서는, 평소라면 못할 일도 할 수 있게 되나 봐요. 요즘이라면 불가능했을 거예요." 그는 노래를 쓰고 며칠 후 베오그라드 호텔(이후 보스니아 호텔로 서둘러 이름을 바꿨다.)에서 열린 한 파티에서 그 곡을 처음으로 연주했다. "믿기지가 않았어요. 테이블 위에 서서, 그 노래를 거의 열 번 연속해서 연주했다니까요. 사람들이 계속 들려 달라는 거예요. 마치 전축에서 되감기 버튼을 계속 누르는 것 같았어요."

1992년 11월, 포위전이 7개월째로 접어들던 때 이 노래는 보스니아의 국가가 됐다. 디노는 이 노래를 곧 전국 각지에서, 심지어 그를 폭격하는 사람들까지도 부르기 시작한 이유를 확신했다. "제 노래는 절대 프로파간다가 아니거든요. 이 노래는 세르비아계, 크로아티아계, 이슬람교 등을 이야기하지 않아요. 저는 그저 자유와 사랑을 얘기한 거예요. 제 노래는 역사나, 신이나, 그런 비슷한 주제를 다룬 어려운 국가가 아니에요. 그저 두 강 사이에 있는 한 고장에 대한 평범한 이야기일 뿐이에요. 특별한 건 없어요."

전쟁이 끝난 후에도 디노의 노래가 국가의 지위를 유지할 가능성은 없었다. 그 노래는 전쟁과 너무 밀접하게 연관돼 버렸고, 또 오로지 보스니아계만을 위한 노래라고 여기는 사람이 너무 많았다. 디노는 개의치 않았다. "만약 제 국가가 더 나은 삶을 위해 희생돼야 한다면, 저는 전혀 문제없어요." 그리고 그는 여전히 그 노래가 국가인 것처럼 불리는 것에 대해 진심으로 화가 난 것 같았다. 나는 전날 밤 내가 보았던 축구 경기를 언급했다. "미친 사람들이네요." 그가 말했다. "웃기는 일이에요. 저는 법률주의자예요. 이런 단어가 있긴 있나요? 그리고 저는 사람들이 새 국가를 존중했으면 좋겠어요. 왜냐하면 법은 법이고, 새 시대는 새 시대고, 과거는 과거일 뿐이니까요."

그는 수십 번의 인터뷰를 통해 팬들에게 이 노래를 부르지 말라고 요청했지만, 팬들은 듣지 않았다. 그들이 계속 노래를 부르는 것은 단지 앙심 때문이라고 디노는 말했다. 그는 국가란 일종의 장난감 같다고 비유했다. "아이들은 자기 장난감을 훔쳐 가는 사람을 싫어해요." 잠시 후 그는 다른 각도에서 그 논의를 확장했다. "애국가는 일종의 감정적 순례예요. 이 노래를 부를 때 사람들은 비현실적인 것, 즉 꿈을 향해서 여행하는 거죠. 그런데 정치인들이 그 사람들의 꿈을 날려 버린 거예요." 그는 정치인들이 보스니아가 원래 됐어야 하는 나라, 즉 단결되고 번영하는 나라가 되는 걸 막고 있다고 말하고 있는 것이다. 자기 노래가 대표하려고 했던 그 보스니아 말이다.

그에게 두샨의 국가에 가사가 붙으면 상황이 달라질지 물었다. 하지만 디노는 이 나라가 '여전히 분열된' 상태에서 그것은 무의미한 질문이라고 대답했다. "요즘 스릅스카 공화국과 크로 아티아계 주민 지역, 그리고 여기 아이들은 완전히 다른 역사적 사실을 배워요. 그만큼이나 서로 분열돼 있는 거죠. 사람들을 통합시키는 국가가 나오기를 기대하기 전에, 우선 이 모든 것이 바뀌고 개선돼야 하죠." 그의 연예인 특유의 접대용 미소가 처 음으로 열어졌다. "저는 사람들이 정부나 대통령, 국가에 대해 서 아무것도 모르는 보스니아에서 살고 싶어요. 정말 좋을 거예 요. 모든 사람이 결국 인류애가 가장 중요하다는 것을 알았다는 의미일 테니까요."

*

보스니아의 국가에 가사를 붙이려는 시도는 몇 번 있었다. 두 샨이 이 음악을 작곡한 지 10년이 지난 2008년에 공식 가사 공 모전이 열렸다. 정치인, 시인, 음악학자 등 11명의 심사 위원으 로 구성된 위원회가 출품작 336개를 심사했다.

출품작 중에는 공모전을 진지하게 생각하지 않은 것 같은 가 사도 있었다. 한 작품은 '메주고리예(Medjugorje)의 성모'에 대한 내용이었다. 1981년 6월 24일 남부의 작은 마을에서 몇몇 여성 들이 매일 성모 마리아의 환영을 본 사건이다.(가톨릭 교회는 이를 인정하지 않았다.)

또 다른 공모작은 스레브레니차 대학살을 포함해 보스니아 전의 잔학 행위에 책임이 있는 스릅스카 공화국의 초대 대통령 라도반 카라지치(Radovan Karadžic)에 대한 내용이었다. (그는 나중에 세르비아 전 대통령 슬로보단 밀로세비치와 의회의 의장인 아르칸 등과 함께 국제 전범 재판소에서 유죄 판결을 받았다.) 대회 당시 카라지치는 턱수염과 마구잡이로 기른 머리로 변장하고 대체 의학 개업의 행세를 하며 세르비아에서 도주 중이었다. 가사의 첫 부분은 이랬다. "오소서, 라소[4]여, 산에서 내려 오소서." 나는 아직도 그 곡이 그를 진정 새로운 메시아로 칭송한 것인지, 혹은 굉장히 훌륭한 풍자였는지 잘 모르겠다.

그래도 심사위원회는 우승할 가치가 있다고 여겨지는 작품을 하나 찾아냈다. 다른 누구도 아닌 두샨 셰스티치의 작품이었다. 두샨은 우승 상금으로 3만 유로(약 4,000만 원)라는 어마어마한 돈을 받을 예정이었지만, 보스니아계와 크로아티아계 정치인들의 반대를 피할 수 없었다. 세르비아계인 두샨이 보스니아 국가의 가사와 음악을 둘 다 쓰도록 둘 수는 없다는 게 반대 이유였다. 결국 두샨은 보스니아 시인인 벤자민 이소비치와 협력해야 했다. 이들은 각각 2절씩 가사를 쓰라는 의뢰를 받았다. 최종 가사는 두 사람뿐 아니라 보스니아 전체 정치 기구가 8개월간 논의한 결과물이었다.

정치인들은 모든 단어들을 일일이 검토하고 문제를 제기했다. "이건 삭제해 주세요. 이 단어를 넣으세요. 저걸 바꿔 주세요. 이 절을 저쪽으로 옮겨 주세요." 한 사람이 이렇게 요구하고 나면 다음 사람이 그 모든 걸 다시 뒤바꾸라고 말했다. 세르비아어, 크로아티아어, 보스니아어는 기본적으로 전부 같은 언어

---

4   카라지치의 별명.

지만, 각각의 언어로 쓰여진 단어가 몇 개인지에 대해서 논쟁이 있었다고 해도 놀랍지 않을 것이다. 슬라브코 요비치치(Slavko Jovičić)라는 한 정치인은 한 신문 인터뷰에서 이 과정의 불합리성을 다음과 같이 요약했다. "우리가 잔디에 대해 노래하고 있다고 해 보자. '우리의 잔디가 가장 푸르다'라고 하면 세르비아인은 녹색이 이슬람의 색이란 이유로 즉시 이의를 제기할 것이다. '이 노래는 보스니아를 위한 것이어야 한다'[라고 말할 것이다]." 요비치치 본인도 세르비아인이다.

가사가 선정된 과정을 생각하면, 최종 가사는 감정적으로 무척 밋밋하게 읽힐 수밖에 없다. 가사 첫 부분은 고무적이다. '그대는 영혼의 불빛, / 영원한 불의 불꽃,'

우리의 어머니, 보스니아의 땅

나는 그대에 속한다네

하지만 이후 가사는 너무 많은 국가에서 사용되는 뻔한 문구의 나열로 추락한다. 2절의 가사는 '가슴속에 그대의 / 강과 산 / 그리고 푸른 바다'로 이어진다. 3절은 '당당하고 이름난 / 조상의 땅이여, / 그대는 우리 가슴속에 / 영원히 살리라'로 끝난다. 그리고 후렴구는 다음과 같다.

그대의 자손들은

하나로 뭉쳐

우리는 미래로 간다

이 가사는 대대적으로 발표됐지만, 이후 보스니아 의회에 승인을 위해 제출됐다가 즉각 퇴짜를 맞았다. 반대표를 던진 정치인 중에는 바로 그 선정 과정에 참여했던 정치인도 있었다. 두샨과 벤자민 이소비치는 여전히 각각 1만 5,000유로를 받지 못했다.

이 어리석은 소동이 끝난 후, 한줌의 사람들만이 이 문제를 다시 제기했다. 그중 가장 유명한 사람은 정신과 전문의 출신의 여성 정치인 네르미나 체말로비치(Nermina Ćemalović)였다. 그는 이 나라 사람들이 그나마 좋아했던 몇 안 되는 정치인 중 한 명이었다.(지난 선거에서 의석을 잃었다.) "저는 국가에 가사를 붙이기 위해 세 번이나 제안을 했어요." 그는 차진(Cazin)에 있는 자기 집에서 이렇게 말했다. 차진은 크로아티아를 맞대고 있는 국경 지대 소재의 작은 마을이다. "저는 인간에게 여권(旅券)이 필요한 것처럼 나라에도 가사가 있는 국가가 필요하다고 말했어요. 가사가 사람들이 자기 나라에 대해 좀 더 자긍심을 느낄 수 있게 할 거라고 했죠. 하지만 그때마다 '오늘은 때가 아니다.'라고만 하더라고요. 저는 '그럼 언제가 때인가요? 20년이나 됐는데요.'라고 말했죠. 그러면 그저 어깨를 으쓱하고 웃기만 해요." 그는 씁쓸하게 웃었다. "결국 저도 정치인으로 사는 게 부끄러워지더라고요."

네르미나가 마지막으로 국가에 가사를 붙이려는 시도를 했던 때는 보스니아가 사상 최초로 월드컵 본선에 진출했던 2014

년이었다. 당시 국가 대표팀은 여러 민족이 섞여 있었으며 전력도 우수했다. "저는 사람들에게 경기장에서 노래할 뭔가가 필요하다는, 단순히 인간적인 이유로 가사를 붙여야 한다고 이야기했어요. 선수들이 노래를 불러야 할 거 아니에요! 하지만 역시나 안 된다는 답뿐이었어요. 이곳에선 삶의 모든 영역에서 같은 일이 일어나고 있어요. 나라를 위해서 뭔가 긍정적인 변화를 일으키는 게 불가능해요."

나는 그런 현상이 혹시 세르비아계나 크로아티아계 정치인들이 이 나라가 존재하지 않기를 바라기 때문은 아닌지 물었다. 네르미나는 처음에는 동조하는 것 같았다. 세르비아 정치인 중 한 명이 그에게 "스릅스카 공화국에서는 우리만의 국가가 있으니 당신들 국가까지는 필요 없다"고 말했다며, 그들에게 책임이 있다는 듯 말했다. 하지만 곧 자기가 했던 말을 수정했다. 자기가 속한 보스니아 당조차, 네르미나가 가늠할 수 없는 이유로 국가에 가사를 붙이는 것에 반대했다는 것이다. 상황을 바꿀 수 있는 유일한 방법은 보스니아의 정치 구조가 뿌리째 바뀌어서 처음부터 다시 시작하는 것밖에 없다고 한다. 혹은 아주 큰 폭동이 일어나서 정치인들이 귀를 기울이지 않을 수 없게 되든가.

대화가 무거워지고 있음을 둘 다 감지한 모양인지, 우리는 모든 사람이 받아들일 수 있는 가사는 어떤 내용일지 농담을 하기 시작했다. 결국 강과 산과 도시의 목록일 수밖에 없지 않느냐, 그리고 그 누구도 불평할 수 없게 단 하나도 빼놓지 말아야 한다고 말이다. 그건 아주 끔찍한 가사가 될 것이다. 마치《성경》에서 끝없이 누가 누구를 낳고 또 낳는 부분처럼. 가사가 그렇게 철저하고 온건해야만 모두가 받아들일 수 있다면, 선율에 가사를 붙이는 의미가 있기는 할까? "지루한 건 괜찮아요." 네르미나는 말했다. "그럼 적어도 가사는 가질 수 있잖아요."

*

보스니아에서는 민족 갈등으로 인해 정치가 무력화되는 현상이 심각하다. 60퍼센트에 달하는 청년 실업부터 의료 서비스 접근의 어려움까지, 모든 것들의 원인으로 지목된다. 하지만 이상하게도 막상 보스니아에서 개인들을 만나서 이야기해 보면, 민족적 정체성 문제가 자기에게 조금이라도 중요하다고 말하는 사람을 만나기가 정말 어렵다. 카페나 이 지역 특산 소시지인 체바피(Ćevapi) 요릿집에서 사람들에게 말을 걸면, 누구도 이 문제에 관심이 전혀 없다. 그저 직장을 원할 뿐이며, 정체성을 둘러싼 싸움은 과거의 일로 정치인들과 함께 묻어 버리고 싶다고 말한다.

내가 이 나라를 두 번 방문하면서 세르비아계 민족주의자를 만날 뻔한 것은 단 한 번뿐이다. 바냐루카에서 스릅스카 공화국 국가인 '나의 공화국'을 작사한 플라덴 마토비치(Mladen Matović)를 만났을 때였다. 장발에 사교적인 성격을 가진 그는 고통스러울 정도로 긴 시간 동안 보스니아가 분단됐으면 좋겠다는 말을 하지 않기 위해 노력했다. 그러다가 어느 순간에는

"스룹스카 공화국 사람들 대다수는 언젠가는 독립국이 되기를 바란다고 그냥 솔직하게 인정합시다."라고 말했다. 하지만 그러고는 다시 온순하게 "하지만 이것은 정치인들의 문제지 예술가의 문제는 아니지요."라고 덧붙였다. 마치 이 말이 인용되는 것을 두려워하는 것처럼 말이다.

내가 만났던 다른 사람들은 심지어 이 정도의 말조차 하지 않았다. 바냐루카에서 크로아티아계 보스니아인이자 내 통역사였던 드라간의 어머니 미랄라 마르코비치는, 자기는 더 이상 어느 민족에 속하는지 모르겠고, 신경도 쓰지 않으며, 그저 자기를 아부다비에 데려가 쇼핑을 시켜 줄 아랍 부호나 만나고 싶다고 말했다. 내가 그에게 보스니아의 국가에 어떤 가사가 붙으면 좋을지 물었더니 이렇게 답했다.

왜 우리는 아직 여기 살고 있는 거지?
우린 진짜 멍청한가 봐.

물론 도시 바깥에는 종족적 내셔널리즘이 산발적으로 존재할 수 있다. 또한 보스니아인 중에는 자기 나라가 이겨낸 고난을 생각하며 자랑스러워하는 사람들도 많다. 하지만 그들 중에서도 강성 민족주의자라고 분류할 만한 사람을 찾기가 힘들다. 그들은 세르비아계나 크로아티아계 사람들에게 열을 내며 비난하지도 않고, 그들이 없어지면 자기 나라가 더 좋아질 거라고 주장하지도 않는다. 사라예보에서 만난 학생인 니드자라 헬랴(Nidžara Helja)는 두샨의 국가를 들을 때마다 정말 행복하다고 말했다. "저는 '이 노래가 우리 노래야! 이 노래가 우리 노래야! 집중하자!' 이런 기분이에요." 그녀는 이 말을 하면서 마치 자기가 얼마나 열심인지 증명하고 싶어하는 응석받이 어린이처럼 펄쩍펄쩍 뛰었다. 하지만 그는 통합을 위해 이 노래에는 가사가 없는 게 좋다고 했다. "가사가 붙으면 저는 아마 '왜지? 정치인들이 이번엔 무슨 짓을 한 거야? 이걸로 어떤 스캔들을 덮으려고? 정말 나쁜 짓을 했나 봐.' 이렇게 생각할 것 같아요."

이 문제에 대해 사람들의 생각을 가장 잘 요약한 이는, 면도에는 일절 신경 쓰지 않고 다니는 브라노 야쿠보비치(Brano Jakubovic)였다. 스카[5] 밴드인 두비오자 콜렉티프(Dubioza Kolektiv)의 리더다. 그의 밴드는 무척 정치적인 노래, 사람들에게 마리화나를 권하는 노래를 동시에 부르는 것으로 유명하다.

우리는 사라예보 중심가에서 맥주를 마셨다. 그는 "저는 그 국가가 영화 음악을 베꼈다는 사실이 좋아요."라고 웃으며 말했다. "이곳의 우리 상황과 완벽하게 들어맞잖아요. 보스니아인은 항상 어떻게든 살아남아요. 어디에 놔두든지 길을 찾아내죠. 속이든, 훔치든, 뭘 하든지요. 그래서 저는 이 노래가 좋은 거예요. 작곡가는 돈이 없어서 국가를 만들고, 그 멜로디는 다른 노래에서 훔쳤잖아요. 정치인들은 그 노래를 뽑고요! 이 나라가 얼마나 개판인지 아시겠죠?" 그가 웃음을 멈추는 데는 얼마간 시간이 걸렸다. "이 전통을 잘 받들어서 저는 가사도 어디선가 훔쳐 와야 한다고 생각해요. 자메이카 국가의 가사를 베끼

---

5 자메이카 기원의 대중 음악.

든가 하는 식으로요. '우리는 매우 멋진 바다와 코코넛이 있고 우리는 모두 흑인이라네.'"

브라노는 광적인 민족주의자가 될 만한 이유가 충분히 있었다. 그는 포위된 사라예보에서 자랐고, '광기에서 벗어나기 위한' 방법으로서 데스메탈과 하드코어 밴드 음악을 연주했다. (그의 밴드는 공연을 위해 경찰과 군대에서 전기를 훔치기도 했다.) 그는 포위전이 끝나갈 때쯤 징집될 예정이었다.

하지만 오히려 그의 성향은 정반대였다. "매년 저는 이 '애국심'이라는 단어가 점점 더 싫어져요." 대화 도중에 그가 이렇게 말했다. "국가를 듣고 감동 받는 사람이 사실 어디 있어요? 그러면 운전하면서 다들 국가를 들어야죠. 국가 안에는 진짜 감정이라는 게 전혀 없어요. 그저 돈 많은 작곡가가 피아노에서 흰 건반으로만 작곡한 곡이거든요. 그런 사람들은 검은 건반은 건드리지도 않아요. 슬픈 소리가 나거든요. 축구 경기 시작 전에 뭔가 틀어야 한다는 규칙 때문에 멜로디가 필요한 거라면 그냥 우리가 멜로디를 선택하면 왜 안 되나요? 만약 저랑 다른 만 명의 관중이 '스모크 온 더 워터(Smoke on the Water)'[6]를 틀고 싶다면 그걸 틀면 안 돼요? 그럼 재미있을 것 같아요. 그리고 이런 식의 민족적 자긍심에 대해서는 항상 농담을 해야 돼요. 그래야만 폭력을 멈출 수가 있어요."

그가 생각하기에 가장 국가에 가까웠던 것은 몇 년 전 축구 경기에서 사람들이 외쳤던 응원 구호였다. 그 내용을 번역하자

6　영국 록밴드 '딥 퍼플'의 대표곡.

면, '나는 예거 마이스터를 일곱 잔 마셨으니 이제 우리 아빠한 테 죽었어요.'라고 한다. 이 구절은 어느 날 TV 생방송에서 리포터가 이드(Eid)[7]를 어떻게 축하하고 있느냐고 물었더니 길 가던 어떤 여성이 답한 내용이 밈이 된 것이었다.

"여기에도 사회가 있어요." 그가 한마디 덧붙였다. 내가 자기 나라에 대해서 잘못된 인상을 받을까 봐 걱정한 모양이었다. "하지만 그건 정부가 구축한 게 아니에요. 2014년에 홍수가 났었는데, 이슬람교도 마을에서 세르비아계 마을을 도와주는 모습을 봤어요. 사람들이 이 갈등이 얼마나 어리석은지 깨닫게 하는 중요한 계기였던 것 같아요. 그리고 전쟁 전에는 상황이 어땠는지 떠올리게 했고요."

"그렇다면 정치를 바꾸기 위해서는 뭐가 필요할까요?" 내가 물었다.

"만약 좋은 생각이 있으면 저희한테 좀 알려 주세요." 그가 웃었다. "다만 국가에 가사가 필요하다고는 말씀하지 마시고요. 그렇다고 문제가 해결되진 않을 테니까요."

그의 말이 물론 옳다. 국가에 가사 몇 줄과 후렴을 붙인다고 뭔가 이뤄지는 것은 아니다. 하지만 가사의 부재가 정치인들과 광적인 축구 팬들이 민족적 긴장을 악화시키는 도구로 악용할 수 있는 기회가 될 수 있다는 점은 확실하다. 다만 유엔은 그렇게 생각하지 않는 듯하다. 오히려 가사가 없으면 갈등의 여지가 적어진다고 생각하는 모양이다. 가사 없는 국가는 유엔에서 사

---

7   라마단이 끝났음을 축하하는 무슬림의 휴일.

용하는 전형적인 분쟁 해결책이 된 것처럼 보인다. 코소보 국가에 가사가 없다는 사실만 봐도 그렇다. (이 책의 프롤로그에 나오는 이야기를 기억하는가?) 또 2000년대 초반에도 유엔은 1970년대에 분열된 키프로스의 재통일을 위한 계획을 내놓았는데, 그 방안 중 하나가 가사 없는 국가였다. 그 음악은 당시 온라인 스트리밍으로 들을 수 있었다. 그 국가는 터키계와 그리스계 양쪽에서 신속하게 기각됐는데, 개인적으로는 음악이 너무 음울하기 때문이라고 믿고 싶다.

하지만 이런 접근법만이 해결책은 아니다. 르완다는 2002년 내전의 기억을 떨치려는 노력의 일환으로 국가를 변경했다. '우리의 르완다'라는 곡을 버리고, 그와 어쩌면 지나치게 제목이 비슷한 '아름다운 르완다'로 바꾸면서, '우리의 공동의 문화가 우리를 정의하고, / 우리의 하나의 언어가 우리를 통합하네'라는 가사를 최대한 앞부분에 넣었다. 또, 니카라과도 1910년대에 내전을 몇 차례 겪은 후 국가에 붙일 새 가사를 모집했는데, 그 조건은 '평화와 일'에 대한 언급이 들어가야 한다는 것이었다.

물론 이라크의 국가도 있다. 미국은 두 번째 이라크 전쟁 후 이 나라의 국가를 바꾸도록 강요했다. 아니, 어쩌면 강요가 아닐 수도 있겠다. 그것은 어느 쪽 이야기를 믿느냐에 달려 있다. 사담 후세인 치하에서 이라크 국가는 '두 강의 땅'이었는데, 이라크 남쪽에서 만나는 티그리스강과 유프라테스강을 가리키는 제목이다. 이 노래는 얼핏 보면 평범한 국가처럼 보이는 곡이다. 이 나라가 '불꽃과 화려함으로 만들어진 / 가장 높은 천국과도 비견될 수 없는 긍지[를 가진]' 나라임을 자랑하는 내용으로 채워져 있다. 하지만 3절로 접어들면 갑자기 사담 후세인의 바트당(Ba'ath Party)에 부치는 시로 변한다. '오, 바트당의 당원이여, 사자의 긍지여,'로 시작하여 '전진하라, 공포처럼, 확실한 승리를 위해'로 이어진다.

이 노래는 당연히 사담 후세인의 첫 동상을 끌어내릴 때쯤 함께 폐기됐고, 국가는 '마우티니(Mawtini)'라는 곡으로 대체됐다. 이 곡은 팔레스타인인 이브라힘 토우칸(Ibrahim Touqan)이 작곡했는데, 1930년대 팔레스타인 민족이 영국의 지배에 저항할 때 만들어진 노래다. 이 노래의 2절은 '나의 조국이여… / 청년은 지치지 않네, 그대의 독립의 때까지 / 아니면 죽음을 택한다네'이다. 이 가사는 이라크보다는 팔레스타인의 상황에 더 어울리는 것 같다. 여기서 문제는 누가 국가를 이 곡으로 바꿨냐는 것이다.

대부분의 이라크인들은 그 결정의 배후에 폴 브레머가 있었다고 믿고 있다. 그는 미국 정치인으로서 이라크 침공 직후 현지 책임자였다. 1 대 9 비율의 옆 가르마에 나긋나긋한 태도를 가진 이였다. 그는 침략 후 얼마 지나지 않아 어느 '문화의 밤' 행사에 참여했다고 알려져 있는데, 거기서 '마우티니'가 연주됐다. 브레머는 그 쾌활한 리듬이 마음에 들었고, 주위를 둘러보며 청중의 반응을 살피다가 몇몇 이라크인들이 그 노래를 듣고 우는 걸 보고 즉각적으로 '이 정도면 되겠다'고 결정했고, 이 노래는 바로 다음 날 국가가 됐다고 한다.

이 이야기는 사실 너무나 그럴싸하다. 이라크인들이 미국의 통치와 연결짓는 오만함과 무감각함으로 가득 차 있기 때문이다. 따라서 이 이야기가 종종 이라크 신문에 실리고, 인터넷에도 온통 도배돼 있는 것은 놀랍지 않다. 문제는 브레머가 그게 사실이 아니라고 주장한다는 것이다. "제가 그 노래를 선택했다는 주장이 어디서 나왔는지 전혀 모르겠습니다." 그는 내게 보낸 이메일에서 이렇게 말했다. "첫날부터 저는 이라크인들에게 국가는 그들이 직접 결정해야 할 문제임을 분명히 했습니다." 그럼에도 그는 '문화의 밤'(사실은 이라크의 국립 교향악단 개편 이후 초연)을 기억했다. "이 노래는 사담 후세인하에서 오랫동안 금지곡이었기 때문에 이 노래를 듣고 눈물을 흘리는 이라크인들이 많았지요. 저도 인상 깊었고 감동을 받았습니다."

그 무렵, 그는 이라크 과도통치위원회에 새 국가 지정을 위한 소위원회를 설치해 달라고 요청했다. 하지만 그의 말에 따르면, 과도통치위원회 사람들은 이를 이행하지 않았다. 자기의 개인적인 영향력을 확보하느라 너무 바빴던 나머지, 이들은 비단 국가 소위원회 구성뿐 아니라 다른 일도 거의 하지 않았다. 그로부터 몇 달 후, 브레머는 아내에게 '마우티니'가 '국가처럼 돼 가고 있는 것처럼 보인다.'라고 편지를 썼고, '그 노래의 가사를 외우려고 하고 있다.'라고 말했다.

그는 자기가 이라크를 떠난 이후 그 노래의 운명에 대해서는 아무런 코멘트도 하지 않았다. 그로부터 10여 년 동안, 이라크인들은 국가를 바꾸기 위해 애썼지만 현재까지는 성공하지 못했다. 가장 최근에 있었던 시도는 2012년이었다. 당시 이라크 의회는 '이라크 언덕 위의 평화'라는 제목의 시를 국가로 삼겠다고 발표했다. 이 시는 '이라크의 셰익스피어'로 알려진 무하마드 알 자와히리가 쓴 것이다. 그는 자기 나라를 통치했던 거의 모든 정부와 싸웠던 문인으로, 한때는 프라하로 피신하기도 했다. 의회의 선택은 아무도 반대할 수 없는 것이었다. 그는 모든 민족들의 친구였다. 하지만 이후 이라크의 쿠르드족은 자기들 언어로 된 절이 있어야 한다고 주장했다. 그러자 아시리아인도 동일한 주장을 했고, 그다음에는 투르크멘어에 대해서도 같은 주장이 제기됐다. 이 노력은 다시 한 번 그저 싸움으로 전락하고 말았다.

음, 그리고 보니 이라크는 국가 통합 증진을 위해 국가를 활용할 수 있다는 좋은 사례는 아닌 것 같다. 그러나 이 일화는 적어도 보스니아에서 일이 어떻게 풀릴 수 있었을지에 대해 힌트를 준다. 지난 20년간 이 나라에 임명됐던 유엔의 고위 대표 중 한 명이라도 민족 간 갈등을 무시하고 그냥 가사를 채택하도록 강요했다면 어땠을까. 애초에 선율도 그렇게 하지 않으면 아무런 진전이 없을 것 같다는 판단하에 강제로 도입됐으니 말이다. (그 결정을 내렸던 카를로스 웨스텐도르프[Carlos Westendorp]는 불행히도 1년 후 고위 대표직을 떠났다.)

다시 말해서, 이라크인들이 폴 브레머가 했다고 믿는 방식으로 일을 추진할 수도 있었을 것이다. 가사를 억지로 강요한다면 궁극적으로 사람들이 나라에 대한 소속감을 느끼도록 증진하는 역할을 하지 못 할 수도 있겠지만, 최소한 축구 경기에서 다 같이 부를 노래는 생길 게 아닌가. 그렇다면 적어도 다음 국가대표팀 경기에서 보스니아계 광팬들이 '예드나 시 예디나'를 두샨의 음악에 대고 부르더라도, 그들의 목소리는 묻혀서 들리지 않을 것이다. 그러면 이들은 마침내 사람들에게 이 나라가 얼마나 분열되어 있는지 다시금 상기시키지는 못할 것이다. 별일 아닌 것처럼 들리겠지만 보스니아에게 이것은 분명 진전이다.

*

내가 두샨 셰스티치를 만난 지도 벌써 3년이 넘었다. 하지만 그는 여전히 내 마음 어딘가에 걸려 있었다. 내가 이 책을 위해 조사하면서 만났던 무수히 많은 사람 중에서, 그가 가장 기억에 남는다. 슬프게도 좋은 이유는 아니다. 그는 너무나 괴롭힘을 당했고, 너무나 지치고 좌절한 상태여서 국가가 어떤 문제를 야기할 수 있는지에 대한 살아 있는 증거 같았다.

어느 해 1월, 나는 다시 보스니아로 돌아가 그가 어떻게 지내고 있는지 알아보기로 했다. 사실 그를 찾을 수 있을 거라고 생각하지는 않았다. 그간 내 전화에 답하지 않았고 그의 딸도 내 이메일에 답변하지 않았기 때문이다. 사라예보에서 바냐루카로 가는 버스에 앉아서, 나는 그곳에 가면 오로지 그에 관한 소문만 듣게 될 거라고 생각했다. "은둔자가 돼서 동굴에 살고 있다던데요.", "어느 날 바이올린을 집어 들고 마을을 떠났어요.", "그 늙은 작곡가요? 우리 할머니가 그러시는데 그 사람은 자살했어요. 자기 국가를 연주하면 나타난대요." 등등. 하지만 도시에 도착하기 직전 눈 덮인 협곡을 지나는데, 내 통역사인 드라간이 전화를 걸어왔다. 자기가 두샨을 찾았으며, 예전에 만났던 그 술집에서 우리를 만나기로 했다고 했다.

우리는 그가 어떤 모습으로 나타날지 추측하면서 지난번처럼 야외석에서 기다렸다. 우울한 인물이 어깨를 움츠린 채 지난번보다 더 맥 빠진 모습으로 살그머니 우리에게 다가올 걸로 기대했다. 하지만 두샨은 우리가 기억하는 모습과도, 우리가 예상했던 모습과도 전혀 달랐다. 여전히 나이가 들었지만 얼굴에 환한 미소를 띠었고, 온통 오렌지색의 옷을 입고 어깨에는 대담한 스카프를 두른 모습이었다. 지난번에는 거의 반 삭발이었지만 이제는 길어진 그의 흰머리는 녹는 눈처럼 빛나고 있었다. 그는 더 이상 실패한 국가의 작곡가처럼 보이지 않았다. 신흥 종교의 교주같기도 했고, 이제 막 탬버린을 꺼내 춤추기 시작하려는 하레 크리슈나[8] 신도처럼 보이기도 했다. "너무 오랜만이에요!", "너무 좋아 보여요!" 등 반가운 인사를 나누고, 잠시 후 자리를 잡았다. 나는 마침내 그에게 어떤 변화가 있었는지 물었다.

그는 웃음을 터트리며 "별로요."라고 대답하더니, 실제로 얼마나 변화가 없었는지 구체적으로 나열했다. 이곳의 정치는 여전히 무기력하고("사람들은 우리 정치인들이 능력이 없다고 생각하지만, 사실 그렇지 않아요. 그리고 그게 문제예요."), 그의 국가는 여전히 정치적 이익을 위한 '또 하나의 수단'에 불과하며, 표절 사건은 계속 다시금 불거지고 있으며, 그는 아직 자기가 쓴 국가의 가사에 대해 상금을 지급받지 못했단다.("소송을 생각 중이에요.") 또 그는

---

8 인도의 크리슈나 신을 믿는 힌두교 소수 교단의 하나로 만트라를 외울 때 타악기와 춤을 곁들이기도 한다.

유고슬라비아를 회상하면서 그 나라가 어떻게 '진짜 천국'이었으며, 어떻게 '희생당했'는지 이야기했다. 다시 말해서, 우리가 처음 만났을 때와 정확히 같은 상황이었다. 하지만 지금 그의 목소리는… 글쎄, '행복하다'고 하면 틀린 말이겠지만, 적어도 그의 태도가 도전적인 것은 사실이었다. 그는 자기가 처한 상황에 짓눌리기보다는 이제 그 부조리에 웃고 있었다. 마치 "소설을 써도 이렇게는 못 쓸 거예요."라고 말하듯이, 그는 여유로운 미소를 띤 채 어깨를 으쓱하며 모든 말을 했다.

이것은 정말 큰 변화여서, 나는 마치 완전히 회복한 예전 환자를 거리에서 마주친 심리 상담가가 된 기분이었다. "당신에게 무슨 일이 있었나요?" 나는 꼭 이 질문을 해야 했다.

"제 문제가 절정에 달했을 때 색전증이 왔어요." 그가 말했다. "심장은 아니고, 뇌졸중이요. 근데 치료 결과가 좋았어요. 살았다! 나는 여기 있어! 그래서 저는 신이 나를 사랑하고, 나를 돌봐 주고, 나를 이 세상에 이유가 있어서 남겨 놓았다고 생각하기로 했어요. 그리고 사람이 이 모든 자잘한 일에 전부 신경 쓸 필요도 없다고 결론을 내렸어요. 예전보다 제게 일어난 일들을 받아들이기가 쉬워졌어요. 할 수 있으면 여전히 나무를 보고 짖기도 하지만, 그럴 필요가 없을 때는 그냥 이 삶 너머를 보게 된 거죠."

아, 그리고 그는 은퇴했다고 했다. 그것도 많이 도움이 됐단다. "이제 저는 그냥 담배 피우고, 음악 듣고, 그림을 그리면서 시간을 보내요." 우리가 만난 한 시간 반 동안 그는 일곱 개피의 담배를 피웠다. 세 가지 중에서 적어도 첫 번째 것을 즐기는 것은 확실한 것 같았다. "의사가 저한테 담배 피우지 말라고 하긴 하는데…" 이 말을 하면서 그는 치우라는 듯 손을 내저었다.

그의 새로운 인생관은 자신의 국가(國歌)에 대한 의견에도 영향을 미친 것 같았다. 그가 그 노래를 썼던 때의 이야기를 꺼내면서 내 앞에서 과거를 다시 쓰려 했다. 그 노래를 썼던 것을 예전부터 정말 자랑스러워했고, 그 노래는 좋은 의도로 작곡했다고 말했다. 민족적 자긍심은 당연히 아니었지만, 그래도 '사람들을 최대한 서로 한데 모아 보자'는 정신으로 말이다. 심지어 자기는 그 돈이 필요하지도 않았다고 주장했다. 나는 "이봐요. 너무 수정주의가 심한 것 아닌가요?"라고 말할 뻔했다. 하지만 분위기를 깨고 싶지 않아서, 그의 노래에 여전히 가사가 없다는 사실을 어떻게 생각하는지 물었다.

그는 가사를 추가하는 것은 "실용적이고 좋은 일"이 될 것이라고 대답했다. "앞으로 해야 할 많은 일들을 위한 주춧돌이 될 수 있을 거예요. 이 문제를 해결할 수 없는데, 어떤 다른 일을 할 수 있겠어요?" 그리고 그는 영감을 주는 가사가 붙으면 이 나라에 대한 사람들의 애정도 커질 수 있으리라 믿었다. 다만 우리가 만나고 있는 스릅스카 공화국에서는 아니라고 했다. "제가 들은 바에 의하면, 그리고 음악인치고 저는 남의 말을 잘 듣는 편인데, 여기 사람들은 대부분 아직도 갈라서고 싶어 해요. 전쟁의 나쁜 기억은 쉽게 가시지 않아요. 20년이나 지났지만요."

나는 그의 국가가 앞으로 어떻게 되리라 생각하는지 물었다. 그는 절반쯤은 그 노래가 국가의 지위를 잃으리라 본다고 대답했다. 또 다른 전쟁이 벌어진다면(그는 그 암울한 가능성을 배제하지 않았다.) 분명히 그렇게 될 것이라고 했다. 하지만 그러고 나서 자기의 성격이 얼마나 많이 변했는지 확실히 보여 주는, 매우 낙관적인 말을 했다. "저는 정신의 승리가 오기를 바라요. 국가는 사실 별로 중요하지 않아요. 그건 그냥 이것처럼 상징일 뿐이에요." 그는 자기의 털실 모자에 있는 나이키 상표를 가리켰다. "모자가 중요하지, 거기 붙은 상표는 중요하지 않아요. 상표가 있든 없든 모자는 쓸 거잖아요."

8.

이슬람 국가(IS)

지하드의 노래

أُمَّتِي قَدْ لاحَ فَجرٌ

أُمَّتِي قَدْ لاحَ فَجرٌ فَارْقُبِي النصر المُبين
دَولةُ الإسلام قامَت بِدِماء الصّادِقين
دَولةُ الإسلام قامَت بِجهاد المُتَّقين
قَدَّموا الأرواح حَقًّا بِثُباتٍ ويَقين
لِيُقامَ الدّين فيها شَرعُ ربّ العالمين

나의 움마여, 여명이 다가왔으니
예정된 승리를 기다려라.
이슬람 국가는
의로운 자의 피로 세워졌다,
이슬람 국가는 신실한 자의
지하드로 세워졌다.
이들은 충실함과 확신으로
공의에 영혼을 바쳐
세상의 주의 율법이 있는 곳에
신앙을 일으켜 세웠느니라.

나의 움마여, 여명이 다가온다

>>>

2013년 12월 4일 수요일, 한 노래가 유튜브에 업로드됐다. '실용 및 라이프스타일'이라는 태그는 영상의 내용과 어울리지 않았지만, 그날 이 비디오를 (어쩌면 주전자 물때를 제거하는 법 따위를 검색하다가) 시청한 사람들은 처음에는 자기가 무척 운이 좋다고 생각했을지도 모른다. 강렬하고 아름다운 노래를 우연히 만났으니 말이다.

일종의 아랍어 시문(chant)인 이 노래를 부르는 남성 보컬의 목소리가 매우 편안해서 듣다 보면 어딘가로 흘러가는 듯했다. 어디서나 통할 것 같은 목소리였다. 듣는 순간 왜 지금까지 이 가수의 노래를 한번도 들어 본 적이 없었는지 궁금해지는 그런 목소리였다. 그가 부르는 멜로디에는 가벼운 율동감도 있었다. 이 노래의 배경으로 재즈 드럼 연주가 깔리면 썩 잘 어울릴 것 같았다. 그러고는 그의 목소리가 멀티 트랙으로 나뉘면서 거대한 합창단처럼 많아지고, 서로 가사를 주고받으며 돌림 노래를 하면서 점차 노래가 고조되는 그런 전개 말이다.

그 대신 이 노래에서는 2분 53초가 지나면 어떤 음향 효과가 투입됐다. 칼집에서 검을 뽑는 울림 소리, 저벅저벅 군인들의 발자국 소리, 산발적인 총소리였다. 이때가 돼서야 그 노래를 우연히 틀었던 사람들은 자기가 뭘 듣고 있었는지 불현듯 알게 됐을 것이다. 그날 업로드된 이 노래의 제목은 '다울랏 알이슬람 까맛(Dawlat al-Islam Qamat)' 혹은 '나의 움마여, 여명이 다가왔다(My Ummah, Dawn Has Appeared)'였다. 이 노래는 이슬람 국가(IS, the Islamic State)에서 가장 인기 있는 노래이자, 세상에서 가장 최근에 제정된 국가(國歌)다. 가사는 '이슬람 국가는 의로운 자의 피로 세워졌다'로 시작하여, '이슬람 국가는 신실한 자의 지하드로 세워졌다 / …순교자의 피로써가 아니면 승리는 돌아오지 않으리'로 끝난다.

이 노래는 최초로 업로드된 이후, IS가 올린 수십개의 동영상에서 등장하고 있다. 한 영상에서는 IS가 점령한 도시의 자동차에서 이 노래가 크게 뿜어져 나온다. 마치 이를 이용해서 영역 표시라도 하려는 듯하다. 또, 신병 모집 행사장의 음향 장비에서 이 노래가 흘러나오는 영상도 있고, 전투 중에 휴대폰에서 비어져 나오는 영상도 있다. 결국 이 노래는 IS와 너무 긴밀히 연관된 나머지, IS와 경쟁 관계에 있는 다른 지하드 단체들은 자기네가 지배하는 영역에서 이 노래를 트는 것을 금지했다. 소말리아의 알샤바브[1]가 대표적이다.

2015년 1월, 나이지리아의 테러리스트 단체인 보코 하람[2]의 경우, 자신들의 프로파간다 동영상의 인트로와 아웃트로에 이 노래를 사용하기 시작했다. 그전까지는 단지 시리아와 이라크 일부 지역을 점령한 고작 몇만 명의 지하디스트 집단만의 노래

---

1   소말리아, 케냐 지역의 이슬람 극단주의 성향의 무장 단체.

2   IS에 충성 서약을 발표하여 IS의 아프리카 지부로 불리고 있다.

였던 것이, 이제 영토가 6,400킬로미터에 걸쳐 있는 자칭 이슬람국(caliphate)의 국가가 된 것이다.

*

국가(國歌)가 없어도 되는 사회를 딱 하나만 생각해 보라면, 아마 그 답은 이슬람 사회일 것이다. 국가란 어쨌거나 나라를 칭송하는 게 목적이다. 가사에 신이 등장하는 수많은 국가에서, 신은 2절이나 3절로 밀려나서 '[나라의] 갈등과 고통을 덜어 달라'고 요청하는 대상이거나, '평화 / 비 / 번영'(레소토의 국가 가사)을 가져다 달라고 요청하는 대상일 뿐이다. 이런 가사는 얼핏 생각해도 마치 나라 자체를 경배해야 할 우상으로 삼는 것 같아 이슬람교의 계율에 맞지 않을 것 같다. 지구 위에 이미 낙원이 있다면, 이를 다른 곳에서 찾을 이유가 어디 있겠는가? (물론 실제로 자기 나라를 낙원이라고 부르는 국가도 종종 있다. 체코 공화국의 '나의 집은 어디인가'와 웨일스의 '나의 아버지의 나라'가 대표적이다. 머서티드빌 [Merthyr Tydfil][3]에 가 본 적이 있는 사람이라면 이 주장이 약간 무리수라는 것을 알겠지만 말이다.) 또한, 이슬람적 사고는 국민 국가 개념과 잘 어울리지 않는데, 모든 무슬림은 궁극적으로 하나의 공동체(《쿠란》에서 말하는 '움마'의 개념)이며 그들의 목표는 단결하는 것이기 때문이다. 그런 의미에서 한 이슬람주의 단체가 자기들만의 국가를 도입한다면 그 목표가 달성 불가능함을 인정하는 것

---

3 웨일스의 도시로 높은 실업률로 인한 슬럼화와 마약 문제로 유명하다.

처럼 보일 것이다.

또, 이슬람 근본주의 사회의 중심에 국가(國歌)가 존재하기 어렵다고 보는 더 큰 이유가 있다. 바로 이슬람학자들이 음악을 부정적으로 보기 때문이다. 이들은 음악을 《쿠란》 연구에 집중하지 못하게 하는 잡념으로 보고, 사람들에게 음악을 멀리하라고 경고한다. 4박자 리듬에 맞춰 춤을 추는 게 마치 타락으로 가는 징검다리인 것처럼 생각한다. 다양한 계파의 이슬람학자들은 음악의 지위에 대해서 오랫동안 토론해 왔는데, 실제로 일부는 음악을 무슨 일이 있어도 피해야 하는 대상으로 여겼다. 반면 다른 계파에서는 이를 바보 같은 소리로 치부했다. 음악은 그저 '영혼을 위로할 수 있는 오락 수단'일 뿐이라고 여기는 것이다.

서구에서 이슬람주의자가 음악을 거부한다는 인식이 생겨난 것은 사실 단 한 사람 때문이다. 바로 이란의 이슬람 혁명을 이끈 독실한 이슬람 지도자, 아야톨라 호메이니다.

1979년 7월, 호메이니가 이란의 왕족인 샤를 몰아내고 이슬람 공화국을 선포한 지 몇 달이 지났을 무렵, 그는 이란의 라디오 방송인들을 한 방에 모아 앉혀 놓았다. 그러고는 이들을 강력한 눈빛으로 쏘아보면서, 음악이 "듣는 사람을 둔하게 하고 그들의 뇌를 비활성화하며 경솔하게 만들고", "이란의 청소년을 타락시키며", "그들의 '힘과 생기'를 빼앗습니다."라고 선언했다. "음악을 들으며 자라는 청소년은 마치 마약 중독자처럼 더 이상 현실을 직시하지 못합니다." 호메이니는 이렇게 말했다. 자리에 앉은 디제이들에게 롤링 스톤스의 신작 앨범을 이제

이란 테헤란 시내
건설 현장에 그려진
호메이니.
ⓒ 게티이미지

라디오에서 틀어서는 안 된다는 것을 확실히 못박기 위해서였다. "음악은 아편과 같습니다." 다음 날 전 세계의 신문 헤드라인에는 호메이니가 '음악을 금지'했다고 호들갑을 떨었다.

호메이니 정권은 실제로 음악가들에게 끔찍한 제약을 가했다. 여성 솔로 보컬은 남성을 자극할 우려가 있다는 명목으로 금지됐고, 노래는 발표 전 사전 검열을 거쳐야 했으며, 콘서트는 제한됐고, 대학의 음악학과는 폐지됐다. 이때 가해진 제약은 대부분 오늘날까지 유지되고 있다. 서구 언론은 그때 호메이니를 비롯한 보수적인 이슬람교도들이 무조건적으로 모든 음악에 반대한다는 인상을 주었다. 마치 그가 모든 음표와 멜로디와 화음을 일체 금지한 것처럼 이야기했다.

하지만 호메이니가 음악 팬은 아니었을지라도, 노래와 음악은 그의 혁명에서 구심적 역할을 했다. 100만 명의 군중이 테헤

란의 대로를 걸으며 호메이니에게 자기들을 구원해 달라고 요
구할 때, 그들은 계속 노래하고 시문을 읊조렸다. 당연히 호메
이니가 그들에게 노래를 그만두라고 요청하고, 자신과 혁명을
칭송하기를 멈추라고 말할 수는 없는 노릇이었다. 그가 반대한
것은 자기가 생각하기에 퇴폐적이고 외설적인 음악이었다. 샤
의 시대에 이란의 라디오 방송을 장악했던 서구의 팝송이나, 어
디서나 울려 퍼지는 신이 버린 로큰롤 음악 같은 것 말이다.

그는 소위 '음악 금지' 조치가 발표되고 고작 몇 주 후에 이런
관점을 어느 인터뷰에서 직접 밝혔다. 이탈리아 기자인 오리아
나 팔라치(Oriana Fallaci)와의 인터뷰에서였다. 그 인터뷰는 대단
히 읽을 만하다. 인터뷰 도중 팔라치는 호메이니가 다양한 자유
를 제한하는 것, 특히 여성에게 몸을 가리도록 강요한 것을 강
하게 비판했다. 그러자 호메이니는 불쾌해 하며, "당신이 이슬
람 복식이 싫으면, 그걸 입을 의무는 없습니다. 히잡은 [당신이
아니라] 선하고 예의 바른 젊은 여성을 위한 것입니다."라고 말
했다.

"친절하신 말씀 감사합니다, 이맘[4]." 팔라치는 이렇게 대답
하고는 입고 있던 차도르를 벗어서 바닥에 집어던졌다. 호메
이니는 이 행동에 혐오를 드러내며 걸어 나가 버렸다. 인터뷰
가 재개되자 팔라치는 즉시 이 복장 문제를 다시 거론했고, 호
메이니는 그녀의 뻔뻔함에 껄껄 웃음을 터트렸다. 호메이니가
공식 석상에서 소리 내어 웃은 몇 안 되는 사건이었다.

4　이슬람 교단의 지도자.

팔라치는 호메이니에게 음악 금지에 대해서 물었다. "왜 음악을 듣는 게 죄인가요? 이탈리아 성직자들은 술도 마시고 노래도 하는데요. 심지어 교황님도요."

이에 대해 호메이니는 "당신네 종교 성직자를 위한 규정은 제 관심사가 아닙니다."라고 운을 떼며, "음악은 즐거움과 황홀감을 수반하기 때문에 마음을 둔하게 만듭니다. 여기서 음악은 당신네 문화권의 음악을 뜻합니다. 그 음악이 이 나라의 젊은이들에게 해악을 끼쳐 마음을 파괴했습니다."라고 답했다.

이에 팔라치는 "바흐, 베토벤, 베르디 같은 음악도요?"라고 물었다.

"저는 그 이름들을 모릅니다." 호메이니가 대답했다. "당신네 음악 중 어떤 종류는 허용돼 있습니다. 예를 들어, 행진을 위한 찬가나, 젊은이를 마비시키는 것이 아니라 움직이게 만드는 음악, 자기 나라에 대해 애정을 품게 만드는 음악은 괜찮습니다."

그 마지막 문장들만 봐도 짐작할 수 있듯이, 호메이니는 사실 국가에 찬성하는 입장이었다. 1980년 페르시아력 새해 전날, 호메이니 정부는 '불변하는 이란'이라는 곡을 새 국가로 지정했다. 그 첫 구절은 '이슬람 공화국이 수립되었도다'로 시작한다.

이란 혁명을 통해
압제의 왕궁은 무너졌도다
…
쿠란의 그림자 아래에서
이란이여, 영원하여 변치 않기를.

이 행진곡은 10년간 계속 국가의 지위를 유지하다가 오늘날 사용되는 새 국가로 대체됐다. 새 국가 또한 종교적 색채가 짙다. '그대의 계시는, 오 이맘이여 … / 우리 영혼 위에 새겨졌다네.'라는 가사가 들어가 있다. 이란 국가가 변경된 것은 호메이니가 사망했기 때문이라고 믿는 사람이 많다. 하지만 진짜 이유는 이란 정부가 '불변하는 이란'이 너무 길다는 사실을 깨달았기 때문이다.

엄격한 이슬람 원리주의를 채택한 나라 중에서 국가를 가진 나라가 이란만은 아니다. 사우디아라비아는 보수적인 살라피(Salafi)[5]의 기분을 거스를까 봐 쇼핑센터에서도 음악을 틀지 않지만, 쾌활한 곡조의 국가를 갖고 있다. 그 가사는 사우디인에게 '천국의 창조자에게 영광을 돌리라.'라고 말하며 '알라후 아크바르[6]를 반복하라.'라고 부르짖는다.

사실 이슬람교 나라 중에서 국가를 거부했던 유일한 나라는 탈레반의 금욕적인 지배하에 있던 아프가니스탄뿐이다. 아마 그 나라에서 고통받던 사람들만 눈치채지 못했을 이상한 사실이지만, 1999년부터 2002년까지 3년간 아프가니스탄은 세계에서 국가가 없는 유일한 나라였다. 아프가니스탄은 음악가들이 악기를 땅에 파묻어 숨기고, 종교적 시문이 아닌 다른 내용이 담긴 카세트테이프를 보유하면 감옥에 보냈다. 탈레반은 카

---

5 '살라피'란 중세부터 시작된 무슬림 그룹으로 '살라프(salaf)'를 따르는 사람들을 지칭한다. 살라프는 이슬람 창시자 무함마드의 동료와 그들의 2대 제자 등 이슬람 시작 첫 3대 무슬림 세대를 일컫는다.

6 '신은 위대하다'는 뜻의 아랍어.

세트테이프 내부의 필름을 풀어서 경고의 표시로 서낭당처럼 나무에 감아 두기도 했다.

하지만 나는 그런 악랄한 정권하에서도 국가와 유사한 노래가 불렸을 거라는 의심이 스멀스멀 올라온다. 이를테면《쿠란》의 시문 중 그 어떤 것보다 자주 불린 게 있었을지도 모른다. 탈레반의 군인들이 기쁨의 순간에 본능적으로, 기도문 이상의 것이 필요해서 읊조린 시문이 있었을 것이다. 그렇게 믿는 이유는, 내가 국가의 중요성을 증명하기 위해 절박하게 매달리는 '국가 집착증 환자'여서가 아니라, 바로 IS에서 일어난 일 때문이다. 중동의 지하드 단체에게 음악이 가지는 중요성을 목격했기 때문이다.

*

"제가 한 말을 인용하실 때는 제가 IS 지지자가 아니라고 확실히 밝혀 주시겠어요?"

베흐남 사이드(Behnam Said)는 함부르크에 위치해 있는 자택에서 이렇게 말했다. 그의 직업을 생각하면 이런 부탁은 불필요했다. 그는 독일 정보 기관 소속으로, 지하드 단체의 동향을 분석하는 일을 하고 있었다. 하지만 그가 자신의 박사 논문 주제이기도 한 지하드의 노래들에 대해 이야기하기 시작하니, 그의 걱정이 조금 더 이해되기 시작했다. 전투적인 지하드의 노래들은 '아나쉬드 지하디야(anasheed jihadiya)', 혹은 줄여서 '나쉬드(nasheeds)'라고 불린다. 나쉬드란 본디 '평범한 이슬람 시문'을 가리키는 말임을 감안하면 이 줄임말은 다소 마음에 걸린다.

아무튼 베흐남이 이 노래들에 대해 이야기할 때 얼마나 열변을 토하던지 오해를 살 수도 있겠다는 생각을 했다. 이야기 도중 그는 "제가 '나의 움마여, 여명이 다가온다'를 처음 들었을 때는 한 2주동안 머릿속에서 이 노래가 떠나질 않았어요."라고 말하기도 했다. "이 노래는 다른 나쉬드와 전혀 다른 방식으로 영향을 줬어요. 무슨 말이냐면, 전철에 앉아 있다가도 문득 이 노래가 생각나는 거예요. 멜로디가 너무 인상적이어서요." 그는 잠시 말을 멈추고 어색한 웃음을 터트렸다. "지금 제가 말하는 게 어떻게 들릴지 알아요. 이 노래들을 너무 많이 들으면 이렇게 돼요!"

베흐남에 따르면, IS는 사실 나쉬드를 사용한 첫 번째 지하드 단체는 아니다. 지하드 노래의 역사는 1970년대로 거슬러 올라간다. 무슬림 형제단 등 이집트와 시리아의 이슬람 근본주의자들은 이때 지지층을 결집하고 메시지를 전파하기 위해 나쉬드를 만들기 시작했다. "나쉬드는 원래 다른 종교와 마찬가지로 오래된 종교 음악 장르지만, 이 극단주의자 단체들은 정치적이고 정부에 반역하는 내용의 노래를 만들기 시작했습니다. 완전히 새로운 종류의 나쉬드였어요." 베흐남이 덧붙였다. 이 단체들은 사람들이 팝 음악 대신 나쉬드를 듣도록 카세트테이프에 녹음해서 배포했다. 1980년대 초 무슬림 형제단에 대한 탄압이 시작되자 단원들은 사우디아라비아와 쿠웨이트 등지로 피신했고, 그곳의 훈련 캠프에서 나쉬드를 가르치기 시작했다. 그 결과 나쉬드는 더욱 널리 퍼지게 됐다. 이들은 신시사이저가 나오자마자 이를 사용했고, 후에 사운드이펙트를 도입하는 등 기술 발전을 적극 이용했다.

이 노래들은 즉시 일부 학자들에게 비이슬람적이라는 비난을 받았다. "한 학자는 이슬람 음악이라는 것 자체가 이슬람 민주주의나 이슬람 공산주의처럼 말이 전혀 안 된다고 썼어요." 베흐남이 설명했다. 하지만 얼마 지나지 않아 나쉬드의 전파는 막을 수 없게 됐다. 오사마 빈 라덴조차 10대 때 나쉬드 그룹을 만들어서 이를 불렀는데, "너무 샌님처럼 보이지 않기 위해서" 였다. 1980년대 말이 되자 팔레스타인의 하마스는 공식 헌장에 나쉬드를 포함시키면서 구성원들이 음악을 전혀 듣지 못한다면 그들의 '영혼은 지루해할 것'이라고 인정했다. 오늘날 대부분의 이슬람 학자들은 이제 돌이킬 수 없다는 것을 깨달았는지, 이 노래들이 적어도 전시에는 허용된다고 입장을 바꿨다. 나쉬드는 모든 지하드 단체에게 주된 프로파간다 도구가 됐다. 그러나 서구에서는 이에 대해 거의 논의되지 않고 있다. 가사가 전부 아랍어로 돼 있어서, 아랍어가 모국어가 아닌 이들은 이해하기 어렵기 때문이다.

나쉬드가 얼마나 강한 영향력을 가지고 있는지 알고 싶다면, 지하드주의자의 글만 봐도 된다. 베흐남은 어느 알카에다 조직원이 기관 잡지에 기고한 글에 대해 이야기했다. 그 글은 마치 음악 평론처럼, 예멘의 사막을 운전하며 건너는 동안 특정 나쉬드 곡에 완전히 매료된 경험을 이야기한다. '나는 바람이 내 머리카락 사이를 스쳐 가는 동안 눈을 감았다.' 그 글의 한 구절이다.

나는 다시 IS의 노래들로 화제를 돌려 보려고 노력했다. 하지만 베흐남은 최신 나쉬드 트렌드보다는 그 역사에 더 관심이 많았다. 다만 그는 최신 노래에 대해 한 가지 중요한 사실을 알아챘다. "예전의 나쉬드는 작고 비밀스러운 집단이 만들었어요. 그래서 메시지도 방어적이었지요. '그들이 우리를 고문할지라도, 우리는 우리의 믿음을 지키리라.' 같은 내용이었죠. 하지만 IS의 나쉬드는 전혀 방어적이지 않아요. 세상을 영원히 바꾸겠다는 희망찬 내용이에요."

*

"가끔 이 음악이 얼마나 중독성이 있는지 사람들한테 이야기할 때가 있는데, 그럼 스스로를 돌아보면서 이렇게 생각하죠. '이 노래를 좋아한다고 생각하다니, 난 도대체 뭘 마신 거야?'라고요." 중동학을 연구하는 젊은 학자 필립 스미스(Philip Smyth)는 웃으며 말했다. 믿을 만한 정보통에 따르면, 필립은 현대 지하드 음악에 대해 그 누구보다 잘 아는 사람이다. 필립은 자신이 "핫도그를 먹으며 맥주를 마시는, 정치적으로 올바르지 못한 미국인"의 전형이지만, 또한 지하드 음악에 집착하는 사람이라고 말했다. 얼마나 집착하냐면, 나쉬드를 종종 휴대폰 벨소리로 사용해서 매일 아침 출근할 때 지하철 옆자리에 앉은 사람을 이따금 '기겁하게' 만든다.

필립은 나쉬드 음악가가 작업하는 방식을 알아보기 위해서, 어느 날 한 민병대 소속 작곡가와 같이 시간을 보낸 적이 있었다. "저는 그 사람 어머니 집의 지하실에 앉아 있었어요. 그는 작은 키보드를 가지고 있었는데, 일주일 반 걸려서 노래 한 곡을 통째로 만들더라고요." 그는 이 노래들을 워낙 잘 알고 있어서 어디서 듣든지 알아들을 수 있다. "지하드 노래가 어디선가 연주되는 걸 들으면 정말 초현실적인 느낌이 들어요. 레바논에서 아니스[7] 씨로 만든 아락(arak) 주를 마시면서 그냥 놀고 있을 때였어요. 음악에 맞춰서 춤도 추고, 여자들도 좀 훔쳐보면서요. 갑자기 팔레스타인 이슬람 지하드에서 만든 노래가 나오는 거예요. 그걸 듣는 기분이 얼마나 이상한지 설명하기조차 힘들어요."

필립에 따르면, 오늘날 지하드 나쉬드에 관해 가장 흥미로운 사실은 그 음악가가 속한 이슬람 종파에 따라 음악이 완전히 달라진다는 점이다. IS를 포함한 대부분의 수니파 지하드 단체는 악기를 하람(금지 대상)으로 간주해서 편곡할 때 악기를 완전히 뺀다. 이들의 나쉬드는 거의 모두 아카펠라고, 유일한 반주는 음향 효과가 전부다. 음향 효과는 말 달리는 소리(선지자가 사막에서 보낸 시간을 상징)부터 폭탄이 터지는 소리까지 다양하다. 이 노래의 유일한 다른 장식적 요소는 노래가 시작될 때 누군가가 마치 오디션 프로그램의 심사 위원처럼 드라마틱하게 "~를 소개합니다."라고 아랍어로 말하는 인트로다.

반면 헤즈볼라 등 시아파 단체에는 그런 제약이 없다. 이들의

---

7   씨앗이 향미료로 쓰이는 미나리과 식물.

나쉬드 상당수는 드럼 소리로 가득 차 있으며, 랩이나 라가[8] 음악 못지않게 리듬을 중요하게 여기는 것처럼 보인다. 보컬에도 매 구절마다 오토 튠으로 목소리를 범벅하는 경우도 많다. 노래 영상도 춤추는 젊은 남자로 가득 차 있어서 무장 단체라기보다 보이 밴드 뮤직 비디오가 아닌가 싶을 정도다. "이쪽 단체는 자기네 노래를 나쉬드라고 부르기는 하지만, 때로 자기네 사상과 잘 맞지 않는 곡도 있어요." 필립의 설명이다. "아야톨라 호메이니가 아직 살아 있었더라면 이 테크노 음악을 듣고 도대체 이게 뭐냐고 역정을 냈을 거예요. 하지만 이쪽 단체는 전부 어떤 종교적인 지침에 의해서 운영하고 있어요. '이것은 할랄이다, 통과!'라고 말해 주는 자기들만의 호메이니가 있는 거죠."

혹자는 서양에서 유입되는 신규 전투원들이 IS 대열에 편입되면 이 단체의 음악이 아카펠라에서 멀어질 수 있다고 생각할지 모른다. 하지만 필립은 "그런 일은 절대 없을 것 같아요."라고 말했다. 서구의 지하드 개종자는 항상 그 단체의 창시자보다 더 근본주의자처럼 보이고 싶어 하기 때문이다. (다만 이들 중 일부는 랩과 지나치게 비슷하게 들리는 프랑스어 노래를 발표하기도 했다.)

IS와 비슷한 음악을 생산하는 단체는 많다. 하지만 필립은 IS가 완전히 자체적인 운영 체제를 가지고 있다고 주장한다. 대부분의 지하드 단체는 옛 나쉬드를 재활용하는데 반해, IS는 새 음악을 만들기 위해 아즈나드 미디어 재단이라는 산하 단체를 설립했다. 이 단체는 끝없이 다양한 주제로 음악을 뽑아내고 있

---

8 인도 고전 음악의 음계.

다. 어떤 곡은 단순히 이라크 정치인의 이름을 넣고, 자기네가 그를 노리고 있다고 말하는 식의 관심 끌기에 불과하다. 하지만 IS의 지배하에 있는 사람들을 겨냥해서 이들이 '안전과 평화의 삶'을 살고 있다고 설득하거나, 해외 단체에게 자기네 국가에 합류하라고 권장하는 노래도 있다. 또 단순히 병사들의 피에 대한 욕구를 만족시키려고 쓰인 것 같은 노래도 많다. "나쉬드는 IS에게 정말로 복합적인 메시지 전략이 됐어요. 중동에 있는 모든 사람이 이 노래를 듣고 있는 걸 자기들도 알거든요."

IS의 나쉬드를 실제로 누가 쓰고 있는지는 아무도 모른다. 이름이나 얼굴, 심지어 음악 경력에 대해서도 모른다. 필립에 따르면, 작사가가 가사를 먼저 쓰고, 이 가사를 작곡가에게 넘겨 멜로디를 붙인 후, 가수가 노래를 녹음하는 과정을 거친다. 이는 마치 히트곡 제조기였던 1960년대의 모타운 레코드의 지하드 버전 같다.

누가 그 노래를 만들고 있든지, '나의 움마여, 여명이 다가온다'는 그중 최고 수준이라는 것이 필립의 말이다. "IS는 '이것이 우리의 공식 노래다'라고 말하지는 않을 거예요. 하지만 전투원과 지지자 들이 이 노래를 일종의 국가로 인식하고 있어요. 자기들이 상징하는 모든 걸 담고 있는 노래니까요. IS가 부상했고, 우리는 적을 많이 패배시켰고, 앞으로도 계속 그럴 것이라는 내용이요. 그리고 무엇보다 노래가 좋거든요. 심지어 저 같은 비신자가 들어도 이 노래는 느낌이 있어요. 어떤 정신을 북돋우는 것 같아요." 다른 나쉬드도 몇 달씩 인기를 얻기도 했지만, 결국 모두가 이 노래로 돌아오는 것 같다고 그는 덧붙였다.

필립에게 IS가 공식적으로 나라임을 선포하기 위한 전략의 일환으로, 이 노래를 공식 국가(國歌)로 발표할 가능성이 있냐고 질문했다. 몇 달 내로 이들이 외국 대사관들에 공식 번역과 함께 이 노래의 악보를 보내고, 국제 올림픽 위원회에 노래의 녹음본을 보내겠느냐는 의미였다. 나도 이 질문이 기껏해야 나쁜 농담으로 받아들여질 잔망스러운 말인 것은 알았다. 하지만 필립은 이 질문을 완전히 심각하게 받아들였다. "가능성은 항상 있지요. 이란도 엄격히 말해서 이슬람 국가(國家)예요. 지하드의 이데올로기를 지지하거든요. 그런데 국가(國歌)를 가지고 있잖아요. 그렇다면 수니파 국가(國家)가 그러는 것도 가능할까요? 글쎄, 오스만 제국도 국가(國歌)가 있었어요. 하지만 이 '이슬람 국가(IS)'라면 '그 나라는 진짜 이슬람 국가가 아니었다네'라고 말하겠지요."

*

2014년 겨울, 나는 '나의 움마여, 여명이 다가온다'에 대해서 〈가디언〉지에 글을 기고했다. 그리고 그 기사에 달린 수백 개의 댓글을 즐겁게 읽었다. 걱정스럽게도 상당수는 IS 동조자의 댓글이었다. 이 노래를 더 많은 사람에게 알려줘서 고맙다는 내용이었다. 하지만 대다수의 댓글은 이 기사를 썼다는 사실 자체에 대해 화를 내는 사람들이었다. 이들은 모두 '도대체, 세상에, 왜' 살인자들의 음악을 홍보하냐고 물었고, 몇몇은 혹시 내가 그들에게 합류하기 위해 시리아로 가는 비행기 티켓을 사지 않았느

이라크 모술에 위치한
시리아 정교회.
이곳을 차지한
IS가 자신의 엠블럼을
건물에 그려 넣었다.
하지만 이라크는
해당 지역을 수복한 후
IS 엠블럼을 지워 버리고,
이라크 국기를 세웠다.
ⓒ 게티이미지

냐고 물었다.

그 정도의 독설은 이해할 만하다. 그 기사에서 나는 왜 IS가
국가(國歌)를 가진다는 사실이 중요하다고 생각하는지 제대로
설명하지 않았기 때문이다. 그 당시에 내가 이를 설명하지 않은
이유는 그 답이 너무 명백하다고 생각해서였다. IS는 국가를 가
장 멀리해야 하는, 사실 국가를 비난해야 하는 사람들로 이뤄
진 나라다. 하지만 그들이 국가를 가진다면, 만약 그들의 지도
자조차 마음속 깊은 곳에서 사실 사람들을 결속시키는 데 다른
방식으로 노래가 도움을 줄 수 있음을 깨닫는다면, 그것은 국가

의 중요성을 다시 한번 강조하는 것이다. 이뿐만 아니라, IS가 자기 영토 내의 사람들을 단순히 겁줘서 복종하게 하려는 게 아니라 사람들 간에 소속감을 높이려고 진짜로 노력하고 있다는 것을 보여 준다. 그들이 진짜 나라가 갖춰야 할 상징을 모두 가진 진짜 나라를 만들기 위해 진지하게 노력하고 있음을 보여 준다는 것이다.

이것은 무서운 생각이며 불편한 결론이다. 특히 '나의 움마여, 여명이 다가온다'가 다른 대부분의 국가보다 훌륭한 노래라는 점을 고려하면 더욱 그렇다. 이 때문에 매번 그 노래를 휘파람으로 부는 나를 발견할 때마다 그 가사의 내용이 어떤지 기억하려 애쓴다. '…승리가 임박했다. 이슬람 국가가 떠오른다. 공포의 힘이 시작되었다.'라는 그 가사를.

9.

이집트

국가와 명성

بلادى، لكى حبى وفؤادى

بلادى بلادى بلادى
لكى حبى وفؤادى (x2)

مصر يا أم البلاد
انتى غايتى والمراد
وعلى كل العباد
كم لنيلك من أيادى

내 나라여, 내 나라여, 내 나라여
내 사랑과 내 마음을
그대에게 바치오. (x2)
이집트! 모든 나라의 어머니여!
그대는 내 희망, 내 야망
모든 민족 위에
그대의 나일강은 무한한 축복을 내리네

**나의 나라여,
내 사랑과 내 마음을 바치오**

>>>

카이로의 남쪽에 위치한 마아디(Ma'adi) 지역은 적어도 내 눈에는 낙원 같다. 길 위에는 나무가 드리우고, 딱따구리는 아스팔트 위에 그림자를 비추며 날아간다. 목에 화려한 보석을 두른 여인들은 정원에 앉아 과일 주스를 홀짝인다. 회색의 나일강은 반짝거리며 흐른다. 이보다 안락할 수가 없다. 모래 폭풍과, 경적을 끊임없이 울려대는 운전자들과, 나에게 간첩이 아니냐고 묻는 사람들로만 가득 찬 것 같던 카이로 도심과 비교해 보면 말이다. (카이로에서 어떤 이에게 "제가 만약 간첩이라면 왜 당신에게 이 나라의 국가에 대해서 묻고 있겠어요?"라고 묻자, 상대는 "전 그냥 당신이 정말 일을 못 하는 간첩이 아닐까 생각했지요."라고 답했다.)

그래서 이 지역을 안내해 주는 가이드가 마아디 지역의 흠을 끊임없이 지적할 때 다소 짜증이 났다. 그는 70대의 작곡가인 타렉 샤라라(Tarek Sharara)였다. "저기 봐요. 저기에도 도로에 포트 홀이 있네요." 무화과 나무가 양옆에 줄지어 있는 길을 따라 운전하는 중에 그가 말했다. "저기에 또 있네요! 저 모양을 보세요. 더 이상 포트 홀이라고 부를 수도 없어요. 너무 크잖아요? 이 도로는 한때 눈부시게 깨끗했는데 말이에요." 그가 애석한 듯이 덧붙였다. "한때는 매일 세제와 물로 도로를 청소했었지요. 그 시절에는 얼마나 도로가 반짝거렸는지 거울처럼 얼굴이

이집트 마아디. ⓒ 게티이미지

비칠 정도였다니까요!"

그게 언제였는지 물었다. "1940~50년대요." 그가 대답했다. 그제서야 나는 이집트의 첫 국가를 이야기하는 데 카이로에서 타렉만한 사람이 없을 거라고, 누군가가 말한 이유를 알 것 같았다. 이집트 최초의 국가는 1952년 이집트 혁명 이전에 불렸던 노래인데, 혁명을 통해 친영파였던 왕실과 함께 역사 속으로 사라졌다. 타렉은 이집트의 과거에 향수를 가지고 있었다. 이집트와 이스라엘 사이에 평화를 가져온 안와르 사다트(Anwar Sadat) 대통령이나, 그보다 전에 혁명을 주도했고 아랍 대통일을 시도했던 가말 압델 나세르(Gamal Abdel Nasser) 대통령 등 지구촌 유명 인사가 통치하던 시절에 대한 향수가 아니다. 혁명 이전에 왕족이 다스리던 시절에 대한 향수였다. 어쩌면 그보다 더 거슬러 올라가, 케디브(Khedives)가 통치하던 시절에 대한 향수인지도 모른다. 타렉은 대화 도중 "저는 케디브 압바스 2세의 손자를 잘 알아요. 아주 멋진 청년이에요."라고 말하기도 했다.

가족 이야기를 물어보니, 그 향수가 어느 정도 이해됐다. 혁명 이후 그의 가족은 모든 것을 잃었다. 땅과 현금 재산 모두 몰수됐다. 그의 아버지는 한 해에 정해진 금액의 수익만을 받을 수 있었다. "그 수익금이란 아버지가 혁명 전에 시가(cigar)에 쓰던 액수밖에 되지 않았어요!" 타렉은 흥분하며 소리쳤다.

우리는 점심을 먹으러 타렉이 추천한 레스토랑으로 향했다. 타렉에 의하면, 이 식당은 한때 마아디가 어떤 곳이었는지 아직 느낄 수 있는 몇 안 되는 장소였다. 1950년대, 카이로가 아직 '중동의 파리'로 불렸던 시대 말이다. 이곳은 웨이터가 손님이 불편해 보이면 등 뒤에 부드럽게 쿠션을 받쳐 주고, 종 모양의 은 뚜껑이 덮인 음식이 나오며, 뚜껑이 치워지면 드러나는 화려함에 입을 떡 벌리고 놀라게 되는 그런 곳이었다.

음식을 먹으면서 나는 이집트 왕실에서 사용했던 첫 국가에 대해서 묻기 시작했다. 그는 내 질문이 끝나기도 전에 표현을 고쳐 줬다. "그 노래를 첫 국가라고 하면 안 돼요. 그 노래는 이집트의 유일무이한 국가예요. 국가는 그렇게 막 바꿀 수 있는 게 아니에요. 그 소리는 사람들 마음에, 기억 속에, 세대에 걸쳐 남는 거지요. 한 나라는 국가를 딱 하나만 가질 수 있어요. 한 나라에 대표 민족이 있고, 대표 언어가 있는 것처럼요. 어쩌면 세상의 변화에 발맞추기 위해서 가사를 업데이트할 수도 있겠지요. 뒤떨어지는 것처럼 보이고 싶지는 않을 테니까요. 하지만 멜로디를 바꾼다?" 그는 고개를 절레절레 저었다.

*

　앞에서 지하드의 노래 이야기를 했지만, 분명 아랍 세계의 국가는 그보다도 훨씬 더 복잡하다. 이 지역의 국가는 아랍 나라 수만큼이나 다양하고, 또 그만큼 관계가 얽혀 있다. 이를테면, 어떤 노래는 종교적 헌신으로 가득하다. '기억하라, 모든 순교자를, 내 기쁨 안에서. / 그에게 우리 축제의 빛나는 망토를 입혀라'라는 내용의 예멘 국가가 좋은 예다. 어떤 국가는 술탄을 찬미하는 데 열중한다. 요르단의 국가는 '왕이여 만세'로 시작할 뿐 아니라, 후렴구에서 왕의 명예가 '책 안에서 칭송된다'고 말하는 등 왕에게 아첨하기 위해 애쓴다. 레바논의 '우리 모두, 우리 나라와 우리의 깃발과 영광을 위해'처럼 그저 단순히 애국심만 호소하는 노래도 있다. 그리고 그저 싸움을 부르짖다가 끝나는 노래도 있다. 팔레스타인의 '전사여'가 특히 그렇다. '내 결심과 내 불길과 복수의 화산이여, / 내 피 속에 끓는 내 땅과 내 집에 대한 그리움으로'라는 가사를 들으면 이 노래의 내용이 무엇인지 의심할 여지가 없어진다.

　이 모든 노래들은 공통점이 하나도 없는 것처럼 보이지만, 사실 이 지역의 모든 국가는 고향이 같다. 바로 이집트다. 20세기 중반, 이집트는 단지 아랍권의 정치적 중심지가 아니라 문화적 수도이기도 했다. 가장 위대한 음악가와 최고의 밴드가 이곳에 있었고, 상류층은 이들의 음악적 재능에 돈을 아낌없이 썼으며,

그들이 만들어 낸 창작물에 후원자로 이름을 알리는 것을 기뻐했다. 이 나라의 라디오 방송국은 이집트 음악을 아랍 지역 전체에 퍼뜨렸고, 전파가 닿지 않는 곳에도 이집트 영화와 이민자들을 통해 이집트 음악이 퍼졌다. 이집트 음악가들은 리비아부터 아랍 에미리트, 알제리, 튀니지, 팔레스타인, 사우디아라비아까지 모든 곳의 국가를 작곡했다.

다른 아랍 나라가 국가가 필요할 때 으레 찾은 사람은 이집트 작곡가 모하메드 압델 와합(Mohammed Abdel Wahab)이었다. 그는 서구의 리듬을 대담하게 아랍 음악에 도입한 음악가였다. 하지만 결과에 의문을 제기하지만 않는다면 의뢰인 누구에게나 기꺼이 전쟁풍의 음악을 마구 뽑아 줬다. (그는 튀니지, 아랍 에미리트, 리비아 등의 국가를 만들었는데 서로 구분이 썩 잘 되지 않는다.)

카이로는 이처럼 한때 아랍 세계의 '국가(國歌) 공장'이었지만, 국가 역사에서 이집트와 관련해 가장 흥미로운 사실은 따로 있다. 이집트의 국가 이야기야말로 진정 흥미롭다. 이집트 국가는 이스라엘부터 '아랍의 봄'[1]까지, 중동 정치와 긴밀하게 연관된 노래일 뿐 아니라, 독특하게도 한 대스타의 인생과도 긴밀히 얽혀 있기 때문이다.

---

1 '아랍의 봄'은 2010년 12월 이래 중동과 북아프리카 일대에 일어난 반정부 시위 및 혁명의 물결을 의미한다. 경찰 부패와 이에 대한 대처에 항의하는 튀니지 시민들의 시위를 시작으로, 알제리, 요르단, 이집트, 예멘 등으로 확산됐다. 비민주적인 정치 체제와 부패, 경제난, 인권 침해가 공통적인 배경이 됐다는 분석이 있다.

*

"물론 여기 사람들은 이집트 국가를 베르디가 작곡했다고 하
겠죠." 마아디의 그 식당 정원에서 파라솔 아래 앉아 있던 타렉
이 웃음을 터트리며 말했다. 그는 마침내 과거 회상을 멈추고,
이집트의 첫 국가인 '알살람 알말라키 (Alsalam Almalaky, 왕에게 평화
를)'에 대해서 이야기하기 시작했다.

그는 USB 메모리를 꺼내서 내 노트북 컴퓨터에 연결해 다양
한 버전의 국가를 들려 줬다. 첫 번째는 마치 동화책에서 울릴
법한 어린이용 오르골 소리였다. 두 번째는 우드²로 편곡된 연
주였다. 이 음악 소리를 듣는 모든 남자들에게 팔을 끼고 춤을
추라고 요구하는 것 같은 경쾌한 소리였다. 타렉은 이 버전이
연주되는 동안 테이블을 드럼처럼 두드리며 연주했다. 세 번째
는 전통적인 관악대 편곡이었다. 타렉은 그 국가의 다소 반복적
인 원래 가사를 들려주기 위해 노래도 불렀다. "'왕을 위해, 왕
이여 만세. 왕이여 만세, 보호의 사자여…' 뭐, 그런 비슷한 가사
예요." 그가 말했다.

노래를 다 들어 보니 어떤 방식으로 연주하든 흥겨운 노래
인 건 인정해야 할 것 같았다. 약간 기묘하게 쇼팽의 '장송 행진
곡' 같은 느낌도 들었다. 물론 장조로 연주했다면 말이다. 하지
만 주세페 베르디급의 인물에게서 나올 만한 곡은 또 아니었다.
베르디는 '아이다 (Aida)', '리골레토 (Rigoletto)', '라 트라비아타 (La

---

2   중동 및 북부 아프리카 지역에서 주로 사용되는 현악기.

Traviata)' 등 유수한 오페라 음악을 만든 작곡가 아닌가. 이집트인들이 주장하는 것처럼 베르디가 이 곡의 작곡가라면, 이보다는 나은 곡을 만들었어야 하지 않을까. 이집트인들에게는 안됐지만, 베르디 연구자들은 입을 모아 이 곡의 작곡가는 베르디가 아니라고 말한다.

타렉은 왜 그런 혼란이 생겨났는지 설명했다. 1860년대 후반, 당시 이집트 군주였던 케디브 이스마일 파샤는 아프리카 최초로 카이로에 오페라 하우스를 지었다. 그러고는 베르디에게 개관 기념 공연을 위한 오페라〈아이다〉를 작곡해 달라고 의뢰하면서 15만 프랑이라는 막대한 금액을 제시했다. 이는 음악가가 작곡비로 받은 금액 중 역대 가장 높은 수준이었다. 케디브는 당시에 자신의 오페라 하우스와 베르디의 이름을 어떻게든 엮고 싶어서, 베르디에게 개관 공연 지휘를 맡아 달라고 요청하기도 했다. 베르디가 바다를 무서워해서 배를 못 탄다는 것을 잘 알면서도 말이다. 아마 케디브는 "이탈리아까지 다리를 놓을 수는 없는가?"라고 물었을지도 모른다.

이 오페라 공연은 전쟁 때문에 의상이 파리에서 배송되지 못하는 바람에 원래 예정보다 2년 늦게 무대에 올랐지만, 케디브는 결과물에 매우 만족해 했다. 또한 이 작품이 이집트와 자신에게 가져다 준 관심에도 흡족해 했다. 얼마나 기뻤는지 그는 베르디에게 이집트의 국가를 만들어 달라고 의뢰했다. 아이다의 음악 중 하나를 가져다가 약간 바꾸기만 하면 되지 않겠냐고 하면서 말이다. 하지만 타렉의 말에 따르면, 베르디는 씀씀이가 크지만 요구 사항이 까다롭고 만족시키기 어려운 이집트 고객을 위해 일하는 데 질려서 이 제안을 예의 바르게 거절했다.

어떤 이들은 당시 이집트 군대에서 일하고 있던 무명의 작곡가 푸지올리가 결국 국가를 작곡했다고 주장하고, 하필 그의 이름도 주세페였기 때문에 혼란이 발생했다고 한다. "그런데 그것도 틀린 이야기예요." 타렉이 말했다. "그렇다면 진짜로 국가 뒤에 있던 인물은 누구일까요?" 그는 잠시 말을 멈추고 책상을 드럼처럼 두드리더니 트럼펫의 예포 소리를 입으로 흉내를 내고는, 몇 달에 걸친 조사 결과를 발표했다. 바로 케디브의 요트에 있던, 악대를 지휘하던 이집트인 모하메드 바요우미 에펜디(Mohammed Bayoumi Effendi)였다.

"바요우미가 작곡한 게 그렇게 확실하다면, 왜 모든 이집트 사람들이 아직도 국가를 작곡한 이가 베르디라고 믿는 건가요?" 내가 질문했다. 그러고는 지난 며칠간 카이로에서 만난 몇몇 사람들이 국가를 작곡한 게 베르디가 확실하다고 주장했다고 덧붙였다. 그 사람들은 내가 영국 간첩이라고 생각해서 가짜 정보를 주려고 한 건 아닌 것 같다고도 말했다. "다른 누가 아니라 바로 그 유명한 베르디가 우리 국가를 작곡했다!" 타렉이 웃었다. "이집트가 그만큼 위대했다는 거지요. 세상의 어머니였으니까요. 동시대의 가장 위대한 작곡가도 우리가 원하면 작곡을 해줬다는 거예요. 저라도 그렇게 믿고 싶지요."

*

"저는 그 노래가 지금도 국가였으면 좋겠어요." 바하 자헌은 한숨을 쉬며 이렇게 말했다. 그는 자신이 일하는 신문사 사무실에서 불룩 나온 배 위에 양손을 얌전히 놓고 앉아 있었다. "그 노래는 저랑 같이 태어났어요. 저도, 그 노래도 1956년에 세상에 나왔지요. 그러니 그 노래랑 같이 자란 셈이에요. 게다가 제 입장에서는 아버지가 남긴 곡에 아무래도 마음이 가지요. 하지만 꼭 그게 아니더라도, 솔직히 지금까지의 다른 어떤 국가보다 그 노래 가사가 더 시적이라고 생각해요. 다른 국가의 가사는 상당히 폭력적이거든요." 그가 웃었다. "하지만 그 시대의 다른 노래들도 마찬가지이긴 해요."

내가 그를 만난 때는 타렉을 만난 후 몇 시간 지나지 않아서였다. 나는 앞으로 이집트에서 만날 사람들이 과거 시대와 옛날 국가(國歌)에 대한 향수에 젖어 있는 건 아닐까 하는 생각이 들기 시작했다. 아마 혁명과 군사 쿠데타와 무슬림 형제단 등 이집트가 최근 겪은 현대사의 고통 때문에 현재에 집중하기가 쉽지 않기 때문일까.

내가 바하를 만난 이유는 그의 아버지 살라흐 자힌과 그가 작곡한 대표곡에 대해 듣기 위해서였다. 그 곡은 '왈라 자만 야 셸라히('오 나의 무기여, 오랜만이도다')라는 멋진 제목이 붙어 있다. 이 노래는 1960년 '알살람 알말라키'를 밀어내고 이집트의 두 번째 국가로 선정된 노래다. ('알살람'은 군주제가 폐지되고 나서도 어쩐지 8년이나 계속 국가로 미적대며 남아 있었다.) 그리고 그 후 20년 동안, 이 노래는 아랍 세계 전체를 위해 싸우는 전사로서 이집트의 이미지를 구축하는 데 큰 역할을 했다.

살라흐가 이 노래를 쓸 때, 이집트는 정치적 격변을 겪고 있었다. 1952년 그가 스물두 살이었던 시절, 한 무리의 육군 장교가 군부 쿠데타를 일으켜 영국의 꼭두각시였던 파루크 왕을 축출했다. 얼마 지나지 않아, 우체부의 아들이었던 잘생긴 가말 압델 나세르가 권력을 장악했다. 그는 곧 사회주의 유토피아를 건설하면서 무슬림 형제단 등 모든 정치적 반대파로 추정되는 이들을 탄압하기 시작했다.

"아버지는 처음에 나세르를 싫어했어요." 바하가 말했다. "쿠데타가 일어났을 때는 물론 반겼지요. 3,000년 동안 이어진 외세의 침략 끝에 이집트가 독립을 되찾은 거니까요. 하지만 아버지는 나세르가 파시스트라고 생각했어요. 그러다 그가 수에즈 운하를 국유화하자 비로소 좋은 점을 보게 된 거예요. 나라를 위한 야망을 가진 사람, 이집트를 발전시키려는 사람으로요. 그때부터 나세르 지지자가 되셨고, 그가 하는 일에 참여하고 싶어 하셨어요."

나세르의 수에즈 운하 국유화는 중동 역사에서 가장 중요한 정치적 업적이라 할 만하다. 1956년 7월 26일 알렉산드리아 광장에서 그는 유럽에서 아시아로 가는 핵심 무역 항로인 수에즈 운하의 소유권을 국유화하겠다고 발표했다. 그전까지는 영국과 프랑스의 소유였다. 나세르는 "수에즈 운하는 이집트의 아들들이 건설했습니다."라고 말하며, 이 과정에서 12만 명의 이집트인이 사망했다고 주장했다. "오늘 우리는 이 재산이 우리에게 반환됐음을 선언합니다. 이제 운하는 이집트인이 운영할 것입니다." 그는 이렇게 국유화를 선언하면서, '이집트인'이라는 단어를 여러 번 반복하며 자신의 발표가 갖는 무게

1차 중동전쟁의 영웅
무하마드 나기브
장군(왼쪽)과 함께
1952년 군부 쿠데타를
일으킨 가말 압델
나세르(오른쪽).
ⓒ 위키피디아

를 강조했다.

  이 연설은 전 세계 뉴스에 중계됐다. 그리고 나세르의 입지를
하룻밤 만에 완전히 바꾸어 놓았다. 쿠데타를 통해 권력을 장악
한 지도자에 지나지 않던 그는 단숨에 이집트뿐 아니라 중동,
나아가 전 세계 개발 도상국들에게 옛 제국주의 열강에 맞서는
상징적 인물이 됐다. 이 선언에 대해 영국과 프랑스는, 부드럽
게 표현하자면, 그다지 기뻐하지 않았다. 이들은 이스라엘과 공
모하여 운하의 소유권을 탈환하고자 시도했다. 몇 달 후, 이스
라엘은 시나이 반도[3]를 침공했고, 그 즉시 영국과 프랑스는 운
하의 안전을 보장한다는 명목으로 수백 척의 전함을 파견했다.
이집트는 미국이 내놓은 정전안에 빠르게 동의했지만, 영국과
프랑스는 운하의 북쪽 관문인 포트 사이드(Port Said)를 폭격하

3　모세가 신에게서 십계명을 받았다고 알려져 있는 곳.

고, 공수 부대를 투입해서 도시를 점령하려 했다. 이들은 이 도시가 나세르에 저항해 일어날 것으로 기대했지만, 오히려 도시의 거주민은 이들의 침략에 거세게 저항했다. 영·프 연합 부대는 결국 미국이 강력한 압박을 가하자 물러났다.

살라흐 자힌이 두각을 드러낸 것은 바로 이 2차 중동 전쟁 위기의 한복판 때였다. "아버지는 당시 젊었어요. 아마 스물다섯 살 정도였을 거예요. 그때 아버지도 다른 사람들처럼 무척 애국자였고, 사태에 굉장히 관심이 많았지요." 바하가 말했다. "그래서 침공이 시작됐을 때 아버지는 참전해서 싸우고 싶어 했어요. 하지만 외모가 저랑 비슷했어요." 바하는 자신의 불룩한 배를 가리켰다. "사람들은 아버지한테 '당신은 너무 뚱뚱하다. 체력이 되지 않아서 싸울 수 없다.'고 했대요. 아버지는 굉장히 화가 나서 '알았다. 나는 그럼 대신 내 가사로 싸우겠다.'고 말했대요. 그래서 물론 다른 일도 많이 하셨지만, 특히 이 노래를 쓴 거죠."

살라흐가 쓴 가사는 막 침공 당한 나라에게 더할 나위 없이 적절하다. 맨 처음에는 '나의 무기여, 오랜만이도다, 전쟁 중 그대를 그리워하도다.'라고 시작한다. 그 후 모든 방법을 동원해서 같은 메시지를 계속 던진다. '누가 자유 이집트를 지킬 것인가?'라고 묻는 부분은 죄책감을 동원해서 군 입대를 선동하는 듯하다. '혁명의 땅이여, 누가 그녀를 위해 희생할 것인가?'도 마찬가지다. 이런 방법이 통하지 않을 경우에 대비해 마지막 가사는 사람들을 치켜세운다. '그 민족은 산이요, 바다요, 분출할 준비를 마친 분노의 화산이요.' 그다음 가사는 '적들을 그 무덤으로 던져 넣을 지진이요.'다.

살라흐의 작곡 파트너인 카말 알 타윌은 이 가사에 완벽하게 어울리는 선율을 붙였다. 후렴구는 기대했던 대로 감동적인 행진곡이지만, 가사 중간중간에 찌르듯이 호른이 계속 치고 들어와서 애국적인 노래라기보다는 룸바곡 같은 느낌이다. 전쟁 중 라디오에서는 이 노래와 그 외 두세 개의 전쟁 관련 노래를, 마치 다른 음악은 존재하지 않는 것처럼 주야장천 내보냈으며, 때로는 10분 간격으로 계속 틀기도 했다. 이집트의 저항과 성공을 떠올리게 하는 이 노래의 인기는 4년 후까지 이어졌고, 나세르는 이 곡을 국가로 삼았다. (이집트는 당시 시리아와 연합하여 세운 아랍연합공화국의 일부였다. 이 국가는 대체로 밋밋한 시리아의 국가 '조국의 수호자'가 먼저 연주된 뒤 잇따라 연주되곤 했다.) 이 노래는 이집트 외부까지 퍼졌다. 나세르의 범아랍주의 메시지에 경도된 이라크는 1964년 이 곡을 가사 없이 국가로 도입했다.

나는 바하에게 '오 나의 무기여, 오랜만이도다'가 왜 그의 아버지가 썼던 다른 곡보다 더 오래 사랑받았는지 질문했다. 그는 처음에는 노래 가사 안에 담긴 열정과 문학성과 애국심에 대해서 이야기했다. 하지만 그러다 의도치 않게 사실 하나를 언급했는데, 내가 보기에는 이것이 인기의 진짜 이유였다.

"물론 그 노래를 부른 사람이 이집트 최고의 여자 가수였기도 하고요. 그것도 영향이 있었겠죠." 그는 그 가수의 이름을 언급하지 않았다. 말할 필요조차 없기 때문이리라. 그렇게 불릴 수 있는 사람은 딱 한 명뿐이다. '이집트의 목소리', '동방의 스타', '아랍 음악계의 디바'로 불리는 그 사람은 바로 움 쿨숨 (Umm Kulthūm)이었다.

*

국가를 만든 작곡가 중에서 유명한 음악가는 한 손으로 꼽을 만큼 적다. 이는 놀랍지 않다. 대체로 음악가란 반체제적이어서 국가를 자신이 추구하는 예술과 어울리지 않는다고 생각했을 수도 있다. 또는 국가를 작곡하면 역효과가 날 수 있다는 것을 미리 알아차리고 피했을 수도 있다. (조국의 풍경에 대한 노래를 썼을 뿐인데, 훌리건들이 뉴스에서 이 노래를 고래고래 부르는 장면이 나오고 있다고 생각해 보라.)

그 한 줌의 음악가 중 가장 유명한 사람은 아마 하이든일 것이다. 그가 오스트리아 황제를 위해 만든 멜로디는 결국 독일의 국가인 '독일인의 노래'가 됐다. 많은 사람들이 이 노래를 세상에서 가장 좋은 국가로 여기는 데는 사실 노래 자체보다 하이든이 만든 곡이라는 후광이 더 큰 것 같다.

또 다른 유명 인사는 인도의 위대한 시인이자 최초의 비유럽권 노벨 문학상 수상자인 라빈드라나트 타고르(Rabindranath Tagore)다. 그는 인도 국가인 '모든 사람의 마음을 다스리는 그대'와 방글라데시 국가인 '나의 금빛 벵갈이여'의 가사를 모두 썼다. ('나의 금빛 벵갈'은 멋진 곡이지만, 희한하게 프랑스에서 강변을 따라 산책하는 사람을 위한 배경 음악 같기도 하다. '당신의 맹그로브 들판에서 나는 향기여, 기쁨으로 나를 들끓게 만드네, / 오, 이 짜릿함이여!' 같은 순수하고 아름다운 가사를 담고 있다.) 하지만 이 두 곡의 가사 모두 타고르 사후에 국가로 채택됐다. 그가 국가를 위해 특별히 시를 쓴 것은 아니다.

그 외에 '이름난 작사가와 작곡가' 중에서 그나마 국가를 얼추 썼다고 할 만한 사람은 소비에트 작곡가인 드미트리 쇼스타코비치(Dmitri Shostakovich)와 세르게이 프로코피에프(Sergei Prokofiev) 정도다. 이들은 스탈린의 명령에 따라 소련의 국가를 쓰려고 시도했다.(결국 쓰지 못했다.) 1957년 막 독립한 말레이시아의 국가를 만들어 달라는 부탁을 받았던 영국의 작곡가 벤저민 브리튼(Benjamin Britten)도 있다. 하지만 그의 음악은 어느 카바레 곡조에 밀려 채택되지 못했다.

클래식 음악가를 제쳐 놓고 보면, 바베이도스의 국가를 쓴 사람이 그나마 유명한 음악가에 가깝다. 그의 이름은 어빙 버지(Irving Burgie)로, 그가 만든 노래는 1억 장 이상의 음반 판매고를 올렸다. 하지만 버지는 가수가 아니었다. 그는 바나나 보트송으로 알려진 '데이 오(Day O)'와 '자메이카 페어웰(Jamaica Farewell)'을 비롯해 해리 벨라폰타의 1950년대 히트곡을 대부분 만든 유명한 작곡가였다. 하지만 그 노래를 불렀던 가수만큼 널리 알려진 적은 없다. 나는 뉴욕에서 한 번 그를 만난 적이 있는데, 자기 아파트 밖에서 놀고 있는 어린이들이 자기가 누군지 모를 것이라고 유쾌하게 인정했다.

하지만 '오 나의 무기여, 오랜만이도다'를 부른 움 쿨숨은 다르다. 그는 한마디로 슈퍼스타였다. 집 밖을 나서면 사람들이 떼지어 몰려 들었고, 새 옷을 입으면 사람들이 앞다퉈 그녀의 패션을 따랐다. 그녀가 노래하면 사람들은 들었고, 환호했고, 울었다.

움 쿨숨(그의 이름은 줄일 수 없다. 이집트인이 애칭으로 그를 부르고자 할 때는 그저 '더 레이디'라고 부른다.)의 출생 연도는 1898년이거나 1904년이다. 그 당시는 생년월일이 정확히 기록되지 않던 시대였다. 그는 나일강의 삼각주 지역에 있는 작은 마을의 진흙 벽돌집에서 자랐다. 동네 이맘의 딸이었는데, 그의 아버지는 움 쿨숨의 형제와 조카 들을 데리고 결혼식에서 종교적인 노래를 부르는 아르바이트로 자신의 빈약한 수입을 보충했다. 그는 시간이 남으면 아들들에게 노래를 가르쳤고, 움 쿨숨은 비밀리에 이 수업을 듣고 '마치 앵무새처럼' 그 노래를 따라했다. 아버지는 어느 날 딸이 노래하는 걸 듣고 그 힘 있는 목소리에 너무나 충격을 받은 나머지 딸에게도 노래를 가르쳤다. 당시 울 쿨숨의 나이는 다섯 살이었다. 얼마 지나지 않아 아버지는 움 쿨숨을 결혼식에 데리고 다녔는데, 처음에는 남자아이로 분장하고 노래를 부르게 했다. 이 변장은 오래 가지 못했다.

남자 어른보다도 노래를 잘하고, 아버지보다 《쿠란》을 잘 외울 수 있는 이 작은 소녀의 신선함은 금세 널리 알려졌다. 움 쿨숨은 곧 결혼식이 아니라 이집트에서 가장 부유한 가문을 위해 사적인 콘서트를 열게 됐다. 아버지는 교통비, 음식, 돈 등 점점 더 많은 계약 조건을 요구할 수 있게 됐다. 그는 곧 딸을 팝 스타처럼 관리했고, 움 쿨숨은 곧 카이로의 극장으로, 녹음 스튜디오로, 영화로 활동 반경을 넓혀 갔다. 1940년에는 이집트에서 단연 가장 유명한 인물이자, 대통령 나세르를 포함하여 그 어떤 정치인보다도 이집트인이 사랑하는 사람이 됐다.

움 쿨숨의 놀라운 (그리고 놀랍게 긴) 사랑과 갈망의 노래는 도저히 피할 길 없이 모든 곳에서 울려 퍼졌다. 트레이드마크인

1967년 베이루트에서 레바논 가수 파이루즈(왼쪽)와 함께한 움 쿨숨(오른쪽).
ⓒ 위키피디아

선글라스를 쓴 그의 얼굴은 모든 신문에 도배됐다(그는 빛에 매우 민감했다). 얼마나 인기가 많았던지 1946년에는 왕의 삼촌 중 한 명이 움 쿨숨에게 청혼하기도 했다. 여타 왕족들이 그를 적당한 배우자감으로 볼 것으로 기대하고 말이다. 하지만 현실은 정반대였다. 그들에게 움 쿨숨은 여전히 평민 가수, 그것도 가난한 삼각주 지역 출신일 뿐이었다. 그 청혼은 결국 철회됐고 움 쿨숨은 괴로움에 빠졌다.

1960년 나세르는 이집트에 새 국가가 필요함을 깨달았다. 그

때까지 이집트는 여전히 옛 왕실의 국가에 새 제목을 붙여서 연주하고 있었다. 당시 움 쿨숨은 그 누구와도 비교할 수 없는 대스타였다. 매달 첫 번째 목요일에 3~4시간 정도 진행되는 콘서트를 열었는데, 이 공연은 이집트 전역과 이웃 여러 나라에 생방송됐다. 수백만 명이 이를 시청했다. 군대 장성들은 이 노래를 듣기 위해 훈련을 취소했다. 정치인들은 콘서트 시간에 연설을 하면 시청률이 너무 안 나와서 조용히 없었던 일로 하고, 다음 날 같은 시간에 다시 태연히 연설을 진행했다. 그녀에 대한 대중의 가십도 많았고, 다른 음악가들의 질시와 불평도 많았다. 예를 들어, 라이벌 가수가 차 사고로 죽자, 움 쿨숨이 사고의 원인으로 지목되기도 했다.

이런 상황을 고려할 때, 나세르가 움 쿨숨의 노래 중 하나를 국가로 선택한 것, 그리고 움 쿨숨이 이를 받아들인 것은 놀라운 일이었다. 마치 1958년 미국 아이젠하워 대통령이 엘비스 프레슬리를 징집한 후, 군대에 있는 엘비스에게 미국 국가 '성조기'를 다시 작곡해 달라고 부탁한 상황이라면 이와 비슷할까. 하지만 결정적인 차이가 있다. 당시 이집트의 음악계는 다른 어느 곳과도 달랐다. 당시 음악가들은 다른 사람들처럼 시대의 열기에 도취돼 있었고, 모두 애국적인 노래를 만들고 싶어했다. 이 곡을 그들은 '찬가(anthem)'라고 불렀다. 또한 이들은 자기 노래가 정치적으로 이용되는 데 익숙했다. 일례로 제2차 세계대전 중 독일, 영국, 이탈리아는 일제히 이집트 음악가들에게 자기의 대의를 지지하는 노래를 만들어 달라고 주문했다. 1952년 혁명 직후에는 많은 음악가들이 혁명을 지지하는 노래를 쓰기 위해 경쟁했다. 움 쿨숨도 마찬가지였다. 그는 자신의 여름 별장에서 카이로로 쏜살같이 돌아와 '내 마음과 내 피 속에 있는 이집트여'라는 노래를 녹음했다.

그 뒤로도 나세르의 정책이 나올 때마다 그에 대한 애국적인 노래가 계속 만들어졌다. 수에즈 운하의 국유화를 축하하는 노래, 아스완 댐 건설 계획을 축하하는 노래도 있었다. 가사도 '오 나의 무기여' 못지않게 애국적이었다. 이집트에서는 음악가라면 으레 애국적인 노래를 만드는 게 자연스러운 일이었다. 예를 들어, '오 나의 무기여, 오랜만이도다'를 만든 살라흐 자힌과 카말 알 타윌은 1960년 이래 매년 혁명 기념일에 가수 압델 할림 하페즈(Abdel Halim Hafez)가 부를 노래를 작곡했다. 그러다 어느 해에 이들이 새 노래를 만들지 않기로 결정하자, 정부는 이들에게 마음을 바꾸지 않으면 여권을 압수하겠다고 협박했다. 그때쯤 나세르도 음악이 자신의 인기를 배가하고 정책을 홍보해 줄 무기가 될 수 있다는 것을 깨달았다. 그래서 그는 애국적 내용의 노래가 잘 홍보되도록 했으며, 기회가 있을 때마다 스타들과 함께 사진을 찍었다. 스타들은 그 보답으로 받는 혜택 때문에 기꺼이 그렇게 했다. 이런 분위기를 감안하면, 나세르가 이집트의 국가로 200년쯤 된 시를 고르거나, 적절한 국가를 선정하기 위해 전국적 공모전을 여는 대신, 움 쿨숨의 노래를 선택한 것은 그리 놀라운 일이 아니다. 어쩌면 정말로 놀라운 것은 다른 그 어떤 나라의 국가 지도자도 그렇게 하지 않았다는 사실이 아닐까.

＊

자신의 신문사 사무실 한가운데서 바하는 배를 잡고 웃으며 말했다. "그 이후로 적어도 더 좋은 아버지가 되기는 했지요." 아버지인 살라흐에 대한 언급이었다. "그전에는 얼굴을 본 적도 없거든요."

우리는 1967년에 벌어진 '6일 전쟁'에 대해서 이야기를 나누던 참이었다. 이집트에서 이 사건을 긍정적으로 평가하는 사람은 별로 없다. 그해 나세르는 이스라엘이 시리아 국경으로 군대를 배치하고 있다는 보고를 받았다. 그 보고는 나중에 거짓으로 드러났지만, 아무튼 그는 "이스라엘을 영원히 멸망시키겠다."라고 약속하는 등 점차 공격적인 성명을 발표하기 시작했다. 아마 지지층에게 인기를 얻기 위한 발언이었겠지만, 이스라엘 입장에서는 그가 진지하게 하는 말인지 확신할 수 없어서 이집트를 선제 공격하기로 했다.

6월 5일 오전 7시, 이스라엘 공군 전력이 일제히 이륙했다. 30분 후 이집트 공군은 궤멸됐다. 단 엿새 만에 이스라엘은 서안 지구, 가자 지구, 골란 고원, 예루살렘, 시나이 반도 전체를 점령했다. 나세르는 그 이후 다시는 정치적 입지를 회복하지 못했고, 3년 후에 심장마비로 세상을 떠났다.

바하의 아버지도 마찬가지였다. "저는 젊은 시절에 아버지를 잘 알지 못했어요. 그분은 친구들과 함께 밤을 지새웠지요. 항상 밖에서 담배를 피우고 술을 마시고 글을 썼어요. 집에 있었던 적은 없어요. 하지만 1967년은 아버지에게 큰 상처가 됐죠. 그 이후의 아버지는 더 이상 예전처럼 삶을 사랑하고, 사람들하고 같이 있는 걸 좋아하던 사람이 아니었어요. 끝난 거지요. 집에 있으면서 꼭 나올 일이 있지 않으면 서재에서 나오지 않는 사람이 됐어요. 그 사람이 제가 잘 알고 있는 살라흐 자힌이에요."

살라흐는 그 이후에도 위대한 애국적인 노래와 시를 썼다.

나는 이집트가 동서로 땅을 점령했을 때 그녀를 사랑하네,
그리고 나는 그녀가 전쟁에서 상처 입고 쓰러졌을 때도 그녀를
사랑하네.

하지만 이후 그의 작품 대부분은 슬픔과 향수에 젖어 있다.

영사 기사에게 그 장면을 다시 감게 하라.
예전 젊었던 시절의 나를 다시 보고 싶구나,
혁명의 대열에 합류했던 때를.

그는 1986년 겨우 쉰다섯 살의 나이에 진통제 과다 복용으로 사망했다. 바하는 그 죽음이 사고사였다고 말했다.

국가와 관련 있는 사람들 중에서 1967년 이후에도 이전보다 나은 삶을 산 사람은 움 쿨숨밖에 없었다. 그녀는 그해 파리에서 공연을 열었고, 마치 혼자서 국가를 구할 기세로 모든 수익금을 국고에 기부했다. 곧 그는 튀니지, 리비아, 모로코, 쿠웨이트 등에서도 비슷한 공연을 열었다. 그는 외교관 여권을 받았다. (그 여권은 카이로에 있는 움 쿨숨 박물관에서 볼 수 있다. 그는 여권 사진

에서도 보석 박힌 선글라스를 쓰고 있다.)

그때쯤 대부분의 사람들은 이제 움 쿨숨의 음악을 구식으로 생각했고 팝 음악을 더 선호했지만, 그럼에도 불구하고 그는 이집트의 목소리일 뿐 아니라 이집트의 대표 얼굴이 됐다. 1975년 움 쿨숨이 사망했을 때는 400만 명이 카이로 거리를 채웠다. 고가 도로는 그의 얼굴을 마지막으로 보고 싶어 하는 사람들로 꽉 찬 나머지 붕괴가 우려됐다. 어느 순간 군중들은 운구자에게서 관을 넘겨받아 세 시간 동안 도시 전역으로 관을 주고받으며 움 쿨숨에게 마지막 인사를 했다. 관악대가 운구 행렬을 맨 앞에서 이끌었다. 그들은 '오 나의 무기여, 오랜만이도다'를 연주했다.

*

1967년 직후, 대부분의 이집트인들은 '오 나의 무기여, 오랜만이도다'를 부르는 것을 어리석게 여겼을 것이다. 별로 오랜만도 아니었을 뿐더러, 그 '이집트의 무기'가 자국을 방어하기엔 터무니없이 불충분했다는 게 막 밝혀졌기 때문이다. 하지만 이 노래의 힘은 다시 서서히 돌아왔다. 특히 나세르 사후 대통령 자리에 오른 안와르 사다트 정권하에서 더욱 그랬다. 안와르 사다트는 콧수염을 기르고 늘씬한 몸매에 패션 감각도 좋았지만 해석이 불가능한 수수께끼 같은 인물이었다. 혹자는 그를 무책임하다고 비난할 정도로 담대하게 행동하는 인물이었다. 20대 시절 군대 대위였을 때, 그는 이집트에서 영국군을 몰아내기 위해 나치와 동맹을 맺으려고 했다. 반면 그는 마치 자신감이라곤 전혀 없는 사람처럼 스스로를 격려하는 작은 메모를 쓰는 귀여운 습관이 있었다. 알렉산드리아에 있는 그의 박물관에서 직접 본 메모의 내용은 이렇다. '내 자신이 되자, 희망차고 행복하게.', '건강하고 젊게 지내자.'

1973년 사다트는 수에즈 운하 건너로 군대를 재파견하여 시나이 반도를 수복함으로써 이집트의 자존심을 상당 부분 회복했다. 이 계획은 원래 자살에 가까운 미션이었다. 사다트가 기자들에게 "전투 재개를 위해 이 나라의 모든 것을 다 동원한다."라고 말하는 등, 계획을 이스라엘에게 숨기려는 노력조차 하지 않았기 때문이다. 하지만 어쩐지 이집트 군대는 별다른 저항을 겪지 않은 채 운하를 건넜고, 그곳에서 정전 협상을 이끌어 낼 때까지 버티는 데 성공했다. 이스라엘은 반격에 나서 이집트 영토로 이전보다 더 깊이 침투하긴 했으나, 정치적 승리는 사다트에게 돌아갔다.

하지만 이후 몇 년간 사다트는 점차 이 지역의 호전적 분위기와 불확실성에 질려 갔다. 1977년 11월, 그는 이스라엘 의회에 방문해 시나이와 팔레스타인 문제에 대해 직접 기꺼이 토론하겠다고 전격 발표했다. 그의 이스라엘 방문 일자는 10일 후로 잡혔다. 이스라엘은 충격을 받았다. 그의 도착일이 다가왔지만, 이스라엘에는 그의 국빈 방문을 환영하기 위한 이집트 국기조차 없었다. 이스라엘 군악대도 이집트 국가를 어떻게 연주해야 하는지 전혀 아는 바가 없었다.

이스라엘 외무성은 당시 뉴욕의 유엔 이스라엘 대사였던 차임 헤르조그에게 긴급히 전보를 보냈다. '이집트 국기 송부 요망. 크기 무관. 군악대용 이집트 국가 악보도.' 헤르조그는 유엔 도서관에서 이집트 국가 악보를 찾아냈고, 유엔 기념품 가게에서 파는 초소형 국기를 10여 개 사서 비행기로 부쳤다. 그는 기자들에게 이것이 그가 받아본 명령 중 "가장 기꺼웠습니다."라고 말했다. 그러면서 "그 음악이 미래의 양국 관계 개선을 위한 화음이 되기를 희망합니다."라고 덧붙였는데, 이 말로 미뤄 보아 아마 그 가사를 번역해 보내지는 않은 것 같다. 결국 그가 보낸 악보는 필요가 없었다. 이스라엘의 군악대 지휘자는 펜을 들고 사막으로 나가서 이집트 라디오 전파를 잡아 들으며 국가를 직접 채보(採譜)했다고 전해진다.

11월 19일, 사다트가 텔아비브에 도착했다. 잠시 후, 그를 환영하는 '오 나의 무기여, 오랜만이도다'가 울려 퍼졌다. 이스라엘의 침략을 물리치라고 이집트를 격려하기 위해 작곡됐고, 그 이후 오랫동안 이스라엘의 피를 원하는 사람들이 불러 왔던 바로 그 노래였다.

그로부터 1년 반이 채 되지 않아, 사다트는 이스라엘과 시나이 반도의 반환을 약속하는 평화 협상에 서명했다. 그는 협상지였던 워싱턴 DC에서 돌아와 카이로 공항에 도착해 공중에 자신의 지팡이를 자랑스럽게 흔들었다. 하지만 이 거래는 중동 지역의 많은 이들을 분노케 했다. 팔레스타인 땅의 반환에 대해서는 아무것도 협상하지 못했기 때문이다. 많은 이집트인들도 같은 이유로 분노했다. 이미 사다트는 나세르의 사회주의를 저버리고 미국에 영합한다는 이유로 인기가 떨어지고 있었다. 당시 언론 보도에 따르면, 사다트는 이런 비판에 신경 쓰지 않았다.

1979년 지미 카터 미국 대통령(가운데)의 중재로 안와르 사다트 이집트 대통령 (왼쪽)과 메나헴 베긴 이스라엘 총리(오른쪽)가 평화 협정 조약에 조인한 후 악수를 하고 있다. ⓒ 미국 의회 도서관

불평하는 사람은 누구든 자기가 성취한 일의 위대함을 제대로 이해하지 못하는 바보라고 규정했다.

　그는 항공기의 계단을 걸어 내려와, 리비아, 튀니지, 아랍 에미리트 연합국의 국가를 작곡한 그 시대의 가장 유명한 작곡가인 모하메드 압델 와합이 이끄는 군악대를 마주했다. 압델 와합이 지휘봉을 들었을 때, 사다트는 이미 그들이 무엇을 연주할지 알고 있었다. 바로 이집트의 새 국가였다. '오 나의 무기여, 오랜만이도다'가 상징하는 폭력은 이제 끝났고, 그 국가는 평화의 시대에 더 이상 적절하지 않은 노래라고 사다트는 이미 결정했던 것이다. 새 국가는 '빌라디, 빌라디'라는 별칭으로 더 잘 알려진 '빌라디 라키 후비 와 푸아디(Bilady, Laki Hubbi Wa Fu'adi, 나의 나라여, 내 사랑과 내 마음을 바치네)'였다. 이 곡은 이집트 사람이라면 누구나 이미 알고 있고, 사랑하는 노래였는데, '이집트 음악의 아버지'로 알려진 원로 작곡가 사예드 다르위시의 작품이었다. 하지만 사다트는 이 노래를 현대화하고 매력을 더하기 위해 압델 와합을 끌어들이는 게 좋겠다고 생각했다. 심지어 그는 순전히 이 첫 연주의 순간을 위해 와합을 특별히 장군으로 임명하기까지 했다. 압델 와합의 지휘봉이 내려졌고, 사다트 대통령은 평화의 국가를 듣기 위해 차렷 자세를 취했다.

다음 날 아침, 이집트 최대 일간지 〈알 아흐람〉 신문을 집어 든 사람은 평화가 도래했다는 소식과 함께 1면에 박힌 사다트 대통령의 사진을 보았다. 같은 페이지에는 화장실 용품 광고가 있었는데, 대통령의 발표를 호의적으로 보지 않았던 사람들은 이 배치가 적절하다고 생각했을지도 모른다. 그 오른쪽으로는 또 다른 기사가 실려 있었다. '오늘부터 새로운 국가가 사용됩니다'라고 천연덕스럽게 전하는 내용이었다. 누군가는 그 기사를 끝까지 다 읽고, 신문을 내려놓으며 아마 이렇게 생각했을 것이다. 적어도 사다트가 이거 하나는 잘했다고. '빌라디, 빌라디'는 모든 사람이 좋아하는 곡이었다. 그 멜로디와 가사는 어린이도 배울 수 있을 정도로 단순했다. 하지만 아마 개중 어떤 사람은 속았다고 느꼈을 것이다. 사다트가 국가를 바꾼 이유는 이집트가 더 이상 중동에서 가장 위대한 국가가 아니라는 쓴 약을 삼키게 하기 위한 사탕발림이고, 팔레스타인의 미래를 이집트의 미래와 바꾼 것에 불과하다고 말이다. 그들 중 일부는 사다트가 그 노래의 의미 자체에 반하는 인물이라고 느꼈을 것이다.

*

　이집트인에게 '빌라디, 빌라디' 얘기를 하면, 누구라도 노래의 제작 시기와 작곡가를 알아야 한다고 말한다. 노래에 대해서 그리 말하면, 대개 노래가 별로 좋지 않다는 뜻이다. 하지만 '빌라디, 빌라디'의 경우에는 그런 말이 나올 만하다. 노래를 만든 사예드 다르위시(Sayed Darwish)는 자기 노래가 기성 체제에서 사용되는 것을 별로 좋아하지 않을 법한 혁명주의자였다. 그는 1892년 이집트의 지중해 연안의 위대한 도시인 알렉산드리아의 슬럼가 콤 엘디카에서 태어났다. 그의 가족은 가난한 목수 집안이어서, 자녀 교육을 위해 쓸 돈이 없었다. 그래서 그는 신학교로 진학해 이맘이 되는 훈련을 받았다. 적어도 먹을 것과 입을 것을 제공받고 졸업 후 확실한 직업을 가질 수 있는 길이었기 때문이다. 그는 그곳에서《쿠란》암송에 놀라운 재능을 보여서, 지역 모스크에서 시간을 알려 주는 무아딘[4]이 됐다.

　또한 그는 음악을 깊이 사랑하여 거의 비슷한 시기에 알렉산드리아 카페에서 노래를 하기 시작했다. 대개 음침한 조명 아래 물담배를 피우는 남자들이 그를 둘러싸고 앉아 있었고, 성매매 여성이 섞여 있기도 했다. 불행히도 어느 날 교사 한 명이 이 카페를 지나치다가 유리문 안에서 공연 중인 그를 목격했다. 무아

4　이슬람교 사원에서 말씀을 외쳐 기도 시간을 알리는 사람.

딘이 평판이 좋지 않은 거리에 있는 것에 분노한 교사는 그를 학교에서 쫓아냈다. 사예드는 이 퇴학을 매우 감정적으로 받아들인 모양이었다. 나중에 '설교자의 노래'라는 곡을 썼는데, 거기에는 이슬람교 율법학자들이 '살결이 쌀 푸딩처럼 하얀 백인 여성을 구경하러' 프랑스로 간다고 말하는 내용이 나온다.

사예드는 그 이후 음악계에서 직업을 찾아야 했다. 그는 분명 성공할 만한 외모를 가지고 있었다. 거칠게 헝클어진 고수머리에, 부러진 것처럼 틀어진 큰 코를 가진 개성적인 외모는 기억에 확실히 남았다. 하지만 상황은 그에게 유리하게 흘러가지 않았다. 그의 목소리는 술과 약물로 빠르게 상해 갔고, 그는 벨리 댄서들에게 쉽사리 정신이 팔렸다. 하지만 1918년 카이로로 이사하고 나서 극장용 노래와 연극을 쓰기 시작하면서 상황이 반전되기 시작했다. 여전히 술과 약에 손을 댔고 여성들에게 쉽게 빠졌지만, 5년의 짧은 시간 동안 리브레토 제작자인 바디 카이리(Badi' Khayri)의 도움으로 이집트 음악계를 발칵 뒤집어 놓았다. 그가 쓴 노래는 짐꾼, 문지기, 과일 행상 등 평범한 이집트 노동자들에 대한 내용이었다. 그전에는 그런 노래가 없었다. 또 짧고 귀에 쏙쏙 들어오는 노래를 만들었는데 이것도 전에는 없던 일이었다. 그리고 무엇보다 그는 민족적이고 정치적인 노래를 만들었다. 이것도 그야말로 전례 없던 일이었다.

그는 이집트 내셔널리즘 등장과 동시에 성인이 됐는데, 어떻게 보면 이는 행운이었다. 1919년에 이집트는 그때까지 자국을 지배하던 영국 보호령을 끝장내고 싶은 희망에 부풀어 반란을 일으키기 직전이었다. '빌라디, 빌라디'는 바로 그때, 그 봉기를 부추기고자 하는 순수한 희망으로 만들어진 노래였다. 이는 사다트가 나중에 이 노래에 덧씌우고자 했던 평화로운 이미지와는 전혀 동떨어진 동기였다. 이 노래의 가사는 원래 이집트 최초의 민족주의자인 무스타파 카밀의 연설에 영감을 받아 작성됐다고 알려져 있다. (카밀은 한때 "내가 이집트인으로 태어나지 않았더라면, 이집트인이 되기를 원했을 것이다."라고 말했다.) 사예드는 어린 시절 카밀이 이 말을 하는 것을 직접 목격했다며, 이때 들은 말이 내내 기억 속에서 잊혀지지 않았다고 주장했다.

또, 사예드는 나중에 보다 직접적으로 혁명을 언급하는 노래도 만들었다. '나는 이집트인이다'라는 노래도 있고, '일어나라, 이집트인이여'라는 곡도 있다. 이 제목들은 그 당시에 이집트인이라는 정체성이 중요했다는 것을 방증한다. 그의 연극 중에는 '우리의 군대가 승리를 가지고 돌아온다.'라는 가사를 가진 노래도 있다. 연극 관객에는 영국군 장교들도 으레 포함되어 있었음을 감안하면, 그다지 현명한 노래는 아니었을 것이다. 하지만 사예드는 그런 것에 신경 쓰는 사람이 아니었다. 영국이 자신이 일하는 극장을 폐쇄했어도 그는 그저 다른 곳에서 다시 시작했을 것이다.

사예드의 반항심과 무심함은 아마 당시 영국인뿐 아니라 수많은 이집트인의 미움을 사기도 했으리라. 하지만 그의 창조성만큼은 그 누구도 부인할 수 없었다. 한때 그는 심지어 드럼 리듬곡을 작곡하기도 했는데, 이 곡은 오늘날까지도 이집트에서 열리는 모든 결혼식의 마무리에 사용된다. 그의 음악적 미래는 보장된 것 같았다. 그는 유럽으로 유학을 떠나서, 그곳의 음악계도 뒤집어 놓을 계획도 가지고 있었다. 하지만 1923년, 고작 서른한 살의 나이에 세상을 떠나고 만다.

나는 카이로에서 사예드 다르위시에 대해 알아보기 위해 몇몇 사람들과 이야기를 나눴다. 그런데 이들 모두 그의 죽음을 둘러싼 정황에 집착하는 듯했다. 다르위시의 생애를 연구하는 학자이자 음악가인 파시 알카미시(Fathi al-Khamissi)는 그가 왕한 테 살해를 당했다고 주장했다. "그저 음악가가 아니라 위험한 인물이었기 때문이죠. 왕은 그를 마사지 오일로 살해한 게 확실해요! 그전에 사예드 다르위시는 한 번도 아프다고 말한 적이 없어요. 누구도 그가 머리가 아프다고 하는 것조차 들어본 적이 없었죠. 감기에 걸린 적도 없고요. 그런데 갑자기 죽었다고요? 불가능하지요!"

반면 사예드의 손주이자 가수인 이만 엘바흐르 다르위시는 그가 왕이 아니라 영국에 의해 살해당했다고 주장했다. 그가 죽은 후에 영국은 부검을 허용하지 않았단다. 그러면서 이만은 내게 그의 살해를 지시한 증거를 영국 정부의 문서에서 찾아볼수 없겠냐고 부탁했다. "제발 부탁해요. 만약 그들이 그분을 살해한 게 사실이라면 큰 영광일 거예요. 그분이 얼마나 중요한 인물인지 보여주니까요. 단순한 음악가가 아니라 영웅이었다는 증거죠."

하지만 그 어느 쪽 이야기도 사실일 확률이 낮다. 이집트로 오기 직전에 나는 화려한 차림의 팔레스타인계 영국인 가수인 림 켈라니라는 여성을 런던에서 만났다. 그는 수년 전부터 사예드의 노래를 녹음하고 그의 인생을 연구하는 데 전념하고 있었

다. (다르위시에 관한 정보는 거의 림이 제공한 것이다). "보통 사람들은

왕이나 영국, 둘 중에 한쪽이 그를 죽였다고 생각해요." 림이 말

했다. "그리고 그 사람의 뮤즈가 살해했다는 이야기도 있어요.

벨리 댄스의 여왕이요. 하지만 진짜 사인은 코카인 남용이었어

요. 저는 확신해요. 유족은 그가 약을 하지 않았다고 부인하지

만, 그가 코카인 중독에 대한 노래도 쓴 적이 있는 걸요. '나는

내 폐를 망가뜨렸고 내 인생을 망쳤지만 여전히 [약을 더] 해야

한다면 국산품을 택하겠어.'라는 노래예요."

사예드 다르위시의 인생에서 또 다른 논란은 바로 '빌라디 빌

라디'를 둘러싼 것이다. 특히 그가 이 곡이 국가가 된 것을 두고

어떻게 생각할지 의견이 분분하다. 이만은 사예드가 "정말 애

국심이 강한 사람이었어요."라며 그 누구보다 자랑스러워 할

것이라고 말했다. 하지만 이름을 밝히기 거부한 그의 다른 후손

들은 그 노래가 오늘날 국가가 된 걸 보면 사예드가 통탄하리

라고 주장했다. "제 생각에 그분은 또 다른 혁명을 위한 노래를

작곡할 것 같아요." 그 자손은 자랑스럽게 말했다. 하지만 이 주

제로 가장 말을 많이 한 사람은 림이었다. 사다트가 이 노래를

국가로 삼은 것은 노래를 '강탈한' 것이라는 게 림의 주장이었

다. 사다트는 영국에 대항하는 싸움에서 이 노래와 사예드 다르

위시가 가지는 상징성을 잘 알고 있었으며, 이 곡을 국가로 삼

은 것은 이집트인이 이스라엘과의 평화 협상이 일종의 혁명이

라고 착각하게 만들기 위해 그 기억을 이용했다는 말이다. "왜

'우리는 이스라엘을 사랑해' 같은 새 노래를 쓰지 않았을까요?"

림은 이 말을 절반 정도는 진담으로 했다. 그는 사예드가 이 사

태에 대해 분명 분개했을 것이라고 확신했다.

나는 사람들이 사다트가 이 노래를 개작한 것을 좋아했냐고 물었다. 림은 그저 사다트가 평화 협상에 서명한 지 고작 2년 만인 1981년에 암살당했음을 지적했다. (그는 군대 행진 사열 중에 이슬람 장교에게 암살됐다.) 그 말인즉슨, 사다트가 그다지 많은 사람들을 평화 협상에 찬성하도록 설득하지 못했다는 것이다. 림은 그러면서 '빌라디, 빌라디'는 사다트가 국가로 삼은 지 30여 년이나 지나, '아랍의 봄' 당시에 카이로의 타흐리르 광장에서 다시 불리면서 비로소 그 진정한 의미를 회복했다고 덧붙였다.

*

사미아 자힌은 카이로의 아파트에 있는 소파에 걸터 앉아 있었다. 거의 만삭의 임산부인 그는 '오 나의 무기여, 오랜만이로다'를 만든 살라흐 자힌의 딸(바하의 누이)로, 30여 분 동안 이집트 국가의 과거와 현재를 주제로 나와 활기차게 수다를 떨었다. 하지만 좀 전부터 갑자기 말을 하다가 중간에 멈추고, 내가 마치 그곳에 더 이상 없는 것처럼, 완전히 다른 곳을 상상하는 것처럼 우울함에 빠져들었다. 그러다가 사미아가 말했다. "미안해요. 이 문제에 대해 생각하다 보면 잠시 정신이 팔리곤 해요. 타흐리르 광장에 앉아서 그저 노래하고 외치던 순간이 있었다는 걸 생각하면 그래요. 앞으로 일어날 일을 두려워하지 않았어요. 그때 사람들은 얼마나 행복해 했는지 몰라요. 지금 돌이켜 보니 마치 지난 생처럼 아득하네요."

이날은 2015년 2월 28일로, 가장 최근에 있었던 이집트 혁명의 4주년 기념일이었다. 이집트에서 '아랍의 봄' 혁명이 성공하면서, 1981년 사다트의 사망 이후 이집트를 통치해 온 군부 호스니 무바라크를 타흐리르 광장에 모인 군중이 끌어내린 날이었다. 이날 '빌라디, 빌라디'는 축하의 의미로 그 어느 때보다 크게 울렸다. 사미아도 그날 그곳에 있었다. (빌라디 외에도 '혁명의 노래'로 알려진 노래는 수십 개나 있지만, 그중에서도 '빌라디'가 단연 한 손에 꼽힌다는 점에는 모두 동의했다.) 하지만 사미아의 말대로 이제 그날은 매우 오래 전처럼 느껴졌다. 지난 4년간 이집트는 무슬림 형제단 정부, 군사 쿠데타 및 그 쿠데타를 이끈 인물인 압둘팟타흐 알시시의 대통령 당선, 곧이어 모든 정치적 반대 세력에 대한 사형 선고를 포함한 심각한 정치적 탄압을 경험했다. 현재 인권 운동가로 일하는 사미아도 여러 번 징역형의 위협을 받았고, 지금껏 투옥되지 않은 것은 순전히 아버지의 이름값 덕이라고 했다.

오늘날 카이로는 그때처럼 축하의 장소로는 보이지 않는다. 물방울 모양의 거대한 타흐리르 광장은 둘둘 말린 철조망으로 둘러싸여 여차하면 풀어서 광장을 폐쇄할 수 있게 돼 있다. 북쪽으로는 이집트 박물관 밖에 탱크가 위협적으로 앉아 있는데, 필요시 출동할 수 있게 준비한 것이다. 대담한 관광객들은 탱크 앞에서 사진을 찍으려 한다. 신문에는 극단주의자의 테러 위협과 그들 뒤에 있을지 모르는 '외세'를 경계하는 내용으로 가득 차 있다. 왜 사람들이 나를 간첩이라고 생각하는지 알 수 있다. 이 도시에 잠시라도 머물면 '아랍의 봄'이 성취하려고 했던 모든 것이 실패했다는 것을 분명히 깨달을 수밖에 없다.

내가 타흐리르 광장에서 있었던 일을 물어볼 때마다 사미아가 회상에 빠지는 것은 바로 이 때문이었다. 그곳에서 데모할 때 '빌라디, 빌라디'를 불렀는지 묻는 단순한 질문에도 말이다. 그는 "물론 그때 그 노래를 불렀죠. 매일매일요. 여러 번이요." 라고 말했다. "그 노래를 부를 때 저는 처음으로 이 노래가 의미 있다고 생각했어요. 학교에서 이 노래를 늘 불렀는데, 아무 의미도 없었거든요. 하지만 사람들이 경찰한테 죽어 가면서, 나라를 위해 목숨을 희생하면서 부르는 이 노래는 느낌이 전혀 달랐어요."

"당신이 저항하는 대상인 바로 그 정부의 국가를 부르고 있었는데도요?" 내가 질문했다.

"네, 물론 그랬지요." 사미아의 대답이었다. "하지만 우리는 그 노래를 다시 빼앗아 오기 위해 불렀던 거예요. '여기는 우리 나라야, 너희 나라가 아니야.'라고 말하기 위해서요. 우리는 이 노래를 그들이 부르듯이 부드럽게 부르지 않았어요. 우리는 '빌!라!디! 빌!라!디! 빌!라!디!' 이렇게 불렀지요." 그는 모든 음절을 소리쳐 불렀다. "우리는 이 노래를 다른 곳으로 가져간 거예요. 모든 사람들이 이 노래나 저희 아버지 노래를 부를 때는 가슴이 벅차서 심장이 터질 것 같았어요. 하지만 그때는 이제 다른 시대지요. 그게 슬프네요."

나는 사미아가 지금은 국가에 대해 어떻게 느끼는지 물었다. "라디오에 국가가 나오면 꺼 버려요. 국가뿐만 아니라, 타흐리르에서 불렀던 모든 노래도요. 그 노래를 듣고 싶지 않아요. 그만큼 상황이 나빠졌다는 거죠." 그는 마음을 안정시키려는 듯 심호흡을 했다. "여기는 더 이상 제 조국이 아니고, 이 노래는 제 국가가 아니에요. 오늘 기분이 특히 안 좋아서 그런지는 모르겠지만, 그 문제에 대해서 낭만적인 기분이 들지는 않네요. 그렇게 느끼기에는 너무 상처받았어요."

사미아는 국민 대다수가 이집트와 국가에 대해 자신과 같은 견해를 공유하지 않는다는 걸 잘 알고 있었다. 심지어 그와 같은 견해를 가질 만한 사람들조차도 그랬다. 나는 그날 이른 시간에 어느 세탁기 판매점에서 젊은 주인과 이야기를 나눴다. 긴 턱수염과 기도 때문에 이마에 굳은살이 생긴 걸로 보아 독실한 이슬람교도임에 틀림없었다. 그는 지금은 활동을 금지 당한 무슬림 형제단의 듬직한 정치적 기반이 됐던 지지자였을 것이다. 그는 "2011년 이후 상황이 바뀌었습니다."라고 말했다. "우리는"(그는 턱수염을 가리켰다.) "외부인 취급을 받지요. 믿을 수 없는 사람으로요. 하지만 무슨 일이 일어나든 저는 조국을 사랑합니다. 사랑하지 않을 수 없으니까요. 왜 그런지 이유를 말해 보라고요? 몇 개나 대야 할까요? 하나, 둘, 셋, 넷, 다섯 개? 그런 식으로는 설명할 수 없어요. 저는 그리고 항상 사예드 다르위시의 노래를 사랑할 거예요." 그가 이렇게 덧붙였다. "저 같은 평범한 사람에 관한 노래였거든요."

나는 사미아에게 이 남자에 대해 이야기했다. 하지만 사미아는 그 사람처럼 생각하기에는 문제가 "너무 감정적으로 됐어요."라고 말할 뿐이었다. 나는 혁명 중에 친구들이 몇 명이나 죽었냐고 물었다. 사미아는 다시 먼 곳을 응시했다. "아주 친한 친구는 아니었어요." 그가 다시 말을 시작했다. "그냥 알게 된 사람들, 제가 존경했던 사람들일 뿐이었어요." 그는 다시 심호흡을 했다. "메나, 아흐메드…" 그러다 그중 한 명이 했던 재미있는 일이 떠오른 듯 약간의 미소가 그의 얼굴에 스쳤다. "카리카, 알리…" 나는 고개를 숙였다가 문득 사미드가 자신의 손가락을 꼽으며 그 사람들을 세고 있음을 알아차렸다. "…셰이크 에마드… 저 그림이 에마드예요. 광장 벽에 그의 초상화를 그렸어요…" 나는 그의 손에서 눈을 뗄 수 없었다. "…무함마드, 제 친구 아들…" 그 명단은 끝날 줄 몰랐다.

*

사미아를 만나고 며칠 후, 나는 사예드 다르위시가 태어난 알렉산드리아의 슬럼가인 콤 엘디카에 갔다. 그의 생가로 추정되는 곳 바깥에 섰다. 이 도시가 자기가 낳은 가장 중요한 인물, 이집트 국가의 작곡가를 어떻게 기억하고 있는지 확인하러 왔다. 불행히도 문간에 있는 남자가 나를 들여보내려 하지 않았다. 은발에 굽은 허리를 한 그는 미소를 띄고 있었지만 회의적인 표정이었다. 그는 내 통역사와 한참이나 대화를 나눴다. "저분은 제가 간첩이라고 생각하는 건가요?" 나는 지쳐서 막 이렇게 물으려는 참이었다. 지난 며칠간 신발끈을 묶다가 지하철역에서 쫓겨나기도 했고, 트램을 탔다가 가방을 수색당하기도 했다. 심지어 내가 영국 비밀 정보부의 첩자가 아님을 증명하려면 '빌라디, 빌라디'를 불러 보라는 요구까지 받았다. 그러니 지금

이 남자가 내가 별로 좋은 목적으로 온 사람이 아니라는 의심을 한다고 생각하는 것도 무리는 아니었다.

다행히 통역사는 내가 피해망상인 것처럼 보이기 직전에 나를 제지했다. "자기 아내 때문이래요. 그분이 안에 계신데, 그… 아시죠." 그는 몸짓으로 겉옷을 입고 있지 않다는 시늉을 했다. 몇 분 후 우리는 안으로 안내를 받았다. 그 남자는 우리를 썩어가는 사다리를 타고 지붕으로 안내하더니, 아래의 옆 건물을 가리켰다. "사예드 다르위시네 생가예요." 그가 미소 지었다. 사예드가 태어난 그 작고 네모난 건물은 지붕이 없었다. 심지어 벽이라고 할 만한 것도 변변히 없었다. 지금은 쓰레기를 버리는 곳으로 사용되고 있는 그 건물은 밝은 파란색과 녹색의 비닐봉지로 채워져 있었고, 구석에는 쓰러진 주정뱅이처럼 낡은 소파가 엎어져 있어서 상당히 알록달록해 보였다.

한탄이 나오는 장면이었다. 모든 국가 작곡가들, 심지어 사예드 다르위시처럼 이름난 작곡가조차도 자신의 노래와 달리 사람들의 기억 속에서 거의 잊혀져 가는 걸까? 하지만 사예드의 경우에는 그렇지 않다. 이 건물로 오는 길에 나는 축구 경기장 근처에서 그의 그라피티를 보았는데, 가사가 벽 전체를 뒤덮고 있었다. 또, 그의 이름을 딴 카페들을 보았다. 이 도시의 오페라 하우스도 그의 이름을 땄으며, 이 근처 학교에도 그의 이름이 붙어 있었다. 모든 건물들 안팎에는 그의 독특한 곱슬거리는 머리와 비뚤어진 코가 그려져 있었다.

그의 생가가 이렇게 버려져 있는 것은, 이집트와 그 국가(國歌)에 대한 모든 문제가 그렇듯이 정치적인 이유 때문이었다.

사예드의 손자인 이만은 일찍이 사예드의 예전 집 하나를 박물관으로 만들기 위해 기증할 의사를 밝혔는데, 당국이 그 지역을 신축 아파트를 건설하기 위해 철거할 예정이라며 거절했다. 사예드의 노래가 가진 국가로서의 위상이 이미 기념비적 역할을 다했다는 뜻일까, 아니면 그들이 사예드의 이미지와 노래를 필요할 때 가져다 쓸 수 있는 것만큼이나 쉽게 버릴 수도 있다는 미묘한 암시였을까.

내가 사다리를 다시 기어 내려오자 그 남자는 나와 통역사더러 차를 마시러 가자고 초대했다. 얼굴을 가린 그의 아내는 직접 만든 잼 비스킷을 내왔다. 그는 벽에서 물방울이 흐르고 있는 거실 겸 침실로 우리를 안내한 후, 자랑스럽게 조그마한 흑백 TV를 켰다. 뉴스가 나왔다. 러시아의 푸틴 대통령이 카이로에 국빈 방문을 했다는 소식이었다. 푸틴과 알시시 이집트 대통령이 함께 (아마도 레드) 카펫 위를 같이 걷고 있었다. 그리고 군악대 앞에 둘이 서 있는 장면이 나왔다.

러시아 국가가 연주되기 시작했다. 그걸 들은 나는 바로 웃기 시작했다. 왜냐하면 지금까지 들어 본 러시아 국가 중 최악의 편곡이었기 때문이다. 여기가 이슬람 국가가 아니었다면, 나는 연주자들이 메소드 연기, 아니 메소드 연주를 위해서 미리 보드카를 한 잔씩 원샷했다고 확신했을 것 같았다. 아니, 취소다. 적어도 1인당 반 병씩은 마신 것 같았다. 그들이 연주하는 국가는 계속 음계를 벗어났다. 어떨 때는 너무 높게, 어떨 때는 너무 낮게 연주했다. 이 때문에 계속 음악이 진행될수록 멜로디가 점점 더 원곡에서 멀어져 갔다. 화면에 푸틴의 얼굴이 클로즈업됐다. 그다지 행복해 보이지는 않았다. 그건 확실히 국가적 망신이었다. 뉴스 아나운서에 따르면, 왜 이런 일이 발생했는지 조사하기 위한 조사단이 발족됐다. 그 관악대의 '빌라디, 빌라디' 편곡은 듣자 하니 러시아 국가보다 더 심했다는데, 이 채널에서는 차마 그 노래는 틀어줄 수 없었던 것 같았다. 나는 좀 더 웃고 싶었지만, 방 안에 있는 다른 모든 사람들의 표정이 너무 엄숙해서 그저 잼 비스킷을 만지작거리며 얌전히 앉아 있었다. 그러고는 사예드 다르위시가 이 장면을 봤으면 무슨 생각을 했을지 상상해 봤다. 솔직히 그도 나만큼이나 이 상황을 재미있어 하지 않았을까.

10.

남아프리카 공화국

한 곡에 담긴 다섯 개 언어

National Anthem of South Africa

Nkosi sikelel' iAfrika,
Maluphakanyisw' uphondo lwayo,
Yizwa imithandazo yethu,
Nkosi sikelela, thina lusapho lwayo.

Morena boloka setjhaba sa heso,
O fedise dintwa le matshwenyeho,
O se boloke,
O se boloke setjhaba sa heso,
Setjhaba sa South Afrika –
South Afrika.

Uit die blou van onse hemel,
Uit die diepte van ons see,
Oor ons ewige gebergtes,
Waar die kranse antwoord gee,

Sounds the call to come together,
And united we shall stand,
Let us live and strive for freedom,
In South Africa our land.

주여 아프리카를 축복하소서,
그 영광을 높이 들어올리소서,
우리의 기도를 들으소서,
주여 아프리카의 가족인
우리를 축복하소서.

신께서 우리 나라를 보호하시고,
모든 전쟁과 고통을 멈추시고,
우리를 지키소서,
우리 나라를 지키소서,
우리의 나라, 남아프리카 –
남아프리카.

우리의 하늘의 푸르름으로부터,
우리의 바다의 깊이까지,
우리의 영원한 산들 너머로,
절벽들이 우리의 외침에 답하는 곳,

함께하자는 외침의 울림이여,
단결하여 우리는 일어서리라,
살아 자유를 위해 싸우게 하소서,
우리의 땅 남아프리카에서.

남아프리카의 국가

>>>

나나 자지지(Nana Zajiji)는 아마 요하네스버그에서 가장 인내심이 강한 언어 선생님일 것 같다. 큰 눈에 짧은 앞머리를 한 나나 선생님은 10분 동안 내게 단 한 단어를 가르치려고 애썼다. 바로 '코사(Xhosa)'라는 단어였는데, 내가 배우러 온 언어의 이름이었다. 적어도 현재까지는 욕하거나, 포기의 의미로 팔을 공중에 내던지지는 않았다. "거의 다 됐어요!" 선생님이 격려하듯 외쳤다. 좀 전에는 "가까워요!", 그보다 더 전에는 "계속 노력해요!"라고 말했었다. 하지만 곧 다시 처음 멘트로 돌아갔다. 무한 루프가 따로 없었다.

우리 수업을 누군가가 엿들었다면, 아마 내가 세상에서 가장 학습 능력이 떨어지는 학생이라고 생각했을 것이다. 변명을 하자면, 내가 '코사'라는 단어를 발음하는 데 어려움을 겪는 이유가 있었다. 이 단어가 '흡착음(click)[1]'으로 시작하기 때문이었다. 이 불가해한 '똑' 소리는 몇몇 아프리카계 언어에 포함돼 있으며, 그 언어들을 무척 아름답게 들리게 한다. 코사어에는 세 종류의 흡착음이 존재한다. 입천장에 대고 내는 소리(중설음), 앞니 잇몸에 대고 내는 소리(후치경음), 그리고 볼에 대고 내는 소

---

1   들이쉬는 숨에 의하여 발음되는 소리. 남아프카에서 흔한 소리다.

리(설측음)다. 나는 이 마지막 소리를 내는 데 어려움을 겪고 있었다. 이론적으로야 내기 어렵지 않다. "말한테 이랴! 하면서 내는 똑 소리랑 비슷해요." 나나 선생님의 말이었다. 하지만 실제로 그 소리를 내는 건 또 다른 문제였다. 그러다가 선생님은 "혀를 입 안에서 한쪽으로 놓으세요."라고 말했다. "이 뒤에 댔나요? 좋아요. 이제 해 보세요. 똑." 나는 시키는 대로 했다. "그게 뭐예요?" 선생님이 소리쳤다. "그건 입천장 소리잖아요. 어떻게 하면 그렇게 돼요? 태어나서 혀를 한번도 써 본 적이 없는 사람 같아요."

"남아공 국가를 부르려면 이 소리를 전부 할 줄 알아야 하나요?" 내가 물었다.

선생님은 "물론 아니죠. 가사에 흡착음이 있으면 백인 중에 그 노래를 부를 수 있는 사람은 아무도 없을 거예요."라고 대답했다. 그러더니 딱히 부탁하지 않았는데도 남아공 국가를 불러줬다. 세상에서 유일하게 다섯 개 언어로 이루어진 국가다. 내가 남아공에 온 것은 바로 이 때문이었다.

'은코시 시켈렐르 이아프리카(Nkosi sikelel' iAfrika), 말루파카니 이수 우폰도 루아요(Maluphakanyisw' uphondo lwayo').'(주여 아프리카를 축복하소서, 그 영광을 높이 들어올리소서.) 선생님은 우선 첫 코사어 부분부터 부르기 시작했다. 그러더니 코사어의 가까운 친족어인 줄루어 부분으로 넘어갔다. '이주아(Yizwa) 이미탄다조 예투(imithandazo yethu), / 은코시 시켈렐라(Nkosi sikelela), 티나 루사포 루아요(thina lusapho lwayo). (우리의 기도를 들으소서, 주여 아프리카의 가족인 우리를 축복하소서.)' '모레나 볼로카 세티이하바 사 헤소

(Morena boloka setjhaba sa heso).(신께서 우리나라를 보호하시고.)'

선생님은 노래를 이어 갔다. 이제 완전히 다른 언어인 세소토어 부분으로 넘어가면서 노래에 속도가 붙었다. 세소토어로 세 줄을 더 부르더니 선생님은 갑자기 노래를 멈췄다. 아직 아프리칸스어[2] 가사와 영어 가사가 남아 있었다. "솔직히 저는 국가에 나머지 가사가 없었으면 더 좋았을 것 같아요." 나나 선생님이 약간 민망해 하며 덧붙였다. "기분이 좀… 남아공 사람은 당연히 대부분 흑인이잖아요. 그리고 역사적으로 아파르트헤이트라는 끔찍한 일도 있었고요. 이 아프리칸스어 가사는 예전 아파르트헤이트 정권의 국가에서 따온 거예요. 미안하지만 부를 때 기분이 별로 좋지 않아요."

나나 선생님은 그냥 모든 사람이 코사어, 줄루어, 세소토어를 배우고 그 언어들로만 된 노래를 국가로 만들었으면 좋았을 것이라고 말했다. "그렇게 부르기 어려운 것도 아니거든요." 선생님은 내게 첫 소절을 따라 하라면서 선창했다. "은코시 시켈렐르 이아프리카."

"운코씨이 씩켈레일라 이이이애프리카." 내가 따라 했다.

"어, 네에. 지금은 발음에 대해서는 너무 신경 쓰지 않기로 해요." 선생님이 얼른 말했다. "일단 처음부터 끝까지 불러 보는 걸 목표로 합시다."

2　네덜란드어가 독자적인 변화를 거쳐 성립된 언어로 주로 남아공의 백인이 사용한다.

＊

남아공의 국가는 전 세계 국가 중, 아니 노래 중에서 가장 중요한 곡 중 하나다. 아마 한 나라가 과거와 화해하고 평화를 가져오는 데 도움을 준 유일한 곡이 아닐까. 이 곡은 원래 두 개였던 국가(國歌)를 하나로 합친 노래다. 첫 번째 곡은 아파르트헤이트 기간 동안 남아공의 국가였던 '남아프리카의 외침(Die Stem van Suid—Afrika)'이다. 남아프리카에서 백인이 아닌 나머지 인종 집단이 무척 싫어하는 노래다. 남아프리카의 비백인 인종 집단은 흑인·인도계·컬러드(Colored)[3]로 나뉜다. 또 다른 한 곡은 같은 시기, 아파르트헤이트에 저항한 아프리카 국민 회의의 당가였던 '주여 아프리카를 구하소서(Nkosi Sikelel' iAfrika')'로, 일부 백인들은 이를 자신들에 저항하는 전쟁의 함성으로 여긴다.

하지만 남아공의 국가가 특별한 이유는 이 노래가 그저 두 곡의 혼합이기 때문만은 아니다. 그 가사가 다섯 개 언어로 만들어져 있어서, 남아공의 모든 사람이 서로의 문화에 어떻게든 참여하도록 강제하고 있다는 사실 때문이다. 아마 국가가 아니었으면 불가능했을 것이다.

물론 국가를 여러 언어로 부르는 나라는 많다. 벨기에 국가인 '라 브라방손(La Brabançonne, 브라방의 노래)'은 프랑스어, 독일어, 플람스어[4]로 부를 수 있다. 캐나다 국가 '오 캐나다(O

---

3   남아공에서 백인과 흑인 혹은 기타 유색 인종의 혼혈로 형성된 인종.

4   벨기에 북부 플란데런 지방에서 쓰이는 네덜란드어.

Canada)'는 각자의 선호에 따라 시적인 프랑스어 가사나 시적이지 못한 영어 가사로 부를 수 있다. 예를 들어, 프랑스어 가사가 '그대의 눈썹은 영광스러운 화환으로 둘려 있도다'인 부분의 영어 가사는 '진정한 북부인, 강하고 자유롭다네'이다.

하지만 그 어떤 나라도 감히 한 절의 가사에 여러 언어를 섞을 만큼 자신만만하지는 못했다. 그렇게 하면 국민 국가 건설이라는 프로젝트 자체가 훼손될 것 같다는 생각이 들었나 보다. 어쨌거나 한 나라의 시민이라면 같은 언어를 공유해야 한다고 생각하는 게 인지상정이다. 파키스탄 국가인 쿠아미 타라나(Qaumi Taranah)('복 받은 성스러운 땅이여, 풍성한 이 땅에 행복이 깃들지어다')는 전체 인구 중 단 8퍼센트만이 모국어로 사용하는 우르두어로 돼 있다. (다만 우르두어는 파키스탄의 유일한 공식 공용어이긴 하다.) 싱가포르도 대부분의 인구가 영어로 소통하고, 그다음으로 많이 사용되는 언어는 중국어의 방언이지만, 그 국가인 '전진하는 싱가포르(Majulah Singapura)'는 말레이어로 돼 있다. 심지어 이 노래를 말레이어 외의 다른 언어로 부르는 것은 불법이다.

어떤 나라는 한술 더 떠 국가를 이용해서 단일 언어 정책을 추진하기도 한다. 대표적 사례가 스리랑카다. 2010년 스리랑카 정부는 타밀어 인구가 전체의 20퍼센트를 차지하는데도 불구하고 타밀어 국가를 불법화하려고 했다. 타밀족 반군이 정부와 수십 년간 내전 상태로 있었기 때문이다. 스리랑카 정부는 "다른 그 어떤 나라에서도 국가를 한 가지 이상의 언어로 부르는 곳은 없다."는 핑계를 대며 이를 정당화하려고 시도했다. 이 발표가 나온 직후 기자들은 정부에게 남아공 국가를 들어 봤냐고 물었지만, 이 비판은 무시됐고 비공식적 금지 조치는 계속 유지되다가 2015년에야 폐지됐다.

사실 남아공이 다국어로 된 국가를 도입할 때 참조했을 만한 나라는 세상에 딱 한 곳밖에 없었다. 바로 남미의 소국 수리남이다. 수리남 국가인 '하나님이 수리남과 함께하시네(God Zij Met Ons Suriname)'의 가사는 옛 식민 통치자의 언어인 네덜란드어로 된 절로 시작한다. 주로 땅을 경작하는 내용이다. 이후 스라난 통고어[5]로 된 절이 이어지는데, 그 내용은 '싸워야 할 싸움이 있다면, 우리는 두려워하지 않으리'처럼 주로 남성성을 과시한다. 하지만 고작 세상에서 단 한 나라의 가사가 두 언어로 돼 있다고 해서, 남아공의 정치인이 확신을 갖고 다국어 국가를 도입하기로 결정했을 것 같지는 않다. 두 개 언어는 그렇다 쳐도, 무려 다섯 개 언어로? 도대체 어떤 정치인이 이런 담대한 결정을 내릴 수 있을까. 생각나는 이름은 하나뿐이다. 넬슨 만델라다. 그렇다. 정답이다. 이 남아공 정치의 거인이야말로 바로 이 독특한 국가 이야기의 핵심이다. 남아공과 관련한 다른 모든 이야기의 중심에도 항상 그가 있듯이 말이다. 하지만 그에 대한 이야기를 바로 시작하는 것은 너무 이르다. 남아공의 이 독특한 국가를 이해하기 위해서는, 우선 만델라가 태어나기도 전에 사망했던 어떤 역사 속 인물에 대해서 알아야 하기 때문이다.

---

5   수리남에서 쓰이는 크리올어.

*

에녹 손통가(Enoch Sontonga)는 알려진 게 거의 없는 인물이다. 남아 있는 사진도 1800년대 후반에 찍힌 흑백 사진 두 장이 전부다. 사진 안에서 그는 스리피스 양복을 말끔히 차려입고, 나비 넥타이를 목에 두르고, 왁스를 발라 콧수염을 뾰족하게 손질한 모습이다. 한 손으로 회중시계의 사슬을 만지작거리는 그는 마치 돈 계산 중인 금 거래상 같지만, 진짜 그의 직업은 지금의 소웨토 지구[6]에 있는 한 감리교 학교 교사였다.

당시 남아공의 다른 모든 흑인들처럼 그도 가난했고 제대로

남아프리카 요하네스버그 소웨토 지역에 그려진 에녹 손통가. ⓒ 게티이미지

---

6 요하네스버그 내의 흑인 거주 지역.

대우받지 못했다. 학교에서 에녹이 실제로 뭘 가르쳤는지 정확히 아는 사람은 없지만, 그가 합창단의 지도 교사였고 합창단을 위한 노래를 강박적으로 작곡했다는 사실은 알려져 있다. 그는 수업 틈틈이 작곡 아이디어를 종이에 휘갈겨 메모했고, 이런 노력의 결실을 한 노트에 모았다. 그는 이 노래집을 출판하고 싶어 했지만, 그럴 기회를 만나기도 전에 1905년 단 서른두 살의 나이로 위장염과 맹장염으로 사망했다. 그는 요하네스버그에 있는 대형 묘지 내 흑인 구역 4,885번 묘역에 묻혔다. 묘지 기록에는 그의 이름이 에녹 카피르(Kaffir)로 바뀌어 있는데, 카피르는 흑인을 비하하는 아프리칸스어 단어다. 여기까지가 에녹의 인생에 대해 알려진 전부다. 하지만 그의 인생에서 가장 흥미로운 일은 사후에 벌어졌다.

남아공에 도착한 지 얼마 되지 않은 어느 날 오후, 한나절 동안 소웨토에서 그의 삶을 조금이라도 더 알아 내려고 필사적으로 노력했다. 적어도 에녹이 가르쳤다는 학교에 가면 조금이라도 그의 이야기에 살을 붙일 수 있지 않을까 기대했다. 하지만 그조차도 불가능했다. 나는 소웨토에서 핌빌, 낸스필드, 클립스프루트 등 에녹이 살았을지도 모르는 동네에 안내를 받아 가 보기도 했다. 길을 안내해 준 사람은 대체로 젊은 여성이었는데, 그들은 하나같이 태양으로부터 피부를 보호하기 위해 양산을 들고 있어서 마치 이곳이 활기찬 도시가 아니라 에드워드 시대[7] 잉글랜드처럼 보일 지경이었다. 마지막에 나는 올리브라

---

7   에드워드 7세의 치세인 1901~1910년 시기.

는 이름을 가진 중년 여성에게 인계됐는데, 그를 소개해 준 사람에 따르면, 올리브는 이 지역을 그 누구보다 잘 알았다. 그는 나를 보자마자 "앉을 필요도 없어요."라고 말하며, 이렇게 덧붙였다. "별로 오래 걸리지 않을 거예요. 당신은 지금 소웨토에 있어요. 이 지역은 아파르트헤이트 기간 동안 전부 밀고 다시 개발됐어요. 여기엔 40년 이상 된 건물이 하나도 없어요. 역사책 한 권도 안 읽고 조사하러 왔어요?"

하지만 에녹의 삶에 대해 알려진 사실이 하나 더 있었다. 1897년 어느 날, 그가 종이 한 장을 집어 들고 '주여 아프리카를 구하소서'를 썼다는 것이다. 이 곡은 짧은 찬송가였다. 첫 넉 줄은 성가대가 신에게 아프리카를 축복해 달라고 기도하는 내용이었고, 이어 성령이 강림하기를 반복해서 기원하는 후렴구 두 줄로 이뤄졌다. 후렴구를 부를 때는 돌림 노래로 계속 소리가 겹쳐지며 반복돼서 마지막에는 한 줌의 학교 합창단 어린이가 아니라 수백 명이 동시에 노래를 부르는 것처럼 들린다. 에녹이 이 멜로디를 웨일스 지방의 찬송가 '에버리스트위스(Aberystwyth)'에서 따왔다고 주장하는 사람들도 있지만, 두 곡을 모두 들어본 적이 없는 웨일스 민족주의자만이 그런 주장을 할 수 있을 것이다.

에녹은 이 노래를 학교 합창단용으로 작곡했다. 하지만 합창단 어린이들은 그렇게 잊혀지지 않는 아름다운 멜로디를 자기들만 부를 수 없었는지 다른 곳으로 퍼트리기 시작했다. 얼마 후 이 노래는 요하네스버그 전역의 학교와 교회에서 불리게 됐다. 당시 학교 합창단은 도시 순회 공연을 하기도 했는데, 노래가 알려진 것은 그 덕분이기도 했을 것이다. 곧 이 곡은 마치 사람들이 소달구지를 타고 이 노래를 퍼트리기 위해 대장정에 나선 것처럼, 남아공 내의 코사어 사용자들에게 두루 퍼졌고, 남쪽의 포트엘리자베스(Port Elizabeth)까지 도달했다.

1912년, 남아공에서 가장 존경받는 흑인 지도자들이 비백인 인구가 그나마 누리는 권리가 점점 제한되고 있는 상황에 대해 논의하기 위해 블룸폰테인(Bloemfontein)에 모였다. 이들은 특히 당시 논의되고 있던 원주민 토지법(Natives Land Act)에 대해 우려하고 있었다. 이는 남아공의 토지 중 90퍼센트 이상을 흑인이 소유하지 못하도록 한 법안으로, 남아공에서 인종 분리 정책 입법화의 효시가 된 법이었다. 이날 모인 흑인 남성들은 남아프리카 원주민 국민 회의(South African Native National Congress)를 결성해서 악법 반대 투쟁을 이끌기로 하고, 회의의 마무리로 이들의 희망과 기원을 함축하는 노래를 함께 부르기로 했다. 그날 이들이 부른 노래가 바로 '주여 아프리카를 구하소서'다. 1925년에 그 원주민 국민 회의는 훨씬 듣기 좋은 이름인 아프리카 국민 회의(African National Congress)로 이름을 바꿨고, '주여 아프리카를 구하소서'는 그 당가가 됐다.

*

그 이후 70년간, '주여 아프리카를 구하소서'는 우리가 기억하는 모든 남아공의 역사적 순간에 함께했다. 행복의 순간에도, 슬픔의 순간에도, 절망의 순간에도 항상 이 노래가 거기 있었다. 1952년 아프리카 국민 회의가 아파르트헤이트법을 어기는 '시민 불복종 운동'[8]을 최초로 전개했을 때도 이 노래는 거기에 있었다. 사람들은 감옥에 실려 가는 수레 위에서 이 노래를 불렀다. 1957년 요하네스버그에서 있었던 버스 보이콧 기간 때도, 사람들이 매일 일과를 마치고 이 노래를 불렀다. 흑인에게 과다하게 책정된 버스 요금을 지불하기를 거부하고, 퇴근 후 수 킬로미터를 터벅터벅 걸어서 집으로 돌아가며 함께 부른 것이다. 이 불매 동맹은 성공적이었다.

그리고 1956~1961년, 넬슨 만델라의 이름을 전 세계에 알린 반역죄 재판 때도 이 노래가 함께했다. 당시 만델라를 포함하여 156명이 국가를 전복하려는 음모를 꾸몄다는 죄목으로 법정에 섰다. 이 노래는 매일 점심 시간에 법원에서 울려 퍼졌으며, 이들이 마침내 무죄로 석방됐을 때도 법원 주위를 뒤흔들었다. 1960년 아프리카 국민 회의와 다른 정치 단체들이 금지됐을 때, 망명한 운동가들은 해외에서 이 노래를 불렀다. 고향을 그리워하는 수백 명의 남녀가 함께 후렴구를 불렀다. 덕분에 짐바브웨와 보츠나와의 훈련 캠프에서 런던과 뉴욕의 회의실까지 이들은 하나로 연결될 수 있었다.

1970년대와 1980년대, 아파르트헤이트 반대 투쟁이 점점 더 격렬해지고 폭력적으로 변모했던 시기에는, 매주 토요일에 열렸던 숨진 시위자들의 장례식장에서도 사람들은 '주여 아프리

---

8 백인 전용 화장실을 흑인이 사용하거나 흑인에게 내려진 야간 통행 금지를 무시하는 운동을 벌였다.

카를 구하소서'를 불렀다. 그 기간에는 이 노래가 얼마나 자주 불렸는지, 더 이상 노래가 아니라 멈춰서는 안 되는 장송곡이자 애도의 주문이 된 것 같았다. 물론 이 노래는 감옥에서도 불렸다. 교수대로 향하는 운동가들은 발밑의 문이 떨어져 나가는 순간까지 마지막 저항의 표시로 계속해서 이 노래를 불렀다.

아파르트헤이트 정부는 이상한 방식으로 이 노래의 위상을 높이는 데 기여했다. 1960년대 이 정부는 남아공 내에 반투스탄(Bantustans)이라는 명목뿐인 독립 국가를 몇몇 지역에 만들었다. 흑인들을 이곳에 완전히 분리함으로써 남아공 영토에 대한 흑인의 소유권 주장을 영원히 금지하려는 게 진짜 목적이었다. (이 '나라들'의 시민권을 획득한 사람들은 남아공 시민권이 상실됐다.) 이 나라들 중 트란스케이(Transkei)와 시스케이(Ciskei) 등 2개국은 '주여 아프리카를 구하소서'를 '국가'로 사용하도록 허용됐다. 아마 아파르트헤이트 정부는 그렇게 함으로써 이 노래의 정치적 힘을 중화시키고, 아프리카 국민 회의와 이 노래 사이의 연결고리를 끊을 수 있으리라 생각했던 게 아닐까. 그렇지 않고서야 도저히 설명되지 않는 결정이었다.

물론 그들의 생각대로 되지 않았다. 사실 아파르트헤이트 정부가 무슨 짓을 하더라도 이 노래의 확산을 막을 방법은 어차피 없었을 것이다. '주여 아프리카를 구하소서'를 금지했어도, 그리고 이 노래를 그저 찬송가로 해석할 수도 있는 교회에서조차 두려워서 부를 수 없게 했더라도, 여전히 이 노래는 사람들의 의식 속에 스며들었을 것이다. 이 노래를 이웃 국가들이 받아들이기 시작했기 때문이다. 1961년 탄자니아는 이 노래의 스와힐리어 버전을 자기네 국가로 도입했다. 잠비아는 3년 후 이 선례를 따랐다. 다만 그들은 자체 영어 가사를 의뢰해 제작했다. ('잠비아를 위해 일어나서 노래하라, 긍지 높고 자유롭게.') 짐바브웨도 '주여 아프리카를 구하소서'의 멜로디를 1980년대에 국가로 사용했으며, 나미비아 또한 독립 후 잠시 동안 이를 국가로 썼다. 내가 인터뷰했던 사람 중 이렇게 한 노래를 국가로 공유하는 게 문제가 된다고 생각한 사람은 한 명도 없었다. 리히텐슈타인 사람들이 '신이여 여왕 폐하를 구하소서'의 곡조를 국가로 쓰는 게 문제가 된다고 생각하지 않는 것처럼.

1980년대가 되자 '주여 아프리카를 구하소서'는 남아공의 반항적인 백인 10대들에게 받아들여졌다. 이들은 부모들이 싫어할 줄 알면서도 이 노래를 학교 합창단에서 부르자고 제안했다. 브라이트 블루라는 한 백인 록 밴드는 이 멜로디를 가져와서 '흐느끼는(Weeping)'이라는 제목의 노래로 만들었는데, 이 노래는 남아공에서 공전의 히트곡이 됐다. 놀랍게도 정부의 라디오 검열은 이 노래를 눈치채지 못했다.

물론 아파르트헤이트 기간 동안 불렸던 다른 중요한 노래도 많았다. 그중에는 '주여 아프리카를 구하소서'보다 더 감정적이고 고무적이며 재미있는 노래도 많았다. 내가 남아공을 여행하면서 사람들에게 그 시기에 가장 기억나는 노래가 뭐냐고 물으면, 다들 한결같이 "토이 토이(Toyi Toyi)"라고 답했다. 이는 흑인 거주 구역 사람들이 저항의 의미로 추던 춤인데, 특히 집회 해산을 위해 투입된 남아공 군인들을 향해서 "탕! 탕!" 총소리를 흉내 내고 소리치며 달려갈 때 추던 춤이었다. 때로 이들은 이

춤에 노래를 곁들였는데, 대체로 어떻게 총을 구해서 보어인[9]을 죽일지에 대한 내용이었다.

하지만 그런 노래들이 명멸하는 동안 '주여 아프리카를 구하소서'는 끝까지 살아남았다. 사람들에게 이 싸움이 얼마나 오래된 싸움인지 상기시켰고, 신이 언젠가 그들의 편에서 이 싸움에 개입할 것이라는 희망을 줬다.

1996년 만델라는 에녹 손통가를 기리는 기념비를 제작했다. 요하네스버그 브람폰테인 묘지의 4,885번 묘역으로 추정되는 곳에 세워진 화강암 비석이었다. 만델라는 기념비 제막식 자리에서 그 노래가 자기에게 어떤 의미인지 설명했다. 만델라는 사실 좋게 말해도 훌륭한 대중 연설가는 아니었다. 그의 연설은 대개 너무 지루하고, 길고 장황한 나머지 청중이 듣다가 길을 잃곤 했다. 하지만 그날 연설은 사람들의 마음에 와닿았다. "얼마나 훌륭한 찬가입니까." 그는 이렇게 말문을 열었다. "민족의 해방, 대륙의 구원에 대한 순순한 희구… 이 노래는 우리의 길을 밝힌 횃불이었습니다… 우리가 쓰러지는 순간에도 우리는 희망을 전할 수 있었습니다. 손에서 손으로, 그 시대의 끝까지…." 사실 그는 이후에도 몇 분이나 더 연설을 계속하면서, 오로지 만델라만 가능한 방식으로, 같은 메시지를 말만 바꾸어 끝없이 반복하며 전했다. 하지만 이 노래에 대한 그의 깊은 애정을 충분히 느낄 수 있었다. 에녹 손통가가 아파르트헤이트 반대 운동에 목소리를 부여했다는 그의 믿음을.

---

9 남아프리카 지역으로 이민하여 정착한 네덜란드계 후손을 가리키는 말.

물론 남아공의 흑인들이 자신들만의 찬가를 가진 당시, 그 땅에는 공식 국가가 있었다. 앞서 말한 '남아프리카의 외침'이었다. 이 노래는 1918년 코르넬리스 랑언호번(Cornelis Langenhoven)이 만들었는데, 그는 오늘날까지 보편적인 찬사를 듣고 있지만, 한편으로는 끔찍한 인물이라는 인상을 떨치기 힘든 사람이었다. 코르넬리스는 변호사 겸 신문 편집자, 정치인이자 작가였으며, 아프리칸스어 사용을 장려하는 게 인생의 목표인 것처럼 살았다. 단지 영어에 대항하여 아프리칸스어의 사용을 유지하는 것뿐 아니라, 풍성한 언어 생활을 장려했다.

그는 덥수룩한 수염에 빛나는 눈, 얼굴에는 사람 좋은 삼촌처럼 웃는 표정의 주름을 가지고 있었다. 유령 이야기와 정치적 풍자가 담긴 이야기를 써서 사람들을 열광시켰고, 또 입담 좋기로도 유명했다. 예를 들어 이런 식이었다. 그는 어느 날 의회에서 "이 자리에 있는 사람 중 절반은 원숭이"라고 말했다. 의장에게서 이 말을 취소하라는 명령을 받자 "좋습니다. 이곳에 있는 사람 중 절반은 원숭이가 아니오."라고 말했다.

하지만 그는 술을 너무 많이 마셨고, 간통을 저지르기도 했다. 인종 문제에 대한 관점도 그다지 계몽되지 못했다. 일례로 그는 '흑인 선언(Black Manifesto)'이라는 글을 썼는데, 이는 남아공 정치 역사에서 악명 높은 문서 중 하나였다. '임박한 미개와 야만의 홍수'에 대해 경고하고, 남아공이 곧 '흑인 카피르 국가'가 될 거라고 주장했다. 그 글은 사실 다른 정치인들의 요청으로 작성되기는 했지만, 논지 전개가 너무나 긴박하고 강력한 나머지 아프리칸스 백인들이 자신들 생존에 인종 격리 정책이 필수라고 생

1926년 딸의 결혼식에
아내와 함께 입장을 하고 있는
코르넬리스 랑언호번(왼쪽).
ⓒ 위키피디아

각하게 된 계기를 코르넬리스가 마련했다고 주장할 만했다.

나는 케이프타운에서 코르넬리스의 손자인 기욤 브뤼머(Guillaume Brümmer)를 만났다. 아흔 살의 친절한 수학자인 그는 이 이야기를 길게 들려 줬다. 그에게는 고통스러운 내용이었지만 사실을 숨기려고 하지 않았다. 그리고 이 모든 사실에도 불구하고 코르넬리스가 곁에 있는 사람들에게는 따뜻하고 유쾌한 사람이었다고 주장했다. 기욤은 "만약 그분이 좀 더 여행을 많이 해서 흑인들을 더 많이 만나 보기만 했어도."라고 말하며, 자신의 할아버지가 전혀 다른 인물이 될 수도 있었던 길을 애써 생각했다.

이런 끔찍한 업적에도 불구하고, 코르넬리스가 만든 노래를 보면 누구 못지않게 남아프리카를 사랑했음이 느껴진다. 또한 그는 나라 사랑을 유려하게 잘 표현해서, 많은 사람들의 부러움을 자아내기도 했다. 언젠가 만델라도 그가 부럽다고 말한 적이 있을 정도다. '남아프리카의 외침'은 자기 나라의 풍경을 진부하지 않게 표현한 몇 안 되는 국가다. 이 곡은 '우리의 창공의 푸르름으로부터, / 우리의 바다의 깊이까지, / 우리의 영원한 산들 너머로, / 절벽들이 우리의 외침에 답하는 곳.'으로 시작한다. 이 부분은 평범하게 들릴지 몰라도, 뒤로 갈수록 곡은 점점 더 남아프리카에서만 나올 수 있는 진정으로 아름다운 시로 가득 찬다. 3절의 이 가사를 보라.

우리의 여름의 백광 속에서,

겨울밤의 냉기 속에서,

우리 사랑의 봄날 속에서,

우리의 슬픔의 가을 속에서

…

우리는 항상 응하네

살겠노라고, 죽겠노라고,

남아프리카[에서].

코르넬리스는 첫 3절의 가사를 1918년 5월 30일 저녁에 부엌 식탁에 앉아서 썼다. 당시 그는 커피를 너무 많이 마셔서 조금이라도 잠을 자려면 술의 힘을 빌릴 수밖에 없었노라고 회고 했다. 며칠 후, 숙취가 가라앉자 이 가사를 자신의 비서이자 정부(情婦)에게 직접 작곡한 음악과 함께 보냈다. '당신은 이 노래 가 별것 아니라고 생각할지도 모르겠군.' 그는 이렇게 썼다. '하 지만 [우리 나라의] 음악가와 시인 들은 마치 공모라도 한 것처 럼 일제히 침묵을 지키고 있으니, 국가가 나올 때까지 그저 묵 묵히 계속해 나갈 수밖에 없소.' 그는 애인에게 그 노래를 제일 큰 아프리칸스어 신문에 실어 달라고 부탁했다. '이 상태로 내 보내면 누군가가 이보다 나은 음악을 붙여 줄지도 모르오. 그러 고 나면 또 누군가가 더 좋은 가사를 붙여 줄 것이오.'

*

그의 예상과는 달리, 코르넬리스가 노력한 결과물은 열광적 인 반응을 얻었다. 케이프 반도 전역에서 이 노래를 칭송하는 편지가 왔다. 이 곡은 이 땅에 대한 사람들의 감정과, 과거 영국 통치의 흔적에서 벗어나고자 하는 열망을 완벽하게 요약한 노 래였다. 가사에 대한 유일한 불만은 너무 짧다는 것이었다. 사 람들은 코르넬리스에게 이 나라뿐 아니라 군주에 대한 사랑을 표현하는 네 번째 절을 추가해 달라고 졸랐다. 하지만 이들은 그 곡조는 별로 좋아하지 않았다. 잘 봐 줘도 아마추어의 작곡 이었다. 몇몇 작곡가가 나서서 곡을 고치려 했지만, 코르넬리스 의 마음에 들게 고쳐 온 사람은 없었다.

그중 한 명만이 포기하지 않고 계속 노력했다. 화란 개혁 교회의 마르티뉘스 라우런스 더필리르스(Marthinus Lourens de Villiers) 목사였다. 마르티뉘스는 코르넬리스보다는 양심에 거리낌없이 좋아할 만한 사람이었다. 그는 사파리 보자를 쓰고 골프공을 치면서 자신이 사는 마을을 돌아다니던 괴짜였다. 아이들이 공을 모아오도록 하기 위해서였다. 또한 백인들의 눈살에도 불구하고 교회 예배에 컬러드 사람들을 초대했다.

사실 그는 목사가 되고 싶었던 게 아니었다. 원래는 음악가가 되고 싶었으나, 부모의 기대 때문에 교회에 들어갔다. 그가 어릴 때 홍역을 앓자 부모는 신에게 아이를 살려주면 목사가 되게 하겠다고 약속했고, 그는 기적적으로 살아났다. 1920년 어느 날 마르티뉘스는 세례 증명서를 쓰고 있다가, 진짜 소명을 찾았다. 그는 갑자기 아내에게 이리 와 보라고 하면서, "찾았소! 찾았소!"라고 외쳤다. 그러고는 피아노 앞으로 달려갔다. "우리의 하늘의 푸르름으로부터," 그는 연주하며 노래했다. 하늘의 푸른 천국에 닿을 수 있게 상승하는 멜로디였다. "우리의 바다의 깊이까지." 그는 계속 노래하며 대양의 심연에 닿을 듯 낮게 떨구었다. 코르넬리스의 가사는 그의 선율을 이끄는 방향타가 돼 주었다.

*

코르넬리스가 마르티뉘스의 음악을 '남아프리카의 외침'에 붙이도록 허락하자, 이 노래는 순식간에 남아공의 국가라도 된 듯 백인들 사이에서 불렸다. 하지만 공식 국가의 지위는 1957

년에 이르러서야 얻었다. 당시 남아공 정부는 마지막 남은 영국과의 연결고리를 상징하던 국가 '신이여 여왕 폐하를 구하소서'를 폐지했다. 그 이후 '남아프리카의 외침'이 모든 곳에서 연주되기 시작했다. 스포츠 경기와 극장 상영 전에, 학교에서, 정치 집회에서 연주됐다. 남아공 최고의 럭비 경기이자 스포츠 이벤트인 커리컵 결승에서, 흰 장갑을 낀 악단 지휘자는 메인 스탠드를 바라보며 관중들을 지휘하고 이 노래를 부르게 했다. 군중이 얼마나 이 노래를 크게 불렀는지 악단이 연주하는 소리가 전혀 들리지 않을 정도였다.

이 모든 점을 감안했을 때, 놀랍게도 이 노래의 제목은 아파르트헤이트의 역사에서 그렇게 자주 나타나지 않는다. 남아공 방위군 병사들이 흑인들을 향해 비웃으며 이 노래를 불렀다거나, 정부가 학교에서 비백인 학생들에게 이 노래를 부르도록 강요했다는 이야기가 전혀 없다. 사실 남아공 역사에서 이 노래가 가장 중요하게 등장하는 때는 오히려 아파르트헤이트가 끝나고 만델라가 석방된 후였다.

1992년 8월 15일, 남아공은 뉴질랜드와 럭비 국가 대항전을 앞두고 있었다. 인종 차별 때문에 국제 스포츠계가 남아공에게 가했던 출전 금지 조치가 개혁 정책으로 16년 만에 해제된 후 처음으로 열리는 국제 경기였다. 이날은 남아공의 백인 인구가 오랫동안 고대했던 날이었다. 대부분의 아프리칸스인은 스포츠 경기를 그 무엇보다 사랑했고, 강하고 자비 없고 지지 않는 남아공 럭비 국가 대표팀인 스프링복스(Springboks)가 자신들의 진정한 상징이라고 생각했다. 이 경기를 허용한 것은 아프리카 국민 회의가 보인 놀라운 화해의 제스처였다. 다만 이들은 아파르트헤이트의 상징이 이 경기에서 일체 사용되지 않아야 한다는 조건을 달았다. 그 상징에는 '남아프리카의 외침'도 포함돼 있었다. 이 찬가를 부르는 대신 '국내 평화를 지지하는' 1분간의 묵념을 하기로 합의했다.

불행히도 일부 스프링복스 팬들은 그 결정을 받아들이지 않았다. 이들은 신문에 투고해서 국가를 금지한다면 직접 카세트 플레이어를 들고 가서 노래를 연주하겠다고 위협했다. 이들은 내전 없이 인종 차별 정책에 종지부를 찍은 화해의 정신에 침을 뱉고 있음을 모르거나, 알아도 개의치 않는 듯했다. 일부 신문은 이러한 분노를 부추겼다. 최대 규모의 아프리칸스어 신문인 〈디 뷔르허르〉의 편집자는 아프리카 국민 회의가 '백인들의 어떤 원초적 감정을 건드렸는지 전혀 감을 못 잡고 있는 것 같다.'고 썼다. 이런 말들이 단순히 엄포이기를 모두가 바랐다.

하지만 그날 실제로 경기장에 커다란 카세트 플레이어를 들고 나타난 사람들이 있었다. 또, 누군가는 곧 폐기될 예정이던 오렌지색, 흰색, 파란색의 남아공 깃발을 들고 나타났다. 1분간의 묵념 시간이 다가오자, 스타디움에는 '남아프리카의 외침'의 아카펠라가 울려 퍼졌다. 이들은 이 노래를 한 번 끝까지 부르더니, 또 다시 시작해서 끝까지 불렀다. 그러자 모두를 진정시킨다는 핑계로 이 음악이 스타디움의 스피커에서 울려 퍼지도록 했다. 그래서 이번에는 모두 같이 이 노래를 한 번 더 불렀다.

트란스발 주의 럭비 풋볼 유니언의 회장인 라우이스 라윗(Louis Luyt)은 "아프리카 국민 회의가 행진하거나 자기들이 원

하는 노래를 부르는 것을 내가 막을 수 없는 것처럼, 내게도 같은 권리를 줘야 마땅해요."라고 말했다. 그는 스타디움에서 이 노래가 연주되도록 허용한 사람이었다. 이 사건은 그리 많은 문제를 일으키지는 않았다. 아마도 경기장에 이 사건을 목격할 비백인이 거의 없었기 때문에 그랬는지도 모른다. 혹은 남아공 럭비 풋볼 유니언이 즉각 사과 성명을 발표하고 다시는 이런 일이 없도록 하겠다고 약속했기 때문인지도 모른다.

남아공 국가 이야기의 절정은 이 나라 역사의 절정이기도 한 그 사건일 것이다. 바로 1994년 넬슨 만델라가 아파르트헤이트 종식 이후 첫 대통령으로 취임한 순간이다. 그날은 남아공의 새

프레토리아에 위치한 유니언 빌딩.
그 앞에 서 있는 넬슨 만델라의 동상. ⓒ 게티이미지

국가가 처음으로 연주된 날이었다. 글쎄, 정확히 말하면 '새 국
가들'이라고 해야 할 것이다. 나라의 미래에 대한 협상 과정에
서, 국가로 '남아프리카의 외침'을 계속 연주하되, 끝나면 즉시
'주여 아프리카를 구하소서'를 연주하고, 이어서 바로 그 노래의
세소토어 버전인 '모레나 볼로카'까지 연주하기로 협의됐기 때
문이다. 세계 최초의 세 곡 묶음 국가였다.

이 결정을 내린 것은 만델라였다. 그를 제외한 아프리카 국민
회의 지도부는 '남아프리카의 외침'을 아파르트헤이트의 다른
유산과 마찬가지로 금지해야 한다고 촉구했지만, 만델라는 회
의에서 그들을 꾸짖었다. "여러분이 그렇게 쉽게 취급하는 이

노래는 아직 우리가 대표하지 못하는 수많은 사람들의 감정을 담고 있습니다. 지금 이 펜 획 하나로, 여러분은 우리가 가진 단 하나의 기반을 파괴하는 결정을 내리는 것입니다. 바로 '화해' 입니다." 만델라는 몇 주 후 대통령 취임 때 자신의 바람을 이뤘다. 세 곡의 국가가 연주되는 동안 엄한 얼굴로 손을 가슴 위에 얹고 서서 대통령 선서를 한 것이다. 이에 대한 만델라의 만족감은 그의 자서전《자유를 향한 머나먼 여정》에서 엿볼 수 있다. 그는 책의 거의 마지막에 국가 연주 순간에 대해 언급했다. '그날은 내게 우리 국가의 연주로 상징된다. 어느 쪽도 가사를 몰랐지만… 한때 자신이 증오했던 [가사를]… 이들은 곧… 외우게 될 것이다.'

이것이 남아공 국가 이야기의 끝이었다면, 나는 애초부터 책을 쓰기 위해 이 곡을 선택하지도 않았을 것이다. 그날 발표된 국가는 사실 누군가를 통합할 만한 국가는 못 됐다. 그 곡은 그저 인내심을 테스트하는 노래였다. 세 곡의 노래를 연주하는 데만 5분 4초가 걸렸다. 나중에 에딘버러 공작 필립 공[10]은 그때 너무 오래 모자를 벗고 있어야 해서 햇빛에 화상을 입었다고 농담을 했다. 그날 제3자 입장에서 TV를 시청하던 사람들이 보아도 그 결정은 완전한 실패였다. 세 곡의 국가를 연주하는 데 오랜 시간이 걸렸기 때문만이 아니라, 이 노래를 부르려면 수 주간의 언어 교육과 연습이 필요했기 때문이었다.

만약 당신이 더반(Durban)에서 온 인도계 남아공인이고 영어

---

10 영국 여왕 엘리자베스 2세의 부군. 2021년에 사망했다.

와 줄루어를 사용한다면, 갑자기 아프리칸스어로 된 12줄의 가사와 세소토어 가사 12줄을 배워야 하는 것이다. 당신이 케이프타운 출신의 컬러드이고, 아프리칸스와 영어만 할 줄 안다면, 세소토어 가사와 13줄의 코사 및 줄루어 가사가 문제가 될 것이다. 당신이 북쪽의 림포포(Limpopo)에서 온 흑인이고 벤다어밖에 할 줄 모른다면, 아예 국가를 부를 시도를 하지 않는 게 더낫다. 물론 이런 사람은 극히 드물긴 할 것이다.

국가 연주는 곧 촌극이 돼 갔다. 사람들은 가사를 대충 얼버무리거나, 혹은 자기가 모르는 부분에서 완전히 입을 다물어 버렸다. 만델라는 처음에는 부르기 어렵다는 불평이 정당화될 수없다고 생각하는 듯했다. 아프리카 국민 회의의 모임에서 만델라는 실망한 아버지가 마치 뭘 모르는 아이들을 혼내는 것처럼모든 사람이 따라 부를 때까지 계속 국가를 다시 연주하라고시켰다. 그런 그조차도 몇 달 후 "사람들을 그렇게 오래 세워 놓는 것이 상당히 민망하다."는 사실을 인정하기 시작했고, 자신도 영감을 받기보다는 '지루하다'고 느낄 때가 있다고 했다. 이때가 바로 그가 국가 문제를 위해 묘책을 낸 시점이다. 자신이국가에 대한 해결책을 낼 적임자가 아니라고 판단하고, 위원회를 구성해서 국가 문제를 해결토록 한 것이다.

*

요하네스버그 비츠(Wits) 대학교 음악학부에 있는 연구실. 이곳에 있는 진 자이델루돌프(Jeanne Zaidel-Rudolph) 교수는 아파르트헤이트 이후 시대의 영웅처럼 보이지는 않았다. 우선 흑인이 아니었다. 컬러드도, 인도계도 아니었다. 60대의 유대인 여성이었고, 둥글게 부풀린 머리에 진주 목걸이를 하고 있었다. 나라를 위해 작곡을 하기보다는 자신의 우아한 집을 손님에게 안내해 주는 게 더 어울릴 듯한 분위기였다.

보아하니 그의 인상을 오해하고 성급히 결론을 내린 사람이 내가 처음이 아닌 듯했다. 1997년에 그가 만든 국가가 공개되자 신문에서는 이 노래를 만든 그의 역할을 무시하고, 국가위원회 위원장이자 흑인 언어 교수 겸 작곡가인 제임스 쿠말로가 새 국가를 만든 것처럼 보도했다. 진 교수도 다른 사람들이 자신을 어떻게 보는지 분명히 잘 아는 것 같았다. 만난 지 얼마 되지 않아, 그 곡이 정말로 자기 작품임을 증명하는 온갖 서류를 꺼내서 보여 줬다. "여기요. 제가 그 노래를 써 줘서 고맙다며 문화부에서 보낸 감사장이에요.", "여기에는 제가 그 노래를 만들고 받은 상금 영수증이 있네요. 3,350랜드(약 25만 원)예요! 믿어지세요? 집에서 만났으면 제가 상금하고 같이 받은 상패도 보여드릴 수 있었을 텐데요."

진 교수는 만델라 정부가 국가 문제를 해결하기 위해 조직한 국가위원회에서 촉탁한 첫 번째 인물이었다. 아프리카인의 정신을 반영하면서 서구의 클래식 음악을 다룰 수 있는 음악가가 남아공에 몇 명 없었기 때문이다.

그는 남아공 행정 수도인 프레토리아(Pretoria)에서 자랐는데, 아버지는 남성 양복점을 운영했다. 유대인이었던 그는 아파르트헤이트 시스템에 대해 금세 불편함을 느꼈다. "저는 편견이 뭔지 알고 있었거든요. 그냥 그렇게만 이야기할 게요." 하지만 그는 자기가 할 수 있는 일이 없어서 무력감을 느꼈다. "어느 날 오빠와 제가 자전거를 타다가 경찰이 흑인 남성을 아무런 이유 없이 때리고 있는 걸 봤어요. 아마 통장을 소지하고 있지 않다든가 그런 핑계였을 거예요. 그런 광경을 본 날이면 집에 돌아와 울면서 부모님한테 '어떻게 해야 돼요?'라고 물었어요. 그럴때 어머니는 '우리가 할 수 있는 일은 없단다. 정부가 너무 강해.'라고 말씀하시곤 했어요."

진은 자기 가족과 함께 지내던 가정부와 한 식탁에서 식사를 하자고 하는 등 아파르트헤이트에 저항하려는 나름의 노력을 했는데, 가정부는 그 제안에 경악했다고 한다.

진은 자라면서 작곡가가 되고 싶었고, 음악을 이용해서 자기만의 작은 방법으로 시스템과 싸워야겠다는 생각을 했다. 이후 아프리칸 리듬에 집착했고, 이 리듬을 작품에 사용해야겠다고 결심했다. "열여덟 살쯤 됐을 때, 일요일마다 백금 광산에 가서 광부들이 연주하는 노래를 녹음하기 시작했어요. 아마 1만 5,000명, 2만 명 정도의 사람이 모였을 거예요. 거기서 집회와 폭동이 있었기 때문에 어머니는 '제발 가지 마렴, 공격당할 거야.'라면서 애원했어요. 하지만 저는 그곳에 가는 게 정말 즐거웠어요. 실로폰과 음빌라(mbila)[11]를 위주로 한 진짜 놀라운 오케스트라가 있었거든요. 그리고 발목 구슬과 드럼과 흔드는 타악기 종류도요. 남아공 사람뿐만 아니라 모잠비크, 짐바브웨에서

---

11 실로폰과 유사한 남아공의 타악기.

온 사람들도 많이 있었어요. 정말 기교와 속도가 뛰어났어요. 그때 광부들은 제가 약간 미친 사람이라고 생각했던 것 같아요. '왜 이 어린 백인 소녀는 우리 노래를 녹음하고 싶어 하지?'라고요. 하지만 제가 거기서 자기들 노래를 듣는 것을 싫어하지 않았어요."

그로부터 20년간, 진은 뚜렷하게 남아공 색채가 드러나는 클래식 음악을 만들고자 노력했다. 자기가 성공했는지 모르겠다며 농담을 했지만 말이다. "1970년대에 저는 헝가리 작곡가인 리게티 죄르지(Ligeti György) 밑에서 한동안 공부했어요. 그때 정말 듣기 힘든, 아방가르드 스타일의 음악을 만들고 있었죠. 그래서 당시 음악은 아프리카 느낌이 별로 나지 않았을 수도 있어요." 진 교수가 웃으며 말했다. 하지만 그의 음악은 중요한 직책을 가진 사람들의 귀에 들어갔다.

국가위원회가 첫 번째 모임을 가진 때는 1995년 2월이었다. 이들은 프레토리아의 중심에 있는 '엄청나게 밋밋한' 정부 청사 회의실에서 테이블 주위에 빽빽하게 둘러앉았다. "지시가 있었어요. 우리가 원하는 걸 함부로 하지 말라는 거였어요. 기존 국가를 사용해야 한다는 거였지요." 진 교수의 말이었다. "그게 만델라의 희망이었어요. 아무것도 버리지 말고 전부 포용하라는 거였어요."

회의가 시작되자 몇몇 사람들이 어떤 식으로 이 문제에 접근해야 할지 제안을 내놓았다. 가장 많은 지지를 받은 방안은 '남아프리카의 외침'을 먼저 부르고, '주여 아프리카를 구하소서'로 옮겨 가자는 것이었다. 하지만 이 생각은 적어도 음악적으로 여전히 백인보다 비백인이 2등 시민이라는 인상을 줄 수 있기 때문에 채택될 수 없는 아이디어였다. 진 교수는 자기가 나서야겠다고 마음먹었다. 그녀는 새로운 화해의 나라를 위한 국가라면, '주여 아프리카를 구하소서'가 먼저 등장해야 하고, '남아프리카의 외침'이 두 번째로 나와야 한다고 주장했다. 두 곡의 조성 차이는 '남아프리카'라는 가사를 사이에 부르게 함으로써 메울 수 있다고 덧붙였다. 그녀는 이 일이 매우 쉬운 일인 것처럼 말했다. 마치 어린이가 쌓아 놓은 블록을 한데 합치는 것과 진배없는 것처럼 말이다. 모두가 찬성했다.

이제 남은 작업은 국가가 적절한 길이가 되도록 최대한 많은 가사를 잘라내는 일이었다. 제일 처음 빠진 가사는 '주여 아프리카를 구하소서'의 아름다운 후렴구였다. 남아공의 인도계 인구 중 약 4분의 1을 차지하는 일부 이슬람교도가 '성령'에 대한 언급을 문제 삼았기 때문이다. 놀랍게도 이 가사는 '남아프리카의 외침'에 있는 몇몇 문장보다 더 많은 논쟁을 야기했다. '남아프리카의 외침'에도 '땅 속에 깊은 바퀴 자국을 내며 달리는' 소달구지에 대한 언급[12] 등 흑인들에게 최초의 식민화를 상징하는 것으로 받아들여지는 문제적인 가사가 있었다.

모두가 어떤 가사를 뺄지 논의하는 동안, 진 교수는 한 가지 아이디어를 냈다. 영어로 된 가사가 있으면 어떻겠냐는 제안이

---

12 소달구지(ox wagons)는 보어인이 사용했던 전통적인 교통수단이다. 보어인은 1830년대에 영국의 통치에서 벗어나기 위해 소달구지에 짐을 싣고 북부로 이동하여 정착했다. 이를 대이주(Great Trek)라고 한다. 하지만 원주민에게 소달구지는 보어인에 의한 남아프리카 식민화의 상징이다.

었다. "이렇게 많은 언어가 들어가 있는데, 제 모국어 가사가 있어도 좋지 않을까 싶었어요. 그래서 진짜 말 그대로 없던 가사를 만들어 넣었죠. 쉬는 시간 5분 동안 뚝딱 만들었어요. 사실 그런 티가 좀 나는 것 같지요. 정말 단순하고 별로 재미 없는 가사예요. '살자, 자유를 위해 싸우자 / 우리의 땅 남아프리카에서.' 그렇게 멋지지는 않아요, 그렇죠?"

그 회의가 있은 지 1년여 후, 만델라는 진 교수의 작품이 새 국가가 될 것이라고 발표했다. 그 발표를 듣고 필립 공은 안도하지 않았을까 싶다. 남아공의 모든 어린이들도 말이다. 나는 진 교수에게 그 이후 새 국가를 인상 깊게 들었던 순간이 언제였는지 질문했다. 그는 잠시 생각하더니 갑자기, 예고도 없이 울기 시작했다. 나뿐만 아니라 진 교수 자신도 놀란 것 같았다. 진 교수는 돌아서서 잠시 얼굴을 가리더니 민망한 듯이 핸드백을 뒤지면서 손수건을 찾았다. 그러면서 내게 거듭 사과했다. "너무 바보같이 들릴 것 같긴 한데요. 처음으로 그 노래를 TV에서 들었을 때였어요. 우리 나라 TV 방송국은 자정에 방송을 멈추고 국가를 틀거든요. 어느 날 밤 제 작은 집에서 침대에 누워 있는데 갑자기 그 노래가 나오는 거예요. '와! 이 노래는 내 작품인데 전국에 방송되고 있어! 내가 해냈어.' 이런 생각이 들었어요." 그는 눈물을 훔쳤다. 진 교수의 모습을 지켜보면서, 남아공 국가에 대한 이야기에서 그녀가 중심에 있지 않다고 감히 생각할 사람은 아무도 없을 거라고 생각했다.

남아프리카에 막 도착했을 때, 나는 이 책에서 가장 낙관적인 이야기가 담긴 장을 쓸 것이라 기대했다. 70년에 걸친 자유의 투쟁에 영감을 주던 노래, 그러다 결국 통합 국가의 일부가 된 노래, 그 이후로도 거의 20년간 이 무지개 나라가 치유되도록 돕고 있는 노래에 대한 이야기 말이다. 실제로 처음에 몇몇 사람을 만날 때만 해도 그런 그림이 그려지는 것 같았다. 이 노래에 대해 불평하는 사람을 만날 수 없었기 때문이다. 내가 이야기해 본 총가어와 벤다어 사용자도 그랬다. 총가어와 벤다어는 남아공의 11개 공식 언어 중에서 어떤 방식으로든 국가에 반영되지 않은 단 두 개의 언어다. (은데벨레어, 츠와나어, 스와티어, 소소어는 코사어, 줄루어, 세소토어와 친척이다.)

"진짜예요, 제 말 믿으세요! 벤다어 사용자 중에서 우리 언어가 국가에 들어가 있지 않다고 소외감을 느낄 사람은 한 명도 없어요!"벤다어와 벤다 문화 전문가인 언어학 교수 은켈레베니 파스와나(Nkhelebeni Phaswana)는 소외감을 느끼지 않느냐는 내 질문에 이렇게 대답했다. "저희는 사실 다른 사람들과 이제 유대감을 오히려 더 많이! 느껴요. 왜냐하면 남아공의 모든 사람이 이제 같은 노래를 부르게 됐으니까요."

"에녹 손통가가 만든 원곡이 이제 아프리카를 위한 찬가로 쓰이는 걸 알고 계세요?"그가 이렇게 덧붙였다. "그가 아프리카 대륙의 누구도 소외감을 느끼지 않게 하기 위해 수백 개의 언어로 이 노래를 만들었어야 할까요? 정신 나간 소리지요! 노

래에서 중요한 건 메시지지, 그 메시지를 담은 언어가 아니에
요. 우리는 아파르트헤이트가 끝나기 한참 전부터 그의 노래를
불렀고, 앞으로도 계속 그럴 거예요."

　국가의 영향을 이처럼 강력하게 옹호한 이들은 또 있었다. 대
부분은 자기가 가사를 전부 알지 못한다며 웃었지만, 그래도 상
관없다고 말했다. '남아프리카의 외침'을 작곡한 마르티뉘스 더
필리르스의 손자인 요한 더필리르스(Johan de Villiers)는 이 국가
야말로 만델라가 취한 가장 위대한 '화해의 제스처'라고 말했
다. "'남아프리카의 외침'을 계속 유지하기로 한 결정은 사람들
이 느낀 것 이상으로 감정적 영향력이 컸어요." 그가 말했다.
"그 결정 하나로 만델라는 다른 방식으로는 절대 얻지 못했을,
수많은 사람들의 마음을 얻었지요."

　나는 그에게 이렇게 물었다. '주여 아프리카를 구하소서'만
을 국가로 부르는 것에 대해 백인들이 그렇게까지 반대할 이유
는 없지 않은가? 그렇게 논란이 될 만한 노래는 아니지 않은가?
가사 내용이 온화하고 종교적이지 않은가? 요한은 내게 현실을
알려 줬다. 그는 낄낄 웃으며 1980년대에 그가 다인종 합창단
을 결성했을 때의 이야기를 전했다. "백인들은 저희 집에 전화
해서 소리치곤 했어요. '너희 할아버지가 이걸 알면 뭐라고 하
시겠어? 그분은 '남아프리카의 외침'을 작곡하셨는데!' 그럼 저
는 '그분은 기뻐하셨을 겁니다!'라고 대답했죠."

　에드워드 그리피스(Edward Griffiths)는 1990년대 남아공 럭비
국가 대표팀을 이끌었고, 1995년 럭비 월드컵을 유치할 때 국
가 대표팀이 '주여 아프리카를 구하소서'를 외우도록 만들었던

사람이다. (1995년 럭비 월드컵은 아파르트헤이트 이후 열린, 통합을 위한 가장 큰 이벤트 중 하나였다. 당시 스프링복스 팬들은 몇 년 전 보였던 보어 내셔널리즘을 상당 부분 벗어 버린 듯했다.) 그는 그 국가가 남아공에서 성공했을 뿐 아니라, 해외에서도 영향력을 입증하고 있다고 말했다. "뉴질랜드도 이걸 베낀 것 같아요. 이제 국가를 부를 때 마오리어로 된 가사를 영어로 된 가사 전에 부르더라고요. 곧 호주에서도 애보리진 언어로 된 가사를 포함시킬 거라고 예상해 봅니다. 정말 긍정적인 일이에요."

하지만 남아공에서 조금 더 시간을 보내면서, 이 노래에 대한 내 낙관론이 다소 잘못됐다는 것을 깨닫기 시작했다. 몇몇 사람들은 남아공의 제3정당인 경제 해방 투사(Economic Freedom Fighters)가 '남아프리카의 외침'을 국가에 포함시키는 게 '사회 통합을 가져 온다는 과학적인 증거를 댈 수 없다면' 이를 국가에서 빼라고 요구했다는 사실을 지적했다. 경제 해방 투사는 성명서에서 '남아프리카의 외침'은 '백인 우월주의 국가를 위해 죽이고 죽겠다는… 음악적인… 약속이다.'라고 말했다. 그러고는 '언어가 문제라면, 다국어 국가를 만들기 위해서 그저 다른 아프리칸스어 노래를 포함시키면 되지 않는가?'라고 제안했다. 또 어떤 사람들은 아프리칸스 팝 스타인 스티브 호프마이어에 대해 알려 줬다. 그는 마치 아직 1950년대를 살고 있는 것처럼, '남아프리카의 외침'을 공연에서 불러서 아주 많은 흑인들을 화나게 했다. 처음에는 이 두 가지 예를 극단주의로 치부하며 대수롭지 않게 생각했지만, 극단주의자로 치부하기 어려운 보통의 상냥한 사람들과 더 많이 이야기를 나누면서, 국가에 대한 실망이 생각보다 광범위하단 걸 깨달았다.

요하네스버그의 중산층 거주지 멜빌은 무장한 보안 팀이 지역을 순찰한다는 경고가 거리 여기저기에 붙어 있다. 이곳에서 영화 음악 작곡가인 제투 마시카(Zethu Mashika)는 "저는 아프리칸스 가사 부분이 너무 불편해요. 제 피부 아래 뭔가가 기어 다니는 것 같아요. 아예 그냥 '주여 아프리카를 구하소서'만 부르든가, 완전히 다른 노래를 불렀어야 해요."라고 말했다.

또, 어느 날에는 늘 웃는 얼굴의 중년의 신문 칼럼니스트인 몬들리 마카냐(Mondli Makhanya)랑 술을 마셨다. 그는 "그 국가는 넬슨 만델라가 생각했던 것처럼 진보적인 국가를 건설하는 방법이 아니었어요."라고 말했다. "그냥 아프리칸스 사람들에게 매달릴 수 있는 뭔가를 준 것뿐이에요. 자기들다움을 기념하기 위한 뭔가를요. 럭비 경기 때마다 그걸 느낄 수 있어요. 국가에서 '남아프리카의 외침' 부분이 나오면 경기장 지붕이 폭발할 것 같다니까요. 말 그대로요. '주여 아프리카를 구하소서' 부분이 나오면 노래를 하는 사람이 있기는 해요. 예전에 '남아프리카의 외침'을 자기 정체성으로 삼았던 적이 없는 젊은 사람들과 영어를 쓰는 백인들이죠. 하지만 여전히 핵심 강경파들이 있어요. 그 사람들은 '남아프리카의 외침' 부분이 나오면 자기 감정을 완전히 분출해요." 그는 어색하게 웃었다. 마치 지금 막 머릿속에 떠오른 생각을 말로 해도 될지 생각하는 것처럼. "저는 이 결정을 내린 만델라를 절대 용서할 수 없어요. 그분은 용서를 상징하는 인물이지만요!"

나는 이 사람 저 사람에게 이와 비슷한 이야기를 반복해서

들었다. 게다가 국가를 불편해 하는 사람은 흑인만이 아니었
다. 백인과 컬러드 인종 다수도 그 의견에 동의했다. 여전히
이 나라는 너무 분열되어 있으니, 어쩌면 과거를 끊임없이 상
기시키는 것보다 역사를 완전히 초월하는 새 국가를 만드는
게 나았을지도 모른다는 것이었다. 심지어 이 국가가 사람들
을 통합한다고 주장했던, 이 노래의 작곡가 진 자이델루돌프
교수마저도 이런 불만에 "반쯤 동의"한다고 말했다. "완전히
새로운 우리만의 노래를 갖는 것도 나쁘지 않을 것 같아요. 누
가 그걸 작곡할지는 저에게 묻지 마시고요."

*

"어휴, 당신은 그냥 엉뚱한 사람들하고만 이야기를 했네요."
곱슬거리는 금발 머리를 한 30대 여성 롤라 마이어(Lolla Meyer)
가 이렇게 말했다. 그는 유혹적인 새빨간 드레스에 새빨간 립스
틱을 바르고 있었다. 남아공 국가에 사용된 언어 중 내가 배울
마지막 언어인 아프리칸스어를 가르칠 선생님이었다. "저는 흑
인 학생들도 많이 가르쳐요. 줄루어, 은데벨레어, 츠와나어 사
용자도 많아요. 이 사람들은 전부 그 노래를 좋아해요. 과거에
대해 알지만 그것에 대해 농담도 많이 해요. 오늘은 명령형을
가르치고 있었는데, 우리 교과서는 1980년대에 만들어진 이후,
한 번도 개정되지 않았거든요. 그래서 모든 문장이 '차렷 하고
주목!'이라거나, '가서 내 여행 가방을 가져오렴.' 같은 것밖에
없어요. 너무 웃겨서 다같이 웃었지요. '내 여행 가방을 가져오

럼.'이라니요. 완전 우스꽝스럽지요. 하지만 과거에는 분명 그
랬으니 무시할 수는 없죠."

나는 남아공에서 보낼 날이 얼마 남지 않았었다. 롤라의 말을
들으며 나는 그의 말이 옳을지도 모른다고 희망을 품었다. 어
쩌면 정말로 내가 엉뚱한 사람들과 이야기하고 있었을지도 모
른다고, 어쩌면 정말로 아프리칸스어 가사까지 포함해서 국가
를 좋아하는 흑인이 많을지도 모른다고. 또, 그의 반응을 보니
많은 사람들이 바라던 것처럼, '주여 아프리카를 구하소서'만을
남기고 나머지를 빼는 방식으로 국가를 바꾸는 게 가능한 것인
지 의심스러웠다.

"아프리칸스어 부분을 빼 버리면 제 기분이 어떻겠어요?"
그가 물었다. "굉장히 화가 나겠지요. 네, 하지만 그래도 사람
들은 어쨌든 '남아프리카의 외침'을 부를 거예요. 아프리칸스
어를 자랑스럽게 생각하는 사람이 아직 충분히 많거든요. 프
레토리아에 가 보세요. 거기 사람들 절반에게 앞으로 아프리
칸스어를 쓸 수 없다고 말하면 전쟁이 일어날 거예요. 이스턴
케이프(Eastern Cape) 사람들한테 줄루어를 쓸 수 없다고 해도
마찬가질 거예요."

그는 종이 한 장을 꺼내서 남아공의 언어가 어떻게 분포돼
있는지 보여 줬다. 줄루어 사용자가 22.7퍼센트로 가장 많고,
코사어가 16퍼센트로 그다음이다. 세 번째는 13.5퍼센트를 차
지하는 아프리칸스어다. 이 언어를 사람들에게서 빼앗아 갈 수
없다는 게 그녀 말의 핵심이었다. 국가를 바꾸면 어떤 식으로든
아프리칸스어를 보전해야 하고, 거기에 대해서 사람들이 반대

하는 것은 안됐지만 어쩔 수 없다는 것이다.

롤라는 아프리칸스어의 역사와 사용, 독특한 성격 등에 대해서 이야기하기 시작했다. 독특한 욕설('Voetsak!')과 또 다른 욕설('Fukof!')에 대한 이야기였다. 마치 아프리칸스어가 이곳에서 최고의 언어이고, 내가 그 언어의 편을 들어야 한다고 말하는 것처럼 말이다. 그는 이 이야기를 무척 웃기고 흥미롭게 전했다. 하지만 그러다가 아프리칸스어가 "엄청나게 섹시한 언어예요. 잠자리 언어가 특히 멋지죠."라고 말했다. 나는 선을 넘어섰다고 느꼈다. 롤라는 분명 내가 바보라고 생각하고, 이 언어에 대해서 아무 말이나 하더라도 다 믿을 거라고 생각하는 게 틀림없었다. 남아프리카에 온 지 벌써 2주가 됐기 때문에, 나는 아프리칸스어가 때로 목에 걸쭉한 가래가 낀 것처럼 허스키하게 발음되는 언어라는 사실을 다른 사람들처럼 잘 알고 있었다. 그걸 섹시하다고 태연하게 말한다고 해도 속지 않았다.

나는 대화를 마무리해야겠다고 생각하고는, 돈을 내고 배우러 온 언어 학습을 시작하는 게 좋겠다고 이야기했다. 그는 아프리칸스어로 된 4줄의 국가의 가사를 가르쳐 주기 시작했다. 첫 두 줄은 쉬웠다.

Uit die blou van onse hemel,

위트 디에 블로우 판 온서 헤멜

Uit die diepte van ons see.

위트 디에 디엡테 판 온스 세이.

그저 약간의 네덜란드어 악센트를 섞어서 스펠링대로 발음하면 됐다. 그러다가 마지막 두 줄에 이르렀다.

'Oor ons ewige gebergtes,

오르 온스 에비헤 헤베르어테스,

Waar die kranse antwoord gee.

바르 디에 크란서 안트보오르드 헤이.'

거기서 나는 멈췄다. 문제는 '헤(ge)' 발음이었다. 이 발음은 스페인어에서 'R' 소리를 굴릴 때 나는 소리처럼 목 뒤에서 나는 후두음이어야 하는데, 아무리 노력해도 도저히 발음할 수가 없었다.

롤라는 미소를 짓더니, 내게 걱정하지 말라며 쉽게 배울 수 있는 방법이 있다고 말했다. "내 입술을 잘 보세요." 나는 그녀의 입을 유심히 쳐다봤다. 롤라는 각 단어를 천천히 발음했다. 밝은 붉은색의 입술 사이로 그녀의 혀가 위아래로 떨린다. "에르, 비흐, 헤, 헤, 베르흐, 테스. (Er, wig, ge, ge, berg, tes)."라고 말했다. 가장 어려운 두 개의 단어를 잘게 쪼개서, 각 음절이 그녀의 입 밖으로 파르르 떨리며 뿜어져 나왔다.

나는 잠시 침묵하며, 어떻게 반응해야 할지 모른 채 앉아 있었다. 왜냐하면, 세상에 맙소사, 이것은 분명히, 이렇게 말해도 될지, 진정으로, 그렇다, 섹시하… 아니, 아니, 아니다. 나는 머리를 도리질하며 다짐했다. '이런 일은 일어날 수 없어.' 그는 다시 한번 그 단어를 발음하고는 내게 해 보라고 시켰다. "에우르그호비이이흐에흐으 헤르히블레르흐테르그흐스." 내가 갸르륵거렸다. 몇 방울의 침이 내 입에서 튀어나와 선생님 방향으로 날아가고, 감사하게도, 급작스럽게, 분위기가 가라앉았다. "어, 좋아요. 지금은 발음에 대해서는 너무 신경 쓰지 않기로 해요." 그가 얼른 말했다. "일단 처음부터 끝까지 불러 보는 걸로 할게요."

*

남아공 같은 나라의 국가를 연구할 때의 문제는 항상 명확한 답을 찾게 된다는 것이다. 자유의 투쟁을 이끌었던 노래이자 오늘날에도 사람들에게 영감을 주는 노래이거나, 혹은 절박하게 변화가 필요한 상태이거나, 둘 중 하나다. 하지만 롤라를 만난 후 나는 남아공에서는 어떤 문제도 그렇게 간단할 수 없음을 깨달았다. 이 나라는 어색한 관계가 일상의 일부인 복잡한 나라다. 그래도 여전히 변함없이 남아공은 내가 방문한 장소 중 가장 매혹적이고 들뜨는 장소 중 하나다. 남아공의 국가도 마찬가지다. 이 국가는 복잡한 문제에 대한 복잡한 답이고, 누군가는 만족하지만 또 다른 누군가는 불편해 하는 노래다. 이 노래가 세상에서 가장 위대한 노래 중 하나이면서, 동시에 가장 과대평가된 노래 중 하나일수도 있지 않겠는가?

마음 깊은 곳에서 나는 여전히 낙관적인 결론을 내리고 싶어했다. 오늘날 다른 것들도 모두 그런 것처럼, 국가 안에도 긍정성이 별로 없어 보이기 때문이다. 그래서 나는 진심으로 이 노래를 믿는 사람을 만날 때마다 감사한 마음이 들었다. 분노가 가득했던 남아공의 젊은 시인인 월리 세로테(Wally Serote)를 만났을 때가 특히 그랬다.

1960년대에 월리는 아프리카 국민 회의를 소생시키려는 작품을 썼다는 이유로 9개월간 독방에서 감옥살이를 했다. 아프리카 국민 회의는 불법화된 후 다수의 지도자가 투옥되는 등 고초를 겪었고, 젊은 사람들은 보다 급진적이고 불법화된 범아프리카 회의로 눈을 돌렸다. "그들은 제가 테러리스트라고 했어요." 월리가 말했다. "제가 내전에 참여하려는 의도를 가지고 있다고요. 근데 사실 틀린 말은 아니었어요. 진짜 그랬거든요. 그때 제가 받은 훈련은 전부 전쟁을 위한 준비라고 생각되더라고요. 아프리카 국민 회의는 그럴 계획은 아니었지만, 당시 누가 저에게 총을 줬다면 그것은 매우 무책임한 행동이었을 거예요. 왜냐하면 저는 그걸 사용했을 거거든요."

감옥에서 풀려난 이후 그는 미국으로 유학을 떠났는데, 거기서 그의 분노를 시로 승화시켰다.(아마 아프리카 국민 회의는 이에 안도했을 것 같다). 그는 미국에서 분노에 찬, 불길한 작품을 계속해서 쏟아냈다. ('나는 내가 어디 있었는지 모른다, 하지만 형제여 / 나는 내가 오고 있다는 것을 안다, / 나는 조수의 흐름처럼 온다.') 몇 년 후 그는 보츠나와로 망명한 아프리카 국민 회의의 예술 조직이자 군사 조직이었던 국민의 창(Umkhonto we Sizwe)의 일원으로 일하게 된다. 하지만 그는 이 시기 가장 강렬한 기억은 '비인종주의 원칙'을 주위 사람들에게 배운 것이라고 했다. "아프리카 국민 회의가 저에게 해 준 교육이 아니었더라면, 저는 인종 차별주의자가 됐을 거예요." 그는 자기 내부에 얼마나 많은 분노가 있었는지 강조하듯 이렇게 말했다.

이런 배경을 감안하면 놀랍지 않지만, 월리는 아파르트헤이트가 끝나고 나서 '주여 아프리카를 구하소서'가 남아공의 국가가 될 것이라고 확신했다. "그 노래는 우리가 자유를 원하고, 싸우고, 뭉치도록 영감을 줬어요. 그 맥락에서 그 노래를 절대 분리할 수 없지요." 따라서 그는 그 노래에 영광의 자리가 주어지지 않았을 때 충격을 받았다고 했다. 그는 당시 아프리카 국민회의의 문화부 위원장이었는데, 그는 아마 '남아프리카의 외침'을 국가에 넣기로 한 결정을 매우 마지못해 받아들인 모양이었다. 그는 왜 그런 타협을 해야 했는지 만델라의 취임식에서 듣기 전까지는 완전히 이해하지 못했다.

"저는 그때 유니언 빌딩에서 한 네다섯 명의 아프리칸스 여성들과 같이 서 있었는데, 국가가 불리니까 그 사람들이 우는 거예요. 진짜 막 흐느끼면서 울더라고요. 그러더니 그중 한 명이 이렇게 말했어요. '그래도 우리 노래를 저기 넣어는 줬네.' 그 말을 하는 걸 제 귀로 직접 들었어요. 지어낸 말이 아니에요. 그리고 그 말을 들으니까, 모든 남아공 사람들이 이 문제에 대해서 어떻게 느끼는지 알 수 있었어요. 얼마나 국가가 중요한지요. 거기서 '주여 아프리카를 구하소서'가 불리는 걸 듣고, '모레나 볼로카'가 불리는 걸 들을 때 우리 기분을 상상할 수 있으시겠죠. 저희 국방군이 분열식을 하는 걸 볼 때 기분이랑 거의 같죠. 한때 우리를 폭격하던 비행기가 이제 우리 대통령에게 경의를 표하고 있으니까요. 저는 이 모든 것이 변화의 상징이란 걸 깨달았고, 모든 사람이 여기 포함되는 게 얼마나 중요한지 깨달았어요."

이 이야기를 해 준 후, 월리는 그 순간이 얼마나 행복했는지, 하지만 불평등과 인종 차별 등의 문제는 하룻밤에 없앨 수 없고, 그런 행복이 얼마나 유지하기 어려운지에 대해서 이야기했다. 나는 대부분의 다른 흑인들처럼, 월리가 이렇게 말할 걸로 기대했다. '그 국가는 이미 철 지난 노래이고, 그 순간으로부터 20년이나 지난 지금 그 행복에 기대서 만든 국가를 유지할 수는 없다.'

대신 그는 이렇게 말했다. "이 국가가 한때 우리 국민을 통합하기 위해서 만들어졌다면 그때가 지나갔는지 아닌지 판단하는 간단한 방법이 있어요. 아직 '남아프리카의 외침'을 부를 수 없는 사람들이 있다면, 아직 문제가 있는 거예요. 아직 '모레나 볼로카'를 부를 수 없는 사람들이 있다면, 그것도 문제가 되는 거고요. 아직도 '주여 아프리카를 구하소서'를 부를 수 없는 사람들이 있다면, 그것도 문제고요. 그 문제는 점점 더 깊어져서 분열을 자아낼 수 있어요. 이 노래는 아직 모두가 힘을 합치면 이 나라를 하나로 통합할 잠재력을 가지고 있어요. 저는 이 노래에 충성하기로 했어요. 저는 이 노래를 전부 불러요. 그렇게 하는 건 정말 많은 노력이 필요했어요. 특히 '남아프리카의 외침'을 부르는 건 큰 노력이 필요해요. 정신적으로요. 다른 모든 사람들도 각자 노력을 기울여야 할 부분이 있어요. 어떻게 그런 도약을 할 수 있을까? 노래는 여전히 도움이 돼요. 일종의 다리 역할을 하는 거지요. 사람들이 이 노래를 부를 때면 피부색에 관계없이 남아공 사람이 되는 거죠."

*

남아공을 떠난 후, 나는 윌리의 마지막 말이 내 마음에 가장 오래 남을 것이라고 생각했다. 정직하고, 현실적이되, 희망적인 말이었기 때문이다. 하지만 놀랍게도 내가 계속 떠올린 말은 그와 완전히 정반대 성향의 사람이 했던 말이었다. 단 1분 정도 만났고, 그다지 수많은 '다리들'을 건너려고 노력해 본 적이 없는 사람이었다.

나는 케이프타운에서 프레데리크 빌렘 데 클레르크(F.W. de Klerk) 전임 대통령[13]과 만나려고 노력했다. 만델라와 평화 협상을 할 당시 그의 역할에 대해 이야기를 나누고, 국가에 대한 코멘트를 듣고 싶었기 때문이다. 하지만 내 노력은 결국 실패로 돌아갔다.

그의 사무실 밖에서 나는 클레르크의 보안 팀 중 한 명을 만나 대화를 나눴다. "아뇨. 저는 그 국가 안 불러요. 그건 걔들 노래예요." 그는 무시하듯이 이렇게 말했다. '걔들'이 흑인들을 의미한다는 것은 굳이 확인할 필요도 없었다. "제가 왜요? 제 문화랑 아무 관계도 없는 노래인데요." 그는 이렇게 말을 이었다. 그에게 내가 작가이며, 발언의 톤을 약간 완화해야 하지 않겠냐고 물어야 하나 생각했다. 하지만 곧이어 그는 이번 여행에서

---

13 아파르트헤이트 체제의 마지막 대통령.

들은 이야기 중 가장 희망적인 말을 했다. "우리 애들은 당연히 그 노래를 부르죠. 모든 언어로요. 처음부터 끝까지 전부 그 망할 노래를요. 하지만 걔들은 다른 세대이니까요." 그러고는 머리를 흔들며 다시 사무실 안으로 들어가 버렸다. 마치 자기 자신의 혈육인 그 아이들을 도저히 이해할 수 없다는 듯이.

11.

파라과이

국민 오페라

República o Muerte

A los pueblos de América, infausto,
Tres centurias un cetro oprimió,
Mas un día soberbia surgiendo,
¡Basta! dijo, y el cetro rompió.
Nuestros padres, lidiando grandiosos,
Ilustraron su gloria marcial;
Y trozada la augusta diadema,
Enalzaron el gorro triunfal.
 (Repetir las últimas dos líneas)

Coro:
¡Paraguayos, República, o Muerte!
Nuestro brío nos dio libertad;
Ni opresores, ni siervos alientan,
Donde reinan unión e igualdad.
 (Repetir las últimas dos líneas)
Unión e igualdad! (x2)

아메리카 대륙의 민족들은 불행히도
3세기 동안 독재자의 억압을 받았으나
어느 장엄한 날 노도처럼 일어나
"이제 그만!" 그들은 말했고
독재자는 부서졌도다.
전투에서 당당한 우리의 조상들은
전쟁의 영광을 나타냈도다.
그리고 위대한 왕관을 박살내고서
승리의 모자를 들어 올렸도다.
(마지막 두 줄 반복)

후렴:
파라과이인이여,
공화국이 아니면 죽음을!
우리의 정신이 자유를 주었네.
압제자도 노예도 존재치 않고,
연합과 평등이 지배하는 곳.
(마지막 두 줄 반복)
연합과 평등! (x2)

공화국이 아니면 죽음을

>>>

파라과이 해군은 목숨을 건 애국심의 발로를 목도하고 싶을 때,
제일 먼저 찾아갈 만한 군대는 아니다. 내륙 국가인 파라과이에
서 해군이 가장 위협적인 군대일 리는 없지 않은가. 이 나라의
수도인 아순시온(Asunción) 시내에 위치한 파라과이 해군 본부
에는 벽에 그려진 그림을 제외하고는 물이라고는 찾아볼 수 없
다. 물론 몇 분 떨어진 곳에 파라과이강이 흐르기는 하지만, 이
함대가 바다로 출동하고자 한다면 강 하류로 사흘은 족히 항해
해야 한다. 우선 파라나강을 거쳐 자그마치 약 1,300킬로미터
나 달려 대양의 길목인 부에노스아이레스에 닿으면, 대서양으
로 나가기 위해서는 훨씬 강한 아르헨티나 함대의 허락을 받아
야 한다.

따라서 파라과이 군에게 해군 함대란 합동 작전에 필수적인 요
소가 아니라, 그저 떡잎이 노란 신병이 더위 속에 시간이나 때우고
문제를 일으키지 않기를 바라며 치워 두는 장소가 아닐까[1], 짐작
하는 것도 무리는 아니다. 하지만 실제로 파라과이 해군이 그
런 곳이라면, 대령이자 함대 사령관인 마리아노 곤살레스 파라
(Mariano González Parra)가 해군에 와 있는 것은 분명 착오 때문일

---

[1]   파라과이는 의무 복무제를 시행하고 있다.

파라과이 수도 아순시온 시내에서 바라본 파라과이강. ⓒ 게티이미지

것이다. 왜냐하면 그는 내가 여행 중 만나 본 사람들 중 가장 애
국적이고 헌신적인 사람이었기 때문이다. 그는 빳빳하게 다린
흰 셔츠를 입고 조금 전 해군 본부 입구에서 나를 맞이했다. 그
의 두툼한 가슴에 매달린 한 줌의 메달이 악수한 손을 움직일
때마다 위아래로 흔들렸다. 그는 강의 운항을 감독하는 곳인 자
기 사무실로 나를 거의 끌고 가다시피 했다. 마치 자기 나라와
그 국가인 '공화국이 아니면 죽음을'에 대해서 이야기할 기회가
너무 간절했던 것처럼 말이다.

　"물론 국가는 저에게 의미가 크지요." 그는 내가 자기 눈을
똑바로 볼 수 있도록 내 쪽을 향해 몸을 숙이며 말했다. 자기가
얼마나 진지한지 보여 주려는 것 같았다. "그 국가 안에 있는 독
립 정신은 아직 이곳의 모든 사람들에게 의미가 큽니다. 우리

는 300년 동안이나 스페인의 굴레하에 있었어요. 어떨지 아시겠어요? 저희는 노예 상태에서 벗어나기 위해 고군분투했지요. 그렇게 독립을 쟁취했는데, 또 다른 나라들이 그걸 앗아가려고 하는 거예요. 저희가 브라질, 아르헨티나, 우루과이를 상대로 '위대한 전쟁'을 펼친 걸 알고 계세요? 어머니와 아이들이 우리 나라를 지키다가 죽었지요."

"오늘날," 그는 또 이렇게 덧붙였다. "우리는 아직 더 좋은 나라, 더 나은 국민이 되기 위해서, 그리고 더 나은 삶을 살기 위해 분투하고 있어요. 그러니 애국자가 되는 건 자연스러운 일인 거죠. 이 싸움들을 잊어 버리면 국가를 부르는 게 별로 의미가 없겠지요. 하지만 저는 국가를 부를 때마다 이 모든 걸 기억합니다."

그는 또 사관학교 졸업식부터 과거에 있었던 전투의 기념일들까지, 국가를 불렀던 기억에 남는 순간에 대해서도 열변을 토했다. 그리고 자기 직업에 대해서도 기꺼이 농담을 했는데, 자기 친구들조차 그가 내륙국의 해군에서 일하는 것을 우습게 생각한다고 전했다. 그 친구들은 특히 그가 남극에서 훈련을 했다는 사실을 무자비하게 놀렸던 모양이다. 파라과이에서 볼 수 있는 얼음이라고는 음료수 잔에 들어간 게 전부이니까.

그런 기분 좋은 수다가 계속 이어지자 그의 미소가 넓어지고 웃음소리가 커졌다. 하지만 그럴수록 나는 점점 기분이 찜찜해졌다. 내가 해야 할 일 때문이었다. 곧, 애초에 이 인터뷰를 잡은 이유에 해당하는 질문을 해야 했다. 그는 이 질문을 자칫 경박하다고 생각하거나, 최악의 경우에는 모욕으로 받아들일지도 몰랐다. "마리아노 대령님," 나는 얼마간 부끄러워하며 이렇게 물었다. "국가의 가사가 요구하는 대로 나라를 위해 죽을 수 있나요?"

"내가 파라과이를 위해 죽을 수 있냐고요?" 자기가 제대로 들었는지 확인하려는 듯 그가 되물었다. 그는 내가 진지하게 묻는 것인지 확인하기 위해 내 통역사를 바라봤다. 진심인 것을 알고는 잠시 멈춰 생각했다. 1초, 2초, 3초. 보통 이 질문에 군인이 대답하는 데 걸리는 시간이라고 예상한 것보다 훨씬 긴 시간이었다. 그는 목을 가다듬었다. "저는 사실 전쟁과 분쟁에 찬성하는 사람이 아니거든요." 그는 어색한 미소를 지으며 말했다. "저는 갈등이 있을 때 행복해지는 그런 종류의 사람이 아니에요."

그 말을 듣자 내 가슴이 내려앉았다. 그러니 그는 결국 자기는 애국자가 아니라고 말하려는 것 같았다. 그렇지 않은가? 아까 죽어 가는 어머니들과 스페인의 멍에에 대한 그 모든 이야기로 나를 호도한 것에 대해서 이제 사과할 일만 남았다. 결국 이 사람은 애초에 내가 인터뷰하지 말았어야 하는 사람이었다. 마음속으로 짐을 싸고 있던 찰나, 그는 갑자기 영예롭기 그지없는 말을 내뱉었다.

"하지만… 당연히 저는 죽을 수 있지요. 기회가 오면 제 목숨을 내놓는 것은 명예로운 일일 겁니다. 저뿐만 아니라, 다른 모든 파라과이인들도 마찬가지일 거예요. 우리는 모두 패배하느니 죽음을 택할 겁니다." 나는 드디어 안도의 미소를 지었다. 그런 나를 보는 그의 표정은, 왠지 엄숙한 맹세를 들은 다음에 취해야 할 제스처로 내 반응이 적절치 않다고 말하는 듯했다.

*

남미 대륙의 국가(國歌)들은 단연 세계 최고다. 생기 넘치고, 열정적이고, 호들갑스럽고, 유쾌하고, 과장되고, 장엄하다. 한마디로 이상적인 국가 그 자체다. 지금 내가 한 것처럼 이 노래들을 묘사할 형용사를 찾으려 아무리 애써 봐도, 그 어떤 표현도 충분하지 않은 것 같다.

사람들이 남미 국가 하면 떠올리는 것은 바로 그 음악이다. 길이가 5~6분은 족히 되고, 국가보다는 오페라에 가깝다. 이 곡들은 한 작곡가가 악보 안에 욱여넣을 수 있는 최대한 많은 음악적 반전을 담고 있다.

일례로 아르헨티나의 국가를 보자. 이 곡의 첫 30초 정도는 오케스트라가 조금씩 태엽을 감는 것처럼 들린다. 지휘자가 단원들의 등에 일일이 열쇠를 꽂아 돌려야 하는 것처럼. 하지만 그다음 30초는 지휘자가 물러나 지휘봉을 공중에 휘두르면 모든 단원이 화려하게 태엽을 푸는 것 같다. 오케스트라의 각 파트마다 다른 파트를 넘어서려고 서로 경쟁하며 격한 대미로 달려간다. 이 곡은 세상에서 가장 생동감 있는 국가 중 하나다. 다만 노래가 시작되면 곡의 속도감과 생명력이 떨어지면서 생동감은 다소 잦아들고, 오케스트라의 사지는 느려져 기어가는 듯하고, 각 연주자는 절실히 되감기가 필요한 상태가 된다.

남미 국가의 특징은 단지 음악뿐만이 아니다. 가사를 조금만 읽어 보라. 이 국가들은 마치 대서사시처럼 후손들을 위해 나라와 민족 전체의 역사를 기술한다. 그들이 겪었던 비애, 그들이 감내했던 고통에 대해 이야기하고, 흡사 《성경》의 무게감으로, 결코 다시는 그러한 불행을 겪지 않겠노라고 맹세한다. 이 노래에서 악당이 누구일지 짐작하기는 어렵지 않다. 바로 한때 이 대륙을 통치했던 스페인과 포르투갈이다. 아르헨티나의 국가는 '그들이 보이지 않는가? 슬픈 카라카스 너머로 / 애도와 눈물과 죽음을 퍼트리는 그들이.'라고 일갈한다.

　　그들이 보이지 않는가, 들짐승처럼,
　　항복하는 사람들을 모두 집어삼키는 그들이?

　다행히 영웅도 가까이 있다. '"사슬을 내려라!" / 신사는 소리쳤고, / 우리에 갇힌 가여운 남자는 / 자유를 간청하였네.' 베네수엘라의 이 국가는 마치 국가가 아니라 디킨스 소설의 한 구절 같다. '오래도록 억압받던 한 페루인이 / 불길한 쇠사슬을 끌고 / …그는 조용히 신음하였네.'라고 읊조리는 페루의 국가도 만만치 않게 극적이다. '하지만 신성한 그 외침, "자유!"가 들리자 마자, / 그 노예의 무감함이 흔들렸다 / [그리고] 그의 굴욕적인, 굴욕적인, / 굴욕적인 목을 들어올렸네.' 여기서 '굴욕적인'이라는 단어가 세 번 반복되는 이유는 스페인 치하에서 페루인의 상태가 얼마나 나빴는지 강조하기 위해서라기보다는 음악에 가사를 맞추기 위해서다.

　가사에서 압제자를 몰아내기 위해 들고일어나는 존재는 사람들뿐이 아니다. 땅도, 그 땅의 신들도, 동물도, 당신이 이름을 댈 수 있는 모든 역사 속 인물도, 심지어 죽은 자들까지도 전부 동원된다. '잉카인들이 일어나네 / 그 뼈 속에 [자유를 위한] 열정이 다시 불붙네.' 아르헨티나의 국가의 가사다. '길들일 수 없는 켄타우루스들이 / 평원으로 돌진하네.' 콜롬비아의 국가는 이렇게 덧붙인다. 이쯤 되면 애초에 스페인인과 포르투갈인들이 도대체 왜 이 나라들을 감히 식민화하려고 했는지 궁금해진다.

그러고 나면 이제 이 국가들은 독립을 위해 치렀던 전투, 그 전투에서 흘렸던 피, 결국 이룩한 복수에 대한 이야기를 이어간다. 이쯤이면 이제 승리를 자축하는 것 외에는 달리 할 이야기가 없으리라 생각된다. 하지만 거의 모든 남미 나라의 국가에서는 그다음에, 유럽인들이 언젠가 되돌아올 수 있다고 경고한다. '운명의 야만적인 부당함'으로 인해 언젠가 사람들의 손목에 다시금 새 쇠사슬이 채워질 수 있으며, 그런 일이 일어나면 모두가 다시 싸울 준비를 해야 한다는 것이다. (에콰도르의 국가는 남미의 국가들 중 보기 드물게 이런 미래의 사태에 대비한 전쟁을 부르짖지 않지만, 그 대신 화산이 폭발해 모든 것을 재로 만듦으로써 스페인인들이 더 이상 노예로 삼을 게 남아 있지 않기를 기원하고 있다. 에콰도르인들이 이런 접근에 얼마나 찬성할지는 의심스럽다.)

이러한 패턴을 따르지 않는 국가를 가진 나라는 남미에서 오로지 가이아나와 수리남(이 국가들이 각각 영국과 네덜란드 식민지였음을 감안하면 놀랍지 않다), 그리고 브라질뿐이다. 브라질 국가는 국토의 아름다움을 노래하는 짧은 두 절의 가사로 이뤄져 있다. '그대의 미소 짓는 아름다운 초원에는 [그 어떤 땅보다] 많은 꽃이 피어 있네.' 이는 브라질 국가에 가사가 붙은 때가 1909년이었기 때문일 것이다. 이때는 식민 지배의 상처가 이미 꽤 아물 후였다.

이 노래들을 들으면 그 별스러움에만 주목하기 쉽다. 콜롬비아 국가의 가사를 읽을 때마다, 나는 '극한의 고통 속에서, 동정녀는 그 머리카락을 쥐어뜯었다네'로 시작하는 절에서 입을 떡 벌리고 만다. 하지만 사실 여기서 놓쳐서는 안 되는 중요한 핵심이 있다. 바로 남미의 국가는 다른 어느 국가보다 내셔널리즘의 의미를 확고히 보여 준다는 점이다. 이 모든 국가는 확실하게 '이곳은 내 땅이고 나는 여기를 지키기 위해 죽을 수 있다'는 메시지를 던진다. 예를 들어, 칠레 국가의 후렴구는 이렇다. '너는 자유로운 자의 무덤이 되든가 / 아니면 억압에 대항하는 자의 피난처가 되리'. 아르헨티나의 국가는 이렇게 외친다. '영광의 관을 쓰고 살게 하소서 / 아니면 영광 속에서 죽기를 맹세케 하소서.' 볼리비아의 국가는 이러하다.

> 강대한 볼리비아의 아들들을 위해,
> 맹세하노라, 수천 번, 또 수천 번을.
> 지켜보느니 차라리 죽겠노라고,
> 이 국가의 장엄한 깃발이 짓밟히는 것을.

물론 남미 바깥에도 이와 비슷한 메시지를 던지는 국가를 가진 나라가 있다. 이탈리아 국가 또한 '우리는 죽을 준비가 되어 있다네 / 이탈리아의 부름에'를 너무 많이 반복해서, 이 노래를 부르다 보면 혹시 나도 모르게 법적인 계약을 맺게 되는 것은 아닐까 걱정될 정도다. 하지만 그 어떤 대륙에서도 이런 메시지가 그렇게 흔한 곳은 없다.

그 메시지를 가장 잘 살려낸 것은 그중에서도 파라과이의 국가다. 그 제목부터 '공화국이 아니면 죽음을'이라고 말하고 있다. 이것보다 이 메시지를 선명하게 표현할 수 있을까. '내 땅에 침입하면 네 목을 따버릴 거야'라고 제목을 붙여도, 그만 못했을 것이다. 스페인어로 '레푸블리카 오 무에르테('¡República o Muerte!)'인 이 세 단어는, 책 한 권보다도 내셔널리즘의 핵심이 무엇인지 잘 표현한다. 내 땅을 위해 싸우고 죽으려는, 타자에게 장벽을 쌓고자 하는, 내 것을 영원히 지키려는 욕망을 포착해 낸 구절이다. '내 나라'라는 개념이 사실 얼마나 자의적인지, 얼마나 최근에 세워졌는지와는 관계없이 말이다.

내가 파라과이로 가야겠다고 결심하게 된 계기가 바로 저 세 단어다. 나는 오늘날에도 여전히 이 메시지가 의미하는 바가 있는지 보고 싶었다. 다른 나라 대부분이 이제 내셔널리즘 색채가 강한 노래를 부르기를 주저하는 시대에 말이다. 심지어 남미의 다른 나라에서도 국가에서 과하게 폭력적인 내용을 담고 있는 절을 삭제하는 등, 아직도 원한을 품고 있는 것처럼 보이지 않으려는 노력을 기울이고 있다. 이 책의 제목을 이 노래의 제목에서 따 와야겠다고 결정한 이유도 바로 이 세 단어가 내셔널리즘이 뭔지에 대한 모든 의미를 함축하고 있기 때문이었다.[2] 물론 국가 제목 중에서 책 제목으로 적절한 것이 이것밖에 없

---

2 이 책의 원제는 '공화국이 아니면 죽음을!(Republic or Death!)'이다.

었기 때문이기도 했지만 말이다.

*

아순시온에서 며칠 걸어 다니다 보면, 알아차릴 수밖에 없는 것들이 몇 가지 있다. 우선 눈에 들어오는 것은 컬러다. 버스들은 마치 목적지가 아니라 장식으로 손님을 끌려는 것처럼 창문이 온통 예수로 장식되어 있으며, 옆면은 무지개색으로 칠해져 있다. 그리고 이제는 진부한 표현이 돼 버린 느긋한 삶의 태도도 있다. 아무리 바빠도 차 한잔하면서 대화를 나누자는 제안을 거절하는 사람이 없다. 여기서는 누구나 얼음물에 우린 허브티, 테레레(tereré)를 마신다. 금속 빨대로 빠르게 쭉 빨아들이고 나면, 다시 컵을 건네며 리필을 부탁한다. 대개 섭씨 30도가 넘는 이곳의 기온 때문에 카페인만큼이나 수분 보충이 필요하기 때문이다. 그리고 가난이 있다. 시청 바로 바깥에 판잣집들이 보이는데, 그 사이 거리에서 아이들은 양동이로 샤워를 한다. 불법으로 전기 공급망에 연결된 스테레오에서는 음악이 울려 퍼진다.

하지만 사람들과 이야기해야 보이는 게 한 가지 있다. 당신이 방문할 수 있는 그 어떤 나라보다 이곳에서는 역사가 가까이에 있다. 이곳에서 누군가를 붙들고, 왜 이 도시에는 뚱뚱한 뺨에 턱수염을 기르고 행인을 불타는 눈으로 바라보는 남자의 그라피티가 사방에 있냐고 물으면, 누구든 기꺼이 대답해 줄 것이다. 그 사람의 이름은 마리스칼 로페스(Mariscal Lopéz)이며, 이

화려하게 치장한 채
아순시온 시내를
돌아다니는 버스.
ⓒ 게티이미지

파라과이인들이
즐겨 마시는 차가운 티,
테레레.
ⓒ 게티이미지

나라의 전 독재자 중 한 명이고, 국가적 영웅이라고. "왜 그 사람이 벽에 그려져 있으면 안 되는 거죠? 모두에게 모범이 된 사람이에요."

또 누구든지 붙들고 어디 출신이냐고 물어 보라. 그러면 아마 이런 식으로 대답할 것이다. "피리베부이(Piribebuy)요. 아시죠? 브라질인들이 아직 사람들이 남아 있는 병원을 불태웠던 곳이요." 혹은 누군가에게 오늘날의 정치인들에 대해서 물으면, 그들은 아마 프란시아 박사가 돌아왔으면 좋겠다고, 그는 부패하지 않았던 마지막 정치인이었다고 말할 것이다. 당신은 아마 호텔로 돌아와서 프란시아 박사가 누군지 찾아보고, 그가 1840년에 죽은 사람임을 알게 될 것이다. 마치 런던에서 누군가에게 다가가 술집으로 가는 길을 물었더니 별안간 헨리 8세(재위 1509~1547)가 아직 나라를 다스린다면 어땠을지에 대해 대화를 나누는 것과 같다. 하지만 또 어떻게 생각하면, 파라과이만큼 극적인 역사를 가진 나라도 흔치 않다. 그 역사 한 장 한 장이 모두 이 나라의 국가 안에 담긴 서사에 부응하는 것 같다.

파라과이의 역사에 대한 서술은 대개 예수회에서 시작한다. 이들은 1607년에 이 땅에 도착했으며, 과라니어라고 불리는 언어를 사용하던 원주민의 개종에 힘썼을 뿐 아니라, 이들을 노동력과 여성 보급의 원천으로 취급해 온 스페인의 식민 제도로부터 보호하고자 노력했다. 예수회는 레둑시온(reduccións)[3]을 만들

---

3   식민 시대에 예수회에서 만들었던 중남미의 선교 공동체.

었는데, 이곳에서 원주민들은 단지 예수의 영광에 대한 교육뿐
아니라 음악과 다양한 기술 교육도 받았다. 예수회 소속이 아닌
유럽인들은 이 마을에 들어오는 것이 금지됐다. 스페인인들은
결국 이러한 거주지가 자신들의 제국 통치에 위협이 된다고 간
주했고, 1767년 중남미 전 지역에서 예수회를 추방했다. 레둑
시온은 이후 버려져서 그림 같은 폐허로 낡아 갔다.

이 나라의 역사를 파라과이가 독립을 쟁취한 날인 1811년 5
월 14일부터 기술하기도 한다. 이날 아순시온의 한 골목길에서
는 소수의 몇몇 사람들이 몰래 빠져나가 주요 군 막사를 장악
하고, 대포 8대를 끌어내어 스페인 총독의 관저로 가서 권력을
포기하라고 요구했다. 대포 8대와 마주한 사람이면 누구나 그
랬겠지만, 총독은 즉시 요구에 응했다. 고작 몇 안 되는 인력으
로 단 한 발의 사격도 없이 독립을 성취했다는 사실은 스페인
이 이 나라를 얼마나 별 볼 일 없는 오지로 취급했는지 잘 보여
준다.

하지만 파라과이 역사가 진짜로 시작되는 때는 바로 호세 가
스파르 로드리게스 데 프란시아(José Gaspar Rodríguez de Francia, 프
란시아 박사)가 투표로 집권하게 되는 1814년이다. 그는 곧 총통
(El Supremo)의 자리에 올라 파라과이의 첫 독재자가 됐다. 그를
필두로 파라과이는 이후 오랫동안 외부 사람들 눈에는 미치광
이가 다스리는 나라가 됐다. 어쩌면 사람들은 그런 미래를 미리
예견했어야 하는지도 모른다. 프란시아 박사는 긴 코에 망토를
두른 외모를 하고 있었는데, 중남미의 한가운데 사는 것보다는
무너져 내리는 성의 바닥을 뱀파이어처럼 망토로 휩쓸며 다니

파라과이의 첫 독재자,
프란시아 박사.
ⓒ 위키피디아

는 모습이 더 어울렸을 것이다.

　프란시아 박사는 독재자가 대개 그렇듯이 충동적으로 행동했다. 반대 세력을 억압하기 위해 비밀 경찰을 설립했고, 암살 시도를 저지하기 위해 아무도 자기에게 여섯 걸음 이내로 다가오지 못하게 했다. 성매매 여성들은 머리에 금색 빗을 꽂아야 한다는 명령도 발표했다. 그 직업이 고귀하다고 말하려는 목적도 있었지만(프란시아 박사는 혼전, 혼외, 부부간 섹스 등 모든 섹스를 옹호했다), 그런 종류의 빗을 패션 액세서리로 사용하던 스페인 여성을 조롱하기 위한 목적도 있었다고 한다.

　그는 다른 독재자보다 한술 더 떠서 파라과이를 외부 세계로부터 격리했다. 말 그대로였다. 국경을 폐쇄하고, 마치 오늘날의 북한처럼 그 누구도 나라를 출입할 수 없도록 금지했다. 이런 조치는 파라과이의 지형에 힘입은 바도 컸다. 북쪽은 험악한 숲이 뒤덮고 있었고, 남쪽에는 아무도 도전하고 싶어 하지 않는 험한 물살이 흐르는 깊은 강이 있었다. 서쪽으로는 매우 건조한 차코(Chaco) 지방이 놓여 있었다.

대부분의 사람들은 그가 이런 쇄국 정책을 취한 이유가 거대한 이웃인 아르헨티나와 브라질로부터 아무런 영향도 받지 않고 자급자족하며 살 수 있는 나라를 만들고 싶었기 때문이라고 생각한다. 실제로 이 두 나라는 파라과이를 흡수하려는 나름의 계획을 가지고 있었다. 예를 들어, 아르헨티나는 파라과이의 독립을 1852년까지 인정하지 않았다. 프란시아 박사는 자급자족을 달성하기 위해 귀족과 교회의 땅을 압수해 빈민에게 분배하고 농업을 다각화하는 등 나름 최선을 다했다. 만약 당신이 스페인인 상인이었다면 그를 증오했겠지만, 문맹인 농부였다면 그를 환영하지 않을 이유가 뭐가 있겠는가?

또한 프란시아 박사는 스페인 사람끼리 결혼을 금지해서 그들이 현지인과 융화하도록 하고, 모든 사람이 과라니어를 사용하도록 강요하는 등 파라과이의 문화 융성을 목표로 하는 정책을 시행했다. 이러한 조치 중에는 '테타 푸라헤이(Tetá Purahéi, '국가'라는 뜻)'라는 제목의 노래를 파라과이의 첫 국가로 선언하는 조치도 포함돼 있었다. 현재 그 곡조는 남아 있지 않다. 그 노래가 파라과이 민요('과라니아스'라고도 불리는 슬픈 발라드곡) 같은 노래였다고 주장하는 사람도 있고, 또 어떤 이들은 그 노래가 평범한 군 행진곡이었는데 다만 후렴구가 갑자기 왈츠로 바뀌었다고 주장하기도 한다.

음악이 어땠는지는 모르지만, 가사는 오늘날까지 남아 있다. 스페인어가 아닌 과라니어로 돼 있다. 프란시아 박사가 시인에게 "외국어인 스페인어로 된 가사를 원치 않네. 우리 국민들의 언어로 써 주게."라고 부탁했나 보다. 어쩌면 이 가사는 파라과이의 문화가 애초부터 두려움을 모르는 자기 희생에 바탕을 두고 있었음을 보여 주는 가장 중요한 증거일지도 모른다. 첫 구절은 '우리의 무기, 우리의 삶은 모두 이 나라 덕분일세. 노예, 우리는 결코 되지 않으리'로 시작한다. 어떤 절에서는 '용감한 파라과이인이여, / 그대는 모욕을 견디고 / 네 이름과 영광을 잃겠는가, / 혹은 천 번 죽음을 택하겠는가?'라고 묻는다. 다음 절에서는 그 대답으로 '죽음! 죽음! 죽음!'이라고 외친다. 1820년대 후반 프란시아 박사는 아르헨티나의 간섭이 너무 두려운 나머지 이 메시지를 파라과이 국기에 넣기도 했다. 그는 모든 국기에 '파라과이 공화국 만세. 독립이 아니면 죽음을!'이라는 문구가 수놓아지도록 명령했으며, 같은 메시지가 모든 공문서에도 찍히도록 했다.

프란시아 박사는 1840년 병에 걸렸다. 일부의 주장에 의하면 죽음을 느낀 그는 모든 문서를 태웠으며, 의학적 도움을 일체 거부했다. 그가 사망한 후, 일부 오래된 스페인 가문에서 그의 유해를 훔쳐 토막을 낸 후 강에 버렸다고 한다. 하지만 그때쯤 이미 스페인 사람들과 과라니 사람들은 서로 너무나 밀접하게 섞인 나머지, 이제는 과거로 돌아갈 수 없게 됐다.

프란시아 박사가 죽고 불과 4년 후, 파라과이는 두 번째 독재자인 카를로스 안토니오 로페스(Carlos Antonio López)를 맞았다. 그는 '거대한 고깃덩어리'라고 불릴 정도로 비만이었다. 그가 남긴 초상화에는, 화가가 자신의 안전을 위해 그랬겠지만, 대부분 실제 턱의 개수보다 적게 그려져 있다. 한마디로 그는 프란시아 박사의 유산을 이어받아 진짜 잔인한 독재를 할 것 같은 외모를 가지고 있었다.

하지만 예상과 달리 그는 국경을 개방하고 유럽과 남미 대륙의 전문가들을 불러 모아 국가(國家) 근대화에 힘썼다. 그는 '최초'라는 수식어가 많은 대통령이었다. 파라과이 최초의 철

카를로스
안토니오 로페스.
ⓒ 위키피디아

도, 조선소, 제철소를 건설했고, 최초의 우편 서비스를 시작했다. 또한 최초의 극장과 최초의 고등 교육 기관을 설립하면서 학문과 문화 생활도 진작했다. 즉, 그는 폭군이라기보다는 건설가였다.

그렇다면 오늘날 그는 이런 치적으로 기억되고 있을까? 별로 그렇게 보이지 않는다. 나는 아순시온에서 그의 벽화를 딱 하나 발견했다. 이 나라의 최초 신문사이자, 그가 설립한 또 하나의 최초 〈인디펜던트 파라과이안〉지의 부지에서다. 그는 엄격한 눈으로 바깥을 바라보고 있었는데, 아무도 그 벽화에 눈길 한번 주지 않았다.

또한 카를로스는 재임 기간 동안 국가(國歌)를 '현대화'했다. 국가의 가사가 스페인어여야 한다고 결정한 것이다. 그는 남미에서 스페인어가 미래의 언어이자 외교의 언어가 될 것이라고 생각했다. 스페인어는 다른 남미 국가들이 이해하는 언어였다. 그리고 그 외국인들이야말로 이 노래의 진정한 청중이었다. 사실 누군가가 침략해 온다면, 파라과이의 주권은 스스로가 아닌 주변 국가가 인정해 줘야 지켜질 것이 아닌가. 카를로스는 이들이 필요하다고 생각했다.

그는 '테타 푸라헤이'를 직접 번역하려고 했지만, 결과가 마음에 들지 않았던 것 같다. 그래서 아르헨티나 국가의 가사를 쓴 시인인 빈센테 로페스 이 플라네스에게 직접 연락하여 새 국가의 가사가 될 시를 써 달라고 의뢰했다. 이는 다소 충격적이다. 파라과이가 독립국이 되면 안 된다고 생각할 확률이 높은 아르헨티나인에게 카를로스가 직접 연락하다니. 하지만 빈센

테가 당시로서는 터무니없이 비싼 금액인 1,000페소를 요구하
는 바람에 이 의뢰는 취소됐다. 다행스럽게도 우루과이 시인인
프란치스코 아쿠냐 데 피게로아(Francisco Acuña de Figueroa)가 사
정을 듣고, '공화국과 그 가장 위대한 대통령에게 바친다.'라며
무료로 가사를 써서 보내 왔다. (어쩌면 그에게도 작사 의뢰 요청이 갔
을 수도 있다. 이 사실 관계에 대해서는 이견이 있다.) 그는 총 7절의 가사
를 보내 왔는데, 로마의 건국자인 로물루스와 레무스를 완곡하
게 언급하고, 다음과 같은 직설적인 내용을 넣었다.

　　자유인과 노예 사이에는 중간 지대란 없지,

　　둘 사이는 심연이 자리하고 있네

　　…

　　외침이 울린다, "공화국이 아니면 죽음을!"

　1853년 카를로스는 자신이 설립한 신문에 이 가사를 실었다.
이 가사가 파라과이의 미래를 얼마나 정확히 예언하고 있는지,
당시에는 아무도 몰랐을 것이다.

＊

　파라과이의 세 번째 독재자는 카를로스의 아들인 프란치스
코 솔라노 로페스(Francisco Solano López)였다. 아순시온에서는 벽
에 스프레이로 그의 얼굴을 그린 그림들을 자주 만날 수 있다.
그의 이름도 사방에 남아 있다. 나는 그의 이름을 따서 '마리스

파라과이 지폐에
그려진 프란시스코
솔라노 로페스.
ⓒ 게티이미지

칼 로페스(Mariscal López)'라고 이름 붙인 버스를 몇 대나 탔었다.

마리스칼 로페스는 그의 아버지 사후인 1862년에 권좌에 올랐다. 파라과이에서 그에 대해서 물으면 누구든 두 가지 사실을 이야기한다. 첫 번째는, 그가 아일랜드의 창녀인 엘리자 린치와 결혼했다는 것이다. 그는 파리에서 무기를 구입하다 엘리자를 만났다. 엘리자의 유럽식 매너는 공손한 파라과이 사회에서는 환영받지 못했다. 더구나 프란시아 박사의 죽음 후 22년이 지나는 동안, 성매매에 대한 그의 우호적 시각은 더 이상 유지되지 않고 있었다. 엘리트 계층의 무시를 받은 린치 부인은 모욕을 되갚아 주기로 한다. 어느 날 그는 아순시온의 가장 유력한 여성 수십 명을 초대해 선상에서 큰 연회를 열었다. 배가 출발하자 그는 모든 음식을 강에 던져 버리라고 명령했고, 초대된 여성들은 생선과 고기, 소스와 과일 샐러드 등이 물 위에 엉켜 흘러가는 것을 바라봐야 했다. 음식이 햇빛에 반짝이며 그들을 조롱하는 듯했다.

또한 엘리자는 자기 집 무도회실에서 파티를 여는 것으로도 유명했다. 그 방에는 포도 덩굴이 천장을 가로질러 자라고, 벽에서 꽃이 피어나는 것처럼 보이는 그림이 그려져 있었다. (현재 이 방은 파라과이 그란 호텔의 연회실이다.) 1860년 7월 24일, 국가 '공화국이 아니면 죽음을'은 이 방에서 열린 파티에서 초연됐다. 이 노래가 신문지상에 발표된 지 만 7년이나 지난 후였다. 이토록 초연까지 시간이 오래 걸린 것은 이 노래가 다른 그 무엇보다 외교적인 목적으로 만들어졌음을 시사한다. 파라과이를 방문 중이던 프랑스인 피아니스트가 이를 연주했고, 그 자리에 있던 사람들은 환호와 박수로 화답했다. 당시 그 소리가 얼마나 컸던지 수십 명의 사람들이 그 집의 담장 바깥에 모여서 이 새로운 노래를 듣고 싶어 아우성을 쳤다. 엘리자의 후원으로 인해 이 노래는 즉각 유행했다.

마리스칼 로페스에 대해 잘 알려진 또 다른 사실은, 그가 '공화국이 아니면 죽음을'의 제목을 자신의 인생 목표로 삼은 것처럼 살았다는 것이다. 1864년, 브라질은 우루과이에서 발생한 쿠데타를 지지한다고 선언했다. 마리스칼 로페스는 이를 남미의 세력 균형을 깨트리는 위협으로 간주했다. 그의 아버지는 항상 문제를 부드럽게 해결하라고 일렀지만, 그는 고집이 셌고 중년이 돼 가던 그때도 여전히 버릇 나쁜 아이처럼 행동했다. 그는 브라질에게 우루과이 내정 간섭을 그만두지 않으면 전면전을 하게 될 것이라고 최후통첩을 보냈다. 브라질은 당시 1,200만 명의 인구를 가진 대국이었던 반면, 파라과이의 인구는 고작 45만 명이었다. 당연히 브라질은 이 통첩을 무시하고 우루과이로 군대를 파견했다. 하지만 마리스칼 로페스의 정신은 돌아오지 않았다. 그는 브라질 배를 한 척 붙잡고, 브라질의 몇몇 마을을 공격했다. 그리고 자기도 우루과이에 군대를 파견하려 했다. 하지만 아르헨티나가 길을 비켜 주지 않았다. 그러자 그는 아르헨티나에도 선전 포고를 했다.

곧 파라과이는 무모하게도 3개국과 싸우는 처지가 됐다. 우루과이도 곧 파라과이에 선전 포고를 했기 때문이다. 마리스칼 로페스의 표현에 따르면, 그 싸움은 파라과이의 존재 자체를 끝장낼 수도 있었다. '나는 계속해서 싸울 작정이오. 신이… 우리의 대의의 명확한 운명을 결정할 때까지.' 적들이 그에게 물러서라고 권고했을 때, 로페스는 이렇게 답장을 써서 보냈다. 그리고 5년간 자기 말을 지켰다. 놀랍게도 파라과이 국민 대부분은 '공화국이 아니면 죽음'이라는 두 가지 선택지밖에 없다는 그의 말에 동의하는 듯했다. 그 전쟁을 목격한 어느 미국 외교관은 다음과 같이 파라과이의 정신을 완벽하게 요약했다.

파라과이인 한 명이, 자신에게 항복을 요구하는 수십 명의 적에게 둘러싸이는 일은 드물지 않게 일어났다. [하지만 그는] 죽임을 당할 때까지 싸웠고 [혹은] 어쩌다 전쟁 포로가 된다면, 그는 조금이라도 틈이 엿보이자마자… 머스킷 총을 집어 들고, 정신을 잃도록 두들겨 맞을 때까지 한 명의 목숨이라도 더 빼앗으려 들었다.

전쟁이 끝나갈 무렵, 너무나 많은 남자가 죽었고, 파라과이의 처지가 매우 절망적이었던 나머지 여성들이 나서서 깨진 병과 손톱과 이빨로 싸웠다. 마리스칼 로페스는 1만 명의 소년들을 강제로 전쟁에 동원한 후, 이들의 어린 얼굴에 수염을 그려 조금이라도 나이 들어 보이게 했다. 그리고 머스킷 총 모양으로 깎은 나무를 쥐어 줬다. 혹시라도 누군가가 나무 총을 보고 겁을 먹고 전투를 피하지 않을까 하는 바람에서였다.

마침내 마리스칼 로페스가 체포됐을 때, 그의 마지막 말은 "나는 조국과 함께 죽는다."였다. 그의 지지자들은 이 발언이 잘못 인용됐고, 실제 발언은 "나는 조국을 위해 죽는다."였다고 주장한다. 실제로 어떤 말을 했던지, 첫 번째 인용이 더 적절해 보인다. 1870년 마침내 평화 협정이 체결됐을 때는 약 30만 명의 파라과이인이 목숨을 잃은 후였다. 전투뿐만 아니라 질병과 굶주림으로 사망한 사람도 많았다. 남은 인구는 약 15만 명에 불과했다. 파라과이는 성인 남성 인구의 90퍼센트를 잃었다. 브라질과 아르헨티나는 파라과이 영토의 4분의 1을 빼앗아 갔다. 파라과이는 '공화국과 죽음' 중 거의 죽음 쪽으로 기운 상태였다.

*

당시에 국가(國歌)가 얼마나 중요했는지에 대해서는 견해가 엇갈린다. 과라니어 전문가인 미겔 앙헬 베론 고메스(Miguel Ángel Verón Gómez)는 전쟁을 시작하자마자 국가 부르기가 금지됐다고 주장했다. (그는 친절하게도 나와 대화하는 동안에는 평소에 사용을 거부한 스페인어를 사용했다.) 그 이유는 국가의 가사가 스페인어로 되어 있기도 했지만, 우루과이인이 가사를 썼기 때문이다. 하지만 지휘자이자 음악 역사학자인 디에고 산체스 하세(Diego Sánchez Haase)는 그 국가가 그렇게 하루아침에 완전히 자취를 감출 수 있을지에 대해 회의적이었다. 그는 파라과이인의 정신을 드러내는 완벽한 상징이 하룻밤에 사라졌겠느냐고 물었다. (다만 그는 파라과이가 전쟁 기간 중에는 프란시아 박사의 옛 국가를 다시 채택했다는 점은 인정했다.)

어쨌거나 그다음 수십 년에 걸쳐 이 노래가 현재적 의미의 정식 국가가 됐으며, 과거에서 벗어나서 미래를 재건하기 위한 노력에 사용됐다는 점만은 이견의 여지가 없다. 이 나라의 정치인과 역사학자 들은 소위 '위대한 전쟁'은 패배가 아니라, 파라과이인의 영웅주의를 드러내는 명백한 증거라고 주장한다. 그리고 마리스칼 로페스는, 그 이름을 속삭임 이상으로 크게 내뱉어서는 안 될 미치광이가 아니라, 단 한 명의 진정한 애국자였다고 말한다. 국가는 이 두 가지 신화를 강화하는 데 도움을 줬다.

1920년대가 되자 파라과이의 문화 정책을 선도하던 기관인 파라과이 문화원은 국가의 공식 버전을 만들었다. 그 전까지는 너무 많은 버전이 존재했고 조성과 박자가 모두 달랐기 때문에, 국가가 연주될 때마다 관중들은 다음 부분이 어떻게 진행될지 모르겠다는 듯 어리둥절한 표정으로 서로를 바라봤다. 작곡가

렘베르토 히메네스(Remberto Giménez)가 만든 문화원 버전의 국가는 1934년에 공식 채택됐다.

1920년대와 1930년대 초에 파라과이는 신속히 국가적 자긍심을 회복해야 했다. 볼리비아가 차코 지방을 차지하려고 점차 공격적인 움직임을 보이고 있었기 때문이다. 차코 지방은 파라과이의 북서쪽 영토의 상당 부분을 차지하는 곳이었다. 현재까지도 발견되지 않았지만, 양국은 이 지역에 석유가 있을 것으로 기대했다. 결국 두 나라는 1932년부터 1935년까지 3년간 이 건조한 땅을 두고 전쟁을 벌였다.

당시 증언을 들어 보면, 이 전쟁은 가장 끔찍한 분쟁이었던 것으로 보인다. 병사들은 목마름을 더 이상 견딜 수 없어서 자기 목을 쏘거나, 지휘관에게 아무것이든 마시고 싶으니 제발 자기 입에 소변을 봐 달라고 애원했다. 파라과이는 이 전쟁에서 승리했지만, 4만 명에 이르는 병사들의 목숨이 그 대가였다. 아마 이런 전쟁을 겪은 정부라면 이를 국가적 비극으로 여겼어야 할 것 같지만, 파라과이 정부는 마침내 자기 나라가 전쟁에서 승리했다는 데 더 초점을 맞췄던 것으로 보인다.

*

이 국가(國歌)는 네 번째 독재자인 알프레도 스트로에스네르(Alfredo Stroessner) 장군 시대에 들어서서 진정으로 온전히 자리를 잡았다. 스트로에스네르는 1954년부터 1989년까지 무려 35년이나 파라과이를 통치했다. 그는 검게 그을린 거친 피부에 앞

알프레도 스트로에스네르.
ⓒ 위키피디아

머리가 뒤로 물러났고, 바짝 깎은 콧수염을 길렀으며, 항상 군용 재킷을 입고 있었다. 한마디로 그의 외모는 당시 라틴 아메리카 의 독재자들과 다를 게 없었다. 만약 그가 칠레의 아우구스토 피 노체트 옆에 있었다면 둘을 구분하는 데 애를 먹을 것이다.

스트로에스네르는 라틴 아메리카의 다른 독재자들과 마찬가 지로, 공산주의와 싸운다는 미명하에 때로 미국의 원조를 받아 모든 정치적 반대 세력을 탄압했다. 때로는 반공산주의 활동 업 적을 늘리기 위해 심지어 자기에게 반대하지 않는 이들까지도 탄압했다. 1955년 3월, 대통령 취임한 지 불과 6개월 후, 스탈 린의 탄압을 피해 파라과이로 이민 온 우크라이나인과 폴란드인, 벨라루시인 들이 자신들의 집단 거주지 중 프람이라는 마을 에서 기념 행사를 열었다. 그들은 최대한 많은 지역 명사를 초 대했고, 환영의 의미로 소련의 국가와 파라과이 국가를 연달아 불렀다. 하지만 이 행동은 실수였던 것으로 드러났다. 이미 이 들은 자기네 모국어로 된 편지를 조국에서 받은 것 때문에 당 국의 의심을 사고 있었다. 스트로에스네르는 잽싸게 이 제창을 공산주의 음모의 증거로 둔갑시켰다. 그들의 '지도부'는 체포되 어 구타당하고, 얼음을 몸에 묶은 채 전기를 흘려보내는 고문을 당했다.

그 이후 다른 나라의 국가는 파라과이에서 잘 불리지 않게 됐지만, '공화국이 아니면 죽음을'은 계속 불렀다. 스트로에스 네르는 내셔널리즘 정서를 고조시키고, 마리스칼 로페스와 프 란시아 박사와 자기 이미지를 연결시키기 위해 그 노래를 활용 했다. (스트로에스네르는 개인 숭배를 추구했다. 아순시온에는 밤에 그의 이 름이 밝혀지곤 했다. 다만 그는 카자흐스탄의 나자르바예르가 그랬던 것처럼, 국가를 바꾸려고 시도하지는 않았다.)

파라과이 사람들과 스트로에스네르의 시대에 대해 이야기를 나눠 보면, 흥미롭게도 그가 국가를 통해 고조시키고자 했던 내 셔널리즘에 휩쓸린 듯한 사람은 거의 없다. 혹시 있더라도 그의 통치가 끝나자 아주 빨리 그 감정이 휘발해 버린 것 같다. 파라 과이 남부에서 나는 산타 마리아 데 페(Santa María de Fe)를 방문 했다. 이곳은 예전 레둑시온 중 한 곳인데, 아도비 점토로 지은 흰색 벽의 집들이 한편에 교회를 품고 있는 광장을 빙 둘러 싸 고 있었다. 집들 사이로는 몇 마리의 원숭이와 밝은 녹색의 앵무새로 가득 찬 나무들이 솟아 있었다.

나는 이곳에서 이사벨리노 갈리아노(Isabelino Galiano)라는 중년 남성과 이야기를 나눴다. 그는 그 국가를 전혀 좋아하지 않았다. 그는 그 노래가 "군대를 위한 노래이지, 가슴을 위한 노래가 아니에요."라고 말하며, 이렇게 덧붙였다. "스트로에스네르 정권하에서는 매일 그 노래를 불러야 했어요. 학교에서도, 군대에서도, 모든 장소에서요. 그리고 이 노래를 들을 때는 전체 곡을 다 불러야 했죠. 이 노래 가사가 7절까지 있는 걸 아세요? 일단 시작하면 15분 동안 계속돼요! 국가 책이 너무 두꺼워서 꼭 《성경》 같았다니까요."

이사벨리노의 아버지는 리가스 아그라리아스(Ligas Agrarias)의 회원이었다. 이 단체는 소작농들의 삶을 개선하기 위해 운동을 벌이던 종교 집단이었다. 하지만 스트로에스네르는 어느 날 이 운동이 지나치게 목소리가 커졌다고 판단하고, 그 지도자를 탄압하기로 결심했다. 이사벨리노의 아버지도 체포돼 공산주의자 혐의를 뒤집어쓰고 고문을 당한 후 투옥됐다. 이사벨리노의 기억에 따르면, 경찰이 이사벨리노의 집 밖에 배치돼서, 매번 외출할 때마다 그에게 어디를 가는지 물었고, 그에게 말을 걸려는 사람들을 경고해서 쫓아냈다. "저희 교구의 성직자들이 아니었더라면, 저는 자라면서 누구와도 말을 해 보지 못할 뻔했어요."

그는 파라과이 사람들의 진정한 국가는 사실 '파트리아 케리다(Patria Querida, 사랑하는 조국)'라고 말했다. 이 노래는 원래 군인들이 웨이트리스와 수작을 부리는 내용이었던 프랑스의 춤곡에 1920년대 한 주교가 가사를 붙인 것이다. 그는 후렴구를 불러 주며 이 노래가 훨씬 더 낙관적인 국가라고 말했다.

　사랑하는 나라여, 우리가 너의 희망이다,
　우리는 너의 아름다운 미래를 위한 꽃이다.

　하지만 나는 그 노래의 가사를 꺼내서, 2절의 가사가 '레푸블리카 오 무에르테'와 거의 같다고 지적했다. 그 2절 가사는 다음과 같다.

　만약 불행히도 전투의 나팔이 우리를 부른다면
　… 우리의 가슴은 그대가 모욕당하는 것을 멈출 벽이 되리라
　… 파라과이인의 모토는 항상 '승리가 아니면 죽음을'이라네.

　하지만 그는 이 가사가 문제라고 생각하지 않았다.

　또 어떤 날은 아순시온에서 젊은 예술가인 가브리엘라 라모스(Gabriela Ramos)와 이야기를 나눴다. 그는 국가에 담긴 모든 문장에 물음표를 붙여서 예술 작품을 만든 적이 있다. 사람들에게 그 내용이 얼마나 우스꽝스러운지 보여주기 위한 의도였다. "누에스트로 브리오 노스 디오 리베르타드(¿Nuestro brío nos dio libertad)'라고요?" 그가 예를 들었다. "'우리의 용기가 우리에게 자유를 주었다네'라고요? 과연 그럴까요?"

　나는 가브리엘라에게 스트로에스네르 시대를 이야기할 생각은 없었다. 독재 정권이 끝났을 때, 그녀는 아직 엄마 뱃속에 있

었기 때문이다. 하지만 알고 보니 그녀의 아버지는 당시 군대에 있었는데, 스트로에스네르를 몰아냈던 쿠데타에 가담한 주요 인사 중 한 명이었다. 그는 탱크를 몰고 도심을 지나 대통령 경호원과 경찰 본부에 포격을 했던 것으로 드러났다. 그는 도중에 바깥바람을 쐬기 위해 탱크에서 잠깐 나왔다가 포탄 파편에 맞아 쓰러졌고, 가벼운 부상으로 생각해서 그저 천으로 상처를 막았는데 알고 보니 대동맥 파열이었다. 잠시 후 그는 쓰러졌고 다시는 정신을 차리지 못했다. 그는 그날 사망한 유일한 고위 관료였다.

"'레푸블리카 오 무에르테'요. 저희 아버지는 진정 그 노래를 믿었고 그대로 살았지요." 그녀가 말했다. "심지어 저희에게 '내가 하는 일은 우리 나라와 내 아이들을 위한 일이다.'라고 쓴 작은 쪽지까지 남기고 가셨어요. 아버지는 스트로에스네르가 사라지면 정말로 상황이 나아질 거라고 믿으셨지요. 하지만 저에게 그 문구는… 삶이 꼭 그래야 하는지 잘 모르겠어요. 왜 선택지가 두 가지밖에 없는 거죠?"

"아마 너무 개인적인 문제라 그런가 봐요. 아마… 모르겠어요. 그냥 저에게 다른 질문을 해 주세요."

*

물론 오늘날 파라과이는 과거와는 전혀 다르다. 그래서 이 국가에 대해 커다란 의문이 생길 수밖에 없다. 더 이상 독재자를 위해서나, 혹은 침략하는 이웃 국가에 대항해서 국가를 부를 일이 없는데, '공화국이 아니면 죽음을'이 어떤 의미를 가질 수 있을까? 파라과이가 비록 빈곤과 부패에 시달리긴 하지만, 따뜻한 사람들과 매혹적인 문화로 가득 찬 또 하나의 개발도상국인 오늘날?

최소한 그 국가 제목에는 아직 대다수 사람들의 마음속 깊은 곳에서 공명하는 구석이 있다고 말해야 적절할 것이다. 나는 온갖 사람들에게 파라과이를 위해 죽을 의향이 있냐고 물었는데, 거의 모든 사람이 그럴 만한 이유만 있다면 그러겠다고 대답했다. 더러 "나라를 위해 죽는 건 쉽다. 어려운 것은 나라를 위해 사는 것이다."라고 대답하는 사람들도 있었다. 하지만 이 두 가지가 아닌 반응을 보인 사람은 딱 한 명, 어떤 여성뿐이었다. "제가 국가의 의미를 생각하고 싶을 이유가 어디 있나요? 제가 제 아이들에게 그걸 설명하는 걸 상상할 수 있나요? 우리는 네가 죽었으면 좋겠다고?"

하지만 대다수가 파라과이를 위해 기꺼이 죽겠다고 말한다고 해서, 사람들이 자신과 국가(國歌)를 동일시한다거나 국가를 좋아한다는 뜻일까? TV에 국가가 나올 때마다 감정이 고양된다는 뜻일까? 나는 이 질문에 대한 답을 확신할 수 없었다. 그리고 사람들은 정말 정직하게 대답하기를 다소 꺼리는 것 같았는데, 이것도 썩 도움이 되지는 않았다. 파라과이는 아직도 애국적이지 않은 태도를 보이면 지탄을 받는 나라다. 아직 스스로를 착취당하는 나라, 브라질과 아르헨티나 두 대국의 그늘에서 인정 투쟁을 하고 있는 작은 나라로 여기는 곳이다. 외국인이 자기 나라의 국가에 대해 물으면, 긍정적인 대답을 할 수밖에 없다. 국가를 깎아내릴 수는 없는 것이다. 내가 국가를 불러 줄 수 있냐고 부탁하면, 사람들은 대개 뻣뻣한 자세로 서서 앞을 똑바로 보며 부자연스럽게 불렀다. 그들의 눈을 보면, 제발 이 상황이 빨리 지나가기를 빌고 있는 게 보였다. 하지만 그들은 다 부르고 나면, 대개 자기는 국가가 너무 좋고 이보다 더 좋은 노래를 생각할 수 없다고 말했다.

　사람들에게 국가에 대해 물을 때, 질문이 예상밖이어서 얼떨결에 솔직한 대답을 하는 깜짝 효과도 이곳에서는 누리지 못했다. 이 사실은 어느 시골의 예수회 유적을 방문했을 때 알게 됐다. 그곳의 한 경비원에게 말을 걸었더니, "우리 국가에 대해서 알고 싶으시다고요? 웬일이야."라고 말하더니, 이렇게 덧붙이는 것이었다. "어떤 영국 기자가 우리 국가 제목을 자기 책 이름으로 붙였다는데, 파라과이에 와서 사람들한테 그것에 대해서 이야기하고 다니고 있다잖아요. 페이스북에 완전 쫙 퍼졌어요. 그 사람 한번 검색해 보세요!"

*

　"아뇨, 아뇨, 아뇨, 전부 거짓말하고 있는 거예요. 아무도 국가를 좋아하지 않아요." 디에고 다리오 플로렌틴 스리발린(Diego Darío Florentín Sryvalin)이 책상을 내리치면서 말했다. 여기는 아순시온 외곽의 국립 대학교. 그의 목소리에는 짜증이 묻어 있었다. "사람들은 그냥 나라를 사랑하는 건데, 국가가 애국심의 상징이니까 그냥 국가도 좋아한다고 말하는 거예요. 모든 사람이 파라과이를 사랑하지요. 하지만 국가는 좋아하지 않아요. 너무 슬프고, 너무 길고, 너무 부르기 어려워요. 플라시도 도밍고나 안드레아 보첼리 정도 돼야 부를 수 있어요. 아무도 그 뜻 조차 모르고요!"

그는 국가 가사가 인쇄된 종이를 꺼내더니 첫 두 줄을 손으로 가리켰다.

A los pueblos de América, infausto,

Tres centurias un cetro oprimió.

'아메리카 대륙의 민족들은 불행히도 3세기 동안 독재자의 억압을 받았다'는 뜻이다. 여기서 '독재자'라는 의미의 '세트로(cetro)'는 스페인의 지배를 뜻하는 다소 고어에 가까운 표현이다. 디에고는 가사를 계속 엄지로 툭툭 쳤다. "인파우스토(infausto, 불행히)'라고요? 이 단어의 뜻을 누가 알아요? 아무도 몰라요! '센투리아스(centurias, 세기)요? 아무도 이 단어의 뜻을 몰라요! '세기'는 시글로(siglo)지요! '세트로 오프리미오(cetro oprimió, 독재자가 억압했다)'라니요? 아무도 몰라요! 단 두 줄에 이미 네 개의 단어가 아무도 모르는 단어라고요! 네 단어요! 아무도요!"

내가 디에고를 만나기로 한 이유는 국가의 가사를 문법적으로 분석했다는 학자는 그가 처음이었기 때문이다. 그를 만나러 가기 전에 전화 통화를 했는데, 자신이 국가의 가사를 이해하지 못해서 자기가 혹시 애국자가 아닌 걸까 부끄러워하며 어린 시절을 보냈다고 말했다. 또한 그는 종종 국가 때문에 망신을 당하기도 했다. "이 노래를 매일 학교에서 불러야 했거든요. 그런데 학교에 늦으면 운동장 가운데에서 혼자 이 노래를 부르게 했어요. 그건 고문이었어요! 국가로 아이들한테 벌을 줬다고요."

그 전화 통화에도 불구하고 나는 프란치스코 아쿠냐 데 피게로아가 160년 전에 쓴 가사에 대해서 디에고가 그렇게까지 분노할 줄은 몰랐다. "문법을 좀 보세요." 그는 이렇게 소리쳤다. "아무도 어떤 게 주어이고, 어떤 게 목적어인지, 어떤 형용사가 어떤 명사를 수식하는지 알 수가 없어요. 어처구니가 없지요!" 그는 전치법(轉置法)의 시적인 허용에 대해서 설명하기 시작했다. 전치법이란 문장에서 단어의 순서를 이리저리 바꿔서 기발해 보이도록 하는 수사법인데, 이 국가에 매우 많이 사용됐다고 한다. "이건⋯" 그는 자신의 분노를 표현할 적확한 영어 단어를 찾기 위해 번역 프로그램을 이리저리 돌렸다. "멍청하죠!" 그가 마침내 말했다. 그와 사무실을 공유하는 두 명의 동료는 웃음을 참았지만, 이쯤 되자 디에고조차 이 노래가 야기한 짜증의 정도가 우스꽝스러웠는지 웃어 버렸다. "그리고 이 단어 좀 보세요. '에날자론(enalzaron, 들어 올리다)'이요. 이것 때문에 스페인 왕립 학술원⁴에까지 연락해서 무슨 뜻인지 물었다니까요. 사전에도 없어요. 그랬더니 거기서 하는 말이, 1300년대에 썼던 단어라는 거예요. 《성경》에서요. 어떤 신의 이름이래요. 누가 그런 걸

---

4   스페인어 관련 규정을 총괄하는 학술 기관.

알겠냐고요? 아무도 몰라요!"

그가 1절의 문제를 설명하는 데만도 30분이 걸렸다. "그러면 국가를 어떤 곡으로 바꾸고 싶으세요?" 내가 물었다.

"국가를 바꿔요?" 그가 되물었다. "어떻게 국가를 바꿀 수가 있어요? 나라의 상징인데요. 이해하지 못할 수도 있고 부르기 싫을 수도 있지만, 그래도 사랑하지요." 나는 혼란스러운 얼굴로 그를 바라봤다. 자신의 말을 다시 완전히 뒤집는 것 아닌가. "신이랑 비슷한 거죠. 아시겠어요? 우리는 신을 모르지만, 그래도 신을 사랑하잖아요." 나는 여전히 혼란스러웠다. "아니면 아내 같은 거죠." 그가 설명하려고 노력했다. "우린 아내를 사랑하죠. 하지만 가끔은…" 그는 다시 웃기 시작했다. "복잡하잖아요!"

*

"아쿠냐 데 피게로아는 어떤 주제에 대해서든 글을 쓸 수 있었지요." 코리운 아아로니안(Coriún Aharonián)이 말했다. 그는 머리가 벗겨졌지만 활기 넘치는 우루과이의 음악학자로, 우루과이의 수도 몬테비데오에 있는 자기 사무실에 있는 수십 개의 파일 캐비닛 사이에 앉아 있었다. "'지금 동네에서 어떤 일이 일어나는가'처럼 굉장히 바보 같고 일상적인 주제부터, 신처럼 매우 중요한 주제까지, 진짜 아무거나 다 썼지요. 그리고…" 그는 잠시 극적인 효과를 위해 말을 멈췄다. "그는 수많은 외설적인 노래의 작가인 걸로 추정되고 있어요. 또 노예들의 언어로 글을 쓰기 위해서 흑인 분장을 하기도 했지요."

나는 놀라서 찻잔에 기침을 했다. 그는 다 안다는 듯 미소를 지었다. 내가 코리운의 사무실로 걸어 들어올 때는 이 두 가지 폭로를 전혀 예상하지 못했었다. 사실 이곳에 아쿠냐 데 피게로아에 대해 이야기하러 온 것도 아니었다. 지난밤 남쪽으로 1,600킬로미터를 날아 국경을 넘어 그를 만나러 온 이유는, 사실 파라과이 국가가 오페라풍인 이유가 정확히 무엇인지, 나아가 왜 남미의 국가들이 대부분 오페라 같은지 등을 그가 알려줄 거라 기대했기 때문이다.

이는 내가 파라과이에 있는 동안 해결하지 못했던 두 가지 질문이었다. 그곳에서는 단순한 짐작 외에는 아무런 도움을 받지 못했다. "아르헨티나 국가가 먼저 아니었을까요? 그 국가는 오페라풍이잖아요. 그래서 어쩌면 저희가 그걸 베꼈을지도 모르지요." 혹은 그저 "우리는 굉장히 열정적인 민족이니까요."라며 그것이 모든 것을 설명해 주는 것처럼 이야기했다. 그래서 파라과이 국가를 만든 작사가와 작곡가가 둘 다 살았던 도시인 이곳에 와야겠다고 생각했다.

코리운은 이미 이 두 질문에 답하기 시작했다. "1800년대에 우리는 여전히 제국주의 시대를 살고 있었지요." 그는 내가 도착했을 때 이렇게 말을 시작했다. "하지만 그 이후 우루과이와 아르헨티나, 그리고 궁극적으로 파라과이에서는 유행의 변화가 시작된 거예요. 문화적 유행이요. 그래서 원래는 스페인의 포로 상태에 있던 사람들이 음악적으로 갑자기 이탈리아를 발견하게 된 거예요. 특히 오페라요."

하지만 그는 남미의 국가에 대해 알아보려면 그 음악부터 시작해서는 안 된다고 덧붙였다. 사실 남미 대륙의 각국 정부는 음악에 그렇게 관심을 둔 적이 없단다. 그들이 처음에 중요하게 생각했던 것은 가사를 공식적으로, 서면으로, 법적으로 정하는 것이었다. 마치 국가는 듣는 게 아니라 도서관에서 정독해야 하는 문서인 것처럼 말이다. 그래서 나는 파라과이 국가의 가사에 대해서 알아보기 위해서 그 포르노 작가를 시발점으로 삼아야 했다.

*

프란시스코 아쿠냐 데 피게로아는 포동포동하고 얼굴 넓이의 두 배는 될 것 같은 수북한 구레나룻을 가졌다. 그는 두 나라는 고사하고, 한 나라의 국가도 썼을 것 같지 않은 사람이다. 그는 1791년 몬테비데오에서 스페인 왕실 재무 담당관의 아들로 태어났다. 스페인 왕실에 충성하는 분위기에서 자랐으며, 1814년 우루과이에서 스페인의 지배가 끝났을 때는 자기의 '나라, 직장, 집'을 한번에 잃은 느낌이었다고 회고하기도 했다. 심지어 그는 새 질서에 적응하지 못해 몇 년간 리우데자이네루로 망명해서 그곳의 스페인 왕실 조직에서 일하기도 했다. 마침내 몬테비데오로 돌아온 후, 그는 어쩐지 그러한 과거에도 불구하고 우루과이에서 가장 중요한 공직 중 하나인 국립 도서관과 박물관의 관장직을 맡았으며, 또 우루과이에서 가장 인기 있는 시인이자 작사가가 됐다.

그는 가장 위대한 작가는 아니었을지라도 가장 재미있는 작가였으며, 또한 코리운이 즐겁게 언급했던 것처럼, 최선을 다해 인간의 원초적인 욕구에 부합하는 작품을 쓰기도 했다. 일례로 그는 '음경에 대한 사과'라는 시를 썼다. '소시지, 통나무, 고구마, 가지, 총, 학교 교사' 등 신체 부위에 대한 100여 개의 유의어를 늘어놓은 시였다. 그는 이 시에 대해서 음경이 음부보다 나음을 증명하는 자기만의 방식이라고 말했다. "음부에는 이름이 8개밖에 없으며 그중 어떤 이름도 그다지 가치가 없다." 그런 시를 쓰던 사람이 어떻게 유명한 종교적 텍스트를 쓰게 됐는지에 대해서는 어떤 역사학자도 답을 찾지 못한 듯하다. 어떤 학자는 "그의 삶은 학교 어린이들에게 나쁜 선례다… 하지만 점잖음은 문학의 가치에 대한 평가 기준이 아니다."라고 쓴 바 있다.

1820년대 후반에 아쿠냐 데 피게로아는, 왕당파였던 과거를 감안하면 아무도 예상하지 못했을 변신을 했다. 새 조국에 대한 애국심의 물결에 휩싸여 국가의 가사를 쓰기로 결심한 것이다. 아무도 그렇게 해 달라고 부탁하지 않았다. 다소 자아도취적으로 자기가 바로 그 사람이 돼야 한다고, 우루과이 역사에서 그 자리를 차지할 만한 자격이 있는 유일한 시인이라고 생각했다. 정부는 그의 제안을 거절했다. 그는 다시 제안하고, 또 제안했다. 몇 년에 걸쳐 다섯 번의 시도를 한 끝에 1833년 그의 노력이 마침내 받아들여졌다. 가사는 '동방인들이여, 조국이 아니면 무덤을!'로 시작한다. 동방인 혹은 동부인이란 우루과이인의 또 다른 이름이다. 우루과이의 공식 명칭은 우루과이 동방 공화

국(República Oriental del Uruguay)인데, 우루과이강의 동쪽에 위치
해 있다는 의미다. 그 가사는 이어 '자유, 아니면 영광스럽게 우
리는 죽는다!'로 이어진다.

　　이는 우리의 영혼이 선포하는 맹세이며,

　　우리, 영웅들이 완수할 것이다.

　어떤 사람들은 이 노래 가사가 '시적 잡동사니'로 가득 차 있
고, 부를 만한 가치가 없다고 비난했다. 마지막 절에 이르면 이
곡은 '화성의 창'과 '브루투스의 단검'에 대한 이야기까지 나간
다. 하지만 이 노래는 확실히 인기가 있었다. 몇 년 후 그가 파
라과이를 위해서 비슷한 가사를 썼을 때, 파라과이 정부 또한
그 가사에 뭔가 있다고 생각했음에 틀림없다.

　하지만 아쿠냐 데 피게로아는 이 두 국가의 음악을 작곡하지
는 않았다. 이 노래들이 오페라풍이 되도록 한 것은 작곡가들이
었다. 그중 한 명인 프란시스코 호세 데발리(Francisco José Debali)
는 당시 헝가리령이었던 루마니아에서 태어났다. 어릴 때 빈으
로 유학을 간 것을 보면, 아마 그는 마을에서 일종의 음악 신동
이었던 것으로 보인다. 그는 빈에서 오스트리아 작곡가인 프란
츠 쥐스마이어 아래서 공부했다. 쥐스마이어는 모차르트의 아
내와 바람을 피웠고, 그의 사후 모차르트의 레퀴엠을 완성한 것
으로 유명하다. 이후 데발리는 이탈리아 북부 피드몬트에 정착
하게 되는데, 이곳에서 몇몇 군악대의 음악 감독으로 일했다.
아마 여기가 그의 오페라에 대한 취향이 형성된 곳이자, 아마도

절대로 자신은 쥐스마이어만큼 유명해지지 못 할 것임을 깨달은 곳이 아닐까 싶다. 그에게는 두 가지 선택지가 있었다. 피드몬트에서 계속 고생하며 버티거나, 다른 곳에서 자신의 운을 시험해 보거나. 1837년 40대 후반의 나이였던 그는 브라질로 향했다.

그 당시 브라질은 유럽에서 종종 천국처럼 묘사되던 나라였다. 항상 손 뻗으면 닿을 곳에 과일이 열려 있고, 발 아래에는 어디에나 금이 묻혀 있는 땅이라는 식이었다. 또한 유럽 출신 정착민의 귀를 즐겁게 해 줄 음악가가 절실히 필요한 나라이기도 했다. 하지만 데발리가 도착했을 때 그가 발견한 것은 황열병뿐이었다.

그래서 그는 곧 또 다른 배를 타고 이번에는 몬테비데오로 향했다. 이곳에서 그는 곧 시립 극장의 음악 감독이 됐다. (이때 당시 그의 사진을 보면 지휘자가 할 법한 검은 넥타이를 메고, 회계사에게나 어울릴 법한 둥근 안경을 쓰고 있다.) 이 도시에서 그의 삶이나, 당시 만들었던 음악에 대해서는 알려진 게 거의 없다. 그의 서류와 악보는 브라질과 전쟁 중에 임시 바리케이드로 사용되는 바람에 소실됐다.

1846년 그는 우루과이 국가에 음악을 붙이기 위한 공모전에 참여했다. (아쿠냐 데 피게로아의 가사가 국가로 선택된 지 13년만이었다.) 데발리는 총 3곡을 응모했다. 그중 한 곡은 대중들 사이에서 인기를 모아 우루과이의 국가가 됐다. 두 번째 곡은 아쿠냐 데 피게로아가 가져가 파라과이 국가로 만들었다. (맨 처음에 그는 우루과이 국가와 같은 음악에 이 가사를 붙일 것을 제안했었다.) 세 번째 곡은 오늘날 전해지지 않는다.

이 이야기가 사실이 아니라고 주장하는 사람도 많다. 두 국가 중 어느 쪽에도 데발리의 이름이 적힌 친필 악보가 존재하지 않는다는 지적과, 데발리는 스페인어를 못 했기 때문에 그 가사에 맞는 음악을 작곡할 수 없었을 것이란 주장이다. 우루과이 정부가 최초로 국가를 발표한 포고문에도 다른 음악가의 이름이 기재돼 있다. 데발리는 1855년이 돼서야 신문에 기고를 내어 이를 바로잡았다. 이 글에서 그는 자신이 '이 언어에 대해 너무나 무지했기 때문에' 그 음악이 이렇게 중요한 목적으로 사용되는 것인 줄 몰랐다고 했다. 하지만 코리운은 어느 한 쪽이 맞다고 확실히 말할 수 없다고 주장한다. 두 국가 모두 음악과 가사가 너무나 따로 놀아서 언어를 잘 모르는 외국인이 음악을 썼다고 생각되는 지점이 있다는 것이다.

데발리의 국가 두 곡(그의 말을 일단 믿어 주기로 한다.)은 모두 확연히 오페라풍이다. 우루과이의 국가는 심지어 도니제티의 오페라인 '루크레치아 보르자(Lucrezia Borgia)'의 서곡을 도용했다고 종종 비판을 받기도 한다. (이 비판은 사실 이 두 곡이 단 9개 음표만 공유한다는 사실을 감안하면 약간 불공정해 보인다. 그보다는 아르헨티나의 국가와 클레멘티의 '소나타' 간의 유사성이 훨씬 클 것 같다. 그리고 앞서도 언급했듯이 이보다 훨씬 심한 국가 차용의 예도 쉽게 찾을 수 있다.) 하지만 데발리가 이런 스타일을 국가로 선택한 이유는 무엇일까? 코리운은 그것이 단지 당시 유행이었으며, 데발리는 단순히 남미 대륙의 다른 국가들의 스타일에 맞춘 것뿐이라고 강력히 주장한다. 아르헨티나와 칠레, 브라질의 국가는 모두 데발리가 우루과이로 오기 전에 도입됐는데, 전부 오페라풍이라는 것이다.

나는 이 대답이 안타깝다. 마치 데발리가 자신의 음악이 아니라 다른 사람의 취향에 맞춰 곡을 만들어 준 용병일 뿐이라고 말하는 것 같기 때문이다. 이것은 그가 사랑하는 음악이었고, 그는 그저 좋은 음악을 썼으며, 특히 그중 두 곡은 두 나라의 정부가 국가로 삼아야겠다고 결심할 만큼 좋았던 것은 아닐까? 만약 그가 군대 행진곡을 좋아했더라면, 국가도 그런 스타일이 됐을지도 모른다. 다른 남미 국가를 만든 작곡가들 또한 데발리와 같은 오페라의 광팬이었다. 브라질의 국가를 작곡한 프란시스코 마누엘 다 실바(Francisco Manuel da Silva)는 브라질에 오페라 학교를 설립한 사람이다. 볼리비아와 콜롬비아의 국가는 이탈리아인이 작곡했다. 에콰도르의 국가를 만든 프랑스인은 애초에 오페라단과 함께 여행하다가 남미에 오게 됐다. 물론 유행도 어느 정도 영향이 있었겠지만, 나는 이 각각의 작곡가에게 그들이 마땅히 받아야 할 공을 돌리고 싶다.

*

두 곡의 국가를 작곡해도 데발리는 유명해지지 않았다. 코리운과 대화하고 이틀 후, 나는 피아니스트이자 데발리의 생애를 연구한 훌리오 우에르타스(Julio Huertas)와 함께 몬테비데오에서 가장 큰 묘지를 방문했다. 데발리의 무덤을 찾아보기 위해서였다. 우리는 몇 분간 발치에 천사상이 있는 유명한 은행가들의 동상과, 묘지에서 꼬꼬댁거리며 노닐고 있는 암탉들을 지나치며 걸었다. 그러다 홀리오는 "제 생각에는 여기가 그분이 묻혀 있던 곳 같아요."라고 말했다. 그는 땅바닥에 진흙이 덮여 있는 노랗고 검은 타일을 가리키고 있었다. "공동 분묘였거든요. 다른 사람들과 같이 묻혔어요. 외국인이었잖아요. 당시에는 사람들이 외국인을 별로 좋아하지 않았거든요."

"'묻혀 있던'이라고 말씀하셨는데요." 내가 말했다.

"네, 그분은 지금 여기 없어요. 길 건너 비누 공장의 주인들이 유해를 훔쳐갔거든요." 홀리오에 의하면, 이 비누 거물들은 이탈리아를 통일한 전설적인 인물인 가리발디 장군이 몬테비데오에 남겼다는 금을 가리키는 보물 지도를 찾았다. 이들은 자기네 공장으로부터 지도에 X자로 표시된 구역까지 터널을 팠지만, 그곳에서 찾은 것은 별로 사랑받지 못한 작곡가와, 그와 함께 나란히 묻혔던 많은 건축가와 장인 들의 유골뿐이었다.

"지금은 어디 묻혀 있나요?" 내가 물었다. 홀리오는 그저 어깨를 으쓱했다. 사람들이 아무도 신경 쓰지 않는 것이 실망스럽다는 표시로.

*

우루과이 국가는 파라과이 국가와 기본적으로 같은 메시지를 던지고 있다. '조국이 아니면 무덤'이라는 외침은 '공화국이 아니면 죽음'과 호환된다. 하지만 이 나라에 있는 동안, 많은 사람들이 이 노래가 파라과이 국가처럼 사람들에게 의미가 있지는 않으며, 이 노래가 조금이나마 의미있게 불리는 날은 1년 중

딱 하루라고 말했다. 그날은 5월 20일로, 1970년대와 1980년
대 우루과이의 독재 정권하에서 사라진 192명의 '실종자'를 기
리기 위해 몬테비데오에서 행진이 열린다.

옛날 시청 건물에서 한 여성은 이 이야기를 들려주다가, 갑
자기 행진의 주도자 중 한 명이 그곳에서 수리공으로 일하고
있는 것을 기억해냈다. 그래서 아마랄 가르시아 에르난데스
(Amaral García Hernández)를 만날 수 있었다. 40대인 그는 거의 모
히칸 머리에 찢어진 티셔츠를 입고 있어서 펑크 밴드의 리더라
고 해야 할 것 같은 외모였다. 그는 가슴이 찢어질 정도로 슬픈
이야기를 들려줬다.

"저는 부모님에 대한 기억이 많이 있어요. 하지만 기억 속의
부모님은 거의 움직이지 않아요. 마치 사진처럼요. 한번은 테이
블에 둘러앉아서 저희 셋이 같이 수프를 먹은 기억이 있어요. 또
다른 때는 생선을 먹고 있었는데, 뜨거운 냄비에서 생선 한 조각
이 튀어올라 제 눈에 들어간 거예요. 제가 얼마나 비명을 질렀던
지! 그래서 지금까지도 저는 생선을 먹지 않아요." 미소 짓는 그
의 눈이 반짝였다. "또 제 머릿속에는 나무를 뿌리째 뽑고 있는
아버지의 모습이 있어요. 하지만 사실은 가느다란 나뭇가지 정
도였겠죠. 그리고 저는 그분들이 납치됐던 때도 기억해요."

우루과이는 1970년대 독재 국가가 됐다. 우루과이 군은 투
파마로스(Tupamaros)에 대한 탄압을 빌미로 정권을 잡았다. 투
파마로스는 처음에는 단순히 장난으로 시작됐으나, 빠르게 납
치 등의 활동으로 전환된 좌익 유격대 운동이다. 아마랄의 부모
도 이 그룹의 일원이었다. 그의 아버지는 그 때문에 감옥살이를

하느라 아들이 태어나는 것을 보지 못했다. 아마랄이 6개월 됐을 때, 아버지는 나라를 떠나야 한다는 조건으로 출감됐다. 그의 가족은 칠레로 이사했고, 곧 부에노스아이레스로 다시 떠났다. 그의 부모는 반정권 활동을 계속 이어 가려고 했지만, 당시 남미의 군사 정부들은 상호 협력하고 있었기 때문에, 이들은 가짜 신분을 쓰면서 이 집에서 저 집으로 끊임없이 이사를 다녀야 하는 처지가 됐다.

1974년 12월 20일, 그의 가족은 한 생일 파티에 초대됐다. 음식이 떨어지자 아버지는 닭고기를 사러 나갔다. 한 시간이 지나도 아버지가 돌아오지 않자, 그의 어머니는 무슨 일이 벌어졌다는 걸 직감했다. 어머니는 아마랄을 안아 올리고 작별 인사를 하기 시작했다. 하지만 인사를 마치기도 전에 몇몇 남자가 방으로 쳐들어왔다. "우리는 이미 당신 남편을 잡고 있소. 순순히 따라오시오." 그들은 이 말만 했다. 아마랄의 부모는 비밀리에 비행기로 다시 우루과이로 보내졌다. 부부는 콘도르 작전에 의해 '실종'된 첫 번째 활동가들이었다. 콘도르 작전은 미국의 묵인하에 남미 5개국의 군 첩보 기관이 합동으로 수행한 공산주의자에 대한 정치적 탄압 활동이었다. 몇 주 후, 부부는 몬테비데오에서 한 시간 떨어진 교외의 한 도랑에서 발견됐다. 공식 보고서에 따르면, 이들은 '총탄 투성이'였다. "저희 아버지의 이름은 플로레알 구알베르토 가르시아(Floreal Gualberto García)였어요." 아마랄은 공적인 태도로 말했다. 마치 그의 이름 한 자 한 자가 기록되는 것을 확인해야겠다는 듯이. "저희 어머니 이름은 미르타 요란다 에르난데스(Mirtha Yolanda Hernández)였어요."

아마랄은 자기 부모님이 살해됐다는 사실도 몰랐다. 그는 부모님이 납치당했을 때 세 살이었는데, 이후 아르헨티나 비밀 경찰 조직원의 손에 길러졌다. 그의 부모가 속한 단체에 침투했던 바로 그 조직 말이다. 아마랄은 후안으로 개명됐고, 후안으로서 사랑과 보살핌을 받으며 살았다. "제가 새 가족을 무척 사랑했다는 걸 부정하지 않아요." 그가 열네 살이 되던 해, 우루과이의 독재 정권이 무너졌고 부모님의 가족들은 마침내 아마랄을 찾아 나설 수 있게 됐다. 그는 아르헨티나에서 보냈던 시절이 대체로 혼란스러웠다고 말했다. 친부모에 대한 기억이 분명히 있었기 때문이다. "제가 새 어머니에게 그분들에 대해 물을 때마다, 그저 꿈이라고 대답하더라고요. 하지만 저는 그게 꿈이 아니라고 생각했어요. 제가 그 이야기를 꺼낼 때마다, 그분들 표정에서 이 아이에게 무슨 말을 해야 할지 걱정하는 표정을 읽을 수 있었어요."

진짜 부모가 누군지 알게 되자마자, 아마랄은 친부모에게 무슨 일이 있었는지 알아내려 했다. 누가 왜 그들을 죽였는지, 그 사람들이 처벌을 받았는지, 그 사람들은 감옥에 있는지, 감옥에 가지 않았다면 그들을 감옥에 넣기 위해 자기가 뭘 해야 하는지 등을 물었다. 하지만 아무 답도 얻지 못했고, 아마 앞으로도 얻지 못할 것이다. 독재 정권이 무너지고 나서 수년 후, 우루과이는 독재 정권에서 자행된 정치 및 인권 차원의 범죄를 저지른 사람들에게 죄를 묻지 않는 면책법을 통과시켰다. 새 정부는 이것이 불가피하다고 판단했다. 독재 정권에 관련된 사람들이 워낙 많고, 너무 많은 사람들이 희생됐기 때문에 아예 이런 일이 일어나지 않은 척하는 것이 낫다고 생각한 것이다. (우루과이인 15명 중 1명이 독재 정권하에서 감옥살이를 했다).

아마랄은 어떤 면에서는 자기가 운이 좋다고 생각했다. "저희 부모님은 돌아가셨어요. 실종된 상태가 아니에요. 저는 가족의 생사조차 모르는 이중의 고통까지는 감당하지 않아도 되니까요." 하지만 그는 여전히 누가 방아쇠를 당겼는지 생각하면서 꼼짝도 못 하는 날이 있다고 덧붙였다. "돌아다니면서 사람들에게 '당신이 우리 부모님을 살해했나요?'라고 묻지는 않아요. 하지만 어느 날 제가 길을 건너는 누군가를 도와줬는데, 그 사람이 저희 아버지를 죽였을 수도 있잖아요. 어떨 때는 정말 알고 싶어요. 그러다 스스로에게 '정말 알고 싶니?'라고 묻기도 하고요. 미친 것 같아요."

나는 아마랄에게 우루과이의 국가에 대해서 물었다. 그는 독재 치하에 그 노래가 어떻게 이용됐는지 설명했다. "그 노래는 민족, 국가, 문화적 측면에서 가장 신성한 노래로 취급됐기 때문에, 군 경찰이 사람들을 때릴 때 사람들이 이 노래를 부르기 시작하면 구타를 멈춰야 했어요. 이 노래를 존중해야 했거든요." 그는 그 장면을 상상하며 웃기 시작하다가, 곧 내가 그의 어두운 유머 감각을 공감하지 못 할까 봐 웃음을 멈췄다. "네, 어떤 사람들은 그냥 무시하고, 목청껏 국가를 부르는 사람을 계속 죽도록 때리기도 했지만요. 어쨌든 이 노래는 공격에 대항하는 하나의 도구가 된 거죠."

사람들은 또한 독재 정권에 대한 분노를 표현하려고 국가를 사용했다. 국가를 부르는 행사가 있을 때, 사람들은 아주 조용히 부르다가 갑자기 '폭군들이여, 떨어라(Tiranos, temblad)'라는 구절에 이르면 갑자기 세 번 반복되는 그 구절을 목청껏 불렀다. 마치 그들의 목소리가 정권을 끝장낼 수 있기를 바라는 것처럼.

나는 실종자를 위한 행진에서 이 노래를 부를 때 느낌이 어땠는지 물었다. 만약 그가 보통의 운동가라면, 국가가 자기에게 감동을 주고, 노래를 부르는 순간에 부모님을 기억하며, 정부가 그에게 사법 처리를 하지 않더라도 수천 명이 그와 함께 정의를 요구하고 있음을 알게 된다고 대답할 것이다. 하지만 그렇게 문제가 단순할 리 없다. "네, 저도 국가를 불러요." 그가 말했다. "그 행진에 참여하는 사람들 중에 제게 영감을 준 사람들이 있거든요. 저는 그분들을 사랑하고 그분들에게 무례하고 싶지 않아요. 그 노래를 같이 부르면 그분들은 자기가 혼자가 아니라고 느끼시는 것 같아요. 하지만 독재 정권을 옹호했던 사람들도 그 노래를 불렀잖아요. 저희만큼이나 크게요. 그러니까 사실 그게 무슨 의미가 있을까요?"

"힘노 에 힙노시스(Himno e hypnosis)예요." 그가 이렇게 덧붙였다. '국가(國歌)의 최면'이라는 뜻이다. 국가가 갖는 효과를 이렇게 표현한 것이다. 나는 그가 무슨 말을 하려는지 알 것 같았다. 국가란 사람들이 단시간에 뭔가를 믿도록 속이는 역할을 한다는 것이다. 때로는 사람들이 긍정적인 행동을 하도록 할 수 있지만, 그만큼 부정적인 내셔널리즘으로 인도할 수도 있다는 것이다. 적어도 그의 나라에서 국가 그 자체는 아무것도 바꾸지 못했다는 것이다.

하지만 동시에 나는 그에게 말하고 싶었다. 그가 말하는 국가의 효과는 그 자체로는 완전히 나쁜 것만은 아니라고. 나는 파라과이에서 '공화국이 아니면 죽음을'이라는 메시지를 진심으로 믿는 사람들을 만났다고 말하고 싶었다. 문법조차 이해하지 못하는 노래를 말이다. 심지어 자기 나라를 위해 죽을 수도 있다고 말하는 사람들을 만났다고 말하고 싶었다. 그들의 말은 조국의 상황을 부정적인 방향이 아니라, 긍정적인 방향으로 개선하고 싶다는 의미였다.

약간 걱정스럽기도 하지만, 사실 정권하에서 목숨을 잃었던 사람들에 대한 그 모든 이야기에도 불구하고, 나는 남미 국가들에 대해서 적어도 한 가지는 확실히 알게 됐다. 바로 남미 국가야말로 제대로 된 국가라는 점이다. 음악도 가사도 과장되고 호들갑스럽지만, 남미 나라들은 무엇보다 사람들이 즐길 수 있는 노래를 만드는 것에 집중했다. 그 덕에, 남미의 국가는 유럽이나 아프리카 국가보다 국민들의 마음을 움직일 가능성이 높다. 그 결과가 비록 국가를 소개하면서 흥분해서 방방 뛰는 것에 불과할지라도 말이다. 아마랄을 만나기 전에, 우루과이에서 만났던 모든 사람들은 국가를 불러 주는 것을 즐겼다. 그 국가에 의미가 있다고 믿는지 여부와 관계 없이 말이다.

며칠 후, 아마랄은 내게 이메일을 보냈다. 내가 물었던 질문에 대해 생각해 봤다고 했다. 우루과이 국가를 골라야 한다면 어떤 노래를 선택하겠냐는 질문이었다. 그는 '다소 우스꽝스러운' 1990년대 중반의 우루과이 록 음악을 골랐다. 나는 그 노래를 들었다. 그 마지막 가사는 다음과 같았다.

만약 자유 혹은 죽음 외에 다른 선택이 없는 때가 온다면,
나는 최초의 탈영병이 되리.

*

마리아노 곤살레스 파라는 아순시온 시내에 있는 파라과이 해군 본부 입구에서 내 손을 놓지 못했다. 마치 자기가 나라와 국가를 얼마나 사랑하는지 말할 기회를 준 것에 대해 어떻게 감사해야 할지 모르겠다는 듯, 내 손을 계속 흔들었다. 그는 내가 다시 돌아오겠다고 약속하도록 하고, 가여운 해군 생도를 시켜 사진을 찍게 하더니, 또 한 명의 생도에게 내게 줄 선물을 찾아오도록 했다. 그는 약간 민망한 듯 파라과이 해군 펜을 가져왔다. 절대 나를 떠나 보내지 않을 것 같았다.

마침내 그곳에서 탈출해서 내 시간제 통역사인 실비아의 차에 올라탔을 때, 나는 좀 전의 상황에 대해 농담을 하려다가, 실비아가 울고 있다는 것을 알아차렸다. 얼마나 흐느끼는지 시동 장치에 키를 끼우는 데 애를 먹을 정도였다.

"미안해요." 그녀가 말했다. "어쩔 수가 없어요. 근데 이건 행복한 눈물이에요. 진짜예요. 지금 제가 일을 얼마나 즐기고 있는지 모르시지요. 저렇게 이 나라를 아끼는 사람을 만나는 것이 얼마나 감명을 주는지 몰라요. 우리 나라는 너무 부패로 가득 차 있고, 지금보다 훨씬 더 나아져야 하는데, 대부분의 사람들은 신경 쓰지 않는 것 같거든요. 그래서 저렇게 애정을 쏟고, 애국적인 사람을 만나면 말이에요…" 그는 손등으로 눈물을 닦아

내더니 간신히 시동을 걸었다.

"어젯밤에 저는 같이 사는 친구랑 당신에 대해서 이야기를 하다가 말다툼을 했어요." 도로로 나가면서 실비아가 말했다. "그 친구가 그 사람은 여기 왜 왔냐고 하는 거예요. 국가와 관련된 사람들, 그러니까 로페스나 프란시아 박사는 100년 전에 죽었고, 여기에는 더 이상 영웅이 없다는 사실을 모르냐고 하더라고요. 아무도 그 메시지를 안 믿는다고요. 그래서 저는 '무슨 뜻이냐. 내가 영웅이다. 매일 나는 이 나라를 위해 조금씩 죽는다. 나는 해외에서 일할 수도 있었지만, 여기에서 교사로 일하기로 선택했고, 매일매일 학교에 나간다.'라고요. '상황이 어렵지만 나는 이 나라를 더 낫게 만들고 싶다. 나는 이 나라가 잠재력을 실현하기를 원한다.'라고 말했어요. 너한테는 국가가 아무 의미도 없을지 몰라도, 나한테는 의미가 있다고요."

그는 빨간불 때문에 차를 멈췄다. 나는 가방에 손을 뻗었다. "괜찮아요. 티슈 안 주셔도 돼요." 그가 말했다. 나는 더듬더듬 사과했다. 나는 티슈를 꺼내려고 한 게 아니라 방금 당신이 한 말을 전부 받아 적기 위해 노트북을 꺼내려고 했다고 했다. 국가가 아직 의미가 있다고, 매일매일 실비아는 파라과이 공화국을 위해 조금씩 죽는다고 한 그 이야기 말이다.

에필로그

국가를 쓰는 데 실패하는 방법

Nous sommes la Suisse

Une croix blanche sur la poitrine,
En chantant cet hymne,
nous avançons,
Traversent nos vallées, et montagnes,
L'égalité et le respect en tout,
pour tout le monde,
Renforçons démocratie, liberté et paix,
Vous avez vos guerres, le sang, (x2)
Mais nous sommes,
toujours, la Suisse! (x2)

가슴에는 흰 십자가를 달고,
이 찬가를 부르며 우리는 나아가네,
우리의 골짜기와 산 들을 가로질러,
우리가 하는 모든 일에
모두를 위한 평등과 존중,
민주주의와 자유,
평화를 강화하기 위해,
너희는 전쟁을 했고, 피를 보았지. (x2)
하지만 우리는
언제나 스위스인이다! (x2)

우리는 스위스인이다

〉〉〉

나는 국가를 작사한다는 게 얼마나 힘든 일인지 제대로 알지 못했다. 직접 국가를 쓰려는 시도를 해 보기 전까지는 말이다. 나의 실험 대상이 된 행운의 혹은 불운의 국가는, 내가 장장 일 주일이나 머무른 경험이 있는 스위스였다. 그 대부분의 시간은 눈 속에 얼굴을 처박으며 보냈지만 말이다.

　무작위로 스위스를 선택한 것은 아니었다. 2014년 1월 1일, 때마침 스위스 공공선 협회(Swiss Society for Public Good)에서 더 이상 '스위스 찬가(Swiss Psalm)'를 국가로 쓸 수 없다고 판단하고, 새 국가를 찾기 시작한 터였다. 1841년에 쓰여진 원래 스위스 국가는 오늘날의 스위스에 대해서는 아무런 이야기도 해 주지 못한다는 것이 협회의 입장이었다.

　사실 일리 있는 말이었다. 이 스위스 '찬가'는 '알프스의 장관이 밝게 빛날 때, / 기도하라, 자유로운 스위스인이여, 기도하라.' 같은 가사로 가득 차 있어서 국가가 아니라 무슨《성경》시대의 일기예보처럼 들리기 때문이다. 협회는 예전 곡조를 유지하더라도 거기 새 가사를 붙일 필요가 있다며, 새 가사 공모를 위한 대회를 개최했다.

　그때쯤 나는 실제로 국가를 만든 경험이 있는 사람들보다도 국가에 대해서 더 많이 알게 됐기 때문에, 한번 최선을 다해 국

스위스 루체른 호수. ⓒ 게티이미지

가를 써 보자는 생각이 들었다. 그래서 책상에 앉아 손에 펜을 쥐고, 스위스의 풍광에 대해서 이야기할 만한 독창적인 것을 생각해 내려고 시도했다. 어디를 가든 시야에서 벗어나지 않을 그 산들, 내게 가까운 부두에 와서 뛰어들라고 손짓하는 듯한 호수들. 이것들을 표현하기 위한 좋은 단어가 뭐가 있지? 나는 자문했다. 반짝이는? 빛나는? 나는 동운어 사전(rhyming dictionary)을 들춰 보고 유의어 사전을 샅샅이 조사했지만, 세 시간 동안의 노력에도 진도를 나가지 못했다. 그저 '반짝이는'과 '빛나는' 따위의 진부한 표현이 가득했고, 그 위를 가로질러 '이건 쓰레기야'라는 글귀가 휘갈겨진 종이 한 장이 남았을 뿐이었다.

오후에 나는 이 방식을 포기하고, 내가 아는 유일한 스위스의 전설적 인물인 빌헬름 텔의 인생에 대해 써 봐야겠다고 생각했다. 그는 자기 아들의 머리 위에 놓인 사과를 쏘아 맞혔고, 그 직후 오스트리아 관료에게 화살을 쏘아 명중시킴으로써 거의 혼자서 스위스라는 나라를 탄생시켰다고 할 수 있는 인물이다. 텔의 이야기는 드라마로 가득 차 있어서 누구에게든 확실히 감명을 줄 수 있을 것 같았다. 그래서 이 이야기를 오늘날의 스위스인들에 대한 무장 책동으로 바꿔 보려고 했다. 스위스인에게 '너만의 석궁을 잡고' 이상을 위해 싸우라고 촉구한 것이다. 잠시 후, 오늘날의 스위스인 대부분은 잡고 싶어도 석궁을 잡을 수 없다는 사실을 깨달았다. 하지만 나는 굴하지 않았다. 약 다섯 시간 후, 다시 내 노트를 봤다. 노력의 결실이 서툰 프랑스어로 적혀 있었다. 단 석 줄이었다.

요즘은 석궁도 없고,
우리 이름도 텔이 아니지만,
그의 정신은 우리 안에 끝까지 함께하리.

눈을 씻고 다시 읽어 봤지만, 그렇다고 더 나아지지는 않았다.

*

내가 스스로에게 이런 시련을 부여한 것은, 독자 여러분도 그러기를 바라겠지만, 적어도 부분적으로는 전 세계 국가 작사가와 작곡가 들의 마음과 그들의 성취를 더 잘 이해하기 위해서였다.

하지만 솔직히 말하자면 상금을 타기 위해서이기도 했다. 우승자에게는 1만 스위스 프랑(약 1,200만 원)의 상금이 걸려 있었다. 이는 국가(國歌)의 세계에서는 엄청난 거액이다. 세계에서 국가를 만든 대다수의 사람들은 사실 아무런 물질적 대가도 받지 못했다.

또, 그 공모전 참가 신청서에 마치 국가 작사가 쉬운 일인 것처럼 써 있던 것도 한몫했다. 우선 스위스의 염소지기든, 앙골라의 어부든, 누구라도 참가할 수 있다고 돼 있었다. 그저 프랑스어, 독일어, 이탈리아어, 그리고 스위스의 남동부에서 단 6만 명의 인구가 사용하는 언어인 로만슈어 등 4개 언어로 누구나 쉽게 부를 수 있는 노래를 만들기만 하면 된다는 것이었다. 그리고 둘째로, 그 노래는 스위스 헌법에서 밝히는 가치에 기반해야 한다고 돼 있었다. 이를테면 다양성의 존중이나, '한 민족이 가진 힘의 척도는 그 구성원 중 가장 약한 자의 복지 정도'임을 실현하는 것 등이다. 아, 그리고 그 노래는 '문체적으로나 예술적으로 시대를 초월'한 것이어야 한다는 조건도 있었다. 나는 내가 시도하면 그 마지막 관문을 뛰어넘을 수 있으리라 생각했다.

나는 국가 작사라는 과업을 절대 가볍게 여기지 않았다. 형편없었던 첫 번째 시도 후에, 나는 스위스로 여행을 떠났다. 스위스를 더 알아보고, 또 그 공모전의 심사 위원이 정확하게 어떤 자질을 원하는지 묻기 위해서였다. 물론 "저희는 인종 차별적이거나, 성차별적이거나, 지나치게 민족주의적이 아닌 모든 응모작을 공정히 심사할 것입니다."라는 별로 도움이 안 되는 답변을 받았다.

나는 또한 스위스 거리에서 사람들과 이야기를 나누면서, 스위스인이 새 국가에서 무엇을 원하는지 알아내고자 했다. 취리히에서는 한 교사에게 스위스의 어떤 점이 가장 좋냐고 물었다. 그러자 그는 그 옆에 있던 도시의 호수를 오랫동안 뚫어져라 바라봤다. 너무 오래 처다보는 바람에, 그가 내 질문을 받았다는 사실을 깜빡 잊은 게 아닌가 생각할 정도였다. 하지만 그러다가 갑자기 감명 깊은 표정으로 나를 돌아봤다. "저는 이 호수를 정말 좋아합니다." 그가 뿌듯한 듯 말했다.

"그렇다면 그 감정을 국가 안에 어떻게 담으시겠어요?" 내가 물었다. "첫 번째 행은 어떻게 될까요?"

"음… '오, 사랑스러운 호수여'?" 그가 대답했다. "이거면 될까요?"

하지만 내가 했던 그 모든 조사가 몇 주 후 집에 돌아와 다시 국가를 쓰려고 앉았을 때 도움이 되는 것 같지 않았다. 나는 노트북의 텅 빈 화면을 응시했다. 커서가 반짝이며 나를 마주볼 뿐이었다. 가장 큰 문제는 스위스 헌법에 도통 글을 쓸 만한 극적인 내용이 없어 보인다는 점이었다. 나는 그 헌법을 읽고 또 읽었지만, 주제로 삼을 만한 구절을 전혀 찾을 수 없었다. 아니, '세상에 대한 연대와 개방의 정신으로… 동맹을 새롭게 하기로 결심'하는 스위스나, '미래 세대에 대한 책임을 인식하는' 스위스에 대한 국가라니. 가사 어느 구석에 재미가 있나? 흥분이 있나? 전쟁과 피가 있나? 최고의 국가는 모두 그런 내용인데 말이다. 반대할 뭔가가 없을 때는, 사람들을 결집시키기도 힘들다. 스위스인들은 왜 그놈의 신성한 중립성을 갖다 버리고, 좀 더 공격적으로 되지 않는단 말인가?

그러자 갑자기 벼락같이 아이디어가 떠올랐다. 그 좌절감이야말로 바로 내가 노래에 넣어야 하는 내용인 것이었다. 나는 즉시 타자를 치기 시작했다.

> 부 사베즈 보 게르(Vous avez vos guerres),
> 부 사베즈 보트르 상(Vous avez votre sang).

거의 생각하지 않고 바로 타자를 쳤다.

> 매 누 솜므 라 수이스(Mais nous sommes la Suisse),
> 누 솜므 라 수이스(Nous sommes las Suisse)!

'너희는 전쟁을 했고, 너희 몫의 피를 보았다. 하지만 우리는 스위스인이다. 우리는 스위스인이다!' 물론 이것이 원래 썼던 것보다 크게 나을 것 없을지는 몰라도, 적어도 이번 가사는 약간만 손보면 그 곡조에 맞춰 부를 수는 있을 것 같았다. 게다가 스위스적 가치에 대해서 적어도 뭔가는 이야기하지 않는가. 어떤 가치인가 하면, 사람들을 죽이기 싫어 하는 가치라고나 할까. 심지어 나는 이미 머릿속에 스포츠 행사에서 군중이 떼창으로 "우리는 스위스인이다!"라고 외치는 장면을 상상할 수 있었다. 아직 다섯 행이나 더 써야 한다는 것이 아쉬울 따름이었다.

이번 스위스의 국가 공모전을 처음 들었을 때, 정말 좋은 아이디어라고 생각했다. 사랑받지 못하는 국가에 비참하게 계속 매달리면서, 혁명이 일어나 강제로 변화가 일어나기를 조용히 기다리는 것보다, 이를 과감하게 없애겠다는 결정을 한 나라가 있다니. 나는 국가를 현대화하려는 스위스의 바람이 멋지다고 생각했다.

어떻게 보면 스위스는 21세기를 위한 최초의 국가를 만들려는 참이었다. 이 노래는 더 이상 한 나라에 대한 내용이 아니라, 그 구성원들이 지키고자 하는 가치가 담긴 국가가 될 거라고 말이다. 만약 공모전이 성공적으로 진행된다면, 그 결과물은 그 누구도 시시한 내셔널리즘의 산물이라고 일축할 수 없는 노래가 될 것이다. 창밖의 경치가 좋다고 말하거나, 신이 너희를 돌봐 주고 있다고 말하는 대신, 사람들에게 관용을 가지라고 촉구하거나, 환경을 보호하자고 말하는 국가를 누가 헐뜯을 수 있겠는가?

하지만 문제가 있었다. 생각하면 할수록, 이런 방식으로 스위스가 괜찮은 국가를 만들어 낼 가능성은 거의 제로에 가까웠다. 세계에서 가장 위대한 국가들은 공모전을 통해 선택되거나 위원회가 나서서 만들지 않았다. 그것들은 모두 우연의 산물이었다. 하룻밤 만에 또는 치열한 며칠의 시간을 통해 순간적인 영감에 의해 쓰여졌거나, 자기 나라가 곧 침략으로 망하리라는 공포에 사로잡혀서, 또는 오랫동안 미움받던 정권의 마지막 순간을 목도한다는 흥분에 사로잡힌 사람들이 쓴 곡들이다. 그리고 바로 그런 순간에 쓰여졌기 때문에, 거의 부르기 두려울 정도로 가슴을 후벼 파는 멜로디와 생생한 가사가 나온 것이다. 바로 이런 점 때문에 사람들은 늘 최고의 국가로 다시 되돌아가는 것이다. 브라질인들이 버스 요금에 항의하면서 화염병을 던지거나, 튀니지인들이 '아랍의 봄'을 시작할 때 그랬던 것처럼 말이다. 마감에 늦지 않으려 서둘러 가사를 써 내려가거나, 응모작 준수 사항을 하나하나 읽으며 이를 지키는 가사를 쓰려고 할 때는 그러한 열정을 불러일으키기 어려운 법이다.

사실 네팔 국가 등 내가 가장 좋아하는 국가들이나, 터키 국가처럼 널리 사랑받는 국가도 공모전으로 탄생하기는 했다. 하지만 이런 국가는 그 나라의 역사에서 누구라도 영감을 받을 만한 중차대한 순간에 쓰여졌다. 그저 아무 해에나 이런 국가가 나오는 게 아니다.

스위스의 국가 작사라는 목표에는 또 다른 문제가 있었다. 그 목표를 그렇게 매력적으로 보이게 만들었던 바로 그 지점이었다. 바로 가치에 초점을 맞추라는 조건, 전 세계의 다른 나라 국민을 배제하기보다는 기회를 열어 준 개방성 말이다. 사람들이 자기들이 신봉하는 가치에 대해서 노래하는 것을 정말로 좋아할까? 그럴 거란 생각이 별로 들지 않았다.

내가 이 책을 쓰기 위해 여행했던 나라에서 국가를 불러달라고 요청했을 때 사람들이 가장 기꺼이 즐기면서 국가를 불러 준 곳은 가장 오래되고 시대착오적 국가를 가진 나라, 프랑스였다. '라 마르세예즈'는 프랑스의 소중한 '자유'의 가치에 대해 6절이 지나서야 이야기한다. 그리고 '평등'은 거기서 3절을 더 불러야 간신히 등장하며, '박애'는 아예 언급조차 되지 않는다. 어쩌면 당신은 사람들이 그 노래를 즐겨 부르는 이유는 그저 곡조가 좋아서 그런 것뿐이라고 말할지도 모른다. 하지만 그 음악에는 그 가사가 필요하다. '라 마르세예즈'처럼 공격적인 멜로디는, 이를 테면 스와질란드 왕국처럼 '우리에게 속임수나 악의가 없는 영원한 지혜를 부여해 주십사'라고 신에게 기도하는 가사가 붙으면 절대 지금처럼 효과적이지는 못할 것이다.

현대적인 국가를 만들고자 하는 노력은 스위스 전에도 한 번 있었다. 1971년 당시 유엔의 우탄트 사무총장은 세상에는 이미 '전쟁 노래'가 충분히 많다고 말하며, 영국의 시인 W. H. 오든에게 유엔 창립 25주년을 기념하는 송가(頌歌)의 가사를 만들어 달라고 요청했다. '평화를 위한 음악이(Let the music for peace) / 새 패러다임이 되기를(be the paradigm)'로 시작하는 그 후렴구는 아래와 같이 이어진다.

평화란 제 때에(For peace means to change)
변하는 것을 뜻하기에(at the right time),
세계의 시계가(as the world clock),
똑딱거리며 갈 때(Goes tick and tock).

이 노래는 25주년 기념식에서 초연됐다. 그리고 25년이 더 지났지만 다시는 꺼내지지 않았다.

*

　내가 이 책을 쓰기 시작했을 때, 나는 국가가 중요한지 알아
보기 위한 여정에 착수했다. 시위대는 국가를 부르며 경찰을
막아내고 있는지, 경찰은 그 가사를 갖고 논다는 이유로 사람
들을 감옥에 보내고 있는지, 그 노래들이 실제로 전 세계에서
일어나는 중요한 사건, 전쟁, 혁명의 한가운데에 있는지 알아
보려고 했다.

　당시에는 마음속 깊은 곳에서, 결국 국가가 의미가 없는 것으
로 밝혀지면 어쩌나 하는 두려움이 있었다. 국가란 그저 지루한
학생들이나 술 취한 스포츠 팬들이 순전히 습관의 힘으로 부르
는 노래이며, 국가가 수행하는 유일한 기능이라고는 건망증이
심한 사람들에게 자기가 어느 나라에서 태어났는지 상기시키
는 역할을 할 뿐인 것은 아닐까 두려웠다.

　국가가 그런 것으로 밝혀질 경우, 이 책은 그저 '괴상한 국가
의 세계' 같은 제목이 붙은 국가에 대한 신기한 일화 모음집 이
상이 될 수 없을 것이다. 흥미로우나 전혀 중요하지 않은, 이를
테면 그리스의 국가 가사는 원래 158절까지 있는 시였다는 등
의 사실들로만 가득 채워질 것이다.(그리스인들에게는 참으로 다행스
럽게도, 그리스 정부는 공식 국가에서 오로지 2개 절만 가사로 삼고 있다.) 그
리고 만약 그랬다면, 그 책의 하이라이트는 멕시코 국가에 얽힌
남다른 비화를 전하는 내용이 될 것이다. 욕정 때문에 쓰여진
유일한 국가이기 때문이다. 1853년 멕시코 정부는 새 국가를
위한 가사를 공모했다. 과달루페 곤살레스 델 피노라는 한 여성

은 자신의 약혼자이자 시인인 프란시스코 곤살레스 보카네그라에게 이 공모전에 참여하라고 졸랐다. 하지만 그는 자신의 시에 자신이 없어서였는지, 혹은 별로 애국심이 없어서 그랬는지 그 제안에 시큰둥했다. 어느 날 그녀는 약혼자를 부모님 집으로 초대해서, 부엌 테이블에서 유혹의 말을 속삭여 그를 침실로 끌어들였다. 커플은 침실 문 앞에서 잠시 멈췄다. 필리(그 여성의 애칭)는 프란시스코를 끌어당겨 키스하고 그의 셔츠를 벗기기 시작했다. 그가 약혼녀의 옷을 잡으려는 순간, 필리는 그를 문 안으로 차 넣고 문을 닫은 후 빗장을 질러 버렸다. 프란시스코가 들어간 방에는 멕시코가 승리했던 전쟁과 죽은 스페인인들의 시체 더미를 그린 그림으로 가득 차 있었다. 필리는 문틈으로 그가 국가를 다 쓸 때까지 방에서 내보내 주지 않겠다고 외친 후 가 버렸다. 프란시스코는 시무룩해져서 4시간 후 문틈으로 10절의 가사를 쓴 종이를 내보냈다.

이런 일화는 재미는 있다. 하지만 그것들이 국가에 대해서 내가 할 수 있는 이야기의 전부일까 봐, 국가가 결국 중요치 않다고 결론을 내려야 할까 봐, 국가란 그저 죽은 정치인들이 했던 잊혀진 연설, 오래된 텔레비전 프로의 주제가 등과 함께 박물관의 소리 아카이브에 저장해야 하는 유품에 지나지 않을까 봐 두려웠다.

한 곳, 또 한 곳 여행할 때마다 그 두려움은 조금씩 사라져 갔다. 국가들을 살펴볼수록 한 나라에 대해서, 그 나라의 인물과 역사와 정치에 대해서 얼마나 많은 것들을 이야기하는지 조금씩 깨달았기 때문이다. 그리고 그 노래들이 끼친 영향력이 얼마나 막대했는지도 말이다. 군대는 전쟁에서 싸워 이길 때 이 노래를 불렀고, 시위대는 정부를 끌어내리면서 이 노래를 불렀다. 근대 세계사에서 가장 중요한 인물들 몇몇은 국가의 가사를 조작해서 유권자에게 영향을 미치려고 했고, 또 다른 지도자들은 지독한 분열을 치유하기 위해 국가를 이용하려 했다. 수백 년 이상 국가는 세계사의 주요 장면의 중심에 있었고, 고작 몇 분짜리 노래가 할 수 있으리라 생각하기 어려운 방식으로 그 장면들을 담아냈다.

하지만 내가 국가의 중요성을 정말로 결정적으로 느낀 계기는 이런 것들이 아니었다. 바로 국가가 개인들에게 미친 영향력을 알면서였다. 이 노래들은 어떤 사람들의 삶을 망치기도 했고, 어떤 가족들과 사회를 무겁게 짓누르기도 했다. 마치 끔찍하게 비극적인 사건처럼 말이다. 일본이나 보스니아를 보면 그 사실을 명백히 알 수 있다. 하지만 또한 국가는 사람들에게 감명을 주고 자기 나라가 이룰 수 있는, 혹은 이뤄야 하는 미래를 꿈꾸게 해 주기도 했다. 그래서 사람들이 어떤 굳은 입장을 취하거나, 나 자신은 꿈도 꾸지 못할 위험을 감수하게 하기도 하며, 혹은 더 열심히 일하거나, 자기 이웃에게 좀 더 친절한 태도를 취하게 만들기도 했다. 파라과이의 국가나 남아프리카의 국가가 바로 그랬다.

국가에서 가치를 발견하는 사람들은 가슴에 자신의 지지 정당 구호를 문신으로 새겨 넣고 국기를 흔드는 '꼰대'들, 강경한 민족주의자들만이 아니다. 교사에서부터 헤로인 중독자와 가장 오만한 랩 가수까지 모든 사람들이 그렇다. 그리고 이 노래들이 이 모든 개인에게 영향을 미친 방식을 보면서, 나는 조금 안도하며 결론을 내릴 수밖에 없었다. 그래, 국가는 결국 중요하다고.

그렇다고 내가 국가 전도사가 되어 사람들이 국가가 나올 때마다 일어서서 우렁차게 노래를 불러야 한다고 생각하는 것은 아니다. 오히려 그 반대다. 나는 여전히 내 조국인 영국의 국가가 어처구니없다고 생각한다. 내게 누군가 지금 '신이여 여왕 폐하를 구하소서'를 불러 달라고 요청한다면, 아마 슬쩍 웃고 약간 어색해 한 다음, 주머니를 뒤져서 전화기가 울리는 척하면서 방을 빠져 나갈 것이다. 하지만 나는 우리 모두가 국가를 좀 더 심각하게 받아들여야 한다고 생각한다. 국가를 잘 살펴보고, 이 노래가 우리를 대변하는 게 괜찮은지 스스로에게 물어봐야 한다고 말이다. 그저 가사뿐만이 아니라, 음악도 마찬가지다. 전 세계 대부분의 나라는 자기네 국가가 영국 국교회의 찬송가와 그토록 비슷한 것이 과연 괜찮은 일인지 생각해 볼 필요가 있다. 그들 나라의 거리에서 들을 수 있는 노래와 비슷해야 하는 것 아닌가.

사실 이런 권고가 좀 선을 넘는 일일지도 모른다. 그래서 조금 목표를 낮춰서 좀 더 작은 것을 요청하고 싶다. 바로 국가를 만든 사람들에 대해서 좀 더 마음을 써 달라는 것이다. 그들이 만든 노래는 어디에서나 울려 퍼진다. 매일 학교에서, 스포츠 경기장에서, TV에서, 라디오에서 연주되고, 나라를 대표하는 상징으로 사용되며, 농담거리와 놀림감이 되고, 축하와 칭송의 대상이 된다. 국가를 썼던 작사가와 작곡가 들이 그토록 무명이라는 것은 사실 이상한 일이다. 이 사람들이야말로 자기 나라에 희망과 야망, 사랑과 헌신의 노래를 주고자 했던 사람들인데, 그 보답으로 그들이 받는 것은 끽해야 자기 이름을 딴 길거리 정도다. 그 길조차 대체로 산업 단지 안에 숨어 있으며, 도로명 표지판은 녹슬어 있고 그 밑에는 쓰레기 더미가 쌓여 있기 일쑤다.

내가 만난 국가의 작곡가와 작사가 들은 정말 사려 깊고 재미있는 사람들이었다. 물론 그중에는 근처에 가지 말라고 하고 싶은 미심쩍은 사람들도 있었다. 하지만 그들 모두는 지금보다 더 나은 대접을 받을 자격이 있다. 그리고 누가 알겠는가. 국가를 만든 사람이 지금보다 더 나은 대접을 받는다면, 어쩌면 다음번에 국가를 바꾸기 위한 공모전이 열릴 때는 더 나은 작품을 응모할지도 모를 일이다.

*

내가 우리 집 현관에서 스위스에서 온 편지를 발견한 것은 2015년 1월이었다. 편지는 '무슈,'로 시작했다. '스위스 공공선협회를 대신하여, 새 스위스 국가를 지정하기 위한 사업에 참여하여 주신 데 대해 깊이 감사드리고자 합니다.' 첫 문장을 읽는데, 매 단어마다 곧 다가오는 '안타깝게도'가 느껴지는 것 같았다. 아, 바로 여기 있다. '안타깝게도, 님께서 투고하여 주신 가사는 채택되지 않았습니다.' 쳇, 아쉽다, 라고 생각했다. 1만 스위스 프랑을 타고 취리히의 산업 단지 어딘가에 내 이름을 딴 길이 놓일 기회가 이렇게 날아가는구나.

하지만 계속 읽다 보니 또 다른 문장이 내 눈을 사로잡았다. '비록 채택되지 않았지만, 저희는 님께서 예술 활동을 계속 추구하시고, 가능하면 이 결과물을 다른 방식으로 활용해 보시기를 권유하고 싶습니다.' 잠깐만. 이것은 이 사람들이 내 노래가 결국 국가감이라고 생각하긴 한다는 뜻이 아닌가? 비록 스위스 국가가 되지는 못했지만 어쩌면 조금만 손보면, 이 줄을 조금 바꾸고, 저 부사를 다른 단어로 바꾸면, 다른 누군가에게는 완벽한 국가가 될 수도 있다는? 좋아, 어딘가에 새 나라가 조만간 생기겠지. 카탈루냐, 다르푸르, 왈롱 같은?

너희는 전쟁을 했고,
너희는 피를 보았다.
하지만 우리는 왈롱이다,
우리는 왈롱이다!

이 노래 분명 느낌 있다. 그렇지 않은가?

옮긴이의 말

영국인이기 때문에
시야가 넓을 수 있다는 착각

번역이란 한 세계를 다른 세계에 매개하는 일이고, 시야각을 확장하여 문화적 매개를 감당하는 일이다. 하지만 이 책을 번역하면서 나는 스스로의 부족함을 새롭게 체감했다. 하나가 아니라 열한 개의 다른 세계들을 소개해야 하니 말이다. 서유럽, 발칸, 북미, 중앙아시아, 남아시아, 동북아시아, 중동, 이슬람권, 아프리카, 남미 등 영국인의 시야를 통해 본 오늘날의 세계를, 각국의 국가가 만들어지고 불린 역사적 맥락을 곁들여 우리말로 풀어내는 작업은 애초 생각했던 것 이상으로 골치가 아팠다.

그러면서 영국과 한국의 지리적, 역사적 위치만큼이나 내 시야가 좁음을 실감했다. 이 책을 번역하기 전까지 나는 파라과이를 그저 축구 잘하는 남미의 많은 국가 중 하나로 생각했다. 이집트는 피라미드의 나라였으며, 보스니아 헤르체고비나는 언제 독립국이 됐는지도 몰랐다. 그러면서 저자가 곳곳에서 보여주는 자연스러운 세계사에 대한 이해가 부러웠다. 미국 국가는 영국과 전쟁하다가 만들어진 노래이고, 일본의 국가는 영국인이 작곡했으며, 이집트의 국가와 남아프리카 국가(중 일부)는 영

국에서 독립하고자 하는 의지를 담은 노래이고, 리히텐슈타인
의 국가는 심지어 영국 국가와 같은 곡이다. 이 책을 가능하게
한 글로벌한 관점은 저자가 영국인이기에 가능했을까?

이 책을 번역하며 나는 한국의 지리적 위치도, 역사적 경험
도 결코 고립되거나 제한적이지 않다는 것 또한 느꼈다. 파라
과이가 성인 남성 인구의 90퍼센트를 잃은 전쟁을 치렀다는
대목에 경악하면서도, '척왜(斥倭)'를 위해 봉기했다가 일본군
에 섬멸된 동학 농민군의 모습이 겹쳐졌다. 아프리카 국민 회
의의 망명 조직에서 증오가 아니라 비인종주의 원칙과 관용을
배웠다는 시인의 이야기에서 정적(政敵)을 사면한 한국의 어
느 대통령이 떠올랐다. 전쟁의 상흔과 정쟁으로 지쳐 있는 보
스니아 헤르체고비나의 이야기에서는 갈등을 부추겨 정치적
이익을 얻고자 하는 세력과 싸우는 것이 보편적인 과제임을
상기했다.

2021년 현재, 한국의 위상은 10년 전과 전혀 다르다. 민주적
절차에 의해 대통령을 탄핵한 촛불 시위는 전 세계에 깊은 인
상을 남겨 홍콩과 미얀마 등의 민주주의 시위에 직접적인 영향
을 주었다. 성공적인 코로나19 방역은 한국의 국제적 위상을
영원히 바꿨다. 유엔무역개발회의(UNCTAD)는 얼마 전 한국의
지위를 개발 도상국에서 선진국으로 격상했다. 이 회의 역사상
처음 있는 일이라고 한다.

글로벌 무대에서 위상만 달라진 게 아니다. 부모님이 계신 고
향에는 초등학교에 외국 출신의 어머니를 둔 학생이 대부분이
다. 비닐하우스나 작은 공방이나 펜션에서 일하는 인력은 대부

분 해외 출신이다. 내가 강사로 있는 한국외국어대학교 캠퍼스에서는 10년 전에 비해 외국 유학생이 비교도 안 되게 늘었고, 그들의 평균적인 한국어 실력도 일취월장했다. 이 모든 변화는 한국이 국제 사회에서 새로운 역할을 하기를 기대받고 있음을 시사한다.

저자는 이 책의 챕터에 나온 모든 나라를 직접 방문해서 몸으로 부딪혀 사람들을 직접 만나 이야기를 나누면서, 자기가 조사한 사실 관계들을 현재를 살아가는 사람들의 삶 속에서 맥락화하려고 노력한다. 그 과정에서 저자의 국적이 항상 도움만 된 것은 아니었다. 때로 자의식으로 이어지기도 하고, 때로는 의도치 않게 저자가 의식하지 못한 방식으로 방해가 되기도 했다. 이를테면 이 책의 '카자흐스탄' 편에는 카자흐스탄의 유력 전직 정치인이자 인기 있는 음악가가 서구 선진국에 대해 "우리는 서로를 이해하지 못한다."라고 일축하는 내용이 나온다.

유럽 등 서구 선진국은 전 세계에 있어서 식민 지배의 원죄를 진 나라들이라면, 한국은 식민지 경험과 냉전 체제하의 대리 전쟁을 경험한 나라다. 한국의 리더십 또한 서구의 그것과는 다를 수밖에 없고 또 달라야 할 것이다. 이 책이 한국인의 '글로벌' 관점을 확장하는 데 기여할 수 있다면 역자로서 더 바랄 것이 없겠다.

박미준

국가는 역사상 가장 무시됐던 주제라고 할 수 있다. 많은 역사학자들은 국가를 단순히 새롭고 신기한 무엇이라고 판단한 것 같다. 따라서 이 책에 담긴 정보의 상당량은 인터뷰를 통해서 얻었다. 이 책에서 언급된 이들뿐 아니라, 무수히 많은 다른 이들 또한 내게 기꺼이 시간을 내어 인터뷰를 해 주었다. 그들의 도움에 대해 깊이 감사하며, 이 책에 혹시라도 담긴 오류는 모두 저자의 책임임을 밝힌다. 다만 여기서는 집필에 특히 도움이 됐던 책과 기사, 웹 사이트, 라디오 프로그램을 각 장별로 분류했다.

❖ 프롤로그

· De Bruin, Martine, 'Het Wilhelmus Tijdens de Republiek', *Volkskundig Bulletin*, 24 (1998), pp. 16~42
· Malcolm, Noel, *Kosovo: A Short History*, 1998
· Jobbins, Siôn, *The Welsh National Anthem: Its Story, Its Meaning*, 2013

❖ 프랑스

· Association Louis-Luc pour l'Histoire et La Mémoire de Choisy-le-

Roi, *Rouget de Lisle et la Marseillaise*

· Carlyle, Thomas, *The French Revolution*, 1837

· Leconte, Alfred, *Rouget de Lisle: Sa vie, Ses Oeuvres, la Marseillaise*, 1892

· Schama, Simon, *Citizens : A Chronicle of the French Revolution*, 1989

· Tulard, Jean, *Napoléon et Rouget de L'Isle*, 2000

❖ 네팔

· Hilton, Isabel, 'Royal Blood', *New Yorker*, 30 July 2001, pp. 42~57

· Hutt, Michael, 'Singing the New Nepal', *Nations and Nationalism*, 18 (2) (2012), pp.306~325

· Whelpton, John, *A History of Nepal*, 2005

❖ 미국

· Ferris, Marc, *Star-Spangled Banner: The Unlikely Story of America's National Anthem*, 2014

· Hildebrand, David, *Broadside to Anthem: Music of the War of 1812*, 2012

· Scott Key, Francis, *Poems of the Late Francis Scott Key*, 1857

· Svejda, George, *History of the Star-Spangled Banner: From 1814 to Present*, 1969

· Vogel, Steve, *Through the Perilous Fight: Six Weeks that Saved the Nation*, 2013

❖ 일본

· Aspinall, Robert and Cave, Peter, 'Lowering the Flag: Democracy,

Authority and Rights at Tokorozawa High School', *Social Science Japan*, 4 (1) (2001), pp. 77~93

· Aspinall, Robert, *Teachers' Unions and the Politics of Education in Japan*, 2001

· Bruma, Ian, *Inventing Japan 1853~1964*, 2004

· Cripps, Denise, 'Flags and Fanfares: The Hinomaru Flag and Kimigayo Anthem', in Goodman, Roger and Neary, Ian (eds), *Case Studies on Human Rights in Japan*, 1996, pp. 76~108

· Dower, John, *Embracing Defeat: Japan in the Aftermath of the World War II*, 1999

· Imamura, Akira, 'John William Fenton (1813~1890) and the Japanese National Anthem Kimigayo', in Japan Society, *Britain & Japan: Biographical Portraits*, 9 (2014)

· Tsukahara, Yasuko, 'State Ceremony and Music in Meiji-era Japan', *Nineteenth-century Music Review*, 10 (2) (2013), pp. 223~238

❖카자흐스탄

· Aitken, Jonathan, *Kazakhstan: Surprises and Stereotypes After 20 Years of Independence*, 2012

· Aitken, Jonathan, *Nazarbayev and the Making of Kazakhstan*, 2009

· Hersh, Seymour, 'The Price of Oil', *New Yorker*, 9 July 2001, pp. 48~65

· Howard, Keith, 'North Korea: Songs for the Great Leader, with Instructions from the Dear Leader', in Orange, M. (ed.), *Cahiers d'Études Coréennes 7: Mélanges offerts a Li Ogg et Daniel Bouchez*, 2001, pp. 103~130

· Huang, Natasha, *'East is Red': A Musical Barometer for Cultural Revolution Politics and Culture*, 2008

· Locard, Henri, *Pol Pot's Little Red Book: The Sayings of Angkar*, 2005

· Robbins, Christopher, *In Search of Kazakhstan: The Land that Disappeared*, 2007

· Short, Philip, *Pol Pot: The History of a Nightmare*, 2005

❖ 리히텐슈타인과 영국

· Bateman, Stringer, *The Strange Evolution of 'Our Illiterate National Anthem' from a Rebel Song . . .*, 1902

· Buckmaster, Herbert, *Buck's Book*, 1933

· Connelly, Charlie, *Stamping Grounds: Exploring Liechtenstein and its World Cup Dream*, 2002

· Cummings, William, *God Save the King: The Origin and History of the Music and Words of the National Anthem*, 1902

· Cummings, William, *Dr Arne and Rule Britannia*, 1912

· Davies, Norman, *The Isles: A History*, 1999

· Frommelt, Josef, *Die Liechtensteinische Landeshymne: Entstehung, Einführung, Veränderungen*, 2005

· Frommelt, Josef, 'Jakob Josef Jauch (1802 – 1859), Ein Unverstandener Neuerer', *Balzner Neujahrsblätter*, 17 (2011), pp. 23~38

· Hans-Adam II, *The State in the Third Millennium*, 2009

· Scholes, Percy, *God Save the Queen! The History and Romance of the World's First National Anthem*, 1954

· *The Gentleman's Magazine*, 1745 editions

❖ 보스니아 헤르체고비나

· Malcolm, Noel, *Bosnia: A Short History*, 2002

· slavkojovicicslavuj.blogspot.com

❖ 이슬람 국가(IS)

· aymennjawad.org

· Baily, John, *'Can You Stop The Birds Singing?': The Censorship of Music in Afghanistan*, 2001

· Fallaci, Oriana, 'An Interview with Khomeini', *New York Times*, 7 October 1979

· Otterbeck, Jonas, *Battling Over the Public Sphere: Islamic Reactions to the Music of Today*, 2007

· '"Our Music Needs Innovation": Dr Hassan Riyahi, Composer of National Anthem of the Islamic Republic of Iran', ecinews.org, 18 July 2011

· Said, Behnam, 'Hymns (Nasheeds): A Contribution to the Study of Jihadist Culture', *Studies in Conflict and Terrorism*, 35 (12) (2012), pp. 863~879

· Talbot, Margaret, 'The Agitator', *New Yorker*, 5 June 2006, pp. 58~67

❖ 이집트

· Danielson, Virginia, *The Voice of Egypt: Umm Kulthūm, Arabic Song and Egyptian Society in the Twentieth Century*, 1997

· Gordon, Joel, *Nasser: Hero of the Arab Nation*, 2006

· Gordon, Joel, 'Stuck with Him: Bassem Youssef and the Egyptian Revolution's Last Laugh', *Review of Middle Eastern Studies*, 48 (1–2)

(2014), pp. 34~43

· Kelani, Reem, *Songs for Tahrir*, 2012

· Osman, Tarek, *Egypt on the Brink: From Nasser to the Muslim Brotherhood*, 2013

· Teltsch, Kathleen, 'For Israel, a Banner-Hunting Day', *New York Times*, 18 November 1977

· Wright, Lawrence, *Thirteen Days in September: Carter, Begin and Sadat at Camp David*, 2014

❖ 남아프리카 공화국

· Carlin, John, *Playing the Enemy: Nelson Mandela and the Game that Made a Nation*, 2008

· Coplan, David, *In the Township Tonight: South Africa's Black City Music and Theatre*, 2008

· Kannemeyer, John, *Langenhoven: 'n Lewe*, 1995

· Keller, Bill, 'Flags, Anthems and Rugby: A Volatile Mix for South Africa', *New York Times*, 18 August 1992

· Mandela, Nelson, *Long Walk to Freedom*, 1994

· The Southern African Music Rights Organisation (SAMRO)'s archives, which include minutes of the South African anthem committee meetings and letters by its chairman to government

· Woods, Donald, 'A South African Poet on his imprisonment', *New York Times*, 1 May 1983

❖ 파라과이

· Aharonián, Coriún, *'Que el Alma Pronuncia': Aportes a la Confusion*

General en Torno al Himno Nacional y Sus Autores, 2012

· Ayestarán, Lauro, *El Himno Nacional*, 1974

· Haase, Diego Sánchez, *La Música en el Paraguay*, 2002

· Lambert, Peter and Nickson, Andrew (eds), *The Paraguay Reader: History, Culture, Politics*, 2013

· Romero, Roberto, *El Himno Nacional Paraguayo: En el Proceso Cultural de la República*, 1986

· Slonimsky, Nicolas, *Music of Latin America*, 1972

· Sryvalin, Diego Darío Florentín, *El Himno Nacional Paraguayo: Un Estudio Morfológico, Sintáctico y Semántico*, 2010

· Weschler, Lawrence, 'The Great Exception', *New Yorker*, 3 April 1989, pp. 43~85, and 10 April 1989, pp. 85~108

❖ 기타

· Billig, Michael, *Banal Nationalism*, 1995

· nationalanthems.info

· Nettl, Paul, *National Anthems*, 1967

· szbszig.atw.hu

국가로 듣는 세계사

영국인 저널리스트의 배꼽 잡는 국가國歌 여행기

1판 1쇄 발행 2021년 8월 9일

지은이   알렉스 마셜
옮긴이   박미준

펴낸이   이민선
편집   홍성광
디자인   박은정
제작   호호히히주니 아빠
인쇄   신성토탈시스템

펴낸곳   틈새책방
등록   2016년 9월 29일 (제25100-2016-000085)
주소   08355 서울특별시 구로구 개봉로1길 170, 101-1305
전화   02-6397-9452
팩스   02-6000-9452
홈페이지 www.teumsaebooks.com
네이버 포스트 m.post.naver.com/teumsaebooks
페이스북 www.facebook.com/teumsaebook
인스타그램 @teumsaebooks
전자우편 teumsaebooks@gmail.com

ISBN 979-11-88949-32-8 03900